滚吧，生活

基思·理查兹

&

詹姆斯·福克斯

LIFE

董楠 译

新星出版社 NEW STAR PRESS

新经典文化有限公司
www.readinglife.com
出　品

献给帕特丽夏

1

滚石乐队一九七五年美国巡演途中，我被阿肯色州警察关进局子，之后双方打成平手。

为什么我们不早不晚，偏挑了美国独立日跑到阿肯色州福代斯这家“四面骰”餐馆吃午饭？要知道我开车在“圣经带”[①]来往已经有十个年头，对这里了解的可不算少。福代斯是小镇。“滚石”早就上了全美警察局的黑名单，所有条子都巴不得一有机会就把我们逮进去——升官不说，还能替祖国美利坚好好教训下这帮小英国佬。这是一九七五年，一个充斥着野蛮和对抗的年代。对“滚石”的围追堵截早在一九七二年我们的美国巡演（又叫 STP）结束时就开始了。美国国务院注意到国内到处都是骚乱（没错）、非暴力不合作（这也不假）、不正当的性行为（算是吧），还有暴力。这都是我们这些小小流浪艺人的错。我们煽动年轻人起来造反，我们让美国腐化堕落，所以他们下令永久禁止我们在美国巡游。这在尼克松时代一直是个严肃的政治问题。他亲自安排手下的狗腿子阴谋对付约翰·列侬，觉得后者威胁到他连任。接下来就该轮到我们了。据我们律师收到的正式通知，“滚石”是世界上最危险的摇滚乐队。

前几天，孟菲斯和圣安东尼奥的警方给我们下了圈套，我们了不起的大律师比尔·卡特单枪匹马地把我们救了出来。现在是这座只有四千八百三十七人的小镇福代斯（学校的校徽是只怪模怪样的红色大臭虫）来领奖金了。卡特警告过我们别去阿肯色州，别下州际公路。他说阿肯色州最近计划通过一项法案，把摇滚乐定为非法之物。（法案上要来

①包括美国东南部及中西部一带，以保守的基督教福音派在社会文化中占主导地位而得名。——译注（本书中如无特殊说明，均为译注。）

上这么几句可真不坏：每小节持续四强拍之吵闹音乐均为非法……）现在我们开着崭新的黄色雪佛兰羚羊轿车来到这个保守的、对外形另类的外地人相当不欢迎的南方乡下社区。要是你还装着毒品，全美国就没有比这儿更糟糕的停车地点了。

车里还坐着罗尼·伍德、弗雷迪·塞斯勒（他是个了不起的家伙，我的好朋友，简直跟我爸爸没两样，这本书里还要说不少他的事情）；还有吉姆·卡拉罕，我们多年的保镖头头。我们是从孟菲斯开车四百英里赶到达拉斯，举办次日在当地棉花碗体育场的演唱会。那个给我们的《野马》做钢琴伴奏的吉姆·迪金森是个美国南方孩子，他说得克萨斯、阿肯色、路易斯安那这三个州风光不错，应该开着车沿途好好看看。我们就这么安排了。先前从华盛顿飞到孟菲斯那趟航班可真够让人心惊胆战，飞机从几千英尺高的地方突然下坠，一帮乘客又哭又叫，摄影师安妮·莱博维茨的脑袋撞了机舱顶。好不容易着陆下机后，大家都忍不住跪下来亲吻跑道。飞机颠簸的时候，有人看见我跑到飞机后面去吸毒，比平时投入多了，一丝都不想浪费的样子。我们坐的是鲍比·谢尔曼的老飞机“星际飞船”①，真是趟糟糕的飞行。

下了飞机开车上路，我和罗尼犯了傻。我们进了这家“四面骰”公路餐馆，坐下点完菜就去了厕所。你懂的，就是我的瘾头上来了。我们嗑高了，根本忘了外面的吃客和上的菜，就待在厕所里一直笑啊笑，足足有四十分钟。在那种地方可真不该这样行事，尤其还在那个年代。于是餐馆里闹哄哄的。工作人员报了警。我们一出门，就看见一辆没车牌的黑色轿车停在对面，刚把车开出去不到二十码，警笛、警灯和一撮带着枪的人就把我们团团围住。

我有顶牛仔帽，里面附着很多暗袋，装满了毒品。其实所有角落都藏着毒品，车门里、仪表盘的塑料袋里，都是大麻烟叶、可卡因、佩奥特碱和墨斯卡灵。我的天哪，该怎么办。要是在这个时候被捕可真是太不幸了。我们的美国巡演能成行已经是奇迹了。签证里有一大串附加条件，

①一架波音 720 客机，70 年代中期常租给巡演艺人。

所有大城市的警察都知道。两年来，为了我们的签证比尔·卡特没少往国务院和移民局跑，好歹才搞定了。这其中最基本的条件是，我们在美国期间不可因携带麻醉类药品被捕，卡特为此做了担保。他是要担责任的。

当时我已经不吸硬性毒品类的破玩意儿了，是为了巡演戒的。我本可以把这些倒霉东西都留在飞机上，真不知道自己是哪根筋不对，非要带上它们碰运气。这些毒品都是在孟菲斯时别人给的，我舍不得扔，但其实大可以将它们存在飞机上，车里就干干净净的了。为什么要把车子装得满满的，弄得自己像个毒贩子？也许是那天起晚了，没时间送上飞机。我知道我花了好长时间拆开仪表盘把那些破玩意儿藏进去，但我确实早已告别佩奥特了。

帽子暗袋里有大麻膏、吐诺尔和少量可卡因。我挥舞着帽子向条子们致意，好把窝藏物都甩到树丛里去。“好啊，警察先生，”甩帽子，“啊！我是触犯了什么法律吗？请原谅我这个英国人吧。我开车逆行了？”我现在占了点上风，那些破烂也一点点出去了，当然没甩完。他们看见车座上放着一把猎刀，后来这成为我们“私藏武器”的证据。这帮睁眼说瞎话的浑蛋！然后让我们开车跟在后面驶入市政厅旁的停车场。这段路上他们肯定看见我们把更多毒品从车窗扔出去。

到停车场后，他们没有马上搜查，只是对罗尼说：“好吧，去车里把你所有的东西都拿出来。”罗尼只有一个小手包，他的毒品藏在纸巾盒里。出来时他告诉我：“东西在驾驶座底下。”车里没我的东西，但我仍假装去拿自己的物品，其实是处理纸巾盒。真不知道该拿这东西怎么办才好，于是我把它揉皱了点，扔在后座底下，然后下车说自己没什么要拿。他们居然没把车大卸八块检查一番，这已经让我喜出望外。

当时他们已经明白逮着的是什么人了（“哇——快瞧，我们捉住活的了”），但好像一下子又不知道该拿这些国际巨星怎么办，只恨不能把全阿肯色州的警力都调过来。他们不确定该拿什么罪名起诉我们，但清楚我们希望联系上律师比尔·卡特，这会威胁到他们，因为这一带简直是他的地盘。他在附近的莱克托镇长大，认识这里的每个州法律执行官、县治安官、公诉人和警察局长。警察们也许已经后悔允许手中的猎物打电话了。来自四面八方的媒体齐聚市政厅外——达拉斯的一家电视台为了拔得头筹，甚至雇了一架里尔喷射机。那是星期六下午，警察们打电话向小石城的联邦机构同行咨询，最终没把我们铐起来发布消息公之于众，只是将我们留在警官办公室实行松散的“保护性拘留”，就是说我们还可以稍微走动走动。卡特到哪儿去了？周末他的办公室放假，没人接电话。好半天以后我们才找到他。

与此同时，我们还在努力销毁证据。我们处在嗑药后的恍惚中。七十年代，我一直吸食最纯的默克牌可卡因，感觉飘飘然、晕乎乎的。我和弗雷迪·塞斯勒去了厕所，也根本没有警察跟着。“天呀，”弗雷迪一开口就是这么一句，“我这儿太多了。”他手里有满满几大瓶吐诺尔。他把药片倒进马桶，但因为太紧张，药瓶掉了，那些该死的红红绿绿的小药片撒了一地。他还冲走了一些可卡因。我把大麻膏和大麻烟叶丢进去，冲水，但那些该死的怎么也下不去，烟叶太多了。我一遍遍地冲，突然间发现满地滚得都是药片。我把它们捡起来丢进马桶，但够不到落在我和弗雷迪之间那个隔间里的约五十粒药片。“我的天哪，基思。”“冷静点，弗雷迪，我这边的都搞定了，你呢？”“应该没问题，应该没问题。”“好吧，我们去中间的隔间。”那些该死的玩意儿无所不在。真是难以置信，每个兜里都有，到处都是……我从不知道自己这辈子居然能在身上揣这么多毒品。

弗雷迪的手包也是潜在的威胁，它还留在车子后备箱里，还没被打开。我们知道他在包里放了可卡因，肯定会被搜出来。我和弗雷迪决定暂时不承认我们俩认识对方，就说他是个搭车的，但是如果有必要，等我们的法律顾问到来后，我们乐意配合。

卡特到底在哪儿？我们的人马花了点时间才集结，而全福代斯的人都蜂拥而来，简直有暴动的架势。密西西比、得克萨斯、田纳西三个州，都有人来看热闹，不过没出什么大事。后来我们终于找到了卡特，他一直跟着我们巡演，并没走远，只是去享受分内的休息日了。在他赶来之前，我好好反省了一下自己怎么就放松了警惕，忘了规矩——不触犯法律，别被警察逮住。到处都是条子，在南方，只要他们乐意，就能使出一整套打法律擦边球的把戏来逮捕我们，把我们关上九十天都不难。所以卡特才让我们别离开州际公路。那年月的“圣经带”执法比现在严多了。

早年在美国巡演的时候，我们也没少开车经过这一带，而下车去公路餐馆一直都是项刺激的赌博。你得事先做好准备。在六四年到六六年间，美国南方腹地和得克萨斯的路边廉价小饭馆可比城里的任何地方都要危险。一走进去，满屋子南方小伙儿，慢慢你就会意识到只要和这帮推着平头、身上全是文身的卡车司机坐在一个饭馆里，就别想好好吃上饭。你急着要吃完离开——“哦，拜托快点上菜，我要走了”，他们却因为你头发长就管你叫姑娘。“怎么啦，姑娘们，跟我跳个舞吧？”头发……谁能想到就是这种小事竟然改变了整个文化。在南方，我们这副打扮得到的待遇和以前在伦敦某些地方得到的没什么两样。都是“你好啊，亲爱的”之类的屁话。

现在想来，真是惨烈的冲突，在当时却不觉得。大概因为那是完全新鲜的体验，根本意识不到会产生什么后果。你不知不觉就接受了。我后来发现，在那种场合下，如果带上吉他，让他们明白我是乐手，一切就瞬间变得太平。所以，进路边饭馆最好带着吉他。“能给我们弹一段吗，伙计？”有时候我们确实会弹着吉他为晚饭唱几曲。

然后你就得学着跟另一类人打交道，倒是能学到好多东西。要是和黑人乐手一起演出，我们会得到很好的照顾。“嘿，你们晚上想好好玩一下吗？她会喜欢你的，她从来没见过你们这样的人。”他们会款待你，请你吃喝，还介绍姑娘给你。镇子的白人圈死气沉沉，而黑人那边是摇滚的天下。只要认识黑人乐手，一切就都不是问题了。这是让人难以置信的经验。

有时候我们每天有两三场演出，时间都不算长。比方说每天三场，每场二三十分钟。不过得一直在后台等着，因为参加的多数是综艺演出，排在前面的有黑人乐手、业余演员、本地白人明星等等。我们一路往南，没完没了地上台。一个个镇子、一个个州在身后远去，伴随着一种叫“白线热”的病——在公路上，只要没睡着，你就会一直盯着路中间的白线看。一会儿有人说“我要拉屎”，一会儿又有人说“我饿了”。然后你步行一段，到路边剧院后面的小厕所解手。在卡罗来纳和密西西比，那些路可真够窄的。你憋得够戗，看见一块牌子上写着“男厕”，正想冲进去，却被旁边几个黑人拉住“白人不得入内”，你顿时觉得“我被歧视了”。有时候你开车路过小酒馆，听见里面传来动听的音乐，屋子里热气腾腾。

“嘿，下去看看。”

“可能有危险。”

“得了吧，听那音乐多棒！”

里面会有一支乐队，可能是三重奏，乐手都是彪悍的大块头黑人，还有几个荡妇在下边跳舞，丁字裤里塞着钞票。你进去的一刹那，屋里冷场了，因为他们从没见过白人上门，不过明白几个小伙子没本事闹出什么事来，况且我们看上去也不像本地人。他们满足了好奇心，我们享受了那里的气氛。但得继续上路啊。哦，妈的，我真该多留些日子。他们会把你拖回去，漂亮的黑人姑娘用硕大的奶子挤着你。等你终于离开时全身都是汗味、香水味，总之是浑身香喷喷地在背后的音乐声中渐渐远去。那时我觉得我们已经死了，上了天堂，因为一年前我们还老老实实地在伦敦的俱乐部里按部就班地生活，一年后居然来到了从没想过能来的地方。我们在密西西比了。一直以来，我们都弹奏源自这里的黑人音乐，对它充满敬畏，如今竟亲身体验着它的气息。你想当一个布鲁斯乐手，突然一下子就真他妈的当了，你站在这些乐手中间，“泥水”[①]就并肩站在身边。这一切来得太快，让你来不及消化。有那么多大事，都是事后才慢慢回过神来。弹首“泥水”的歌是一回事，与他合奏又是另外一回事。

我们终于联系上比尔·卡特时，他正在小石城一个朋友家吃烤肉，那朋友正好是个法官，真是巧了。他会雇一架飞机，带着他的法官朋友

① Muddy Waters（1915－1983），原名麦金利·摩根菲尔德（Mckinley Morganfield），美国黑人布鲁斯音乐家，吉他手，“现代芝加哥布鲁斯之父”。因爱玩泥水而得绰号“泥水”。

两个小时内赶到。这位法官认识负责搜我们车子的警察，告诉他说，警察局没有权力搜我们的车，还警告他在他们赶到之前别动手搜查。一切被冻结两小时。

比尔·卡特从上大学开始就在当地搞政治活动，差不多认识州内所有的大人物。他的阿肯色州老主顾有些已成了华盛顿最有势力的民主党人。他的导师是肯赛特市的威尔伯·米尔斯，众议院筹款委员会主席，权力仅次于总统。卡特出身贫寒，朝鲜战争期间加入了空军，退伍后把所有津贴都花在学习法律上，之后又加入特勤局负责保护肯尼迪总统。不过肯尼迪遇刺那天他正好在受训，没在达拉斯。但有一段时间肯尼迪走到哪儿他跟到哪儿，甚至替肯尼迪安排行程，所以只要是肯尼迪去过的州，当地高官他全认识。他距离权力中心很近。肯尼迪去世后成立了华伦委员会负责调查遇刺事件，他也是调查员之一，与此同时他在小石城开展律师事务，成了所谓为民众服务的律师。他很有魄力，总是热情地维护法律条文和宪法、确保以正确的方式办事——他还在警方研讨会上讲授过这些。他告诉我，自己之所以投身辩护律师这一行，是看不惯有些警察滥用权力、扭曲法律，也就是说，随“滚石”巡演的一路上，他遇到的警察也没什么两样，其实哪个城市的都好不到哪里去。卡特是我们天然的同盟。

一九七三年我们来巡演被拒签，正是卡特在华盛顿的那些老关系成了扭转局面的王牌。他第一次作为我们的代表去华盛顿，发现那一年尼克松的声明铺天盖地，自上而下贯彻整个官僚系统。他被正式告知“滚石”将永远不能在美国巡演，因为我们是全世界最危险的摇滚乐队，到处煽动骚乱，专门伤风败俗，藐视法律。米克在台上戴着星条旗帽子打扮成山姆大叔的模样，尤其动了众怒，光凭这一条就足以拒绝他入境了。那可是国旗啊！在这一带你得好好当心，别让人抓了把柄。记得六十年代中期我们在纽约州锡拉丘兹演出的时候，布莱恩·琼斯竟然因为美国国旗而遭到逮捕。他把国旗披在肩头，但是旗子一角拖地了。那时候演出刚结束，我们正打算回酒店，护送的警官把我们通通拖进一间办公室，咆哮道："你们让旗子拖在地上。你们侮辱我的国家，这是叛乱罪。"

然后是我本人的记录——我并不想推脱。众所周知，我有海洛因毒瘾。媒体对我的报道除此之外恐怕就没别的了吧？一九七二年，我在法国因持有毒品被定罪，次年十月又在英国以同样原因被定罪。卡特为我们的签证奔走时，水门事件正闹得沸沸扬扬，尼克松本人很快和霍尔德曼、米切尔[①]下了台，手下的一帮喽啰也进了监狱，其中就有当初和 FBI 狼狈为奸、阴谋对付约翰·列侬的人。

卡特跟移民局打交道很占优势，他和对方一样，也当过执法人员，并因曾在肯尼迪身边待过受人尊敬。他先是说，"小伙子们，我知道你们的感受"，然后说想开个听证会，因为觉得我们遭受了不公正的待遇。他不遗余力地进行着这项苦差使，持续了好几个月，尤其注重在基层职员身上下功夫，因为他们有可能在技术层面上设阻。我在巴黎一位大夫那里通过了药检，他证明我没有继续使用毒品，并出具了不少健康证明。尼克松下台以后，卡特请求移民局最高官员亲自会见米克，然后作出判断。当然，米克西装革履地去了，把那官员哄得团团转。米克不愧是最多才多艺的家伙，所以我才这么爱他。他还能操着一口法语跟萨特聊哲学呢，和本地人也能打成一片。卡特告诉我，他没有在纽约或华盛顿申请签证，而是在孟菲斯，那里不惹眼。最后形势大逆转，豁免书和签证突然间就办下来了，只附了一个条件：比尔·卡特要随同"滚石"一起巡演，并以个人名义向政府担保——防止一切骚乱，勿有任何违法行为。（他们还要求一个医生跟着我们，在下文里我会提到这家伙，他简直就像小说里的人物，不幸成了巡演的牺牲品，亲自尝毒，最后跟一个骨肉皮私奔了。）

卡特保证一定配合警方，拿出特勤局的作风办好这次巡演。他还签署了一些协议，其中规定警方如果计划逮捕我们，必须事先向他提出警告。这一条几次救了我们。

自一九七二年巡演开始，一切都变得艰难起来。无数示威和反战游

①霍尔德曼和米切尔分别为尼克松任内的白宫办公厅主任和尼克松竞选委员会主席。

行，又赶上尼克松当政。六月三日在圣安东尼奥的演出就初现端倪。我们在巡演中使用了一个巨大的充气鸡巴，米克唱《追星的婊子》时，它就从舞台上竖起来。这东西很棒，但它的副作用是日后米克在演出时总要求使用各种道具来掩饰不安。在孟菲斯彩排时，我们费了一番力气让几头大象上台，它们却在舞台斜坡上横冲直撞，还到处拉屎，计划只得作罢。在巴吞鲁日的头几场巡演中，充气鸡巴并没惹出什么麻烦，但那些没法在酒店、路上或后台逮捕我们的条子一直虎视眈眈。而他们唯一能逮着我们的地方就是舞台上，还威胁说如果再竖起充气鸡巴就逮捕米克。双方僵持不下。卡特警告说如果这么干，这群小子会把体育场烧掉，说他已经试探过了，他们根本不打算忍耐。最后米克决定照顾官方的情绪，在圣安东尼奥演出时没竖那东西。可到了孟菲斯，警察又威胁要逮捕米克，因为歌词里有“追星的婊子，你这个追星的婊子”这类脏话。卡特便从当地广播电台弄来了一份音乐节目播放单，向警方证明这样的曲子已经在当地播放了两年多，从没有人抗议过，这才制止了他们。一路上，卡特无时无刻不在提防，无时无刻不抱着战斗心，因为警方无时无刻不在行动。不管在哪个城市，他们都在践踏法律，以非法的方式行动，企图没获许可就逮捕我们，没有正当理由就搜查物品。

所以，截止到卡特拉着那个法官赶到福代斯那天，我们已经有不少前科了。大堆媒体闻风而来，路障都竖了起来以阻止更多人围观。警察们想做的无非就是打开那辆车子彻底搜查一番，他们认定里面有毒品。先是指控我“鲁莽驾驶”，因为离开饭馆停车场时我的轮胎吱吱作响，而且溅起了不少尘土——虽然只有二十码。再是“私藏武器”，就是那把猎刀。但是要想合法搜车，得有“正当理由”，也就是说，必须有确凿证据或合理怀疑，表明我们肯定犯了罪行，否则搜查行动就是违法的，哪怕找到实物也不足为证。如果透过车窗能看到什么违禁物品，就可以开车搜查，但他们没看到什么。于是当天下午，警察局的各路警官就为“正当理由”不停地大呼小叫。卡特马上声明这些指控纯属捏造。为了制造理由，先前拦住我的条子说在我们离开停车场时，他闻见有大麻烟味从车窗里飘出来。“他们肯定拿我当傻子了。”卡特对我们说。条子们的逻辑是，在离开饭馆到开出停车场的这短短一分钟里，我们有足够时间点一支大麻烟，搞得车子里满是烟味，几码开外都能闻见。他们就是以此为依据逮捕我们。而这一条完全站不住脚。卡特就这些问题和愤怒的警长进行辩论。虽然镇子被围了，但警长知道，只要继续把我们扣在福代斯，第二天在达拉斯棉花碗体育场门票卖光的演唱会就没法举行。卡特和我们都觉得这位比尔·戈波尔警长是典型的南方乡巴佬条子，虽然身在美国“圣经带”，本质上却和我们在伦敦切尔西警察局的老朋友没什么两样，都是随时随地准备着扭曲法律、滥用权力的家伙。戈波尔早就被滚石乐队的衣着、长发、音乐和他们所代表的一切及对权力的无视气得不轻。一群反叛者。连埃尔维斯都得对他点头哈腰地说“是的，先生”，这帮长头发的小混混竟不把他放在眼里。卡特一再警告戈波尔，如果警方开了车门，他绝对会一直上告到最高法庭。戈波尔却全不理会，径直过去打开了。这下，好戏上场了。真是件让人笑得四脚朝天的事。

从田纳西州跨过密西西比河后，就会来到那些实行禁酒令的州。而阿肯色州的西孟菲斯市有些商店非法贩卖贴棕色纸标的私酒。我和罗尼都疯狂地迷上了其中一种，一见到那瓶身奇形怪状的威士忌就买下来，扁扁的小酒瓶上贴着奇异的手写标签，都是了不起的名称，什么“飞翔鸡巴”、“战斗鸡巴”、“白人少校”。我们车里大概有六十多瓶。所以又被怀疑是私酒贩子。“不，我们只是买了这些酒，花钱买的。”我觉得这些烈酒让他们有点困惑。当时是七十年代，酗酒和吸毒在人们心目中还是有区别的——“至少他们还算男人，还喝威士忌”。然后他们发现了弗雷迪上着锁的手提箱，弗雷迪说自己忘了密码。他们于是把它砸开，当然喽，两小瓶药用可卡因就在里面躺着呢。戈波尔觉得这下他可着实逮住我们了，至少逮住弗雷迪了。

已是夜里，他们费了点时间才找来当地法官。这位打了一整天的高尔夫球，还喝了酒，来的时候整个人晕乎乎的。

眼前的一切充满荒诞和喜剧色彩，简直是“基思通警察”[1]里的场面。法官坐到法官席上，一堆律师和条子都拼命想让他肯定自己对法律条文所作的阐释。戈波尔想让法官判定搜查行动和搜到可卡因都是合法的，并且判我们重罪，换句话说，就是要把我们关进大牢。如果这一法律立场成立的话，“滚石”的未来（至少是在美国）多半也就完蛋了。

下面基本就是当时的情况，是根据我听到的和比尔·卡特后来的证词整理出来的。这是能把事情讲清楚的最快的法子。同时向佩里·梅森[2]致歉。

演员表：

比尔·戈波尔，警长。怀恨在心，怒不可遏。

汤姆·维尼，法官。福代斯首席法官。醉醺醺的。

弗兰克·维尼，公诉律师。法官的兄弟。

比尔·卡特，著名刑事律师。好斗，代表滚石乐队。阿肯色州本地人，来自小石城。

汤米·梅斯，公诉律师。理想主义者，刚从法律学校毕业。

其他出场人物：费尔雷法官。被卡特带来见证公正性，避免卡特也被抓进局子。

庭外——

两千多个“滚石”迷在市政厅外冲击路障，高呼“放了基思，放了基思”。

庭内——

法官：现在，我觉得我们是在裁定一桩重罪。重罪啊，先生们。我会听……听取……证词……律师先生？

公诉律师：尊敬的法官大人，关于证据，存在一个问题。

法官：你们……等……等我一下。我要休庭。

①早期默片时代基思通电影公司拍摄的一系列喜剧里塑造的愚笨无能搞笑的警察形象。

②美国侦探小说家E. S. 加德纳的“梅森探案”系列小说中的辩护律师，该系列作品多次被搬上银幕。

（法庭上一片混乱。十分钟后法官回来了。休庭就因为他要到马路对面买一品脱威士忌，因为十点一到商店就该关门了。酒瓶此时塞在他的袜子里。）

卡特：（正在给法官的兄弟弗兰克·维尼打电话）弗兰克，你在哪儿？快点过来。汤姆喝醉了。对。好的，好的。

法官：继续，先生……啊……继续呀。

公诉律师：我认为我们无法以合法的理由进行下去，尊敬的法官大人。我们没有扣押许可证。我认为应当放他们走。

警长：（对法官咆哮）妈的，我们当然能扣他们。你要放这些畜生走？那我就把你抓起来，法官。你知道不？妈的没错。你醉了。你在公共场合喝醉了。你根本就不配坐法官这个位子。你真把社区的脸都丢尽了。（他想上去拽法官。）

法官：（咆哮）你这个狗娘养的浑蛋，给老子滚远点。你敢威胁我！我把你踢出去……（两人扭打在一起。）

卡特：（上前劝架）哦。喂，小伙子们，小伙子们，别拌嘴呀。好好说话。咱们可没时间动肝火，也没时间动刀子，哈哈……外面还有电视台记者呢，全世界的媒体都在。他们可是来者不善哪。你们也知道出了事州长会说什么吧。还是接着说正事吧。我觉得我们可以达成共识。

法庭官员：打断一下，法官大人。BBC正在伦敦对这儿进行现场报道。他们希望和你通话。

法官：哦，好。给我一分钟，小伙子们。我马上回来。（说着从袜子里摸出酒瓶喝了一口。）

警长：（仍在咆哮）都他妈什么乱七八糟的！该死的，卡特，这些小子犯的是重罪。我们在那辆该死的车里找到的是可卡因。你还要怎么样？我要揍他们的屁股。他们得守咱们的规矩，坏了规矩，我就要教训。他们给了你多少钱啊，傻小子？除非判我搜查非法，否则就是合法的，我要以当众酗酒的罪名逮捕这个法官。

法官：（对BBC说）哦，好，我在二战期间去过英格兰。开着轰炸机，第三八五轰炸机组。大阿什菲尔德空军机场。那日子可是辉煌啊……啊，我爱英格兰，能玩高尔夫球，有几个挺棒的球场。你们还真有几个不错的球场……温……温特沃斯？对对。现在告诉大家，我们要和这些小子开个记者招待会，解释一下来龙去脉，"滚石"是怎么来到我们这个镇上的，等等。

警长：是我抓的他们，是我扣了他们。是我要抓这些英国小娘们儿。他们以为自己是什么人物？

卡特：你想发动暴乱吗？看见外面了吗？你要敢挥一下手铐，外面就会失控。我的天哪，他们可是"滚石"啊。

警长：你们这些小伙子得进监狱老实待着。

法官：（采访结束了）出什么事了？

法官的兄弟：（把法官叫到一旁）汤姆，我们得商量一下。我们没有合法的理由扣留他们。如果不依法办事，付出的代价可没法承受。

法官：我知道。绝对是这样。对。对。卡……卡特先生。你们都可以就座了。

所有人的火气都消了，戈波尔警长除外。搜查结果没有任何合法用途，没有什么可以用来控告我们。可卡因属于搭车客弗雷迪，而且还是以非法手段发现的。该州警察现在大都站在卡特一边。经过公开协商和窃窃私语，卡特和其他律师最后同法官达成了协议。非常简单。法官没收猎刀，并就此项罪名作出指控——这把刀直到今天还陈列在那个法庭里。法官会把"鲁莽驾驶"判为轻罪，只需缴纳一百六十二点五美元的停车罚单。卡特随身带着五万美元，他为弗雷迪和他的可卡因交付了五千美元的罚款，并和法庭达成协议：事后卡特另行递交申请依法撤销此案——这样弗雷迪也可以自由离开了。但还有一件事。我们走之前还得开个新闻发布会，用胳膊搂着法官拍点照片。我和罗尼在法官席上主持了这场记者会。我戴着消防员头盔，被摄像机拍下了敲着法官的小木槌对媒体宣告："本案结案。"我呸！

这是典型的"滚石"式结局。当局有关人员在逮捕我们时总会觉得左右为难。是该把他们铐起来呢，还是该在合影后派车队护送他们，眼睁睁看他们扬长而去呢？两种方案都有人支持。在福代斯，我们算是大难不死，侥幸受到了礼遇。州警察在凌晨两点护送我们穿过人群抵达机场。飞机引擎轰鸣着，满载杰克丹尼酒等待我们归来。

二〇〇六年，阿肯色州州长哈克比出于政治上的考虑，特赦了我三十年前犯下的这桩轻罪（后来他在共和党初选时入围了党内总统候选人提名）。哈克比州长自命为吉他手，我想他可能还有个乐队吧。事实上，根本没有什么可赦免的。在福代斯，我们没有任何犯罪记录。不过无所谓，反正是赦免。但是那辆车子哪儿去了？它被我们留在了车库，上面仍装满了毒品。我很想知道那些东西后来怎样了。也许他们一直也没有把仪表板打开，也许现在还有人开着它到处转悠，带着那些破玩意儿。

2

作为独子，在达特福德的湿地间长大。和父亲伯特、母亲多丽丝在多塞特郡露营。和外祖父加斯以及“汤普逊·伍夫特先生”探险。加斯教我初弹吉他小品。在学校里学会打架，后来战胜了达特福德技校一霸。多丽丝用强哥·莱恩哈特的作品训练我的耳朵；在卢森堡电台发现了埃尔维斯。从乖巧的唱诗班男孩变成校园里的叛逆儿，最后被开除。

和多丽丝在肯特郡拉姆斯盖特，1945 年

多年以来，我平均一星期只睡两觉，也就是说，我清醒着的时间有三辈子那么多。在这段漫长的时间之前就是我的童年。一九四三年十二月十八日，我出生在伦敦以东泰晤士河畔的达特福德，并在那儿长大。母亲多丽丝说我呱呱落地时正逢空袭。对此我当然无法争辩，因而我们两张嘴都闭上了。不过我最初的记忆确实是躺在自家后院的草丛里，指着头顶的蓝天中呼啸而过的飞机，听多丽丝在耳边说"喷火"①。那时战争已经过去，但仍能看到被炸平的地面和野草丛生的废墟，也许还有那么一两栋希区柯克式的荒凉房屋，不知道它们是怎么奇迹般地幸存下来。我们住的那条街也遭到了空袭，不过我们当时不在场。多丽丝说那颗飞弹在两边人行道上来回弹，把我们家两边的人全炸死了。我的小床底下还垫了一两块那时撞下来的砖块，那是希特勒与我的人生交集的证据，之后他就开始施行B计划了。空袭之后母亲觉得达特福德太危险。上帝保佑她。

父亲伯特应征入伍后，他和多丽丝为了离我姑姑丽尔近一点，从沃尔瑟姆斯托搬来达特福德的莫兰德大道。姑父是送奶工，当初为了工作方便安家莫兰德。在炸弹击中我家这一侧的街道后，多丽丝出于安全考虑，搬去和丽尔同住。多丽丝告诉我，有一次我们去掩体里躲空袭，回来看到丽尔家的房顶起火了。战后我们两家人仍旧住在丽尔家的房子里。我刚记事的时候房子还在，但整条街有三分之一布满弹坑、荒草和野花，

①英军在二战中的战斗机型。

倒也成了我们的游乐场。我在列温斯顿医院出生时，“警报解除”的声音还在窗外回荡——这也是多丽丝的说法。我只好相信她，毕竟刚生下来哪会有记忆。

妈妈当初还觉得搬到达特福德会安全些呢。可这附近是达伦特谷啊，传说中的“炸弹一条街”！维克斯－阿姆斯特朗[①]最大厂房的所在地，还有伯勒斯·惠康化学公司，真是现成的靶子。最要命的是德国轰炸机一到达特福德就心惊胆战，忙不迭地投下炸弹就跑。“这附近轰炸太猛了。”乓！乓！乓！我们没挨炸简直就是奇迹。到现在听见警报声我后脖子上的汗毛都直竖，肯定是那时一听到空袭警报就跟妈妈和全家人藏进掩体落下的后遗症。警报声一消，汗毛恢复正常，这简直成了条件反射。我看过不少战争片和战争纪录片，每次听到里面的警报都有反应，屡试不爽。

我童年时代的早期记忆是标准的伦敦战后记忆。遍地废墟瓦砾，半条街夷为平地。有的地方过了十来年还是那副样子。战争给年幼的我印象最深的话就是“战前”，大人们一天到晚说“唉，战前可不是这样啊”——要不我也不会记得那么清楚。现在想来，我觉得小时候没有糖果点心是好事，只不过当时我可不怎么开心。我一直觉得买糖果很烦心，一般都是在纽约下东区或者东韦特林的甜品店（离我在西苏塞克斯的家不远）处理，最近常在这个古老的甜品店见糖果贩子。就在不久前，有天早晨我八点半开车赶到，身边还跟着“肮脏陌生人”的主唱艾伦·克莱顿。我们俩整夜没睡，特别想吃糖，等了半小时商店才开门，一进去就买了彩色棒棒糖、牛眼糖、甘草糖和黑醋栗糖。我们可不会降尊纡贵在超市里买糖吃，对不对？

话说回来，直到一九五四年我才有机会买到一袋糖果，这充分说明战后很多年里生活仍然动荡不安。战争都结束九年了，我这样的小孩子才有可能拿着钱去商店说：“我能来一袋这个吗？”“这个”指的是太妃糖或者扭扭糖。在那之前买糖时都会被问：“你的配给簿呢？”然后响起在配给簿上盖章的乓乓声。配给就是配给，一家只能得到一份装在小小

①英国一家工程集团，主要从事军备、军用汽车和造船业务。

棕色纸袋子里的一点糖，那可是一星期的量啊。

伯特和多丽丝当年是在埃德蒙顿一家工厂上班时认识的。伯特是印刷工人，多丽丝坐办公室，两人都住沃尔瑟姆斯托，渐渐开始约会，战前经常一起去露营或者骑车。他们买了一辆双人自行车，还骑着它去埃塞克斯郡和朋友们露营。等到有了我，他们就迫不及待地让我坐在自行车后座上。那时战争刚结束，也许还没结束呢。我能想象出他们在空袭间隙骑着车子向前蹬的样子：伯特在前，多丽丝在后，我在婴儿座上，头顶是无情的炎炎烈日。或许这预示了我一生都会在路上的命运。

战争初期（也就是我出生前），多丽丝给一家集体合作公司开过面包车。她说自己不会开车，可他们硬让她开。幸运的是，那些日子里街上没什么车。她偷偷开着公司的车去会朋友，结果一头撞上了墙，不过也没被解雇。为了节省燃料，她还得赶着马车在周边分发面包糕点。她负责的可是一大片区域，三百人六块蛋糕，谁能得到都由她来决定。"下星期能给我一块蛋糕吗？""啊，你上星期不是刚领过吗？"真是英雄的战役啊。伯特在阀门厂做维修工，直到诺曼底战役打响那天。其后他去了诺曼底当通讯员，在一次炮击中受伤，周围的同伴都死了。他是那次德军小规模突袭的唯一幸存者，但伤势严重，留下一道清晰的伤疤贯穿左侧大腿。我小时候也想弄那样一条疤，常问，"爸爸，这是什么？"他说："我就是因为这个才退出战争的，儿子。"战争成为他终生挥之不去的梦魇。我儿子马龙跟着他在美国住了几年，祖孙俩经常去露营，马龙说他经常半夜醒来，叫着："当心，查理，它来了。我们死定了！我们死定了！我操！"

达特福德出来的人都是贼，这是骨子里的。有个古老的顺口溜说得好："萨顿的羊肉，柯比的牛，南达纳的姜饼，达特福德的贼。"达特福德的有钱人当年都是靠拦路抢劫起家的，他们在沃特林路上拦劫马车，那条路从多佛直通伦敦，是古罗马时代的驿路。来到达特福德，翻过陡峭的东山，就是达伦特河边的谷地。达伦特河不宽，沿着短短的大路很快就到达西山，这个时候马匹总会疲累得放慢脚步。贼伺机登场。真是完美的伏击地点。马车夫不会停下来求饶，只会直接丢下一袋金币当买路钱，求个顺利通行。要是不掏钱，劫匪会向前方发信号，一声枪响——他没出钱——然后前头的就会在西山拦住你。所以，关卡有两个，根本逃不掉。后来通了火车和汽车，这个行当就基本消失了。大约是在十九世纪中期，这帮家伙决定找点事干，把悠久传统延续下去。于是达特福德就成了不可思议的犯罪老窝——我的远亲里就有几位。不可告人的勾当完全渗透到了生活中。时不时地有卡车掉下点什么东西来。真相嘛不言自明。如果有人新添了钻石行头什么的，千万不能问"这是从哪儿来的"。

我九岁还是十岁那一年，一直遭遇拦路打劫，几乎每天放学回家都遇到，是达特福德风格的抢劫。我知道当孬种是什么样，再也不想回那里了。逃跑看似容易，可我还是总挨打。我告诉妈妈我又从自行车上摔下来了，而她的回答仍是"那就别骑了，儿子"。小毛孩早晚都得挨打，不过我挨得大概是早了点儿。动手的人里有一半是废物，另一半是恶霸。这种遭遇对我影响深远，教会我不少东西，在长大成人后可派上了用场。最重要的一点就是，好好发挥小浑蛋的本事——速度，通俗点说就是"逃跑"。但总有一天你会厌烦逃跑。这是古老的达特福德式抢劫。现如今达特福德的交通要道上净是收费亭，从多佛到伦敦还得经过那里。只不过现在过路钱变成了合法的，强盗都穿着制服。你横竖得掏钱。

我家就挨着达特福德湿地，它沿泰晤士河两岸各绵延三英里，人迹罕至，荒凉得可怕，但也引人入胜。小时候和玩伴们一起骑车去河边，只要半小时就能到了。埃塞克斯郡在河的北岸，法国说不定也在那边呢。对岸达格南的烟雾和福特工厂清晰可见，而我们这边有个格雷夫森德水泥厂，它可真不是徒有虚名①。自打十九世纪末以来，所有没人想要的东西都会被丢到达特福德来——天花病隔离所、麻风病患聚居地、军火厂、疯人院……真是个不错的大杂烩。自从十九世纪八十年代天花病大爆发以来，达特福德就成了英格兰最主要的天花收治中心。河边的医院人满为患，船一艘艘地载着病人停泊在朗里奇——这是当年沿着河口驶向伦敦的恐怖场景，今天也能从照片上看到。至于此地和周边一带的疯人院，

①格雷夫森德（Gravesend），意译为"送死"。

就更有名了，它们都是可怕的精神病收容局为所谓“精神方面尚未做好准备的人士”（现在的叫法五花八门）预备的，就是那些脑子不正常的人。这些精神病院沿着这一带画出了一个大圈，估计是有人拍板说：“好吧，这就是我们要关疯子的地方。”有个叫做“达伦特公园”的地方，大而阴森，专门用作坏孩子的劳改所，前不久才弃用。有个叫“石屋医院”的，后来改了个比“伦敦市精神病院”稍微文雅些的名字，它有着哥特式的山墙、高塔和瞭望台，带点维多利亚风格，让人觉得里面肯定关了开膛手杰克和雅克布·列维之类的人。有些院子专门用来关最棘手的疯子。米克·贾格尔十二三岁的时候在贝克斯利的精神病院（人称“五月柱”）找了份暑期工作。我觉得里面关的肯定都是上流社会的疯子，他们还坐轮椅呢。米克在那儿的餐饮部打工，给他们送午饭。

差不多每隔一星期就能听到警报声——又有疯子跑出来了——早晨就会发现有个家伙穿着小睡衣在达特福德荒地里发抖。有的人过很久才会被发现死在树丛里。这算是我日常生活的一景，有时候恍惚觉得战争还没结束，因为疯子跑掉时拉的警笛和空袭警报一模一样。你懵然不觉自己生长在一个奇怪的地方，给人指路时候还说“过了那个疯人院，不是大的，是那个小的，就到了”。然后对方就会看着你，好像你是从疯人院跑出来的。

唯一与众不同的是威尔斯烟花厂，立在沼泽旁边的几座孤零零的小房子。五十年代的一天晚上，它爆炸了，死了几个人。场面真是壮烈。我透过窗子看去，有大战又开始了的感觉。这家工厂生产的都是便宜小炮仗和“罗马蜡烛”、“黄金雨”、“跳爆竹”之类的烟花，这下通通炸了。附近所有人都记得这出事，方圆几英里的房子的窗玻璃都震碎了。

我们都有自行车。我和住在谭波山的朋友大卫·吉布斯觉得把硬纸片别在后轮辐条上很酷，骑车时能发出机械的声音，但这会惹得他人冲我们嚷嚷：“把那该死的东西拿掉，吵得人睡不着！”所以我们经常骑车到泰晤士河边的树林和灌木丛去。那可是片危险的土地，里面藏着不少同性恋，会有凶悍的男人怒斥“滚开”。我们只好把硬纸板拿下来。那儿也是疯子、逃兵和流浪汉的天下。有很多从英国军队逃出来、看着像日本兵的人，他们藏在里面，可能以为战争还没有过去，有那么几个已经住了五六年。他们挤在洞穴或树屋之类的地方躲避风雨，活像肮脏下贱的猪猡。我第一次挨枪子儿就是拜这帮浑蛋所赐——射得可真准，气枪子弹一枪打在屁股上。有个小碉堡是我们最爱去的地方，它曾是个机枪哨位，泰晤士河边有很多这样的地方。我们还常常去捡角落里的传单，贴在墙上当装饰。

有一天我们在那里发现一个流浪汉，他缩成一团，身上密密麻麻的全是苍蝇——一个死“煤油灯”（流浪汉的俚称）。他周围摊着脏兮兮的杂志、用过的避孕套。苍蝇嗡嗡飞着，声音大得像蛙叫。他已经死了好几天，可能都好几个星期了。我们飞也似的跑开了，也从没提起过这件事。

我还记得小时候从丽尔家去西山幼儿园时，我哭得上气不接下气的情形。“不要，妈妈，不要！”我又哭又号，又踢又踹，就是不想去，最终还是去了。他们总有办法对付小孩子。我和他们斗，但很清楚会搞得筋疲力尽。多丽丝安慰我，说得却并不中听：“这就是生活，孩子，有些事没法反抗。”丽尔的儿子，也就是我的表哥，那年少说也有十五岁了，已经是个大孩子，有种说不出的魅力，当时可是我心目中的英雄。他有件格子衬衣！他想什么时候出门就什么时候出门。我记得他叫莱格。丽尔的女儿，也就是我表姐，名叫凯，老让我丢面子，因为她腿长，跑得比我快。每次和她赛跑我都第二，不过她年纪比我大嘛。我平生第一次骑马就是和她一起。那是匹非常老的白色母马，没有套马鞍，估计它根本不知道发生了什么事，糊里糊涂就被牵到离我们家不远的那个所谓的牧场上来，我、凯和其他几个同伴一起，踩着栅栏好容易才爬上马背。没有缰绳，不过谢天谢地，马脾气不错，否则它要是跑起来我非飞出去不可。

我讨厌幼儿园，讨厌所有的学校。多丽丝说我太紧张，她记得放学得背我回家，因为我浑身哆嗦，没法走路。那是我遭到抢劫和恐吓之前的事。幼儿园的伙食极差。我记得被逼着吃什么“吉卜赛馅饼”，难以下咽。反正我不吃。饼里塞了一坨果酱还是焦糖之类的玩意儿，简直就是烧糊了的屎。所有上过学的孩子都知道这种饼，有人还真心喜欢它呢。可我觉得甜点不应该是这样的。他们逼我吃，威胁要惩罚我或者罚款。简直就像狄更斯小说里的场面。我被罚用小嫩手抄写“我再也不挑食了”三百遍。我于是写了那么多次的“我、我、我、我、我、我、我……再也、再也、再也、再也……”

大家都觉得我脾气坏，就好像其他人脾气都很好似的。可这都是被“吉卜赛馅饼”逼出来的。回想起来，战后的英国教育系统对此没做任何引导。老师是从速成班毕业的，根本不知道为什么不能像对待大人那样对待五六岁的孩子。他们都是退伍人员，都参加过二战，还有几个是从朝鲜战场回来的。所以我就是在疯狂的权威压迫之下长大的。

能从公共医疗服务系统的牙医手下死里逃生，我简直该被授予一枚勋章。他们大概每年来学校巡检两次，母亲就把尖叫不休的我拖到他们面前。事后她会用辛辛苦苦赚来的钱买点东西作为奖励，因为每次我都叫得撕心裂肺。那帮人却毫无怜悯之心。“闭嘴，孩子。”一个穿着红围裙，活像从埃德加·爱伦·坡的恐怖小说里走出来的人说道。一九四九年到一九五〇年间他们用的都是快要散架的机器，牙钻是用皮带传动的，人被捆在椅子上，像坐电椅一样。

牙医也是个退伍的兵，我的牙就是被他毁了。后来我落下了阴影，看见牙医就怕，七十年代中期终于产生了恶果——一口牙全黑了。在我小的时候，麻醉气体太贵，而且他们更爱拔牙，不爱补牙。喷一丁点麻醉气体，然后就猛地把牙扯出来；看着周围那些红色橡胶管和口罩，你简直以为自己是在驾驶轰炸机，不过没有炸弹就是了。对面的男人戴着红色塑料口罩，像《马拉松人》里的劳伦斯·奥利弗那样俯下身来，[①]简直是平生唯一一次见识到的魔鬼真容。我像是正在做梦，看见他拿着三叉戟大笑着离开，清醒后听见他说：“别叫了，孩子。我还有二十多个病人要看呢。”之后我会得到奖励，一样小破玩具或一把塑料枪。

①劳伦斯·奥利弗在《马拉松人》中饰演纳粹分子，用牙医工具折磨人招供。

后来地方议会分给我家一套房子，位于查斯蒂里安路的一排小商店间，楼下是家卖蔬果的小店。房子有两间卧室，一间起居室，如今依然存在。米克家在我家隔壁的丹佛路，大家都管那儿叫“时尚城”，因为他们的房子都是独立式的，我家这边则是半独立式的。从我家骑车五分钟就能到达特福德荒地，两条街外就是我上的第二所学校——温特沃斯小学，米克和我同校。

不久前我还回过达特福德，再次感受那里的气氛。查斯蒂里安路没什么变化，我家楼下那个蔬菜店现在卖花，名叫“肯特的爱之花蕾”。我刚一下车，店主就拿了一张装在镜框里的照片出来让我签名，照片是现成的，好像我每星期都会上这儿来一样，其实我已经有三十五年没来了。一踏进旧居，我就清楚地忆起眼前的楼梯有多少级。五十年来我第一次走进童年时生活过的屋子，现在由那个店主住着。小小的屋子几乎没什么变化，一米见方的楼梯平台对面是伯特和多丽丝的小屋。一九四九年到一九五〇年，我就生活在这里。

街对面是家合作商店和一间肉铺，我就是在这铺子里平生第一次挨了狗咬。那是条恶狗，整天被拴在外边。斜对面的角上是个芬雷斯烟草店，街头的信箱还在原处，但阿什路上的大弹坑已经被填平了。当年，隔壁斯代德曼先生家有电视，他常常掀起窗帘，让我们这些孩子在外面看。至于我最痛苦的回忆，莫过于站在小小后院里想起的事：扔烂西红柿。先前也有过不少痛苦的时刻，但都不如那次糟。楼下蔬果店老板常把装着烂水果的箱子放在后院，那天我和一个朋友在那儿发现了一大箱烂西红柿，就把整堆西红柿都翻出来，互相扔着玩。烂西红柿溅了我们一身，还弄得窗子和墙上到处都是。我们向对方狂轰滥炸。“接招，猪猡！”一个烂西红柿应声砸在脸上。回家后，我却差点被妈妈吓死。

“我要叫那个男人来。”

“你说什么？”

“我要叫那个男人来，让他把你带走，因为你太淘气了。”

我一下子就崩溃了。

“再过一刻钟他就来了。马上就来把你带走。”

我快吓死了，我那时才六七岁。

“啊，妈妈！”我跪下拼命求她。

“我受不了你了。我不想要你了。”

“不，妈妈，求你了……”

“我还要告诉你爸爸。”

“啊，妈妈——”

真是残酷的一天。她对我毫不留情，吓唬了我大概有一个钟头。直到我哭得筋疲力尽，睡了过去。后来发现根本就没有什么男人，她是在骗我。我费力地想弄明白自己错在哪儿，就为了几个烂西红柿？或许是因为我需要一点儿教训：“你不能这么做。”多丽丝其实对我一向都不严格，说话都是类似“就是这样，结果会这样，你应该这么做那么做”。但这也是唯一一次，她让我对上帝产生了敬畏。

我们一家其实并不怎么敬畏上帝，也没有系统性的宗教信仰。一个也没有。我祖父是个激进的社会主义者，祖母也是。教堂和宗教组织都被尽量回避。没有人在乎基督说了什么，当然也没有人说“世上根本就没有上帝”之类的话。我们从不参加任何宗教组织，对牧师也总是充满怀疑，不就是一个穿着黑色教袍到处跑的家伙吗？当心天主教徒，他们更危险。感谢上帝，我的家人没时间做这些，要不星期日就更无聊了。我们从不去教堂，连教堂的门冲哪边开都不知道。

后来我又和妻子帕蒂一起回了达特福德，之前她从没去过。女儿安吉拉给我们当向导，她在多丽丝身边长大，和我一样从小生活在那里。我们来到查斯蒂里安路，站在隔壁的商店门前。那儿当时是一家男女都接待的美发沙龙，名叫“高光”，只能同时服务三个顾客，女服务员倒有十五个左右，年纪和长相我觉得都不错。要是在我小的时候，隔壁是这家店就好了。这可是美发沙龙啊。只是不知道果蔬贩子对此会有什么想法。

我们在那儿没待一会儿，那套对话又上演了：

歌迷：能给我们签个名吗，拜托了。就写“送给安妮和‘高光’的姑娘们。来这家美发沙龙理发吧”。你一会儿还去米克住过的丹佛路吗？

我：还有要签的啊？

歌迷：再给我丈夫签一张吧。

我：啊，你结婚了？该死。

歌迷：为什么这么问呢？好吧，就写“来这家美发沙龙吧”……拿张纸过来……要不我丈夫肯定不信嘛。

我：我都忘了被达特福德的姑娘们包围着是什么感觉了。

年长一点的歌迷：她们太小，还欣赏不了。我们可记得你。

我：好吧，我还在做音乐。你们现在听到的一切，少了我根本不成。今晚我会梦见这里的。

歌迷：你在这个小屋子里时，想象过会有今天吗？

我：我什么都想，不过从来没觉得会成真。

这些姑娘们天生就有达特福德气质：轻松活泼，爱扎堆儿。跟乡下姑娘没什么两样，小地方出身，给人亲切友爱的感觉。我当年在查斯蒂里安路也交过几个女朋友，不过都是纯柏拉图式的。我还记得其中有个姑娘吻过我，那时才六七岁。“不过要在暗中。”她说。在暗中！到现在我都没能写出这么一首歌来。[①]姑娘们总是遥遥领先。这是我最早的恋爱经历。长大后我就有了很多姑娘。表姐凯也和我好了几年。我开车带着帕蒂和安吉拉经过石南路，那片高级住宅区里曾住着一个叫黛博拉的姑娘，我十一二岁的时候非常迷恋她，常常站在那儿痴痴地望着她卧室的窗子，就像夜里撬锁入门的小偷。

从那骑自行车五分钟是一片石南原野。达特福德地方不大，你花不了几分钟就能来到这片颇具肯特郡风情的灌木林地，心情也随之一变。

①“在暗中”原文 keep it dark，摇滚乐队“创世纪”有一首歌以此为名。

这片树丛透着几分中世纪的荒凉，非常考验骑车技术。当年我就在这片坑坑洼洼之中颠簸。路上的大土坡征服起来很有快感。我后来也骑车经过不少坑洼不平的地方，但属这里最惊险，玩上一个周末都不会厌倦。

当年的达特福德，往西是城市，往东往南是标准的乡村（也许现在仍这样）。你会清晰地感觉自己位于城乡之界。达特福德确实是远郊，有特色，并且直到现在仍然如此，根本不像是伦敦的一部分。当地人也不觉得自己是伦敦人。我成长期间对这里似乎没什么自豪感，巴不得早点离开，那次回去也没觉得感伤，只有一样事例外，这片石南原野的气息。它让我回忆起很多事情。我最爱现在定居的苏克塞斯郡的空气，打算一直待到死。不过达特福德的石南丛有一种独特的气味，交织着石南花与金雀花的芬芳，是我在别处没有闻过的。那些土坡土坑已经不在，也许是被填平了，也许是我的记忆把它们夸大了，但是走在这片蕨类植物之间的确唤醒了我的旧日印象。

在我童年的记忆中，伦敦就意味着马粪和煤烟。二战后的五六年间，伦敦多了不少马车，比一战结束后还多。马粪和煤烟的混杂气味很刺鼻，但其实我还真挺怀念的，就像怀念曾睡过的床。我打算试着制造这样的气味，看看能不能卖给伦敦的老居民——还记得不，正宗的伦敦味儿！

我觉得伦敦除了这股味儿，别的没怎么变，此外很多建筑恢复了美丽，比如伦敦自然历史博物馆，已被打扫得干干净净，蓝色瓷砖也露出了本色，可不是我小时候看到的那样。还有就是以前街上人不多。我忘了是在哪里见过二十世纪初拍摄的奇切斯特大街的照片，街头只有几个孩子在玩球，一辆马车从旁边经过。估计好半天才会有这么一辆吧。

小时候整个冬天都弥漫着大雾，从两三英里以外的地方走回家时，总有一群狗在前面领路。突然，戴着眼罩的老多格尔出现，你知道这正是回家的路。有时候雾浓到什么都看不见。老多格尔会领着你，带到一只拉布拉多狗那儿，让它带你回家。那时候街上有很多动物，现在可是看不到了。小时候要是没有这些朋友们的帮忙，我早就迷路丧命了。

九岁的时候，我们家在谭波山的荒原一带分到了一套市政廉价房，其实我还是宁愿留在查斯蒂里安路。但是多丽丝觉得我们太幸运了，一天到晚念叨“我们有房子了”。好吧，那么我们就卷起所有破烂家当搬到镇子另一头去。当然，战后几年内住房危机一直都严重。达特福德有很多人只能住王子路的活动房（一九六二年我与查理·沃茨[①]相识时他就住在这样的房子里），在石棉墙壁和锡制屋顶间落户，还对它满怀深情。战后英国政府在一步步收拾残局，我们是这残局的一部分。当然，最后他们很成功。工党精英一直喜欢用自己的名字为新修街道命名，考虑到近来他们执政不过六年就下了台，这一举动确实有些草率。他们自认是工人阶级奋斗出身的英雄——我祖父欧尼·理查兹就是这么一位斗士兼党的忠实拥趸，他和我祖母伊莉莎多少算是沃尔瑟姆斯托工党的创始人。

这片建筑是战后第一任首相克莱门特·艾德礼于一九四九年发起建造的，这里有一条街就以他的名字命名。欧尼和他是朋友。艾德礼当年的讲话被保存至今：“我们希望民众热爱家园，安居乐业，创建社区的文明生活……在达特福德，你们树立了榜样。”

“不，一点也不美好，”多丽丝会说，“很艰苦。”现在就更糟了。谭波山没有可去的地方，成了真正的青少年犯罪团伙的天堂。当年我们搬过去的时候，那里还没重建完。街角有个工地，路上没有树木，只有成群的耗子跑来跑去。地上坑坑洼洼，和月球表面没两样。尽管这里距离熟悉的达特福德只有十分钟的路程，但年幼的我简直觉得像到了外国。近一年的时间我都觉得自己好像住在外星球，后来才开始接触新邻居。但父母喜欢这座市政房。我没别的选择，只能默默忍受。这是一栋半独立式房屋，很新，盖得也不错，但它不是我们的！我觉得我们应该住更好的房子，每每想起来我就很难过。我把一家人想象成流放中的贵族，真是自命不凡啊！有时候我看不起父母，因为他们轻易地接受了命运。当然这都是过去的事情了，我当时根本不知道他们都经历了什么。

米克原本和我住得十分近，只隔了几个门，还上同一所学校，我们就这么认识了。但等我搬来镇子的这一头，离学校也远了很多，便成了“局

---

① Charlie Watts（1941－），“滚石”鼓手。

外人”，什么老朋友都见不到，再也回不去了。米克后来也从丹佛路搬到了郊区的威尔明顿，那里风景怡人。镇子这一头的我成了“越界人”——达特福德中心真的有一条铁轨经过，把镇子一分为二。

谭波山——这名号可真是响当当[①]。我在当地从来没见过什么神殿，但山本身对于孩子来说却很有吸引力。它地势陡峭，让敢于冒险的孩子喜爱有加。我记得我会把漫画《水牛比尔的狂野西部年鉴》横放在一块滑板上，坐在上面往山下滑。途中要是有什么障碍就糟了——我可没有刹车。终点是一条横向的马路，我得一直冲到对面去，好在那时候路上没有多少车，但要是正巧有经过的我就死定了。真是惊心动魄。此外如果正好有推婴儿车的女士路过，上帝保佑她！我就只能跳起来，任凭滑板冲向他们。我常边滑边冲下面喊“当心！靠边！”，但从没被人制止过。小时候淘气总能逃脱惩罚。

我身上有道很深的伤疤就是那时候留下来的。有一次，我见路边乱堆了很多大厚石板。而我，觉得自己是超人，就想和一个伙伴把其中一块搬开，省得妨碍我们踢足球。如果我的回忆像小说一样离奇，那么当年的朋友兼玩伴桑德拉·哈尔多该有另一个版本。在她的记忆中，我当年英勇地主动答应帮她把石板搬开，因为它们之间相隔太远，她在上面跳来跳去不方便，后来石板掉下来砸住了我的手指，流了好多血，我马上跑回家在水槽上冲洗，可血还是一直流。后来就缝了几针。绝非夸张，这个伤多年后影响了我弹吉他，因伤而变得扁平的手指，更方便拨弦，虽然影响了音色，但成为一种特色。后来指尖长出了一块尖肉，有点像爪子，弹拨[②]的时候正合适。总之这根又扁又尖的手指有时候还挺好用，上头的指甲后来也没恢复正常，一直有点弯曲。

上下学要走很长一段路，因为不走谭波山那个大陡坡，就得绕到山后，相当于沿着山脚走一大圈。那是条煤渣路，铺得很平整，但要经过伯勒斯·惠康公司和博华特造纸厂后面，还要越过一条泛着黄绿色泡沫

---

①谭波山（Temple Hill）直译为“神殿山”。

② finger-pick。

的臭水沟。全世界所有的化学肥料都被倒进这条水沟了，热气腾腾的就像硫磺喷泉。一到这里我就会憋住气加快脚步，真像置身地狱。工厂的正面却又是个花园，带个漂亮的池塘，有天鹅游水，是那种让你感叹“哇，比哈罗德百货公司还大”的地方。

“滚石”上次巡演的时候，我随身带着笔记本，随时记点曲子和灵感，也包括对童年的回忆。其中有一条这样写着，“在装园艺工具的包里找到伯特和多丽丝三十年代时玩‘跳山羊’的照片，眼泪顿时上来了”。那张照片上两个人像在做体操，伯特在多丽丝背上倒立。他们俩都摆出翻跟头的造型，伯特明显在炫耀身材。在早期的照片里，两个人似乎过得很开心，一起露营、去海边，还有不少朋友。伯特是个正儿八经的运动员，获得过雄鹰童子军奖章，还是个爱尔兰拳击手。爸爸真的身强体壮，我继承了他的体格，“什么？身体不舒服的感觉我可从来没有过”。我们都把健康当成理所当然的事，不管怎么糟蹋，身体还是会照样运行，从来用不着特别关照。生来如此，所以身体垮下来简直不能容忍。我总是想“没事的，不就是颗子弹吗，皮外伤而已”。

我和多丽丝很亲近，和伯特有点隔阂，只因为他有半数时间都不在家。他是个工作狂，糊涂的家伙。每天到汉默史密斯的通用公司上班，做工头，一周薪水二十几英镑。他熟悉阀门的安装运输，最让人称道的是没什么野心。我觉得这可能跟他成长期恰值大萧条的年代有关，他最大的雄心就是找份稳定的工作。他总是五点起床晚七点半回家，十点半睡觉，每天能和我相处的时间只有三个小时，于是总想在周末弥补我，带我去网球俱乐部，去石南荒野，陪我踢球，或者在花园里干点活儿。“你去干这个，干那个。”“好的，爸爸。”“把手推车推过来，给这儿松松土，把这种子埋下去。”我喜欢看着植物生长，而爸爸清楚该怎么干。“该收土豆了。”这是最简单的。“今年的红花菜豆收成不错。”其实我和他还是疏远，这样的时光也算不上亲密无间，但我很开心。他是个好人，他是我的老爸。

独生子总会想法子创造自己的世界。首先，你是和两个大人住一起，童年时肯定有多半时间只能听到大人之间的对话，什么保险啊、房租啊之类的麻烦事，却没法向谁倾诉。所有独生子女都会告诉你，他们缺一个兄妹可以黏着。是可以出门去交朋友玩耍，但太阳下山就得告别。没有兄弟姊妹，身边也没有什么表亲（我的表亲很多，但都不住附近），怎样交朋友，和谁交朋友就至关重要。在我那个年龄堪称关乎存亡。

假期格外令人兴奋。我们去过德文郡的比桑兹，在当地租了一辆拖车。附近本来有个叫霍尔桑兹的村子，因为渐渐被大海吞噬，已经没人居住了，这自然让孩子们觉得有趣。简直就是《五个家伙在多塞特发了疯》里的场景。失修的破房子有半截浸在海水中，怪异而浪漫的废墟就近在眼前。比桑兹是一座古老的渔村，渔船在码头来来往往。儿时的我觉得这里真是个了不起的社区，不出两三天你就能认识全村所有人。到第四天，已经带上了德文郡口音，开开心心当起了本地人。遇到旅客问我："金布里奇怎么走？"我就说："啊，您是要往哪里去啊？"这是从伊丽莎白一世时代沿袭下来的说法，那里的人说话就是有古风。

假期我们有时也会去野营，因为伯特和多丽丝很喜欢。点煤气炉，搭护顶棚，铺防潮布。我只能跟着他们，每次到一个地方总是到处打量有没有人能一起玩，担心自己是唯一一个小孩……看到那种有四兄弟两姐妹的大家庭，我还真羡慕。不过正是这样的时刻才让人成长。如果你不想独自暴露在成年人的世界里，就得创造出自己的世界。然后想象力就派上用场了，一切都得靠自己。交到朋友是极其兴奋的。有时候我会去别的帐篷串门，如果遇到那种有兄弟姐妹的大家庭，分别时总是很不舍。

爸爸妈妈的生活中还有一件大事，就是周末去参加贝克斯利网球俱乐部的活动。它从属于贝克斯利板球俱乐部，所以总有低人一等的感觉，主俱乐部拥有从十九世纪留下来的豪华场馆，而网球俱乐部是穷亲戚，其成员永远不会获得去板球俱乐部的邀请。除了下雨天，我们每个星期都去。我对贝克斯利的了解比对达特福德的了解还多。周末吃完午饭，我就和表姐凯坐火车到那里去和父母碰头。其他人大都属于另一个社会阶层——当时英格兰的阶级意识还很鲜明。他们都有小轿车，只有我们骑自行车。我的任务是把打到铁道那边的球捡回来，有几次差点触电。

我养宠物做伴，有过一只猫和一只鼠。这有点让人难以相信，也多少显示了我的性格。那是一只小白鼠，叫格拉迪斯。我带着她去上学，上无聊的法语课时就和她聊天。我把自己的午饭和晚饭分给她，放学时总是带回家满满一大口袋老鼠屎。它们不算什么，就是干巴巴的小球，不是黏糊糊的恶心东西，而且一点也不臭，清理时只要把袋兜倒过来就行了。格拉迪斯是个真诚可信的好朋友，从来不会把小脑袋从兜里探出来，不然她就死定了。但是多丽丝还是把她和我的猫弄死了。她不喜欢小动物，威胁要杀死它们，而且也真的这么干了。我曾经在她卧室门口贴过一张纸条，上面画了一只猫，配了文字"凶手"。我真的无法原谅她伤害小动物。但她的反应很平淡："闭嘴。别那么脆弱。那猫到处撒尿。"

在我小时候，多丽丝的工作就是在达特福德大街的合作商店展示热点牌洗衣机的用法，那时洗衣机才刚刚发明出来呢。她很擅长这方面的展示，简直称得上是艺术家。她曾梦想当个女演员，登台跳舞，这是家族遗传。我曾去过她工作的地方，站在周围簇拥的人群里，看她展示洗衣机有多神奇。她自己没有洗衣机，买一台得花掉好几年的积蓄，但她可以娴熟地使用它。你甚至用不着自己打水，只要把脏衣服放进去，之后拿一个篮子来装干净衣服就行。那年头这可是新鲜玩意儿，围观的人会问："这机器洗衣服可真不错，可是天哪，这么高科技的东西我能弄懂吗？"然后就是妈妈的工作："没问题，很容易的。""滚石"成名前，我们几个身无分文地寄居在伊迪丝·格洛夫的废弃仓库里，多丽丝便经常拿我们的脏衣服去现场展示，把它们洗净熨平，再让她的崇拜者出租车司机比尔给我们送回来，所以我们虽然穷困，穿得倒总是干净的。白天脏衣服去，晚上干净衣服来。多丽丝需要脏衣服，我们可有的是，哈哈！

多年后查理·沃茨整天泡在萨维尔街，出入各个制衣店，货比三家，连用什么纽扣都要寻思。我却从来不想去那里，想来也和我妈妈有关。她总是带我去布料店买窗帘，而我对此毫无发言权，只能坐在椅子、长凳或者货架上看着她东挑西选。明明都挑好了，店家也包了起来，然后……我的天哪，不要！她又突然转过身去看上了别的东西，把男人的忍耐力逼到极限。终于到了收款处，她的钱进了收款台的小钱罐。我经常坐在那里，看着她一连几个小时挑拣那些根本买不起的东西。但是对于生命中的第一个女人，你又能说什么呢。她给我饭吃，给我衣穿，总是在大庭广众之下给我捋头发、抻衣服，真让人难为情，但老妈就是这样。很久以后我才明白她其实也是我的伙伴。她总能让我欢笑，家里总放着音乐。我非常怀念她。

我父母能走在一起真是奇迹——他们的家庭背景和个性截然不同。伯特一家是严厉死板的社会主义者。他的父亲，也就是我的祖父欧尼斯特·G.理查兹，人称“欧尼大叔”，不光是工党的忠实拥趸，还曾拿起武器为工人阶级而战，在他开始社会活动时，这里还没有社会主义运动，也没有工党的影子。一九〇二年，欧尼娶了我祖母伊莉莎，当时工党刚创立不久，一九〇〇年在下议院只占有两席。其中伦敦地区的选票还是欧尼为工党创始人凯尔·哈迪争取的。一战后，他日复一日地做着选民调查和招募党员之类的工作，不管发生什么，都为哈迪牢牢守住这里。从此沃尔瑟姆斯托成了工党的地盘。当时有很多劳工从伦敦东区搬来这里，形成了一个坐火车上下班的阶层，在这条政治斗争的最前线，欧尼是其中最忠诚的战士。毫不妥协，绝不退让。沃瑟姆斯托顺理成章地成了工党重镇，把克莱门特·艾德礼送进了议会。这位艾德礼在一九四五年后取代丘吉尔担任首相，五十年代时仍任沃瑟姆斯托地区议员。祖父欧尼去世时他发来唁电，盛赞欧尼是“社会中坚”。在欧尼的葬礼上，大家唱了《红旗》，这首歌现在已经在工党大会上消失。我真不知道歌词有什么感人的：

高高举起鲜红的旗帜，
我们在它之下或生或死，
让懦夫逃跑，叛徒嘲笑，

我们始终在这里挥舞红旗。

欧尼的工作？他是园丁，在一个食品加工厂工作了三十五年。祖母伊莉莎比欧尼更“中坚”，她更早当选地方议员，一九四一年成了沃瑟姆斯托的镇长。在政界，他们俩都是一步步攀升的。伊莉莎出身伦敦伯蒙齐区的工人阶级家庭，沃瑟姆斯托的儿童福利制度某种程度上就是由她设立的，她无愧为改革家。她还担任过伦敦某行政区住房委员会主席，结果那个区的市政房计划在全国规模最大，想来她一定曾是风云人物。多丽丝总是抱怨伊莉莎太正派，在她和伯特新婚的时候都不肯批一套市政房。“我不能给你房子，你是我儿媳妇。”这都不叫严格，根本就是苛刻。所以我总是纳闷，这个家庭出来的人怎么会和一堆放荡不羁的人在一起。

多丽丝和她的六个姊妹（我父母两边的家庭都阴盛阳衰）从小挤在一间卧室里，另一间属于外祖父加斯和外祖母艾玛，那是伦敦伊斯灵顿区的一栋小房子。前厅只在特别的日子里才用，房子后部是小小的厨房和起居室，一家九口就这么点空间。楼上住着另一户人家。

我对音乐的热爱很大程度上要感谢外祖父加斯，上帝保佑他。我经常给他写纸条并用大头针订起来，“谢谢你，外公”。他大名西奥多·奥古斯都·杜普利，作为一家之主，被一堆女人围绕着。他们住在格罗斯雷十三街七号，家里七个女儿，正巧附近就有一条路叫“七姊妹路”。加斯说过：“不光七个女儿，加上老婆有八个女人。”他的妻子，也就是我的外祖母艾玛，是个坚忍的女人，本姓特纳，一度是个优秀的钢琴手。其实论阶级，艾玛比加斯略高，她有大家风范，还会说法语，至于是怎么看上加斯的，我就不得而知了。他们在伊斯灵顿区一个农业展览会的摩天轮上相遇。加斯相貌英俊，总是插科打诨，笑容可掬。这种幽默和开朗的劲头，让他总能生气勃勃地挺过艰难困苦。他的子孙中有不少人继承了这些精神，多丽丝就继承了他疯狂的幽默感，以及音乐细胞。

我们不知道加斯出身何处，也就不知道自己的部分出身——没准是个地狱一样的地方呢。家里有人猜测那个长姓名并不是他的真名。但不知为什么，没人追根究底。人口登记册上是这样写的：西奥多·杜普利，一八九二年出生于伦敦哈克尼区的一个大家庭，兄弟姊妹共十一人。他的父亲则出生于南沃克，在登记册上是“裱糊工人”。“杜普利”是胡格诺派的姓氏，其先祖大都来自海峡群岛，是从法国流亡而来的受到迫害的新教徒。加斯十三岁就辍学了，之后一直在伊斯灵顿周边以做糕点师为生，他跟着他父亲在卡姆登走廊的朋友学会了拉小提琴，成为多才多艺的音乐人。三十年代，加斯组建了一支舞曲乐队，自己吹萨克斯，不过一战中不幸在前线吸入了毒气，落下了毛病，再也不能吹了。也不知道是真是假，反正我总听到很多故事。加斯始终把身世掩藏在蛛网与迷雾之中。伯特说，一战时加斯其实是在炊事部门做烘焙的老本行，根本没上前线。他还说，“如果真的吸入了毒气，也一定是烤箱释放的。”但我那无所不知的姨妈玛吉（这本书成书时她还健在，已经九十多岁了）说加斯一九一六年入伍，在战场上担任狙击手。她说他回忆起战争总是热泪盈眶，因为不想杀害任何人。他腿上和肩膀上都负过伤，不是在帕森达勒战役就是在索姆河战役。不管怎样，反正他不能吹萨克斯了，于是重新开始拉小提琴，还弹弹吉他，但拉琴时胳膊上的旧伤让他握弓的那只手不那么灵活，一个特别委员会每周支给他十先令的伤病津贴。加斯是三十年代著名演员兼乐手鲍比·豪斯的密友，也是战友，曾在军官食堂里做双人表演，还烹饪食物。所以他们俩能比普通士兵多吃点东西。这些都是玛吉告诉我的。

五十年代加斯组了一支四步舞乐队，名叫“加斯·杜普利和他的小伙子们”，他们经常去美国空军基地和乡村舞会上表演，反应还不错。那时他白天在工厂做工，晚上搞乐队，上台时总穿着白色“围嘴”。他也在犹太人的婚礼和共济会成员的活动上演出，回家时总能从小提琴匣里掏出一些糕点。这些事我的姨妈们都记得。他那时候肯定非常缺钱，比方说不买新衣服，总是买二手的衣服和鞋。

为什么外祖母那么坚忍？是因为二十三年来怀了那么多次身孕？加斯最大的快乐就是，他拉小提琴，艾玛弹钢琴伴奏。但在战时灯火管制期间，她抓到他和一个民防队员做爱，后来竟成了常事。更糟的是他们还在钢琴上做。所以艾玛再也不肯给他弹钢琴了。这就是代价。她性情固执，其实和加斯是两类人，和他那种艺术家的脾气不合。于是他只好劝女儿们来搞音乐，但是，“一切再也不一样了，基思，”他告诉我，“再也不一样了。”要是信他的话，你准会以为艾玛是阿瑟·鲁宾斯坦[①]。“艾玛真是无与伦比，她的琴弹得一流。”他常说。她的弹奏在他心目中象征着失落已久的爱，是一种渴望。不幸的是，大大小小的风流韵事不断。加斯是大众情人，对此艾玛真受够了。

加斯这样的人和家庭在那个年代并不多见，他们算是放荡不羁。他总是鼓动目无尊长、离经叛道的做法，而这种特性会遗传，我有个姨妈就在业余剧团巡回演出。我的姨妈们都很有艺术气质，根据境遇的不同表现在不同的方面。考虑到时代背景，加斯家可以说是非常自由、非常背离“维多利亚”的。加斯是这样的人：女儿们长大成人后各自叫男朋友来家里玩，男孩坐在对着窗子的沙发上，姑娘们坐在他们对面，这时加斯会去厕所拿绳子拴着一个用过的避孕套，在窗口冲着男孩们晃，背对窗子的姑娘看不到这一幕。这就是他的幽默感。男孩面红耳赤，差点崩溃，姑娘们却蒙在鼓里。加斯就喜欢制造这样的小骚动。多丽丝说艾玛有一次被加斯的合住在科勒布鲁克路的姐妹亨丽埃塔和菲利希娅的丑闻吓了一大跳，她用耳语般的声音说，“她们卖淫。”我妈妈的姐妹并不都像她那样饶舌，她们更像艾玛，诚实正派，但也没有人否认这一丑闻。

我关于加斯最早的记忆，就是和他一起散步，还有短途旅行，我想他大概是想逃出那个全是女人的房子吧。我和他那条名叫“汤普森·伍夫特先生”的狗就是他出门的绝好借口。加斯家没有过男孩子，别说儿子，在我之前是连外孙都没有。我的出现对他来说肯定是件大事，一个外出消失片刻的好机会。艾玛让他做家务的时候，他总是说：“没问题，艾玛，不过我屁股有点痒。”然后点点头，挤挤眼，牵着狗绳出去遛狗了。我们经常一走就是好几英里，有时候甚至几天不回家。有一次我们还去樱草

① Arthur Rubinstein（1887－1982），20 世纪最杰出的钢琴家之一。

花山看星星，当然是和汤普森先生一起。“不知道咱们今晚能不能在这儿住下来。”加斯说。于是我们就在一棵树下睡着了。

“咱们去遛狗吧。”（出门的暗号。）

“没问题。”

“带上雨衣。”

“又没下雨。”

“带上雨衣。”

我五六岁那年，有一次散步时加斯问我：“你身上有一便士吗？”

“有啊。”

“看见街角那个孩子了吗？”

“看见了。”

“把钱给他。”

“为什么，加斯？”

“去吧，他过得比你苦。”

我把钱给了那个孩子。后来加斯给了我两便士。这一课给我留下了深刻的印象。

加斯从来不会让我觉得烦闷。一个大雾的晚上，他带我来到新十字火车站，给了我平生第一支烟头抽：“反正没人看见。”对朋友，加斯典型的问候语是：“你好啊，可别一辈子都跟娘们儿似的。”平缓的声调美好亲切。我真爱这个头上只剩一圈头发的男人。“你肯定从来没听过这个。”“什么，加斯？”

散步的时候他能哼出整段整段的交响乐，我们有时候去樱草花山，有时候去海格特，要不就途经阿奇韦或安格尔走过整个伊斯灵顿。我们到处都走遍了。

“想吃腊肠吗？”

“太棒了，加斯。”

“你可不应该吃那东西。咱们去里昂康纳咖啡馆买。”

“太好了，加斯。”

“别告诉你外祖母。”

“当然啦，加斯！那狗怎么办？”

“它认识那儿的大厨。”

他的温暖与热情包围着我，他的幽默让我每天都笑得直不起腰来。那时候在伦敦没多少有意思的事物，但是总有音乐！

“待在这儿，我去弄点琴弦。”

“好的，加斯。”

我说话不多，只是听他讲。他带上奶酪刀，我拿上雨衣。我的游荡癖也许就是被他传染的。“如果你住在七姊妹路附近，家里有七个女儿，加上老婆共八个女人，你也会想往外跑的。”印象中，从没见过他喝酒，但他肯定干过什么离谱的事。我们从不进酒馆，因为他的身影总消失在一排商店后面。我两眼放光地在前面的商店里观望，他神采奕奕地从后面出来。

“走吧，牵好狗。”

“好的，加斯。”

“来吧，汤普森先生。”

我根本不知道要走到哪儿去。安格尔和伊斯灵顿到处都是小商店，他有时就会突然消失在某家店后面。“在这儿等一下，孩子，牵好狗。”没过多久，他就出来，“好了。”然后我们接着走，最后来到西区的某家乐器商店，比如“艾弗梅兰”或“HMV”之类的。他认识这里所有的乐器打造者和维修工。他会带我走进其中一家，让我坐在货架上。店里有大桶胶水，墙上挂满乐器，进出的人都穿着棕色长外套，神情分外专注，最里面总有人在调试乐器；总有乐声；总有神色苦恼的人进门就问：“我的小提琴修好了吗？”我就坐在那儿，喝着茶，吃着饼干，出神地看着桶里的胶水像微型火山那样噗噗噗直冒泡，永远不会厌烦。小提琴和吉他被线串着，放在传送带上运送，所有人都在忙着修理、制造或者擦拭乐器。回忆起来，我觉得那一幕有施了魔法的感觉，就像迪士尼动画《魔法师的学徒》那样。我就是从那时起爱上了乐器。

加斯才不会把什么东西塞进我手里说“就是这么弹”，他总是潜移默化地引导我对演奏的兴趣。吉他是我甭想觊觎的东西，只能看着想着，但从来没拿到手过。我永远不会忘记他放在钢琴上的那把吉他，从五岁起，我总是走过去，对着它看了又看。我觉得那把吉他就住在那里，并永远住下去。我就那么盯着，而他什么也不说。几年后我还在眼巴巴地看着。“嘿，等你长得够高了就可以试着弹弹。”他说。直到他去世之后我才明白，他买来那把吉他放在那儿，就是为了让我看，让我有受诱惑的感觉。我觉得他肯定花心思琢磨过，因为他听过我唱歌。每当广播里响起歌声，我们俩就会跟着唱。有好多歌手呢。

记不得到底是什么时候，他终于把吉他取下来，说：“拿着。”可能是在我九岁十岁的光景吧，所以我起步相当晚。那是一把肠弦西班牙古典吉他，一位甜美可爱的小妇人，虽说我根本不知道该拿她如何是好。她的气味真是迷人。直到现在，如果一打开琴匣，看到一把古旧的木琴，我都会一阵战栗，赶快把盖子合上。加斯不怎么会弹吉他，但懂得基本技巧。他教我弹了几段小品与和弦，最基本的大调和弦手型：D、G、E和弦。他说：“学会《马拉加舞曲》，就什么都能弹了。”后来当他说“我觉得你已经掌握这首曲子了”的时候，我真高兴得要命。

我的六个姨妈名字如下（排名不分先后）：玛吉、比阿特丽斯、乔安娜、埃尔茜、康妮、帕蒂。有趣的是，在我写这本书的时候，还有五位尚在人世。我最喜欢的是乔安娜，八十年代因多发性硬化症去世。她是我的朋友，一个演员，黑头发，总是戴着叮叮当当的手镯，满身香水味，每当她走进屋子，就仿佛带来一股性感的魔力。特别是在一切都那么乏味平淡的五十年代初，乔安娜给人的感觉简直就像“罗奈茨”[①]。她在海布里剧场参演过契诃夫等人的剧目，而且是姐妹中唯一一个终身未婚的。不过她总有男朋友。她也一样喜欢音乐，我们可以一起唱和声。每当广播里传来一首歌，我们就会说：“试试这个吧。”我还记得和她一起唱过“艾弗利兄弟”[②]的《我何时才会有人爱》。

① Ronettes，60年代女子流行乐团。

② Everly Brothers，美国双人摇滚组合，包括唐（Don）· 艾弗利和菲尔（Phil）· 艾弗利，以钢弦木吉他演奏和密集和声唱法闻名。

跨过城市的界限，来到荒原，搬家到谭波山的斯皮尔曼路，对于我来说真是一场灾难，整整一年我都生活在危险与恐惧之中。那年我不足十岁，长得瘦瘦小小的（直到十五岁左右发育才算正常)。像我这么一个小东西总得心怀戒备。而且因为我的生日太靠后，是十二月十八日，所以我其实比同班同学都小一岁，真是不幸。对于那个年龄的孩子来说，差一岁体格就会差很多。我爱踢球，打左边锋，速度快，总想射门，可个头又最矮小。那些比我大一岁的孩子要想整我，只消在背后稍微一撞，我就嘴啃泥了。比他们矮那么多，简直就是被当球踢，永远都翻不了身。他们总对你说："你好啊，理查兹小子。"还给我起绰号"猴子"，因为我有点招风耳。所有人都得有绰号。

上学的路上没有什么乐趣。直到十一岁，我都得坐公共汽车上学，走路回家。为什么不坐车回？妈的，没钱啊！我把车费和理发费都用在别处了，头发也只能自己对着镜子剪，咔嚓，咔嚓，咔嚓。放了学，还得步行穿过整个镇子才能到家，总共要走四十分钟。有两条路可选：哈夫洛克路和王子路，投硬币决定走哪条吧。可是一出校门，我就知道那个拦路打劫的家伙等着我。他总能猜准我走哪条路。我试图另找路线，结果却闯进了别人家的花园。整天我都在想怎么才能安全回家，怎么才能不挨打。真是很伤脑筋，一星期要操心五天呢。偶尔他也不会堵我，但坐在教室里，你还是心神不宁。怎么逃过那个家伙？他那么冷酷无情。但一点办法也没有，我只能终日生活在恐惧之中，注意力全放在上面。

有一次我被他打得一只眼睛乌青，回家多丽丝见了问："你怎么弄的？""啊，我摔了一跤。"要不是说谎，她准会没完没了地追问："谁干的？谁干的？"最好还是息事宁人吧。

那段时间我在学校的表现不怎么样，伯特看着我问："到底怎么了？"总不能告诉他是在学校里成天提心吊胆，琢磨着怎么才能平安回家吧？不能这么干，否则太没种了。这种事你得自行解决。挨打不是最大的问题，我学会了怎么挨打，怎么不受伤。你得摆好防御姿势，还得假装叫疼"啊——"，让对方觉得已经对你造成了严重伤害：靠，我下手太狠了。

所以后来我学聪明了，要是早点想到这招就好了。班上有个非常不错的小伙子，可惜我记不得他叫什么了，人有点傻愣愣的，学习也不怎么样，不过是个大块头，靠这个本事过活。他很怵写作业。于是我说："嘿，我替你做那个倒霉作业，不过你得陪我一块儿回家，反正我家离你家也不远。"就这样，我多做一份历史和地理作业，得来一个保护人。我永远忘不了我们俩第一次一起走的场景。有几个小子还像平时一样等着我，不过看见来了两个人。我们俩联手把那几个小流氓揍惨了，后来又象征性地让他们流了两三次血，我们就彻底胜利了。

直到我小学毕业，上了达特福德技术学校，一切才好转。我参加十一科升学考的时候，米克已经上了达特福德中学，走到哪里都被人羡慕，"哇，那帮家伙穿着红色校服"，他升学后的次年就轮到我了，但我考得一塌糊涂，勉强升入了所谓的"现代中学"。现如今升学体系是变了，而在当年，如果你进入了那种古老的体制，毕业后运气再好也无非是在工厂里找份工作。学校不会给你良好的教育，顶多把你培养成体力工作者。教师都很差劲，他们唯一的作用就是让这伙流氓保持点秩序。我就进了这座中等水平的技术学校，回想起来，"技术学校"真是个很模糊的词，意味着它不是普通中学，但又不会白上学。后来我慢慢明白，学校还是分等级的，而且体制专横，考察你根本不考虑个性，也不会说"唔，这个学生虽然学习一般，但画画很有天分"之类的话。他们从来不会认为他们教的东西人人知道，会产生厌烦心理。

操场是最大的裁判所，是同学和玩伴判断你为人的地方。说是玩，但其实跟战场差不多，有时候压力大得让人觉得残酷。有一次，两个小伙子猛踢一个同性恋，大家都说："啊，他们不过是想流流汗。"那时候有的人对同性恋非常暴力，但多数人只是嘲笑他们"娘娘腔"而已。

我花了好长时间才终于从挨打的熬成打人的，那时我早已成了挨揍专家。后来有一次我运气好，居然跟人打赢了。简直不可思议。我大概十二三岁，上一分钟还是受人欺负的对象，下一秒钟就成了全校的大人物。

对手倒在假山和花坛旁，被我骑在身上。打架时我红了眼，眼睛好像蒙了红色纱布，什么也看不见，但我知道该往哪儿打。伙计，没人可怜你。等着挨踹吧。然后好孩子们来把我拉开，就是这样。“那个大块头怎么被打倒了！”我到现在还记得周围人的惊呼，还记得他倒在假山下紫罗兰花丛里的模样。我没等他站起来就接着揍下去。

一旦把他打倒，整个操场上的气氛陡转。笼罩在我头上的巨大阴云终于消散，我声誉鹊起，扬眉吐气，从长久以来的焦虑和压力中摆脱出来。我以前从没意识到那片阴云有那么大。那是我上学时仅有的一段快乐时光，因为我总算可以报答一下别人的恩惠了。有个叫斯坦芬·亚德的小男孩，我们给他起外号叫“靴子”，因为他长得丑巴巴的却有一双大脚，所以总遭坏孩子欺负和恶作剧。我知道整天提心吊胆是什么滋味，所以我成了他的保护人，站在他那边对大家说：“别招惹斯坦芬·亚德。”人不犯我，我不犯人。我从没想过要去欺负谁，只希望不要有人来欺负我。

没了怕挨揍的心理负担，我的学业也有了长进，甚至还受到了表扬。多丽丝留着我的成绩单：地理五十九，不错。历史六十三，非常不错，但在理科成绩表上，老师写了一句话，并用括号括起来，真是毫无光明，令人绝望——“原地踏步”，就是数理化三科的状况。工业制图一科是“对他来说不算太难”。这张理科成绩单呈现着我的叛逆，以及我是怎样从一个相对顺从的学生变成了恐怖分子和罪人，此后一直对权威怒目相向。

我还有一张和同学们的合影，我们站在一辆大巴前面，对着镜头笑，中间站着校长。那年我十一岁，穿着短裤，站在前排。那是一九五五年在伦敦，我们到威斯敏斯特大教堂的圣玛格丽特教堂参加校际合唱比赛，在女王面前表演。我们学校的唱诗班远道赶来，以土包子的身份赢得了这项全国赛事的奖杯和奖金。三个男高音分别是特里、斯佩克还有我——可以说是全场的明星。我们的指挥站在车边，他叫杰克·克莱尔，能把我们这些毫无希望的材料捏合成一个出色的团队，可真是个天才。他很神秘，多年后我才发现他还担任过牛津唱诗班的指挥，那可是全国顶级的唱诗班，后来因为猥亵男童被放逐，或者说被贬黜了，就像过去的官员被贬到殖民地去那样。我不想破坏他的名声，关于他我知道的只有这么多。他的合作伙伴肯定有比我们出色得多的——那他到底为什么来我们这儿呢？虽说他有把手插在裤兜里手淫的恶名，但不管怎样，他在我们这里倒没做什么不体面的事，还把我们塑成了型，让我们成为全国最好的唱诗班，并且从矬子里拔将军，挑出三个孩子来唱高音。我们赢过好几个奖杯，都陈列在礼堂里。直到现在，我都再也没能在威斯敏斯特大教堂那么气派的地方演出过。总会有人嘲笑你："噢，唱诗班男孩？娘娘腔。"我根本不在乎；唱诗班很厉害，还能坐大巴去伦敦市内。练唱歌就用不着学物理化学了，我还求之不得呢。此外我学到了很多关于唱歌、音乐还有同乐手合作的知识，学会了怎样去团结一支合唱团队——这和搞乐队是一回事——让大家团结一心，然后震撼歌迷。

十三岁那年我变声，杰克·克莱尔把我们三个高音踢掉了。学校还让我们多蹲了一级，因为唱歌荒废了物理化学，连数学也没学。"这……可当初是你们让我们参加排练、不学这些课程的。唱歌也很辛苦啊。"这可真是粗鲁的谢礼，叫我深感沮丧。十三岁的我忽然又要蹲一级，和小一岁的从头学起。整整一学年啊。这对我的信心是个巨大的打击，一点不夸张。自从那一刻起，我、斯佩克和特里就成了恐怖分子。我异常愤怒，心里生出强烈的报复渴望，觉得自己完全有理由打倒这个国家和它代表的一切。

接下来的三年，我拼命给学校找麻烦。如果你也想当个叛逆者，就照我说的做。再也不剪头发。穿两条裤子，普通的法兰绒裤子里穿紧身裤，一出家门就把外面的裤子脱掉。我不顾一切，只要能激怒他们。但这其实没给我带来什么好处，还招来不少老爸的白眼，不过就算这样也没能制止我。我真的无心让他失望，但是……对不起，老爸。

受辱的痛苦仍在心里，怒火从未熄灭。正是从那时起，我看待世界的方式有所转变。我意识到有比流氓恶霸更邪恶的势力，那就是——权威。愤怒在我心里慢慢滋长。我本可以轻易找个原因让学校开除自己，但我还得面对老爸。他肯定会发现我是故意的。所以我得好好部署。我完全不再把学校放在眼里，也不想遵规守纪好好表现。成绩报告？只管说我的不是，那是过眼云烟。我学会了作假，比如把成绩单上“他做得不好”用同样的墨水改成“他做得太好”。爸爸看了就问：“‘他做得太好’，那为什么还给你 B^-？”这样的时候就要靠点运气。不过上头从来不检查你是否在成绩单上动了手脚。我其实希望他们能这么做，我也好如愿被开除。也许是我的涂改技术太好了，又或者他们觉得这点事还不够开除的资格。

自从离开合唱团，我就对上学不再感兴趣。技术制图、物理、数学，真是让人昏昏欲睡。他们教了多少代数知识根本与我无关，反正听不懂，我也不知道学了有什么用。要是用枪逼着我，或者不学就不给我吃喝，再或者拿鞭子抽我，我说不定还能学一学，但心里有个声音对我说，这些一点用处也没有。如果真想学，自然会主动去学。我们几个被合唱团踢走的孩子之后仍然走得很近，因为都对自己遭到的不公满心怨恨。我们赢得了那么多奖牌和奖章，被他们骄傲地挂在礼堂里装点门面，却得到这样的感激。

穿衣服也得有叛逆的风格。商业街有家叫“莱昂纳多”的店，卖便宜的牛仔裤，那时候牛仔裤刚流行。一九五六年到一九五七年间，他们还卖荧光色的袜子，很摇滚的款式，在暗处闪闪发光，姑娘一眼就能看见你在哪儿。粉红或鲜绿的底色，上面印着黑色的音符，两种颜色我各有一双。有时候我一只脚穿粉的，另一只脚穿绿的。那感觉，哇，简直妙不可言。

有家叫“迪马西奥”的冰淇淋店，店主老迪马西奥的儿子是我的同学，一个高胖的意大利小子。他常常带人去他老爸的店里，所以总能交到大把朋友。店里最吸引人的是点唱机，唱片大都很难听，不过也有杰里·李·刘易斯[①]和小理查德[②]。这是达特福德唯有的美国风情。店面非常小，最左边是柜台，然后是点唱机，还有几张桌椅和一台冰淇淋机。我每星期至少会去看一场电影，通常是周六的上午场，有时去宝石影院，有时去格兰纳达影院，看《神奇上尉》之类的片子，里面的英雄一喊“沙赞”

① Jerry Lee Lewis（1935－），美国摇滚、乡村乐歌手，钢琴手。

② Little Richard（1932－），原名理查德·韦恩·彭尼曼（Richard Wayne Penniman），美国早期摇滚黑人歌手，钢琴手。

就能变身。仿佛只要能喊对，你也会拥有神奇的力量。我和朋友们经常站在开阔的地上叫“沙赞！哦，喊得不对！”，其他家伙站在背后笑话。我就说：“等我叫对了，你们就笑不出来了。沙赞！”还有《飞侠哥顿》，他有一头亮闪闪的金发，周身冒出阵阵烟雾。其实我根本记不得《神奇上尉》的具体情节，只盯着“变身”：一个平凡的孩子喊出一句咒语就消失了。“我也想这样，我也想离开这个地方。”我想。

我们一天天长大，身体愈来愈结实，于是开始四处撒野。达特福德技术学校特别可笑的一点是，它总喜欢装成公立学校（在英格兰，私立学校往往被冠以“公立”之名）。模范生的帽子缀着一圈金色流苏；学校还有“东院”和“西院”。它力图重现那个早已失落的世界，那个板球、学士帽、奖章与荣誉的世界，仿佛大战对它毫发无伤。那些教师根本就不够格，但又好高骛远，以为自己在伊顿或温彻斯特的名校，仿佛现在还是二十世纪二三十年代或者十九世纪九十年代。有段时间，在我上学上到一半、降级的大灾难发生之后，学校也进入了无人管束的状态，经历了相当长的混乱时期。不知道为什么，大家都跑到操场上去发疯。大概有三百个学生整天在操场上晃，竟没人阻止，回想起来真是奇怪。我们人数众多，一开始大家相安无事，后来好学生的头头试图制止我们，结果被我们打了一顿，学校的无政府状态就有这么严重。这个学生是纪律标兵、体育健将、学生领袖，各方面都很拔尖。他总是目中无人，小一点的学生肯定都觉得他摆架子，于是就决定给他点厉害瞧瞧。他叫斯温顿，我记得很清楚。那天下雨了，天气糟糕，我们剥掉他的衣服，逼他爬上一棵树。脱得那是一丝不挂，只留下带金流苏的小帽子。他好歹从树上爬了下来，后来还当上教授，在埃克塞特大学研究中世纪文化，写了一本叫《乔叟之前的英国诗歌》的书。

只有一个老师富有同情心，不大叫大嚷，不发号施令，他便是宗教课老师艾德金顿先生。总是穿着灰蓝色西装，裆部总有精液的污渍。艾德金顿先生酷爱手淫，在那四十五分钟的宗教课上，他总说“让我们翻到《路加福音》”。我们都说，那块脏地方不是他自己弄的，就是他猛操艺术老师蒙特乔伊夫人的结果。

我有一种犯罪心理：只要能反抗，干什么都行。比如我们赢过三次越野跑大奖，不过从来没真的跑。出发以后我们就去抽烟，然后抄近路到终点，如此三四次之后，他们也学聪明了，在整条赛道上都安装了监视器，结果七公里之后就无法在监视器里找到我们了。一九五九年，我的成绩单以“成绩一直很差”作总结，表明我在反抗他们这项事业上确实付出了一些努力。

其间我不知不觉地听了不少音乐。英格兰上空总是笼罩着浓雾，人们的言谈也被浓雾裹着，不轻易流露感情，不敞开心灵交谈。大家兜着圈子谈话，净是些暗码和隐语，有些事秘而不宣，连暗示都不可以。这是维多利亚时代的遗风，六十年代早期那些黑白老片真实地呈现了当时的情景，比如《星期六晚上和星期日早晨》和《如此运动生涯》。生活是黑白的，色彩只能在角落中找到，但在一九五九年，就连这样的角落也不见。而人其实很想触摸彼此，打开心扉，所以才有了音乐。说不出口就唱出来吧。那段时期的歌曲大都直接而浪漫，是些不能说出口甚至写在纸上的话语——天气不错，晚上七点半，风已平息。附：我爱你。

多丽丝和他们不一样。她和加斯一样热爱音乐。我三五岁的时候，战争临近尾声，家里听的是艾拉·菲茨杰拉德、莎拉·沃恩、大比尔·布伦奇和路易斯·阿姆斯特朗[①]。这些音乐像在对我说话。妈妈每天都放，我也耳濡目染，沉浸其中。我的爱好早晚会转向黑人音乐，不过确实是妈妈在其中不自觉地引导我。我那时候根本不知道唱歌的是白人、黑人还是绿人。但一段时间后，等有了一定的音乐素养，就能本能地听出帕特·布恩的《是不是很丢人》和胖子多米诺[②]唱的有什么不一样。倒不是

① Ella Fitzgerald, Sarah Vaughan, Big Bill Broonzy, Louis Armstrong，此四人均为美国黑人布鲁斯或爵士歌手、乐手。

② Fats Domino（1928－ ），原名安托万·多米尼克·多米诺（Antoine Dominique Domino），黑人钢琴手、歌手，第一代摇滚乐歌手；上文帕特·布恩（Pat Boone）为美国流行摇滚歌手，以翻唱胖子多米诺等人的歌曲闻名。

帕特·布恩差，他是个好歌手，只是他的版本显得肤浅，制作的味道太浓，胖子多米诺的则自然得多。多丽丝也喜欢加斯欣赏的那些音乐，他曾经向她推荐过斯坦芬·格瑞波里[1]和强哥·莱恩哈特[2]的“热点俱乐部”，这支乐队的摇摆风格吉他相当精彩，此外还有毕克斯·贝德贝克[3]。多丽丝喜欢爵士风格的摇摆乐。后来她还去了罗尼·司各特酒吧听查理·沃茨的乐队演奏哩。

我家早先没有唱机，听音乐主要靠广播，最常听的是BBC。旋钮由妈妈掌握。颇有一些优秀的英国乐手和北方伴舞乐团，出现在各种节目中。没有垃圾。如果广播里在播好音乐，妈妈总能找出来。所以我就是跟着她找音乐长大的。她总能说出哪个乐手好，哪个乐手烂，甚至跟我讨论。她真的很有音乐天赋，有时候人家一开口她就能听出“破音了”，别人还误以为是很棒的女高音哩。那个年代还没有电视，我就听着真正的好音乐长大，偶尔还有莫扎特和巴赫作为背景，虽然还听不太懂，但也陶醉其中。我像海绵一样汲取着各种音乐，看人演奏乐器总让我心醉神迷。发现街头乐手，我也会情不自禁地走过去。不管在什么地方，只要酒吧里传出钢琴的声音，我都会走进去看。我的耳朵会自动捕捉一个个音符，就算跑调也没关系，只要有音符，只要有节奏与和声，它们就是会钻进我耳朵里。就像毒品一样。说句实话，可比白粉厉害多了。我可以戒掉白粉，但戒不掉音乐。一个音符接一个音符，永远无法预料下一个会是什么，你只想一直听，就像走在一条美丽的钢索之上。

我记得自己买的第一张唱片是小理查德的《高个子莎莉》。一张了不起的唱片，即便在今天看来也如此。好唱片会历久弥新。但最让我着迷的歌曲还要算《伤心旅馆》。那天晚上我躺在床上昏昏欲睡，小收音机调到卢森堡电台，突然这首歌响起来，我顿时觉得天崩地裂。我以前从没听过这首歌，也从没听过类似的东西，根本就没接触过埃尔维斯的音乐。它来了，就好像我一直在等待这一刻。第二天早上醒来，我整个人都变了，仿佛脱胎换

① Stéphane Grappelli (1908－1997)，法国爵士乐小提琴大师。

② Django Reinhardt（1910－1953)，原名杰（Jean)，比利时爵士乐吉他手、作曲家。

③ Bix Beiderbecke (1903－1931)，美国爵士乐短号手，钢琴家，作曲家。

骨。我转瞬间被这种音乐淹没了：巴迪·霍利[①]、艾迪·科克伦[②]、小理查德和胖子多米诺。卢森堡电台的信号出了名的差，我接上小天线，把收音机举到耳边在屋子里来回走，不断调着天线，又不敢开大声音，怕把父母吵醒。如果信号好，就躺在床上把收音机塞在被子里，只把天线露在外面。已经晚了，我本该睡觉，第二天好早起上学。主持人詹姆斯·沃尔克还偏要插一大堆广告，"每条街上随处可见的珠宝"和爱尔兰的彩票。一到放广告的时候信号就好得要命，"下面是胖子多米诺的《蓝莓山》"，妈的，信号又弱了。

歌声响起，"自从我的宝贝离开我"——就是这首歌。它真是最后一击。这是我听到的第一首摇滚歌曲，和之前任何歌曲的演绎方式都不一样，直率热忱，没有废话，没有小提琴和女声合唱，没有任何无病呻吟。它是全新的音乐。它赤裸裸地直击内心，触及你自己都未曾探触的情感深处。我真要向埃尔维斯脱帽致敬。沉默就是画布与画框，要善用它，用声音作画，不要总是试图用震耳的声音去填塞。这就是《伤心旅馆》教给我的。我第一次听到这么纯粹的声音。我得去找找这家伙还唱了别的什么歌。幸运的是我知道了他的名字。卢森堡电台播音员的声音插了进来。"这是埃尔维斯·普莱斯利带来的《伤心旅馆》。"妈的！

一九五九年，我十五岁，多丽丝给我买了第一把吉他。我那时已经会弹奏了，但是如果没有属于自己的乐器，只会瞎弹一气。那是一把"罗塞蒂"，大概十英镑。多丽丝没有分期付款的条件，就让别人代付，结果对方没有及时还款，弄得乱七八糟。十英镑对多丽丝和伯特来说可是个不小的数目。想来加斯肯定也出力了。弦是肠弦的，肠弦木吉他——这是所有好吉他手开始的必备武器。弹一段时间才能换金属弦。况且那时我也买不起电琴。这把西班牙古典吉他就像个老匠人，帮我奠定了基础，然后再换到钢弦，最后是电琴！我的意思是如果我晚生几年，也许就有条件直接从电吉他开始。但如果你想登峰造极，就必须打好基础功。无论什么事都是这个道理，就

---

① Buddy Holly（1936－1959），美国创作型摇滚歌手，摇滚乐先驱之一。

② Eddie Cochran（1938－1960），美国影响深远的早期摇滚乐歌手，吉他手。

算开妓院也一样。我一有空就练琴。大家都说我一弹起琴来就对周围的一切视而不见。开派对的时候，家庭聚会的时候，我都躲在角落里练琴。玛吉姨妈说有段时间多丽丝住院，只有我和加斯在家时，我与吉他形影不离，这足以说明我有多爱它了。我去哪儿都带着它，就连睡觉都用一条胳膊搂着。

大约从一九五九年起，我开始使用速写本和笔记本。那时我十五岁，正是成长的关键年头。那个本子整洁漂亮，非常适合用蓝色圆珠笔在上面写字，每一页有标题栏和两个纵栏，第二页（第一页后来写了关于童子军的重大事项）写着“45 转唱片列表”，第一行是，“歌名：佩吉·苏嫁人了，歌手：巴迪·霍利”。下面的字迹不太工整，写的都是女孩名——玛丽（被划掉了）、詹尼（后面打了个钩）、詹尼特、玛丽莲、维罗妮卡，等等。“完整唱片”列表后面有《巴迪·霍利的故事》、《和埃尔维斯的约会》、《关于马蒂的王尔德》——温馨提示：这是马蒂·王尔德的唱片、《“鸣叫”蟋蟀》。另外还有大家都有的那些唱片——里奇·尼尔逊、艾迪·科克伦、“艾弗利兄弟”、克利夫·理查德[①]的《旅行的光》……也有冷门的，如约翰尼·雷斯蒂沃的《我的形状》，它在我的列表里排第三，“大气”乐队的《多变的小妞》、萨米·特纳的《永远》，这些都是沧海遗珠。它完全是英国摇滚“觉醒年代”流行唱片的记录。那时候埃尔维斯的唱片已铺天盖地，我在本子里为他单开了一列。那是我最早买的一批唱片，还有《神秘列车》、《拜金女郎》、《蓝色羊皮鞋》、《我走了，你是对的，她甩了我》，都是他在太阳唱片公司时期的精华之作。我慢慢买到了他的更多作品，但这些是我的宝贝。埃尔维斯固然让我难忘，但斯科蒂·摩尔[②]和他的乐队更叫我印象深刻。还有里奇·尼尔逊，我其实买的从来不是他的唱片，我买的是詹姆斯·伯顿[③]的唱片。歌星的伴奏乐队对我的吸引力其实和歌星本人相当。小理查德的乐队基本上来自胖子多米诺的班底，其实就是

---

① Cliff Richard（1940－），英国本土50年代末60年代初最为风靡的流行歌手，伴奏乐队为“影子”（The Shadows）。

② Scotty Moore（1931－），埃尔维斯·普莱斯利在太阳唱片公司期间的吉他手，被誉为摇滚乐中“主音吉他手”角色的先驱。

③ James Burton（1939－），美国吉他手，曾为里奇·尼尔逊担任伴奏。

戴夫·巴塞洛缪[①]的乐队，这些我都知道。我喜欢乐队合奏的感觉，乐手们的配合与呼应仿佛轻松容易，源于发自内心的欢乐。我觉得那是一种美好又令人飘飘然的快乐。当然，查克·贝里的乐队更值得称道。反正从一开始我就不是只注意歌手，背后的乐队也必须打动我。

当时我还有另一件事要忙，也是我生活中最美好的事情之一——参加童子军。信不信由你。童子军的创始人贝登－鲍威尔是个真正的好人，他知道男孩子喜欢什么，深信如果没有童子军，大英帝国就会没落。于是我加入了达特福德第七童子军海狸巡逻队，而此时大英帝国已经显现崩塌迹象，不过与品行和系绳结无关。我突然决定加入童子军应该是在开始弹吉他前不久，或者是拥有吉他前不久的事。因为我一开始碰吉他，就钻入了另一个世界。

童子军和音乐完全是两码事。我得学习生存技能，还得看完贝登－鲍威尔的所有著作，我得掌握全部技巧。在野外定位，秘密煮食物。有些生存技巧我觉得十分必要。我在后院支了一顶帐篷，在里面一坐就是几个钟头，啃生土豆之类为食。还得学给家禽拔毛，取出动物内脏，分辨哪些该扔哪些能吃，要不要剥皮。可这有什么好处？就为了一副漂亮的童子军手套？这基本上是简版特种兵训练，也是获得腰间挂着童子军刀招摇过市的好机会。我们都觉得那样很神气。不过，只有得到几枚勋章后才能获取军刀。

海狸巡逻队有自己的屋棚，是某个爸爸废弃的花园工棚，我们占据了它，在那里开会讨论计划。这个人适合做这个，那个人适合做那个，等等。我们围坐成一圈，还抽烟，后来又去博克斯雷希斯和七橡树之类的地方拉练。童子军团长巴斯是我们的领队，只有二十岁，但长得老气横秋。他很会鼓舞人心："好吧，今晚练习打绳结。羊角结、单套结、双套结。"我回家后还得接着练。怎么不用火柴就点上火，怎么在野外烤东西吃，怎么生火才不冒烟……我整个星期都在后院练这些技能。钻木取

① Dave Bartholomew（1920－ ），著名布鲁斯和爵士乐队领队，小号手，制作人。曾与胖子多米诺合作创作过不少歌曲。

火？别逗了，这种天气怎么行，也许在非洲或者其他不那么潮湿的地方才管用吧，这里引火还是要靠放大镜和干树枝。突然之间，也就是三四个月内的事，我得到了四五枚勋章，还被升为小队长。我把勋章全挂在身上，真是难以置信！我的童子军衫现在也不知道哪儿去了，但我还记得上面挂满各种绶带、链子和勋章，简直像是把我五花大绑。

在被合唱团踢出去后的这个阶段，童子军极大地增强了我的自信，特别是我的迅速提升。我觉得这件事于我的意义其实比我自己想的还重要。我身边有个极好的团队，我了解他们，大家也都很团结。我承认我们的纪律略显松散，但如果得到命令“这是今天的任务”，我们会严格完成。在克罗伯勒的一次大型夏季露营活动中，我们赢得了造桥比赛的冠军。当天晚上我们喝了威士忌后在帐篷里打架。里面一片漆黑，一点光线都没有，所有人都跌跌撞撞，砸东西，弄伤自己——我平生第一次骨折就是被那儿的柱子害的。

我唯一一次仗势欺人是在童子军生涯已近尾声的时候，有个新成员实在是个刺头，和别人都相处不来。我想不明白“自己的精英小队怎么招了这么个废物？我不是来过家家擦鼻涕的，为什么把他扔给我？”，后来他犯了事，我就狠狠打了他一下。砰！打你个傻蛋！接下来我就被叫到纪律部去，站在地毯上听诸如“军官不能打人”这类狗屁训话。

后来有一回，“滚石”在圣彼得堡巡演的时候，我透过酒店房间的窗户看到外面正进行童子军成立百年庆典游行——一百年前，贝登-鲍威尔先生在英国白浪岛建创了第一个营地，宣告童子军成立。于是我独自立正站好，行三指礼，说：“达特福德第七童子军海狸巡逻队队长报到，先生！”我就是觉得自己非这么说不可。

夏天我也打工消磨时间，大都是在各种商店站柜台，或者搬运砂糖——我可真不推荐这份工作。就是在超市后门搬运巨大的麻袋，皮肤被糖粒磨得生疼，还黏糊糊的。一天下来，扛麻袋的肩膀直流血，还得包扎起来。我都受伤了，他们总该叫我休息吧？从来没有过。搬糖之前我还搬过黄油。如今超市里的黄油都是漂漂亮亮的小方块，当年可是巨大无比的一坨。我们得把它砸开，在店里包装好。他们教你怎么做双层包装，怎么称重，再把它放到货架上，然后问：“好看吗？”商店后面总有老鼠跑来跑去，还有五花八门的脏东西。

十三四岁的时候我还在面包房打过工，都在周末。那工作确实让人大开眼界。两个男人开着一辆小电瓶车，带上我到处去收钱。他们敲门说：“某夫人……您已经赊账两个星期了。”这时我便意识到自己其实是多余的人，一个旁观者。有时候我得坐在车里等，冻得浑身冰凉，直到二十分钟后面包师傅满脸通红地现身，一出门就大发雷霆。我意识到万事都有代价。有些老妇人实在太无聊，每星期最让她们兴奋的事就是面包师傅上门收钱。她们拿出从我们那里买去的糕点招待我们，沏一杯上好的茶，坐下来聊天，直到我们意识到都他妈的一个钟头过去了，天黑了，还有好多家没去呢。不过每到冬天我都盼着去她们家，这有点像《毒药与老妇》[①]，这些老妇人完全生活在另一个世界。

我在练习打绳结的时候，完全没有注意到（多年后我才把种种线索联系在一起）多丽丝也忙着自己的事。一九五七年前后，多丽丝喜欢上了比尔，现在叫理查兹，也就是我的继父。他们自一九六三年开始同居，一九九八年终于结婚了。那个时候他二十多岁，她四十多了。我记得常能看到比尔，他是出租车司机，经常载我们，任何跟开车有关的活儿他都愿意干。他甚至还载我们一家三口去度假。我那时候太小，看不出他们俩之间的关系，觉得比尔无非就是“比尔叔叔”而已。我不知道伯特对此抱有什么想法，直到现在我也不知道。我本来还觉得比尔是伯特和我们家的朋友呢。

他就那么出现了，还有辆车子。在一九五七年，这对多丽丝来说可能很有吸引力。比尔和她（还有我）初次相遇是一九四七年在查斯蒂里安路上，他住在我家对面，和多丽丝在同一家公司工作。后来进了一家出租车公司，就不大能见到他了，直到多丽丝在达特福德一个汽车站与

①喜剧片，讲述纽约布鲁克林区的公寓里，住着两位表面和善慈祥的老太太，她们用自己酿制的毒酒杀了来访的一些孤独老头。

他重逢。多丽丝是这么说的:“当时我只知道他住我家对面,后来开上了出租车。有一天在车站又看到他,我就打了声招呼,‘你好’。然后他从我身后开过来说‘我载你回家吧’。我说‘好吧,没问题’。因为我懒得等车,就顺势搭他的了。然后一切就开始了,我简直不敢相信。我可真是厚脸皮。”

比尔和多丽丝得要些伎俩来掩饰他们的关系。直到现在,我还是搞不清伯特究竟知不知情。伯特喜欢打网球,这给他们俩创造了机会,他一去打球那俩人就可以幽会。比尔说,他们找了一个地方,可以看到伯特打完网球骑车回家,然后他抢先开车送多丽丝到家。多丽丝曾回忆说:“基思开始搞‘滚石’的时候,是比尔开车带他到各处去。没有比尔,基思就寸步难行。基思总说‘米克让我到哪里哪里去’,我问‘那你怎么去’,然后比尔就说‘我带他去’。”这是比尔至今尚未得到承认的、在“滚石”诞生过程中所发挥的作用。

当然,亲爹毕竟是亲爹。一想到被学校开除那天还得面对他就让我吓得要命,所以我计划把这事拉成一场持久战。我一点点地透露不好的迹象,直到他们自己发现真相。我怕的倒不是肉体上的威胁,而是谴责,怕父亲从此不再理我。那么我会突然之间变得孤零零的。果真从那以后他就不和我说话,对我视而不见,以示惩罚。没什么比这更残酷的了,虽然他从不打我屁股之类的;但这两种惩罚根本不能比。到现在一想起当初伤了父亲的心我还是想哭。辜负了他的期望,我真是心如针扎。

这样的疏远我再也不想重历。我觉得自己什么都不是,好像根本就不存在。他说:“好吧,我们明天不去林地了。”之前每到周末总是去那儿踢球的。后来当我得知祖父当初是怎么教育他的,我才觉得自己幸运,因为伯特从不体罚我。他不擅长表达感情,在某种程度上我得感谢这一点。有时候我惹他生气,换作是别人,我恐怕得挨揍。妈妈倒是不时打我,有时在后背,有时在腿上,但那也是我活该。不过我从小担心的不是体罚,而是承受心理上的折磨。后来我有整整二十年没见伯特,在准备历史性的重逢之际,我仍在害怕。毕竟在这没见面的二十年里,我做了那么多会叫他谴责的事情。不过这是后话了。

我和特里决定缺席学年最后一天的大会，此事直接导致我被开除。在参加了那么多大会小会后，我们只想抽根烟，就没去。这次事件是压弯骆驼的最后一根稻草，最终让他们作出决定。当然，父亲发现后差点气炸了。我想他肯定认为我对社会已经一无是处，那时我已经开始弹吉他，只擅长音乐和艺术，而伯特不幸没有丝毫艺术细胞。

在此我要感谢一个人，她就是了不起的艺术课老师蒙特乔伊夫人，是她把我从压力和一连串的驱逐中拯救出来。她在校长面前为我美言了几句。他们本想送我去劳动力交流中心。校长问老师们："他到底擅长什么？"蒙特乔伊夫人说："啊，他画画不错。"于是我就被送去锡德卡普艺术学院一九五九班——以音乐特长生的身份。

这样还是无法让伯特接受："你得找份脚踏实地的工作。""像做灯泡之类的吗，爸爸？"我开始对他冷嘲热讽。我真希望当初自己没说"难道就是做做阀门和电灯泡？"。

那时候我已经有了宏伟的计划，尽管还不知道该如何付诸行动，直到后来遇到很多人。我只觉得自己够聪明，可以玩这个游戏，同社会作一番角力。我的父母都是在大萧条的年代长大，是一旦拥有什么东西就牢牢抓住不放手的一代。伯特属于世上最没雄心壮志的一类人。然而我呢，我还是个孩子，其实还不明白雄心意味着什么。我只是觉得受到束缚。社会，以及成长中遇到的一切，都让我觉得太狭小，太不合身。这也许只是青春期的激素和焦虑在作怪，但我知道我得想办法挣脱。

3

进入艺术学院，也是我的吉他学校。第一次当众演出，当晚以泡一个姑娘告终。在达特福德火车站遇到米克和他的查克·贝里唱片。开始搞乐队——“小男孩布鲁和布鲁男孩们”。在伊令俱乐部遇到布莱恩·琼斯。在“砖匠军团”得到伊恩·斯图尔特的认可，以他为核心创立了“滚石”。想让查理·沃茨加入，但是付不起报酬。

15 岁，和多丽丝给我买的人生第一把吉他，1959 年

要是没被达特福德技校开除，没进艺术学院，我真不知道自己会变成什么模样。在锡德卡普，音乐可比艺术来得更多，其实在伦敦南部任何一所艺术院校都这样——这儿成了郊区“垮掉派”的地盘，我也学着成为其中一员。其实吧，锡德卡普艺术学院根本就没什么艺术不艺术的。他们想教给你的你总是要不了多久就能明白个大概，反正又不是要让你当达·芬奇。一帮打扮得花里胡哨的孙子系着从J. 沃尔特·汤普逊等大广告家那里学来的蝴蝶领结，每周来学校嘲笑一次我们这群所谓的艺术生，然后就是泡姑娘，作威作福。就是这么一帮人来教我们怎么做广告。

我刚到锡德卡普的时候有种“自由啦”的感觉。“你说我们可以抽烟？”突然你就扎进一堆艺术家里头了，就算他们不是真正的艺术家也无所谓。不同的态度对我而言才是要紧。有很怪异的人，也有拼命效仿成功者的人，但都是很有趣的家伙，而且跟我以前认识的人都大不一样，真是谢天谢地。我们都是从男校里出来的，现在班上突然冒出姑娘了。所有人都留长头发，主要也是因为没人禁止，而且在那个年纪，不知为什么就是觉得长头发很棒。还有，终于可以想穿什么就穿什么了，要知道我们以前都是一本正经地穿制服的。我每天都盼着赶快坐火车去锡德卡普上学，是真心想去。在学校大家都叫我“里奇”。

直到现在我才明白，我们那一拨其实是赶上了战前奉行的贵族艺术教育传统的烂尾巴——蚀刻版画、石版印刷、光学课……给吉利蓓金酒设计广告的时候这些东西没一样用得上。不过它们本身都挺有意思，而且因为我喜欢画画，所以觉得还不错。我还是学到了一点儿东西。不知不觉中，你就会被他们教育塑造成所谓的平面设计师，未来能去莱塔赛特公司当个排版员之类的，那是以后的事了。学校的艺术传统就这样在一群筋疲力尽的理想主义者的指引下艰难地延续着，比如说我们的写生课老师斯通先生，他毕业于皇家艺术学院，午饭时总是去黑马酒吧喝几杯，很晚才来上课，整个人都醉醺醺的。无论冬夏都只穿一双凉鞋，不穿袜子。可上他的写生课很欢乐。锡德卡普的模特儿，一位可爱的胖老太太脱光了站在前面（哇靠，那对干巴巴的奶子），满屋子的黑啤酒味儿，走路摇摇晃晃的老师不时到你身边来。我们校长为了向教员崇拜的极端艺术与先锋艺术致敬，特意在校园里摆拍了一张照片，上面的我们像阿兰·雷奈的电影《去年在马里昂巴德》里几何形花园里的人物那样站着（这部电影可谓存在主义牛逼和装逼的巅峰之作）。

锡德卡普的生活非常轻松。上课、做项目、上厕所——厕所有个小小的衣帽间，我们就在那儿坐成一圈弹吉他。这确实带给我很大动力，而且年纪轻学东西总是很快。学校里有很多人玩吉他。在英伦摇滚的酝酿阶段，艺术院校培养了不少优秀吉他手。那个衣帽间俨然成了吉他排练室，大家弹的基本都是民谣，杰克·艾略特那一类的。没人注意你到底是不是本校学生，所以当地弹吉他的哥们儿都把这里当成会面场所。韦兹·琼斯曾经来过，当时他留着耶稣头和山羊胡，已经是个了不起的民谣吉他手了，直到今天他还在演出——我最近还见过他演出的海报，长得还是老样子，只是少了山羊胡。我们当年没怎么见过面，但他在我心目中可是……大人物！我的意思是，这家伙在俱乐部里演出，是民谣圈里的人，演出还有报酬！他是专业演出，而我们不过在厕所里自娱自乐罢了。我想我当初就是从他那儿学来了“可卡因”——我是说那首叫“可卡因”的歌，可不是说跟他学会了吸可卡因——还有在当时非常牛的弹拨技术。那一手美国南卡罗来纳风格的吉他是他的绝活。韦兹·琼斯的《可卡因》是更早以前从杰克·艾略特那里学来的，而杰克·艾略特又学的是纽约哈莱姆区的加里·大卫牧师[1]。韦兹·琼斯是那个时代的榜样人物，克莱普顿和吉米·佩奇后来都说当年非常关注他。

我以一曲《我走了，你是对的，她甩了我》享誉厕所。他们有时候对我很不满意，因为当时我仍然喜欢埃尔维斯和巴迪·霍利，他们不理解一个艺术生怎么会乐意听布鲁斯和爵士乐，而且还喜欢得要命。他们对摇滚乐确实抱着"别沾边"的态度，看不起它那些花哨的照片和傻气的衣服。但对于我来说它就是音乐。那个时代壁垒分明，摩登青年[2]和摇滚青年分庭抗礼，垮掉派喜欢英国版的迪克西兰爵士乐（也就是所谓"传统爵士乐"），另一批人喜欢节奏布鲁斯。我也曾超越藩篱，是为了接近大美女琳达·博迪耶，她总是穿着长款黑毛衣、黑丝袜，描着浓重的黑色眼线，颇有几分法国巨星朱丽叶·格雷科的风采。为了看她跳舞，我强忍着听了不少阿克·比尔克[3]的作品——他可是传统爵士乐欣赏者的最爱。我还傻乎乎地追过另外一个琳达，她戴眼镜，瘦削，但眼睛很漂亮。我们有过甜蜜的亲吻。真是奇怪，有时候一个吻竟然能比后来的一切更销魂。我在肯·科伊尔俱乐部玩通宵的时候遇到一个叫西莉亚的姑娘，来自埃泽耳沃思。我们整晚都待在一起，虽然什么也没干，但那短短的一刻有爱情，简单而纯洁。她家住的是独立式房子，可不是我的阶层。

我偶尔会去看望加斯。我弹吉他已经两三年了，他还说："给我弹一段《马拉加舞曲》。"我弹完他就说："弹得不错。"然后我开始即兴弹奏，也当指法练习。他就说："这样可不对！"我答："不，外公，就该这么弹。""你掌握窍门了。"

其实我一开始并没认真想当吉他手，弹吉他只是创造音乐的方式，后来才慢慢地有意去弹。我坚信，如果你想当吉他手，最好还是先从木吉他起步，然后过渡到电吉他。别以为用几个呜呜哇哇的电子效果器就能当上汤申德或者亨德里克斯。你首先得彻底了解吉他这个玩意儿才行。

---

① Reverend Gary Davis（1896－1972），美国著名黑人布鲁斯及福音吉他手，歌手。

②指五六十年代英国穿着时髦、骑踏板摩托车、喜好爵士乐的年轻人。

③ Acker Bilk（1929－ ），英国爵士乐单簧管手。

你得带着它上床，如果身边没姑娘就搂着它睡觉，反正形状正合适。

忘了说了，弹奏布鲁斯的感觉有点像从一丝不苟的乐谱小节线中“越狱”。音符在这些线中就像囚犯一样被关押着。

像是一张张悲伤的面孔

基思

我尽量把从唱片里了解的一切都学到手。我可以听完就马上弹出来，不必受可怕的乐谱束缚，什么五线谱、小节线，我看跟监狱围栏没两样。跟着唱片听学音乐让很多我这样的乐手摆脱束缚，不用去识谱记谱。一九〇〇年以前有莫扎特、贝多芬、巴赫、肖邦、康康舞曲。而有了唱片后，人们总算是得到了解放。只要你或者身边什么人买得起唱机，你就可以随时听到活生生的人演奏的音乐，而不需要大张旗鼓地请管弦乐队。你可以真切地听到人们怎么交谈，感觉简直是身临其境。尽管其中不免有垃圾，但也不乏好东西。这是音乐的解放。没有唱片的时代，想听音乐只能跑到音乐厅去，可有几个人能出得起这钱？唱片业起步后，几年之间爵士乐和布鲁斯就开始统领世界，这绝不是偶然的。布鲁斯是种普世的音乐，所以至今长盛不衰。正是有了唱片，布鲁斯的表达方式与情感才开始影响人们。唱片为人们拉开一道听觉的帷幕，从此聆听音乐变得方便而便宜，不再局限于某个社区，各种音乐类型也不再像以前那样老死不相往来。于是新一代中某种截然不同的乐手也应运而生。根本不需要乐谱，耳朵听到的就是指尖流出的，从心灵直接到手指。没人要什么乐谱。

在锡德卡普，一切和音乐有关的东西都很容易弄到手。这反映了惊人的音乐大爆炸，音乐成为一种时尚，美国风成为一种时尚。我曾经去图书馆借过不少关于美国的书。那里有人喜欢民谣、现代爵士和传统爵士，也有人喜欢布鲁斯，所以我听到的其实是灵魂乐的原型。那里是一切影响的发源地。那里有新的声音，像十诫石板那么重要，不过在当时刚刚被世人倾听。其中有“泥水”，有“嚎狼”[①]的《大烟囱闪电》，以及“闪电”·霍普金斯[②]。有一张叫《节奏布鲁斯，第一辑》的专辑收录有巴迪·盖伊的《当我第一次听到布鲁斯》和一首小沃尔特的曲子。我听了两年的查克·贝里才知道他是黑人，至于其他大牌乐手，我是很久以后在纪录片《夏日里的爵士》[③]中认识的，查克·贝里在里面唱了《甜蜜十六岁》。多年来我一直都不知道杰里·李·刘易斯是白人。这些美国音乐人要是没有作品登上排行榜前十名，你就根本没处去知道他们的长相。我只认识埃尔维斯、巴迪·霍利和胖子多米诺的样子。不过不要紧，音乐才是最重要的。我第一次听到《伤心旅馆》的时候并没有立志成为埃尔维斯·普莱斯利，当时我根本不清楚他的影响力。是那种声音，那种别具一格的录音方式打动了我。后来我发现它的制作是太阳唱片公司的山姆·菲利普斯[④]。他非常有远见卓识：对回声的应用，简洁干脆。听者会有身临其境

---

① Howlin' Wolf（1910－1976），原名切斯特·亚瑟·伯内特（Chester Arthur Burnett），美国黑人布鲁斯吉他手、歌手，和“泥水”齐名，共同推动了芝加哥布鲁斯的发展。

② Lightnin' Hopkins（1912－1982），原名山姆·约翰·霍普金斯（Sam John Hopkins），美国黑人歌手，吉他手，乡村布鲁斯代表人物。

③ *Jazz on a Summer's Day*，1958 年新港爵士音乐节的纪录片。

④ Sam Phillips（1923－2003），太阳录音室和太阳唱片的创始人，音乐总监，唱片制作人。在 50 年代为包括“嚎狼”和杰里·刘易斯等在内的众多节奏布鲁斯和摇滚歌手担任制作人。

的感觉，以为和乐手待在录音室里，听着他们现场演唱，没有花里胡哨的流苏和褶边，没有甜腻腻的小糕点，什么冗余都没有。这种方式对我产生了重大影响。

埃尔维斯的LP唱片里收录了他在太阳公司的所有作品，也有几首在RCA时期的歌曲。《没问题》、《肯塔基的蓝月亮》、《奶牛布鲁斯布基》这三首歌简直是囊括了一切。我的意思是，对于一个吉他手或者准吉他手来说，它们简直是宝藏。但另一方面，这一切又有什么意义呢。我可能没想过要成为埃尔维斯，但或许会尝试成为斯科蒂·摩尔。斯科蒂·摩尔是我的偶像。他是埃尔维斯的吉他手，为他在太阳唱片时期的所有作品伴奏。《神秘列车》和《宝贝我们来玩过家家》也是他弹的。现在我已经认识他了，还和他同台过，他的整个乐队我也都认识。但在当时，能把《我走了，你是对的，她甩了我》中的吉他伴奏完整弹一遍就是了不起的事了。然后是《神秘列车》和《拜金女郎》。我要是能弹成他那样就简直开心死了。他到底是怎么弹的呢？我刚进锡德卡普的厕所时弹的就是这些东西，用的是一把借来的f孔霍夫纳爵士吉他。后来，埃尔维斯与巴迪的音乐最终把我引向它们的鼻祖——布鲁斯音乐。

直到如今，斯科蒂·摩尔的独奏还有一段我怎么也扒不下来，他也不肯告诉我。四十九年过去了，我都没能学会。他说不记得我说的那段了，也不是不肯演示给我，只不过“不知道你说的是哪段”。我说的是《我走了，你是对的，她甩了我》里的一段。我觉得应该是E大调，他在弹五和弦的时候做了简化，从B和弦过渡到A和弦再到E和弦，有点像岳得尔[①]唱法，我从来没能分辨清楚过。在《宝贝我们来玩过家家》里也有，唱到“但你不是傻瓜/现在宝贝，回来吧，宝贝……”的最后一句，就是这样的弹法。多半是个小把戏，但弹得飞快，同时还夹杂着一大堆音符。他到底是用哪个指头弹的，哪个指头动了，哪个没动？我从没听过其他人弹下这段来。“克里登斯清水复兴”乐队翻唱过这首歌，但把这一小段省去了。斯科蒂

① yodeling，一种真假声交替唱法。

是个狡猾的家伙，他一本正经地对我说："嘿，小伙子，你得花点时间才能弄清楚。"每次见面，他总是问："那段学会没有啊？"

锡德卡普最时髦的家伙名叫大卫·查斯顿，算得上当年的一号人物。连查理·沃茨都知道他，大概是从哪个搞爵士的人那里认识的。大卫是时尚界的泰斗、比波西米亚更时髦的嬉皮，能在学校里放唱片，真是太酷了。弄一张四十五转唱片一遍一遍放，像要无限循环。他是第一个买到雷·查尔斯[①]唱片的人，还看过现场演出！我第一次听到查尔斯就是午饭时间大卫放的。

那时候所有人都很爱打扮。不过从我们五九级（入学年）的集体照上可看不出来，当时一切还在萌芽之中。男生都穿着V领套头衫，老气横秋。十几岁的姑娘穿得活像五十岁的老太婆，跟几个女老师没什么两样。事实上，那时候所有人，不论男女，一律穿大长的黑卫衣，只有布莱恩·博伊尔例外，他可以说是"摩登青年"的代表，每星期都有新衣服。我们奇怪他是哪儿来的钱。他总穿腰带系在背后的威尔士亲王方格大衣，留一头蓬松的头发，后来弄了辆兰布莱塔踏板摩托，上头还他妈的挂了条毛茸茸的松鼠尾巴。当年"摩登青年"风潮正是起于南部伦敦和艺术院校，说不定就是布莱恩一手引领的。他是第一批去"兰心"弄到一身摩托车行头的人之一。他总是疯狂地站在时尚最前沿，也是他头一个穿上流苏夹克衫和宽松短夹克；在鞋子方面也不落后，率先用尖头鞋换掉带方跟的"火箭鞋"和圆头鞋——这都是场革命了。而摇滚青年们迟迟不得要领，后来才回过味来。他到鞋店去定制鞋，鞋尖足有四英寸长，简直走不了路。那激烈到近乎绝望的时尚把戏简直是没完没了，但看上去挺有趣的，布莱恩也是个挺有趣的小伙子。

我可买不起什么松鼠尾巴。我能有条裤子就不错了。时尚的两极分别是摇滚青年和摩托车手。没人乐意搭理我。我还一度试图在两个阵营里都参一脚，差点没精神分裂。无论冬夏，我都是一身衣服：牛仔夹克、

---

① Ray Charles（1930－2004），美国著名黑人盲歌手，钢琴手，灵魂乐先驱。

紫色衬衫和黑色瘦腿裤。结果这一身行头为我赢得了“不怕冷”的名声，因为我一直都不添置衣服。至于说毒品嘛，那个时代还没到来呢，顶多也就是偶尔吃点多丽丝的生理期药品。当时人们开始吃麻黄碱，但效果很糟，没流行多久。后来出现了一种鼻喷剂，内含右旋安非他命，闻上去是薰衣草的味儿。打开盖子，拿出棉花球，把药粉揉成小药丸。治病的安非他命就来啦！

在学校的集体照里，我身边那个男孩叫迈克尔·罗斯，至今我一听到当年的唱片，脑海里就会浮现他的身影。我第一次当众演出就是和迈克尔一起，我们俩在学校演了几场。他是个很特别的人，活泼外向、才华横溢、乐于冒险。此外还是个很有天分的插画师，教过我几手用钢笔和墨水的本事。他也热爱音乐。我们的音乐品位一致，其实迷上乡村乐和布鲁斯，正因为那是可以让我们俩合奏的音乐，光我们俩就能玩得有声有色。一个人行，两个人更好。他推荐我听桑福德·克拉克，一个声音浑厚的乡村歌手，种过棉花，当过空军，音色有点像约翰尼·卡什。桑福德·克拉克在美国有首金曲，叫《傻子》。我们弹他的《枪之子》，部分是因为我们的演奏水平只能弹这首。不过这首的确是好歌。我们开了个校园派对，在贝克斯利附近的一个体育馆里，各弹一把吉他，努力地唱了很多乡村歌曲。关于这次首演，我印象最深的就是还吸引了几个姑娘。之后我整晚都和一个姑娘待在公园里，那儿有条长椅，头顶还有个小棚盖。我其实什么也没做，只是爱抚了她的乳房之类。我们搂抱接吻，舌头像鳗鱼一样溜来滑去，然后就在那儿一直睡到早晨。我想：第一次演出就能泡到姑娘。靠！没准我还真有点前途呢！

我和迈克尔又演了几场。就是随便弹唱，没什么主题，不过等下个星期回到同一个场地，发现观众增加了……没有什么比这更鼓舞人心的了。希望的微光正在闪烁。

上学的时候我一直认为自己将来会参军，觉得上完艺术学院就得去服兵役。但突然就在我十七岁生日之前，也就是一九六〇年十一月，兵役被永久取消了。（不久后人们把“滚石”的出现视为应当恢复兵役制度的唯一理由。）我记得那天在艺术学院里，大家都长长地松了一口气，一派如释重负。那天都没留作业。我记得所有我这年龄的人面面相觑，然后才确信我们不会被送到驱逐舰上去服役，也不会被送去奥尔德肖特练队列了。比尔·怀曼服过兵役，是在驻德皇家空军部队，他在那里还挺开心的，不过他比我大。

就在那个时候我们开口骂“操你妈的”。多年来我们一直生活在兵役的阴影之下，校园里总有人故意抽风，好让人觉得他有什么危险的疾病，可以免于服役。在我们心里，兵役根深蒂固，大家都在交流逃避的心得，“我有鸡眼，不能行军”等。

服兵役会改变一个人。我有几个表哥服过兵役，出来后就成了另外一个人。“左，右，左，右。”出操无非就是这些，其实是在洗脑。睡着了脑子里都还是这些。有时候那些家伙确实做梦都在出操哩。他们的心智全变了，对自我的认识和智力水平也变了——“我知道自己的岗位在哪儿”，“你是个下士，这辈子也别想提升了”。我很明白退伍的人的这套心态，他们好像被抽去了活力。他们被塞进军队待了两年，回来的时候已经二十岁了，但心智上还是学生。

兵役一取消，就好像突然多出两年自由的时光，当然，这其实是幻觉。你完全不知道该拿这两年怎么办。连你爸妈也不知道，他们本来还指望你一到十八岁就从眼前消失呢。一切发生得太突然。我的人生本来按部就班发展得挺好，一眨眼少了兵役。我再也没有办法逃离眼前该死的困境——市政房，狭小的视野。当然，要是当初我服了兵役，现在说不定都是将军了。但天无绝人之路。我要么不做，做就要做到最好。当初在童子军我只花了三个月就成了小队长。我挺喜欢把人支使得团团转的。给我一个排，我能干得不错；给我一个连，我有发挥空间；给我一个师，我就能创造奇迹。我喜欢激励别人，在“滚石”这本事就派上了用场。我的确很擅长把一伙人团结起来，我能把一伙懒散的人捏合成一支大有前途的乐队，还有“酒鬼”乐队也是，他们可是一帮无法无天的家伙，反正这的确需要两下子。这不是挥着鞭子在后面逼着就行的，你得跟他们混在一起，办实事，让他们知道你一直在那里，在打头阵，而不是在后面督阵。

对于我来说，谁是老大无关紧要，要紧的是能不能干出点什么。

这本书出版前不久，我早先的一封信被曝光了，是写给帕蒂姨妈的。这封信她保管了长达五十年之久，从没流出过家族。二〇〇九年她尚在人世时把这封信交还给我。在那封信里，我详细描写了一九六一年在达特福德火车站遇到米克·贾格尔的那一刻。信写于一九六二年四月，那时我们已相识四个月，开始混在一起，试图搞出点名堂来。

斯皮尔曼路6号
达特福德
肯特

亲爱的帕蒂：

对不起，先前没用绿头苍蝇的劲头给你写信（我一定是疯了）。这次会在震耳欲聋的掌声中退场。

希望你一切都好。

我们总算又挺过了了不起的英国冬季，真不知道夏天什么时候才能来。

哦，但是亲爱的姨妈，自从圣诞节以来，除了上学，还有些事让我忙得要命。你知道我喜欢上了查克·贝里，我觉得我是他在这片唯一的歌迷。但是有天早晨，在达特福德站（我可不想写那么长的“火车站”），我手里拿着一张查克的唱片，一个小学同学忽然向我走过来。他有查克·贝里的全套唱片，他的朋友也是，个个都是节奏布鲁斯迷（我是说真正的节奏布鲁斯，不是戴娜·肖尔、布鲁克·班顿这些垃圾）——吉米·里德[①]、“泥水”、查克、“嚎狼”、约翰·李·胡克[②]这些有真货的芝加哥布鲁斯乐手，真是不可思议。波·迪德雷[③]也很棒。

反正那家伙就这么出现在车站了，他叫米克·贾格尔，他们那帮姑娘小伙儿每星期六都在有点唱机的“旋转木马”酒吧聚会。后来，在一月的一天早晨我正好路过那里，决定进去看看他。那儿所有人都喜欢我，有十个派对请我去参加。另外，米克是大西洋这头最好的节奏布鲁斯歌手，没有之一。我弹查克风格的吉他（电琴），我们又弄来一个贝斯手、一个鼓手和一个节奏吉他手，每周排练两三个晚上。摇摆起来啊！

当然啦，他们都很有钱，住的都是独立式的大房子，真疯狂。有个人家里还有管家呢。我和米克一起去过（当然是开米克的车去的，不是我的），哎呀妈呀，英语都不够用的了。

“我能给您上些什么吗，先生？”

“酸橙伏特加，谢谢。”

“当然可以，先生。”

我觉得自己简直像个国王，走的时候差点让人家把我的王冠拿来。

一切都很好。

我一听查克·贝里就停不下来，最近又弄到一张他的LP唱片，是从芝加哥的“切斯唱片”直接买的，比买英国唱片还便宜。

当然，我们也有那些老破烂儿，你知道，克利夫·理查德、亚

---

① Jimmy Reed（1925－1976），布鲁斯歌手、吉他手、口琴手，五六十年代最有特色的布鲁斯音乐人之一。

② John Lee Hooker（1917－2001），影响深远的黑人布鲁斯吉他手，歌手。

③ Bo Deddly（1928－2008），黑人节奏布鲁斯和摇滚乐吉他手、歌手，美国早期摇滚乐奠基人之一。

当·费斯之类的，还有两个新出来的烂货，谢恩·芬顿和约翰·雷顿，你绝对没听过这么次的东西。那个混血佬西纳特拉[①]除外，哈哈哈哈哈哈哈。

迄今为止我还没厌倦，这个星期六还要去一个通宵派对。

> 我看着手表
> 已经四点零五分了
> 伙计我真不知道
> 自己是活着还是已经死掉
> ——查克·贝里，《晕眩与摇摆》

十二加仑用啤酒桶装着的苹果汁，三瓶威士忌。她爸妈周末不在，我可以跳舞跳个痛快（很高兴这样说）。

这个星期六我和米克要带两个姑娘去我们最喜欢的节奏布鲁斯俱乐部，米德尔赛克斯的“伊令”。

他们那儿有个吹电口琴的家伙不错，叫西里尔·戴维斯，他总是喝得半醉，胡子也不刮，像个疯子似的，真棒。

好啦，我也想不起更多事情烦你了，所以就跟观众们道晚安喽。

大笑

爱你的

基思·XXXXX

除了我，谁还能给你写这么一堆废话呢

我们算不算一见如故？你在火车上偶遇一个人，他胳膊下夹着查克·贝里在“切斯唱片”录制的《摇滚霍普舞》和《“泥水”精选》，你们当

① Frank Sinatra（1915－1998），美国著名演员，通常被视为20世纪最优秀的美国流行男歌手。

然会一见如故啦。他简直有个亨利 · 摩根[①]的宝藏。真是太牛了，我都不知道该怎么保存它们。现在想来，在那次之前我还在达特福德市政厅外遇见过米克，那是他中学毕业前不久的事，也就是在我们组建“滚石”的三年前。当时他十五岁左右，在打暑期工卖冰淇淋，无意中提到自己有时在市政厅附近跳舞，伴着巴迪 · 霍利和艾迪 · 科克伦的曲子。于是我就记住了。我买了一份巧克力冰淇淋，大概吧，好像是圆筒的，我还求他给我多装点儿。再见面就是火车上那命中注定的一天了。

他随身带着唱片。“这个你到底是从哪儿弄来的？”唱片，总是唱片。从我十一二岁开始，交朋友就总是因为唱片。他们有珍贵的好东西啊。我每半年能弄到两三张单曲碟就不错了。米克说：“哦，我有个地址。”那时候他已经写信去芝加哥了，有趣的是，邮件正好让马歇尔 · 切斯接收了，他当时在他老爸的公司打暑期工，负责往来邮件，后来成了滚石唱片公司的首任董事长。地址其实就是邮购公司的，它有点像西尔斯－罗巴克[②]。米克看到的那份邮购唱片目录我从来没见过。然后我们就聊起来了，他在一个小乐队里唱歌，唱的显然是巴迪 · 霍利的东西。我从来没听过别人唱这些。于是我说：“啊，我弹点吉他。”还说：“来吧，咱们来玩点别的。”我几乎忘了去锡德卡普上学这回事，因为我开始模仿从米克那里拿到的查克 · 贝里和“泥水”的原版唱片——《摇滚霍普舞》，切斯唱片公司，编号 CHD-9259。

米克看过巴迪 · 霍利在伍尔维奇格拉纳达剧院的演出，这也是我喜欢他的原因之一，还有就是他认识的人比我多得多。这家伙真有点本事！那时的我什么都不知道，和米克比起来简直像个乡巴佬。他身上散发着伦敦气质……在伦敦经济学院上学，认识很多人。我没什么钱，也没什么文化，只是看过点《新音乐快报》之类的杂志：“艾迪 · 科克伦和巴迪 · 霍利一起出场。”哇！等我长大了一定要买票去看！当然，还没等到那一天，他们俩就都挂了。

---

① Henry Morgan（1635－1688），威尔士海盗，私掠船长。

②美国零售公司，以向农村提供邮购服务起家。

我们认识没多久就一起搞音乐了，他唱歌我弹琴，感觉“嘿，还不坏嘛”。这点不难做到，除了我们，再没有任何观众，我们本身也不指望能自我欣赏。打个比方，我和米克刚开始的时候弄了一张吉米·里德的新唱片，我扒其中吉他的部分，他学歌词和演唱，我们尽可能地去分析研究它。“这里是这么弹吗？”“对，当然啦！”还挺自得其乐。我想我们俩当时都明白自己正处在学习阶段，而这就是你想学的，比在学校可强百倍。一首歌是怎么做出来的，为什么会是听上去的那样，这些对那时候的我们真的很神秘。我们也渴望自己的东西能那么又时髦又酷，好结识一大堆志同道合的人，通过他们又遇到其他乐手和形形色色的人，最后你就会觉得自己真的可以做到了。

“滚石”成立前后，我和米克大概花了一年时间到处搜寻唱片。像我们这样的人不少，都在唱片店接头。如果你没钱买，那就和他们搭话。不过米克认识不少听布鲁斯的人。当时有些唱片收藏家有渠道抢先弄到美国货。博克斯雷希斯的大卫·戈尔丁在美国的苏伊唱片公司有内线，所以我们能听到“查理与伊内兹·福克斯”这类纯正的灵魂乐队，他们不久后出了金曲《模仿鸟》。戈尔丁是东南伦敦一带拥有最多灵魂乐与布鲁斯唱片的人，米克和他混熟了，可以直接去找他。米克不会偷唱片（那时候还没有磁带和磁带录音机），但偶尔和戈尔丁做点小交易，用根德牌开盘式录音机录点东西。那真是一群怪人。六十年代的布鲁斯爱好者真是一大奇观。他们像早期基督徒那样在小小的集合地碰头，不同的是在伦敦东南部的厕所里。除了对布鲁斯的热爱，他们其实再也没有共性；年龄和职业都不一样。整间屋子里只有“苗条哈珀”[①]的最新专辑，是它把所有人维系起来，真是有趣。

大家常常聊唱片复制模版编号，比如你有没有原厂出品的原版虫胶唱片之类的。讨论会慢慢变得热烈。我和米克则面面相觑地走过房间，因为我们俩是听说新到了一批唱片才跑过来淘的。我们最感兴趣的是那

---

① Slim Harpo（1924 – 1970），本名詹姆斯·摩尔（James Moore），著名布鲁斯乐手，擅长口琴。“Harp”是布鲁斯音乐圈中对口琴的称法。

个嚷着“妈的，要是我能弹成这样就好了”的家伙，但先得去见的是那些能卖给我们小米尔顿新唱片的人！纯粹的布鲁斯爱好者都很拘谨保守，对其他不以为然，戴着眼镜，判断什么是真正的布鲁斯，什么不是。这些家伙懂吗？他们在冷冰冰的下雨天坐在伦敦博克斯雷希斯正中心听《挖土豆》……那些歌中约莫有一半他们根本就不理解，否则，准会糗得抬不起头来。他们对于布鲁斯有自己的认识，觉得只有那些农村黑人摆弄的才叫布鲁斯。不管好歹，他们可是有热情。

我的热情显然并非如此，但我没打算去争辩。我不会为这个拌嘴，只是说：“我能拷一份吗？我知道他们是怎么弹的，但得确认一下。”我们就是为这个而活着的。当时可没有姑娘会加入进来，凑热闹地听最新的B.B.金或者“泥水”。

有的周末米克可以开他父母的“凯旋使者”轿车。我记得有一次我们就去了曼彻斯特看一场大型布鲁斯演出，有桑尼·特里、布朗尼·麦吉，还有约翰·李·胡克和“泥水”。我们最想看的是“泥水”，当然约翰·李·胡克也不赖。另外还有“苗条孟菲斯”等人。这是他们的欧洲巡演。“泥水”弹着木吉他唱了半小时的密西西比河三角洲布鲁斯，非常精彩，休息一阵后，又带着一支电声乐队上台。结果他基本是被嘘下台来，像坦克一样磕磕绊绊地从人堆里穿过。一年后迪伦在曼彻斯特自由贸易大厅的演出也是这个下场[①]——正是在那时，我才明白大伙儿根本不是冲着音乐而来，他们只想成为这个特别小天地的一分子。“泥水”和他的乐队的表演令人赞叹，那个乐队非常牛，有小威尔斯，好像还有休伯特·萨姆林。但是对于那些观众来说，布鲁斯只意味着几个穿旧蓝布裤的家伙上台唱点什么“老情人离开了”之类。“纯粹”布鲁斯爱好者什么乐器也不玩，只希望他们的黑奴穿着工装裤上来说“是的，先生”，说到底，他们无非是一帮附庸风雅的城里人而已。乐器插不插电有什么关系？乐手们弹出

①当时民谣和布鲁斯的铁杆拥护者认为电声是堕落和商业化的象征，是对传统的背叛，因此对电声化的乐手和歌手报以强烈的抗议和倒彩。

来的还不是同样的音符，只不过响亮有力一点罢了。他们的真实想法是："摇滚乐滚蛋吧"！他们想要一成不变，不知道在听的东西只是音乐发展过程的一部分；有些被淘汰了，但一切还是要继续发展。

真是激情似火的日子。不单是摩托少年对自行车的抗拒，也不单是地位受威胁的传统爵士乐爱好者对我们摇滚乐爱好者的厌恶。那是许多小型的战斗，如今的人无法想象。一九六一年 BBC 直播了博利厄爵士音乐节，现场传统爵士乐和现代爵士乐的拥护者大打出手，彻底失控，广播不得不中断。纯粹分子觉得布鲁斯从属于爵士乐，所以看到电吉他上来，顿时觉得自己遭到了背叛——他们的波西米亚亚文化遭到了皮衣小流氓的侵犯。其中自然少不了政治暗流。著名歌手和民谣整理者艾伦·洛马克斯和埃文·麦克考尔是民谣运动的大家长和意识形态主义者，他们引用马克思主义的观点，称这种音乐属于人民，必须被保护起来，免受资本主义腐蚀。所以那阵子"商业"是个肮脏的字眼儿。其实那时候音乐媒体上的行话都挺像政治铁拳，比如"瞎话贩子"、"合法的谋杀"、"兜售"之类。至于什么是真诚，有过很多荒唐的讨论。不过在英格兰确实有布鲁斯音乐的听众群。在美国，大部分布鲁斯乐手都习惯在夜总会之类的场所做综艺歌舞表演，来到英国，他们很快发现用不着这一套。在这里可以正正经经地玩布鲁斯。大比尔·布伦奇发现自己的音乐风格要是从芝加哥布鲁斯变到民谣布鲁斯，就能在欧洲观众身上大赚。来欧洲的黑人乐手有一半再也没回美国，因为在家乡他们不受待见，来了这边倒有漂亮的丹麦妞整天追着跑。还回去干什么？他们发现，二战后他们在欧洲，特别是在巴黎可以得到良好的待遇，约瑟芬·贝克、查普安·杰克·杜普里和"苗条孟菲斯"都是。五十年代的丹麦一度成了很多爵士乐手的避风港。

我和米克音乐品味完全一致。我们从来不相互质疑或解释，一切尽在不言中。听到什么好，我们马上就会对视一眼。一切都围绕着音乐。听完一张唱片后就会讨论，这个不怎么样，那个是在装逼，那个才是真货！不管什么类型的音乐，我们只说这个好，那个不好。我也喜欢有的流行歌，只要它够好。但歌曲的高下确实有鲜明的区分标准，绝对是这样。我觉得首先我和米克都明白，必须不停地学，还有那么多我们不懂，视野常扩展到节奏布鲁斯之外。我们也喜欢某些流行唱片。给我“罗奈茨”或者水晶乐队，我能听上一整夜。不过等我们决定上台翻唱的时候，就得对它说“给我躲一边儿去”。

我在寻找音乐的核心——表达方式。没有脱胎于奴隶制度的布鲁斯就没有爵士乐，我是指近代意义上的奴隶制，不是罗马统治下可怜的凯尔特人所经受的那种，也不仅限于美国，它让人生活在苦难之中。但是幸存者却创造出了奇妙的东西。它不是靠脑子想出来的，而是潜藏于本能，超越了音乐性。它有着灵活多样的形式和种类，有轻柔的，也有沉重的。而深沉的布鲁斯才是我存在的根本。听听约翰·李·胡克那种古老的弹琴方式，大多数时候他忽略和弦变化，一切都在暗示中，而不是被直接弹奏出来。他和别人合奏时，对方的和弦会发生改变，他却不会，丝毫不变。一直都这样。除了了不起的嗓音和毫不留情的吉他，他还有一样利器：跺脚打拍子，他就是“爬行的蛇王”[①]。而用来放大跺脚声的只是个二乘四英寸的木头块。波·迪德雷是另一个喜欢使用单一基本和弦的乐手，弹哪首都是那一个和弦，变的只有人声和弹奏方式。我是到后来才渐渐学到手。还有嗓音的力量，比如“泥水”、约翰·李和波·迪德雷。不必很大，但发自肺腑，整个身体都参与其中。他们不只是用心唱歌，是在用整个灵魂与生命歌唱。这总能深深触动我。所以，弹琴的布鲁斯歌手和不弹琴的有很大差别，不管弹的是钢琴还是吉他。因为前者必须练就自问自答的本事，唱点什么，再弹点什么作为呼应或者提问。这样一来，对时机和措辞的把握就会完全不同。如果你只是歌手，就会完全专注在唱歌上，多数时候会演绎得更好，但偶尔也会让人感觉和音乐脱节了。

我和米克重逢不久后，趁着和我爸妈周末一起去德文郡旅游的机会，一起在海边的一个酒吧作了演出。现在由多丽丝代笔好好描述一番当时的奇怪情形，我自己都忘得差不多了。不过我们总有一点模糊的印象。

---

①胡克有一首重要的歌曲，就叫“爬行的蛇王”（*Crawlin' King Snake*）。

> 基思和米克十六七岁那年的夏天，跟着我们去德文郡的比珊兹度周末。当时他们搭长途汽车从达特福德过来。基思带了吉他，米克则待得不耐烦，抱怨"没女人，没女人"。那儿确实没什么人，不过风景优美。我们在海边租了个房子。年龄大点的男孩子常跑去前门钓鱼，每条鱼可以卖六便士。他们也没什么别的事好干，就能游游泳……基思带着吉他和米克去了当地的酒吧，他的演奏让大家又惊又喜。我们开着沃克斯豪尔车载他们回来，路上只花了八到十个小时。当然很费电嘛，所以我们没开车灯。我还记得开到克洛斯的贾格尔夫人家门口时，听见她喊："你们去哪儿了，怎么这么晚才回家？！"那条回家的路可真够要命的。

米克那时常和中学同学迪克·泰勒一起玩音乐，他们的中学也在锡德卡普。一九六一年底我加入了他们。另外还有鲍勃·贝克维斯弹吉他，因为有音箱，所以他是个重要人物。早年间，一个音箱上经常得接三个吉他。我们给乐队起名叫"小男孩布鲁和布鲁男孩们"。我当时那把f孔钢弦霍夫纳爵士吉他的上面写着"布鲁男孩"，所以我成了"男孩布鲁"。这是我的第一把钢弦吉他，现在只能在我们成名前俱乐部演出的照片里见到它了。它是我从牛津街艾弗·梅兰乐器店淘来的二手货，从指板上的斑驳和汗渍可以看出之前主人的痕迹，他要么是个高手，小品弹得很娴熟，要么就擅长弹和弦。旧吉他就像一张地图，一台测震仪。后来我把它丢在伦敦地铁里了，不是在维多利亚线就是在贝克鲁线。要说埋葬一把吉他，还有比贝克鲁线更好的地方吗？这件事给我留下了遗憾。

我们每星期在鲍勃·贝克维斯家客厅碰面，在博克斯雷希斯，偶尔也有一两次借迪克·泰勒的房子。那时候迪克很勤奋，算正统主义派，不过几年后照样加入了"漂亮东西"[①]。他有真本事，是个好吉他手；非常有感觉，就是做的布鲁斯太正统了，但不可否认也是好东西，因为我们

① Pretty Thing，1963年成立的摇滚乐队，一度被媒体称为"'滚石'的丑陋表弟"。

都有点不合时宜。我们很快就进入到《并未消失》、《就是那一天》、《所有人都来吧》,也许是直接进入了《我就是想和你做爱》[①]。我们觉得这些歌都是一个类型的。鲍勃·贝克维斯有一部根德录音机，我们用它录了第一盘合奏磁带，这也是我们第一次录音。多年后米克在拍卖会上把它拍了回来，给了我一份拷贝。那是一份开盘式磁带，音质非常恐怖。我们的第一批翻唱曲目包括查克·贝里的《转来转去》和《晕眩与摇摆》,吉米·里德的《闪亮灯光，大城市》,锦上添花的是米克用装腔作势的西班牙语翻唱《拉邦巴》。

节奏布鲁斯是一扇大门。西里尔·戴维斯和阿莱克西斯·科纳尔[②]每周在伊令爵士俱乐部演出,吸引大批节奏布鲁斯的狂热爱好者。除了他们，俱乐部里也没别人了。所有的布鲁斯爱好者都聚在这儿，博克斯雷希斯的唱片收藏者也都会来。还有曼彻斯特与苏格兰的歌迷看了广告特意赶来同其他布鲁斯的信徒会面，欣赏阿莱克西斯·科纳尔的“布鲁斯公司”乐队演出，由年轻的查理·沃茨打鼓，伊恩·斯图尔特偶尔弹钢琴。就是在那里我爱上了这帮家伙！那时候别处几乎没什么人固定在俱乐部里演出这种音乐。我们在伊令见面,交流想法和唱片,混在一起。六十年代，节奏布鲁斯是区分人群特征的显著标志。要么听布鲁斯和爵士，要么听摇滚，但摇滚乐完蛋了，因为流行起来后什么好东西都没剩下。于是我们就抓住了“节奏布鲁斯”这个字眼，它当时代表着那些风格强劲的芝加哥布鲁斯乐队，是一种突破壁垒和藩篱的音乐。我们得靠它来软化那些正统主义者，他们其实喜欢我们的音乐，但表面上不想认同。于是我们就说自己的音乐是“节奏布鲁斯”,而不是“摇滚乐”。其实是一回事，这种分法根本没什么意思——区别无非是使用后拍[③]的多少或者演出风格是否

---

①前两首为巴迪·霍利的单曲,后两首分别为艾迪·科克伦和“泥水”的单曲。其中《并未消失》(*Not Fade Away*)为“滚石”在英国的首批上榜金曲之一。

② Alexis Korner (1928–1984),作曲家，钢琴手，吉他手，有“英国布鲁斯之父”之誉。60年代与西里尔·戴维斯合作组建“布鲁斯公司”乐队。

③ back beat。

花哨。

阿莱克西斯·科纳尔是伦敦布鲁斯圈的老爸，他算不上多好的乐手，但很慷慨，乐于扶持有才华的新人，算得上音乐界的知识分子，在现代艺术学院之类的地方开课讲授爵士和布鲁斯。他还在 BBC 担任音乐节目主持人，采访乐手，认识他简直和认识上帝没两样。他能意识到自己玩的已经落后，也认识所有名副其实的好乐手。他有奥地利和希腊血统，在北非长大，长得像吉卜赛人，留着长长的络腮胡子，说话却是纯正的英国口音，满口的“嘿，我说小伙子”。

阿莱克西斯的乐队非常棒。西里尔·戴维斯是当时最牛的口琴手之一。他原本是温布利的汽车钣金工人，谈吐举止也完全是那副样子，酒瘾大得不得了。他去过芝加哥，见过“泥水”和小沃尔特，这为他平添了一道光环。他是个特立独行的人，能感觉到流行和风尚的变化，但不喜欢，这和我们都不一样。一九六三年，他离开了阿莱克西斯的乐队，组了“节奏布鲁斯全明星”乐队，每周在“大帐篷”酒吧演出一次，不过第二年他就死了。

伊令俱乐部是一家传统的爵士乐俱乐部，“布鲁斯公司”每周六晚上在这儿演出。它装修得很时髦，有时会喷出齐脚踝的冷凝水雾。因为位于伊令地铁站的下方，舞台上面的房顶其实是一段装着厚玻璃块的人行道，所以总有人在你头上走来走去。阿莱克西斯常常问：“你们想上来玩会儿吗？”于是你就得脚脖子泡在水里弹电吉他，还怕乐器接地不好，搞得电火四溅。我的设备就老出问题。我开始弹插电吉他的时候弦还挺贵呢。一根弦断了，你就把它和另一根断弦系在一起，让它延长，再绕回去，这招还挺管用的！如果弦断了后还能长过琴颈的部分，就把结打在弦枕上面，再把弦延至弦轴位置。断到一定程度确实会影响音准，这边半根那边半根的。谢天谢地，我在童子军队学过打绳结。

我有个德阿曼德牌箱琴拾音器，是个很独特的玩意儿。可以把它夹在琴的面板上，沿一个轴上下调节。因为没有专门的低音拾音器或者高音拾音器，如果你要柔和一点的声音，就把这倒霉玩意儿沿着轴向琴颈方向调一点儿，得到低沉些的贝斯音。想要高音就向相反方向调。当然这样滑上滑下对它的电线损害很大，所以特别容易坏，我得带着一套焊接工具应急。我经常重新焊接和安装音箱背后的线路，那时候我用的是“小巨人”扩音器，大概有收音机那么大小。我是率先拥有扩音器的一批人，之前我们都是把拾音器接在录音机上；我记得迪克·泰勒曾经把琴接在他姐姐的布什牌电唱机上。我的第一个扩音器是家里的收音机，我把它给拆了。收音机听不了，我妈快气疯了，更何况我为了试着弄出声音，还搞得电流吱吱作响。其实这也是对未来用电吉他的一种训练——调试声音，在音箱上调吉他。我们都是从零开始，用的是电子管和金属管。有时候把一个电子管拿出来，声音会变得又脏又噪，因为让机器超负荷、超时间工作了。换上双倍电子管，就会得到比较柔美的声音。有不少次这玩意儿搞得我触电：在扩音器背后鼓捣的时候，我总是忘了把这倒霉东西的插头拔下来。

我们第一次遇到布莱恩·琼斯也是在伊令爵士俱乐部。他说自己叫埃尔默·刘易斯，因为那时候他想当埃尔默·詹姆斯[①]。“那你可得晒黑点再长高些才行，小伙子。”大家打趣。那天晚上布莱恩表演了一回滑棒吉他——那在英国可真是个新鲜玩意儿，插电弹奏《扫帚扫灰》，非常精彩，让人印象深刻。我想是米克先去和他搭讪的。我们发现他有自己的乐队，不过大多数乐手过不了几个星期就会离开他。

我和米克一起在俱乐部里弹查克·贝里的歌，这可惹恼了西里尔·戴维斯，他觉得那是摇滚乐，而他不想再玩摇滚了。当众演出意味着要和别人合奏，而且这些曲目他们以前都玩过，感觉你像是在考试，还低人一等。你得按时赶到，器材不能出错，这对我来说真够困难的。总之得够格才行，你是和那些大牌混了，和在学校体育馆自娱自乐可不一样。靠，我也成了职业乐手了，哦，至少也算半职业的——没报酬的职业乐手。

这期间我从艺术学院毕业了。最后有老师说“嗯，你这个作品还不错”，

① Elmore James（1918－1963），美国黑人布鲁斯吉他手，歌手，被誉为“滑棒吉他之王”。

然后就把你送到J.沃尔特·汤普逊面试，你大概也知道是怎么回事——不过就是三四个打着蝴蝶领结、自以为是的家伙对你说："是基思吧，很高兴见到你，给我们看看你的作品。"然后你打开破文件夹。"嗯……我们看过了，基思，确实很有前途。另外，你会沏茶吗？"我说会，但不沏给你们喝，然后拿上文件夹转身就走——我还记得它是绿色的，一出门就被我扔进垃圾箱了。这是我最后一次尝试进入所谓的"社会"，也算第二次遭到踢除。我没经验也没能力，就算进了广告公司也只能当个端茶送水的，所以面试的时候根本没给他们好脸色。我其实就是想找个借口好被他们踢出去，这样就可以搞音乐了。反正不用参军，多出来两年自由自在的日子，正好去搞布鲁斯。

我来到"砖匠军团"，Soho区一家脏兮兮的小酒馆，这是后来组为"滚石"的阵容第一次合练。我想那应该是一九六二年五月，一个美好的夏夜。酒馆就在沃德街附近的脱衣舞酒吧一条街上。我带着吉他过去的时候酒馆刚开门，应门的是那种典型的浓妆艳抹的金发吧女，里面没几个客人，弥漫着一股不新鲜的啤酒味。她看见吉他，就说"楼上"。我已经听见了布基伍基[①]风格的钢琴声，是米德·拉克斯·刘易斯和艾伯特·埃蒙斯的曲子，真是难以置信，我一下子激动起来。我觉得自己是个乐手了，可是哪儿都还没去，没去过密西西比中部的芝加哥中心，现在得上楼见见这个弹钢琴的家伙。要和他一块儿演奏。如果不够格就完了——上楼时我心里这样想。台阶在脚下嘎吱作响，某种程度上，当我再度从这几级台阶上走下来的时候就成了另一个人。

屋子里只有伊恩·斯图尔特一个人，还有张破破烂烂的毛呢沙发。他穿着提洛尔牌皮质短裤，背对着我弹立式钢琴，眼睛望着窗外。因为他的自行车就锁在那儿，他怕车子被人偷走了。他也眼巴巴地看着窗外的脱衣舞女拎着小圆帽，顶着假发从一家俱乐部赶到另一家——"哇哦，快瞧！"与此同时，莱罗伊·卡尔[②]的曲子从他指尖轰轰而出。我拎着棕

① Boogie-woogie，美国黑人布鲁斯的一个类型，以钢琴为主要乐器，三四十年代最为流行。
② Leroy Carr（1905－1935），早期布鲁斯歌手，钢琴手。

色塑料吉他匣走进去，一动不动地站在那儿，有点像学生进了校长办公室。心里只有一个念头：一会儿扩音器可千万别出乱子啊。

一九六二年春，斯图在《爵士新闻》上看到布莱恩·琼斯招募乐手组建节奏布鲁斯乐队的广告，于是去了伊令俱乐部。他们俩开始和各色乐手排练，排练室就是这个每人出两块钱在酒吧二楼租的小房间。斯图在俱乐部见过我和米克的表演，就请我们过来试试。说句公道话，斯图记得米克早先看过他排练，记得他说："基思不加入的话我也不加入。""啊，没问题，是不是？"我刚开始和斯图合奏的时候，他问："你该不会要玩摇滚乐的狗屁玩意儿吧？"斯图非常保守，对摇滚乐满腹狐疑。我说："是的！"接着就弹起了查克·贝里。他说："哦，那你知道约翰尼·约翰逊吗？"哦，是查克的钢琴手。然后我们随手弹起了布基伍基。就是这样。其他人陆续来了。除了米克和布莱恩，还有乔夫·布拉德福德，一个很不错的布鲁斯滑棒吉他手，跟西里尔·戴维斯合作过；还有布莱恩·奈特，一个布鲁斯歌迷，最拿手的就是一首叫《走过，走过》的曲子，且仅有这一首。斯图可能和所有这些人合奏过，事实上，我们已经是第三批前来应试的了。我和米克只是候选对象而已。其他乐手都和阿莱克西斯·科纳尔在俱乐部里玩过，什么都懂。在某种程度上，我和米克是圈子里的新人。我发现斯图还没下定决心是不是要一心一意做个传统民谣布鲁斯乐手，因为他和我弹了几首流行的布基伍基和查克·贝里的曲子。我的器材运行良好。当天晚上快结束时，我明白一个乐队正在成型。我们没说什么，但我知道斯图对我印象不错。乔夫·布拉德福德和布莱恩·奈特在"滚石"创立之后也组了个不错的布鲁斯乐队，名叫"六人布鲁斯"。但他们基本上还是传统乐手，除了熟悉的桑尼·特里、布朗尼·麦吉和大比尔·布伦奇，对别的都没兴趣。而斯图呢，那天我给他弹唱《甜蜜十六岁》和《小奎妮》，他跟着我弹了起来，于是一桩没说出口的协议就定了下来。我们非常合拍。"那我下次再来，是吧？""下星期四见。"

伊恩·斯图尔特。到现在我好像还在为他工作。对我来说，"滚石"就是他的乐队。要不是他的学识与组织能力，要不是他当初改变喜好冒险和我们这些小子合作，现如今我们大概一事无成。我不知道斯图到底看中我什么，但其后他肯定是主动的一方。我总觉得斯图年纪比我大好多，其实也只大三四岁，但在当时就好像差很多似的。他见多识广，而我什么都不知道，不过是个乡巴佬。

我觉得他开始喜欢上和我们混。他感觉到了能量和活力。后来那些纯粹的布鲁斯乐手渐渐离开，只剩下布莱恩、米克、斯图和我，以及贝斯手迪克·泰勒。乐队一开始只有个架子，我们想找个鼓手，总念叨说："天啊，查理·沃茨太棒了，要能出得起他的薪水就好了。"我们一致认为查理·沃茨是个天生的好鼓手，斯图去试探过。查理回答说他乐意参加演出，但搬运鼓上地铁需要钱的，等我们每周有了固定的演出机会可以通知他，他会加入。

斯图相貌堂堂，宽大的下巴向前突，看着就强壮可靠。我觉得他的性格肯定受到外表和人们对他的态度影响，从小时候起就这样。他公正、严肃、脚踏实地，不过总是说些奇怪的词语。比如开快车，到他嘴里就变成"大开一把"。他自然而然地领导着我们，这一点从未改变，叫我们时总说"来吧，天使小画家们"、"我的三和弦小天才们"或者"我的小屎球们"。他讨厌我弹的一些摇滚乐的东西，几年来一直恨杰里·李·刘易斯，"哦，装腔作势的玩意儿"。后来他对杰里的态度终于有所软化，不得不折服，并承认杰里·李的左手技巧无人能敌。花里胡哨和炫技可不是斯图的强项。在他看来就算在俱乐部演出，也不是非要作秀不可。

白天，伊恩都西装革履地在维多利亚堤岸附近的帝国化学工业公司上班，他的工资后来成了我们租排练室的主要资金来源。他答应出的钱就会出，至少说过的肯定会放在心上，因为他根本就不怎么开口谈钱。斯图唯一的神秘之处是他咬定自己是皮滕威姆的合法继承人，那是圣安德鲁高尔夫球场对面的一个小渔村。他总觉得自己被欺骗了，被人篡改为什么奇怪的苏格兰血统。跟这样的人你可争辩不了——钢琴声为什么这么小？喂，你是在和皮滕威姆的继承人说话呢——换句话说，这点小事根本没什么值得争的。有一次我问他："斯图尔特家族的传统花格图案是怎样的？”他说：“黑白格纹搭配各种颜色。”斯图总能装出一本正经的样，能看见事物有趣的一面。我们惹出大乱子来也总是他负责擦屁股。弹琴技术比他好十倍的人多得是，但单论左手的感觉，他无人能及。他也许真是皮滕威姆的地主，但他的左手像从刚果来的。

那阵子，布莱恩已分别和三个女人生了三个孩子，最后一个女人叫帕特。自从他狼狈不堪地离开家乡切尔滕纳姆后，就带着她和孩子住在伦敦鲍维斯广场潮湿的地下室，墙上都长蘑菇了。就是在那个房间里，我头一次听到了罗伯特·约翰逊[①]，从此在布莱恩的指导下一起探索布鲁斯世界。当时我听得震惊不已。约翰逊的吉他、歌曲创作和表现都在更高的层次。与此同时，我们深感困惑，因为这音乐并不是由乐队做的，而是完全由一个人单挑。这要怎么做到呢？我们发现一直以来模仿和翻唱的“泥水”等人，也是听着罗伯特·约翰逊长大，然后把他的音乐换用乐队演绎。换句话说，这是一种连续推进。罗伯特·约翰逊就像一支单人管弦乐队，他最棒的几首歌几乎有着类似巴赫的结构。不幸的是，他的风流韵事太多，把自己早早搞死。但他留下的音乐是不竭的灵感源泉，是一个可供发挥的平台，不论是“泥水”还是其他人，肯定都多多少少受了他的影响。追溯布鲁斯与音乐史的根源，我发现它其实不是凭空形成的。这样伟大的音乐不是一时天才的产物。是某个乐手听了其他人的东西，就这个主题加以变化。听着听着你就会发现所有人之间都存在联系。不能说某个人非常牛，其他人都是垃圾；他们都是相互关联和影响的。你愈是深入研究布鲁斯和它的历史，研究这种音乐最初被录制的二十年代，就会愈发庆幸录音技术的存在。它是自书写以来人类最伟大的发明。

但是现实人生也会闯入我们的生活。一天晚上，米克喝醉了去找布莱恩，发现他不在家，就和他的女人上了床。这事可引起了一场大地震，布莱恩非常难过，帕特最后也离开了。布莱恩也被赶出住所。米克觉得

① Robert Johnson（1911－1938），传奇布鲁斯吉他手，一生仅录有 29 首歌，但对后世产生重大影响。

自己有点责任，就在贝肯纳姆郊区找了一栋阴森森的平房，我们都住了进去。那是一九六二年，我就是从那时起离开了家，是慢慢搬出来的，先是偶尔住那边，渐渐整个星期不回家，后来就不再回去了。我不是某一天突然从家里彻底搬走的，也没有重重摔门而去。

关于这件事，多丽丝有话要说：

> 从十八岁到二十岁那年离开家，基思断断续续做过一些零工，此外就没工作过了。他爸爸整天骂他，逼着他剪头发找工作。我一直等到基思离开家后才搬出去。他在家时我可不能走。我不能离开他，不是吗？那会让他伤心的。我搬出去那天，伯特去上班了，基思不在身边。出了门，我收到一张电费单，就又折回去把单子贴好，好让伯特去交钱。这是善意的姿态，对不对？比尔买了一套在一层的房子，因为我告诉他我得经常出门。那是新盖好的房子，比尔和房主签合同后我们就搬进去了。比尔存了些钱，一次付清的。一天晚上，我给基思打电话。他说："啥事？"我说："基思，我们搬进新房子了，我有电话呢，很不错吧？"可他显得不是很高兴。

在贝肯纳姆镇，一小群歌迷不可思议地聚拢在我们身边，其中就有哈李玛·穆罕默德，我的初恋。最近我买回了自己在一九六三年写的日记，也可能是我唯一一本日记，有点像"滚石"在那段倒霉日子里的流水账。因为总是搬来搬去，这本子被我落在哪个房间里，不知道被谁捡了去，一直存着。日记封底的夹层里藏着一张李的小照片——我一直都这么称呼她。她很美，长相有几分像印度人，眼睛和笑容最让我动心，照片里这两样都被保留下来了，完全是我记忆里的样子。她比我小两三岁，当年大概十五六岁，妈妈是英国人。她爸爸我从来没见过，但我见过她家里的其他人，有一次去霍尔本她家接她的时候和他们打过招呼。

我很爱李。我们的关系纯洁得不得了，可能也是因为两个人亲热还得躲开米克和布莱恩这一大屋子的人。另外她年纪太小，还与父母同住，和我一样是独生子女。她很喜欢我，但也容忍了我很多。显然我们曾经分手，后来又和好了，因为我在日记里叹道，“第二次了”。

她是一九六二年和一群姑娘一起出现的。我们不知道她们从哪儿来，不过日记里写着我们至少在肯·克里尔俱乐部相遇过一次。那时候还没有歌迷俱乐部，可以说是“前歌迷俱乐部时期”。我都不记得我们那时有没有正式演出，倒是经常坐在那儿练琴和学习。有时候五六个从霍尔本或伯蒙奇来的伦敦姑娘会突然闯进来。她们满口悦耳的东区腔，非常年轻，却主动承担起照顾我们的责任。她们经常过来给我们洗衣服做饭，留下来过夜，把剩下的事儿做完。其实不是什么大事。性在那个时候还有点可怕，我们就是拥抱着睡在一起，因为没钱交暖气费。我和李相爱了好一段时间。她对我实在非常好，并不是两性间的相吸，而像那种身心结合的感觉。一天晚上也许是我们喝醉了，一切就发生了。我们总是久久望着对方，不愿把眼睛移开，感觉到擦出的火花，感觉是双方在试探……你能越过那条界限吗？当然最后常以越界告终。根据我的日记，在那之后她又来过一次。

她肯定出席了我们作为“滚石”的第一次演出。斯图非常讨厌“滚石”这个名字。布莱恩打听清楚价格以后，给《爵士新闻》（就是一份专登演出广告的破报纸）打电话说：“我们有个演出在……”“你们乐队叫什么？”我们顿时大眼瞪小眼。“叫什么？”“啥？”打电话可是要花钱的。最后“泥水”成了救星！《“泥水”精选》的唱片封套正好扔在地上，第一首歌就叫“滚石”。布莱恩、米克和我实在没别的选择，就说：“‘滚石’。”哇，省了六便士电话费呢。

演出！阿莱克西斯·科纳尔的乐队预定一九六二年七月十二日在BBC做现场广播演出，他问我们愿不愿意为他们在“大帐篷”演一场。那天晚上我们的鼓手是米克·阿沃里，而不是大家误传的托尼·查普曼，历史不知怎么把他俩搞混了；弹贝斯的是迪克·泰勒。当然还有“滚石”的核心，米克、布莱恩和我，演出曲目包括《扫帚扫灰》、《宝贝怎么了？》、《钓龙虾》、《坦白布鲁斯》、《发挥我的魔力》。你和一大帮人待在一起，还能上台演出，对台下叫“哦！耶！”的感觉真是千金难买，飘飘然好像飞上了天。因为台下是一大堆羡慕你，恨不能和你一样的家伙。真的，你就像长出了翅膀，来到许多人永远无法抵达的地方，一个特殊的地方。然后你想落回地面再飞回去。一着地你就失落了，但今后你会一直都想回去。这是不需要任何许可的飞翔。

4

一九六二年夏，我和米克、布莱恩住进伊迪丝·格洛夫。学习芝加哥布鲁斯。“大帐篷”、伊令俱乐部和龙虾俱乐部。和传统爵士乐手抢地盘。比尔·怀曼带着他的Vox音箱加入。在车站酒店“嗓起来”。查理加入。安德鲁·卢格·奥尔德姆为我们签了迪卡唱片。和“艾弗利兄弟”、波·迪德雷还有小理查德一起进行首次英国巡演；“滚石”被骚乱淹没。“披头士”送了一首歌。我和米克被安德鲁锁进厨房，写出了“滚石”的第一首歌。

德佐·霍夫曼 摄 /*Rex USA*

“滚石”早期，和我们的创立者伊恩·斯图尔特（右上）在大帐篷酒吧，1963 年

"滚石"的第一年在流窜、偷东西填肚子和排练中度过。维持"滚石"可得花钱。我和米克、布莱恩住在富勒姆的伊迪丝·格洛夫一〇二号,那是个恶心得要命的地方。我们快成职业脏乱户了,根本没心思收拾。我们是一九六二年夏天搬进去的,住了一年,还挺过了一七四〇年以来最冷的冬天(记录是这么说的)——供暖、电气和煤气的花费没那么好挣。睡的是床垫,没家具,只有一块秃毛地毯。那些床垫和仅有的两张床根本不配套。不过也没什么关系,我们三个醒过来总发现自己躺在地上,旁边扔着布莱恩带来的那个巨大的收音-唱片两用机,是五十年代的早期产品。

我们常去切尔西国王路的韦瑟比军团酒吧,围坐在一起排练。我还常常溜进酒吧厨房,偷走空瓶子再卖给他们。一个酒瓶能卖两便士。这也没多少钱。我们去参加派对时也偷空酒瓶。一个人带头,另外两个就跟着。

伊迪丝·格洛夫是个好玩的地方。我们那栋楼的一层住着三个姑娘,是从谢菲尔德来的实习老师;楼上是两个巴克斯顿基佬。我们住中间一层。我们为什么跑到切尔西来和这帮北方佬住在一起?简直是"伦敦欢迎你"的最佳写照——因为身边根本就没伦敦人。

那几个实习老师现在可能早就当上校长了。不过当年她们可真是够淫荡的。我们其实没什么时间,但很快和她们勾搭上了。米克和布莱恩常常下去,我倒从来不掺和。我不喜欢她们,但觉得她们挺有用,可以帮忙洗洗衣服什么的。我妈也常常让比尔来拿我们的脏衣服，好去展示洗衣机功能。那两个刚恋爱没多久的基佬经常去伯爵宫一带的酒吧和一帮澳大利亚基佬混，那时候澳大利亚基佬满街都是，伯爵宫就是他们的天下，其中不少都是露阴癖，因为在伦敦搞基可比在墨尔本或悉尼或布里斯班自由。我们楼上那一对从伯爵宫回来后，说话都带上了澳洲腔。他们冲你喊“嘿，盆友”，“什么，你们不是巴克斯顿来的吗？”。

我们的同屋叫詹姆斯·菲尔格。我们借了他的姓用在早期写歌的笔名中——“南卡·菲尔格”，“南卡”是一种鬼脸，用手指尽量扒住脸上所有窟窿，扭成可怕的形状，这个布莱恩最拿手。我们在伊令俱乐部公开征集室友分摊房租。菲尔格明白要跟什么人合住，他大概是全世界唯一一个能和我们住在那个可怕地方的人，而且能干出更加龌龊的事。不管怎么说，愿意和我们这几个整宿整宿乒乒乓乓学破烂玩意儿、拼命找演出的家伙同住的人只有他。真是臭气相投。那时候我们还不到二十岁，虽说也快了，有时候会赌谁更恶心——你能恶心着我？别开玩笑了，让你瞧瞧我的厉害！我们演出回来，菲尔格就站在楼梯上，赤身裸体，脑袋上顶着条破内裤说：“欢迎回家。”要不就冲我们滋尿啐痰。他真是喜欢到处啐痰，而且身上能流出液体的地方都不闲着。他最喜欢鼻子底下拖着一条大鼻涕走进屋子，让它顺着下巴流下来。不过这还挺有意思的。“嗨，你们好，这是安德鲁，这是詹妮弗”——甚至给各种鼻涕都起了名字，什么“格林·吉尔伯特”、“斯嘉丽·詹金斯”。还有一种叫“长袍舵手”的，大家总会对它浑然不觉，就是那种擤出来溅到领子上，像领章一样留在那儿的，真是极品呢。还有什么“黄色汉弗莱”，“飞翔大V”就是擤鼻涕的时候从手绢上飞出来的。那时候的人经常感冒，鼻子里就经常流出点什么，也不知道该拿它们怎么办。这可不是因为吸可卡因流的鼻涕，那是后话了。我想是因为那几年英国冬天的天气太糟糕。

因为实在没别的事可做，演出也就寥寥几场，最后干脆变成我们研究观众。我们经常进别人公寓偷东西。趁女老师出门时下楼翻她们的抽屉，总能找到一两个先令。我们的厕所被改造成录音的地方，有邻居，特别是楼下的姑娘过来“借厕所用一下”（因为她们的厕所总有人）的时候，我们就故意打开录音机——“可以，来吧！”“快！把录音机打开。”那冲水声就像掌声雷动，我们常在“演出”之后将它重播。每次有人来上厕所，我们就像到了周日晚上的伦敦帕拉丁剧院。

所有来伊迪丝·格洛夫的人都觉得最恐怖的是那间所谓的“厨房”里大堆没洗的碟子，净是长霉的油腻盘子在水槽里堆成小山，脏得没人敢碰。但有一天我和菲尔格真看不过去了，觉得实在应该清理清理。对于菲尔格这个天下头号邋遢大王，这可真是个历史性的重大决定。鉴于脏东西实在太多，我们只好下楼偷了一瓶洗涤液。

那时候受穷好像是常事，一直就没改善。一九六二年的冬天可真难熬。好在布莱恩有办法，找来朋友迪克，因为这哥们领英国陆军后备部队的津贴。布莱恩对迪克很无情，我们睁只眼闭只眼，总之能得到好处就成。那时候大家兜里连两个能碰出响声来的便士都他妈的没有。迪克全名迪克·哈特崔尔，是杜克斯伯雷人。布莱恩差点没把这倒霉孩子整死，他逼着迪克跟在屁股后头替他付账。做法非常非常残忍。我们进馆子吃饭，他让迪克站在外面，等我们吃完了进来埋单。就连我和米克这么冷血的人都震惊了。他有时候也让迪克进来吃甜点。布莱恩性格里真有残忍的一面。迪克·哈特崔尔是他的老同学，却总像条哈巴狗一样跟在他后面。有一次布莱恩让这倒霉孩子光着身子站在外头，那可是下雪天，他苦苦哀求，布莱恩只管哈哈大笑。我也没去开门，只是跟着笑。他怎么就沦落到这种地步呢——布莱恩偷走他的衣服，让他冒雪出门。“我操，你说我欠你二十三镑？放屁。”迪克每天晚上都替我们埋单，让我们像国王一样吃好喝好，这样做真够可怕的。我说：“布莱恩，你可太冷血了啊。”布莱恩确实是个狠心的混球，这大概只有金发的矮个子才能做到。不知道后来哈特崔尔怎么样了。这都能活下来，今后估计也没什么应付不了的了。

我们愤世嫉俗，一有机会就挖苦人，出手粗鲁。有一次我们去本地一家小饭馆，非管它叫“欧尼”，因为里面好像所有人都叫欧尼。反正我们就管他们都叫欧尼。“靠，欧尼真够傻 × 的。”只要服务员按规矩办事，不优先为我们服务，我们就管他叫“傻 × 欧尼”——欧尼是总在干活儿的人，脑子里就只有挣钱。

如果给我个机会挑看“滚石”历史上随便三个月的日记，那我一定会挑一九六三年一月到三月，也就是乐队酝酿成形那段时期的。现在，我还就真找见它了。而且让我吃惊的是，这段时间的事我居然都记下来了，包括比尔 · 怀曼加入这类大事——不过其实我们是冲着他的 Vox 音箱去的，而他不过是音箱的附带，还有我们连哄带骗把查理·沃茨弄进来的事。我还记下了我们演出赚的钱，具体到几先令几便士。如果是在学校毕业舞会上的小型演出，只有免费啤酒作为报酬，我就在后面画个圈。有这样的记录——1 月 21 日，伊令俱乐部：〇；1 月 22 日，弗拉门戈俱乐部：〇；2 月 1 日，红狮俱乐部：1 镑 10 先令——至少还算有场演出赚钱了。这种演出只要有了一场，生活就精彩起来。有人给我们打电话预订演出了！哇！太棒了！我们肯定是做对了！每天除了演出，剩下的就无非是去商店偷东西、捡啤酒瓶还有挨饿。我们攒的钱是用来买琴弦、修音箱和电子管的。光维护现有器材就是一大笔开销。

这本子大小正好能揣进口袋，扉页上用钢笔重重写着“查克”、“里德”、“迪德雷”。没错，我们那阵子听的就是他们的东西，美国布鲁斯、节奏布鲁斯或者乡村布鲁斯。每天只要醒着就坐在唱机前，揣摩这些旋律到底是怎么奏出来的，直到累倒在地手里也抱着吉他。就是这样。学乐器是永无止境的，而在当时那个阶段还有很多需要探索。想弹好吉他就得弄出漂亮音色。我们喜欢芝加哥布鲁斯的音色，尽可能地添置所需要的乐器——两把吉他、贝斯、鼓和钢琴；每天坐在那儿拼命听切斯公司出的每一张唱片。芝加哥布鲁斯真是让人眼前一亮。我们从小都是别人听什么跟着听什么，多是摇滚乐之类的，现在一门心思研究上这种音乐了。我们几个在一起就假装自己是黑人，完全沉浸其中，但我们的肤色无法改变，有时候反倒更苍白了。布莱恩 · 琼斯自称是切尔滕纳姆的金发白肤埃尔默·詹姆斯。这有什么不可以的？我们后来才发现其实你从哪儿来、是什么肤色，根本没关系。倒是“切尔滕纳姆”听上去的确别扭，来自切尔滕纳姆的布鲁斯乐手？好像没听说过。我们也不想赚钱。我们根本看不起钱，也看不起什么白净，就想当一帮黑人混球。幸好最终脱离了这个阶段，不过它就像一所学校，是乐队诞生和起步的摇篮。

那是吉他合奏的魔力开始生效的最初阶段，一切从这里开始。你发现自己可以和另一个人合奏，你们俩的配合简直登峰造极，然后其他人慢慢加进来。一群人一起做音乐真是融洽美好，鼓舞斗志。它开辟了一块无懈可击的美妙小天地。那是真正的团队合作，大家齐心协力，会有那么一段时间，一切都完美无缺。没有人发号施令，一切由自己决定。这是真正的爵士乐，这是最大的秘密。摇滚乐不是别的，就是后拍更重的爵士乐而已。

吉米·里德是我们的好榜样。他的歌里总有双吉他的呈现。这种学习有点单调，除非你真的掌握了门道。而他的歌就算有二十首在榜，也都是从一首变化而来。他有两种节奏，也掌握重复与单一的魔力，他能把它们糅合成有魔力、让人恍惚的音乐。我和布莱恩都着了迷，一有空就模仿他的吉他弹奏。

吉米·里德脑子经常犯浑。有个著名的段子，就是有场演出他已经迟到了一小时四十五分钟，最后好容易被弄上台去，刚开口介绍“这首歌叫做‘宝贝你想让我干什么？’”，就开始狂吐，观众席的前两排都遭了殃。这一出好像发生过很多次。他上台还总是把老婆带在身边，好随时在耳边提词[①]。在现场录音里有时都能听见她在说“上……下……”。不过这招还挺管用的。他是美国南方黑人的最爱，偶尔也受到世界各地人们的欢迎。模仿他就是学习节制的极好方式。

极简主义确实很有魅力。你会觉得它有点单调，可等它的时代结束了又感到意犹未尽。单一并不是坏事，所有人都得与它共存。里德那些最伟大的歌，比如《取出点保险》，并不是日常生活里常有的字眼，但他

①吉米·里德的妻子玛丽·里德其实是在乐队里唱和声。

也唱自己和老婆吵架之类的事。《闪亮灯光，大城市》、《宝贝你想让我干什么？》和《系在你心上的弦》都是非常牛的歌。他有句歌词“别上公路，我宁愿看你坐火车”，意思其实是别抽海洛因，别混黑社会，还是喝喝酒，抽点可卡因。我是多年以后才明白。

我还特别喜欢“泥水”的吉他手吉米·罗杰斯，以及给小沃尔特伴奏的迈尔斯兄弟。若论传统的吉他合奏，他们算得上是大师。吉米·罗杰斯的乐队里有一半人也属于“泥水”，小沃尔特便是其中之一。不过做专辑的时候他又另有一个小团队，包括迈尔斯兄弟——他们俩是“王牌”乐队的创始人，两个伟大的吉他手。和“泥水”合作过的还有帕特·黑尔，他还同查克·贝里录过几首曲子，另有首没发行的歌叫“我要杀了我的宝贝”，时隔很久才被从太阳公司的地下室翻出来。后来黑尔因为杀了一个警察进了局子，从六十年代初开始在明尼苏达州蹲监狱直到死。还有芝加哥布鲁斯乐手马特·墨菲和休伯特·萨姆林，他们独奏的机会相对多一些，但是要论团队效果，迈尔斯兄弟绝对首屈一指。吉米·罗杰斯跟着“泥水”的时候，吉他配合也很绝妙。查克·贝里很棒，但他什么都得自己来，录音时大量叠录自己的吉他弹奏，因为他抠得不愿请另一个吉他手。所以他的演绎都只在唱片里，现场可复制不出来。《孟菲斯，田纳西》是我听过最棒的叠录小品，更何况它还是一首好听的歌呢。他对我的影响真是再怎么强调也不过分。这个家伙怎么能写出那么多歌，而且还那么高贵优雅地把它们弹拨出来，直到如今仍令我着迷。

那时我们就在寒冷中坐着分析旋律，只要节奏还在。比如有张波·迪德雷的新专辑就被我们像外科医生动手术那样解剖了一遍。你听见那个哇音了吗？鼓是怎么打的？弹得有多重？沙锤是怎么打的？你得先把它们一一拆散，然后再按自己的想法拼到一起。我们需要混响装置，手头上的乐器真是烂。还需要音箱。波·迪德雷用的可都是最新科技。吉米·里德的作品稍微好一点，比较简单直白，但要想听出来演奏方式，我的天哪，我是花了好几年才弄明白他是怎么弹五和弦的，是E调里的五和弦，也就是B和弦、回到主音之前的第三个和弦，十二小节布鲁斯中的解决音[1]，即所谓的属和弦。弹到这里吉米·里德会弄出一组飘忽的叠句，一种忧郁的不和谐音。就算你不弹吉他，也值得听我描述一遍：在弹五和弦的时候，不是使用传统的B和弦按弦方法，而是使用B7和弦，需要左手的一点技巧；放开一个A的空弦音，然后一个手指滑到D弦第七品上；那个飘忽的音符就在那儿，与开放的A音产生回响。也就是说，他没有使用根音作为主音，而是让主音落在第七品上。相信我，它是这种情况下最偷懒最省事的弹法，也是创作中最最了不起的创意之一。吉米·里德就是靠着它才能三十年弹着同一首歌还能保持长盛不衰。我是从一个叫鲍比·戈尔兹伯勒的白人小伙子那儿学的这一手，他在六十年代出过几首金曲。那是六十年代中期，我们坐大巴行驶在俄亥俄州，他说他跟过吉米·里德，可以教我一套。别的动作我都知道，但是这个五和弦是直到他亲手教给我后我才明白的。"我和吉米·里德巡演了好几年，他就是这么弹五和弦的。""靠！就这么简单？""当然啦，傻子，好好学着点吧。"突然之间云开雾散，学会了！那个飘忽低沉的声音，完全无视一切音乐法则的声音。"就是这样。"其实比起吉米的音乐，我们更崇拜他的这种态度。飘忽诡异的旋律，乍看上去建立在非常单纯的基础上，但你给我弹弹他的《小雨》试试！

我弹吉他以后学到的第一课，就是那些吉他手从来不直接弹和弦，而是像玩球将它扔过去又弹回来，从来没有人直接弹主和弦。这是一种融合，就是要把东西掰开揉碎，摇来晃去，最后再混成一团。没有所谓"正确的弹法"，你的感觉最重要。要凭感觉不断摸索，那可是个不易掌控的世界。我经常发现自己想弹出非吉他的声音，想弹出小号的旋律。在学歌的时候，总有一个音符在起作用，将一切改变。通常是一个挂留和弦[2]，它不是完整的一个和弦，而是几个和弦相叠，直到如今我都喜欢这么做。使用这种方法，如果直接弹一个和弦，不管下面弹的是什么，它都已经在这个和弦里出现了。比如A和弦中隐含D和弦。或者如果想让这个歌

① resolver。

② suspended chord。

曲的感觉有点不同，如果是 A 和弦，那就在某个地方加 G 和弦，形成之后往前运动的七音的效果。各位看官想跳过基思的这段吉他小教程大可自便，不过我是在传授简单的小秘密，有了它们才有了“滚石”《杰克闪电》和《给我庇护》里开放和弦的乐段。

学吉他的人中，有的喜欢看别人弹吉他，有的则喜欢寻找声音。我和布莱恩在伊迪丝·格洛夫的时候，我是在寻找声音。三四个人一起做音乐相对容易得多，不会流失任何乐器或者声音。你的面前有一条音乐墙。而我就跟随着那帮大佬。很多五十年代中期的布鲁斯吉他手，比如艾伯特·金和 B. B. 金都是弹单音的。“邦·沃克”[①]是最先弹双弦的吉他手，查克从他身上学了很多。双弦从音乐角度上来看似乎不可行，但又非常管用。两个音撞击发出锐利的声音。左手同时推两根弦，至某一个位置，琴弦的底部实际上向上提了，同时右手也弹两根弦，这样副弦总会与主音或和弦相呼应。查克·贝里弹的都是双弦，他几乎不弹单音。“邦·沃克”这些黑人乐手这么弹其实是出于经济原因，可以省去小号。用带扩音器的电吉他这么弹，可以同时奏出两个和谐的音符，基本上能省下请两个萨克斯手和一个小号手的钱。我刚到锡德卡普的时候，还挺像个疯狂的摇滚乐手，而不是严肃的布鲁斯乐手，就因为我喜欢用双弦弹法。除了我，其他人都在弹单弦。我总是独自弹琴，没人合奏，所以双弦对我还挺适用的，两根弦总比一根弦强。双弦弹法有可能让不谐和音和节奏延续下去，这点一根弦可做不到。至于下面的弹法要自己摸索。和弦是需要去探寻的，总有所谓“遗失的和弦”，没有人能找到它。

我和布莱恩一起学吉米·里德。我们俩坐在那儿埋头苦干的时候，米克肯定觉得自己有点说不上话了。那时候他每天还要花很多时间去伦敦经济学院上学呢。他什么乐器都不通，所以才玩起了口琴和沙锤。布莱恩一开始也学口琴，上手还挺快，我觉得米克肯定是不想落后，当然他肯定也不全是为了和布莱恩比，应该是想在乐队里玩。后来米克成了

---

① T-Bone Walker（1910－1975），原名亚伦·沃克（Aaron Walker），美国黑人爵士、布鲁斯吉他手，布鲁斯圈内最早使用电吉他的乐手。

很棒的口琴手。在某个美好的夜晚，我还把他和世界上最棒的口琴手相提并论。大家都知道他是个作秀高手，不过他吹口琴的技巧确实不可否认。他的乐句特别精彩，很像路易斯·阿姆斯特朗和小沃尔特。这很说明问题。小沃尔特·雅克布是布鲁斯圈内最好的歌手之一，口琴吹得也很棒，作品听着很难不让人佩服。他的乐队“酒吧”又嬉皮又能引发共鸣。他那现象级的口琴，很大程度上建立在路易斯·阿姆斯特朗的小号乐段基础上，把他其实不俗的歌喉完全掩盖了。小沃尔特要是能在坟墓里听见米克唱歌吹口琴，估计也会会心一笑的。米克和布莱恩吹口琴完全是两个路子，米克是吸气法，像小沃尔特，布莱恩是呼气法，像吉米·里德，他们俩都会故意扭曲音符。吉米·里德的风格叫“高亢孤寂”，听来直指人心。而米克的则是自然风格的布鲁斯，是我所听过最好的，没有任何雕琢。我曾问他:“你唱歌怎么就不能像这样呢？”他说唱歌和吹口琴完全是两码事。但我不认同——不都是从嘴里往外呼气吗?

我们的乐队很脆弱，没人指望靠它能飞黄腾达。我的意思是，我们反对流行，反对舞厅，只想做伦敦最好的布鲁斯乐队，给那帮傻子看看真正的好东西，我们知道自己绝对做得到。结果还真有一小撮怪人经常来捧场。不知道他们是从哪儿来的，干吗要来，怎么找上我们的。我们也没觉得能轰轰烈烈，顶多就是让人去听听“泥水”、波·迪德雷和吉米·里德而已，没存心想有什么声名。录音出专辑的事儿更是没想过。我们那时候非常理想主义，就是免费的芝加哥布鲁斯义务推销员，而这简直就像闪耀的勋章之类的东西。就像修行和刻苦学习，至少对于我来说就是这样。从早晨一睁眼到晚上临入睡，都是在学习、听音乐，还有想办法赚点钱——这也是一项工作。最理想的就是能吃穿不愁，顶好还能存几个子儿应应急，当然最重要的是还得有些个姑娘过来围着。李·穆罕默德和她的朋友们就不错，能帮我们打扫卫生，做饭，待在这儿。她们那时候到底看上我们什么了，我可真想不通。

我们对整个世界都没什么兴趣，只要屋子里别断电，能从超市里偷点吃的就满足了。女人还排在第三位。电、吃的，别的就看运气吧。我们得一起工作，得排练，还得听歌，我们得做想做的事。真是疯狂。修道士也没我们虔诚。到处泡姑娘不回来的是叛徒。只要醒着就得把时间用在学吉米·里德、"泥水"、小沃尔特、"嚎狼"和罗伯特·约翰逊上，这就是我们的演出；把时间浪费在其他事上就是犯罪：我们就在这种气氛下生活，我们就是这样的态度。至于女人，根本不重要。我和米克、布莱恩惊人地保持着活力，不停地学习。不是学术意义上的学习，而是找一种感觉。后来我们大概就像所有年轻人一样，明白了学布鲁斯不能靠在修道院里闭门苦修，得先出去把一颗心伤透，才能回来唱好布鲁斯，多伤几次就更好。不过最早的时候我们学的纯粹是音乐层面上的，忘了那些家伙歌唱的其实是屎一样的生活：要想学，你也得出去沾一身屎，然后没准能唱好。后来我想到我爱我妈，结果却离开了她，可是她还替我洗衣服，于是就伤心了。不过这是后话，当时我眼里还只有李·穆罕默德呢。

日记里记下的演出地点有沃德街的弗拉门戈俱乐部，阿莱克西斯·科纳尔的"布鲁斯公司"乐队就曾在那儿演出；伊令俱乐部，前面说过了；在里士满是车站酒店的龙虾俱乐部，我们起飞的地方；然后是牛津街的大帐篷俱乐部，西里尔·戴维斯和科纳尔掰了以后，就带着他的"节奏布鲁斯全明星"在此演出；萨顿的"红狮"，在伦敦南部；"庄园屋"，伦敦北部的一家酒吧。我们在这些地方使出九牛二虎之力演出，就只能挣到少得可怜的报酬，但情况毕竟有所好转了。

我想，没有伊恩·斯图尔特的组织，"滚石"就根本没法成型。是他最先给我们租下排练室，让大家准时到达，要不我们肯定什么都没个准谱。我们屁也不懂。乐队完全是按他的想法走，成员基本上也由他挑选。大家都没意识到，乐队在早期其实是靠他的激情、能量和组织能力维系着。那时候我们很穷，有的只是理想，比如"把布鲁斯弄到英格兰"、"我们是被选中的人！”之类的蠢念头。只有斯图热心投入，可以说他是站出来和以前一起搞音乐的人划清界限，纵身扎进了黑暗，真的。他逆流而行，从此远离了安逸的俱乐部小圈子。没有斯图我们早完蛋了。他混俱乐部可比我们早多了，和他比起来我们不过是一群“新街边男孩”[①]罢了。

他的第一招就是和传统爵士乐手打游击。这是重大而艰苦的文化转型。在英国，传统爵士乐队又叫迪克西兰乐队，或者“半垮掉派”，他们都非常非常优秀，比如阿克·比尔克的《莫斯科午夜》之类的。他们真是他妈的人多势众，铺天盖地。还有克里斯·巴伯尔[②]等一批好乐手。乐坛是他们的天下。只是他们不明白，时代在进步，他们得给音乐添点新东西。我们怎么才能把“迪克西兰帮”挤下去呢？他们简直刀枪不入。斯图出主意说可以在“大帐篷”的演出间隙上台，趁着阿克去喝啤酒的工夫演几首。这样的表演没报酬，不过却是我们得寸进尺的开端。这真是斯图的招数。他去和“大帐篷”、“庄园屋”的老板们商量：我们可以在休息时间免费演出。于是这段时间突然就变得比正式演出还带劲——乐队一上场就开始弹吉米·里德，一弹就是十五分钟。传统爵士一统天下的局面被打破也就是几个月内的事。爵士乐手们挺看我们不顺眼。“我不喜欢你们的音乐。你们干吗不去舞厅演出？”“你们给我滚，这儿是我们的地盘。”但我们当时还不觉得自己已经在夺人领地了。我们可没那么自大，只要能上台就很高兴了。

纪录片《夏日里的爵士》寓言了摇滚和爵士间的权力交替。这是一部非常重要的片子，在当时鼓舞了很多摇滚乐手，因为它收录了查克·贝里一九五八年在新港爵士音乐节上唱的《甜蜜十六岁》。片子里还有吉米·吉弗里[③]、路易斯·阿姆斯特朗和塞隆尼斯·孟克[④]，但我和米克是冲着查克·贝里去的。他穿着黑色外套，被带到台上——勇敢的举动——由约·琼

① “新街边男孩”为八九十年代风靡一时的一支美国流行组合的名字。

② Chris Barber（1930－），英国爵士乐长号手，后来和阿莱克西斯·科纳尔合作。

③ Jimmy Giuffre（1921－2008），美国爵士乐单簧管、萨克斯手，五六十年代爵士乐先锋派人物。

④ Thelonious Monk（1917－1982），美国爵士乐钢琴手、作曲家，风格极具个性，是波普爵士乐创始人之一。

斯打鼓。约·琼斯是个了不起的爵士鼓手，他可不是别人，是“贝西伯爵”的鼓手啊。我觉得登上舞台那一刻绝对是查克最骄傲的时刻。他那天唱的《甜蜜十六岁》并不是演绎得最好的版本，但是背对那么多盯着他、看不起他穿着和举止的爵士乐手，他表现出的姿态真叫一个牛。他们嘲笑他，对他使坏。约·琼斯每敲几拍就竖起鼓棒傻笑，好像自己是在幼儿园。查克知道形势于己不利，如果细听，就知道他发挥得也确实不怎么好，但他扛下来了。他身后的乐队根本就是想毁掉他，但他硬生生坚持下来了。约·琼斯还在后头起哄，敲得乱七八糟，就差没在他背后捅刀子了。但查克硬是唱完了。

在给帕蒂姨妈的另外一封信里，我写到了乐队早期接到演出活动、终于开始有工作时，我的惊喜与兴奋。这封信也是我在写这本书的时候意外发现的。

十二月十九日　星期三

基思·理查兹

斯皮尔曼路6号

达特福德

亲爱的帕蒂：

谢谢你的生日卡，正好在十八号当天到啦。

希望你开开心心，一切都好。

我最近快活得不得了，住在朋友切尔西这边的公寓里，我们的音乐开始赚钱了。节奏布鲁斯的狂潮已经降临，我们也跟着走红了。这星期我们签了约，下月起固定在沃德街的弗拉门戈俱乐部演出。星期一我们跟一个经纪人聊过，他觉得我们的音乐挺有商业前途，如果一切顺利，如果他不是骗子，我们不久就能每星期挣六七十英镑了。还有家唱片公司给我们写信，提到今后几个月录音的事。到时候我们就直奔“百名热歌排行榜”去啦。

再说点怪事。所有人都痊愈了，只有我的麻风病还没好。爸爸得了帕金森综合征，妈妈得了嗜睡症。

想不出什么要写的了，就此搁笔，圣诞快乐。

爱你的基夫 · X

这是我第一次管自己叫“基夫”（Keef），可见这绰号不是后来歌迷起的。表亲们都叫我“牛肉表哥”(Cousin Beef)，我干脆就叫自己“基夫”了。

日记里对这段时间的记载很短，正好止于我们前途有保障的时候——在里士满龙虾俱乐部得到了固定演出机会，从那以后一切就慢慢来了。六个星期内我们就出了名。在我看来，查理 · 沃茨是成事的秘密关键。说起来还是伊恩 · 斯图尔特的功劳，因为是他说“我们得把查理 · 沃茨弄来”，然后我们坑蒙拐骗不遗余力地把查理挖到手。就算是自己饿着肚子也给他付工资！真的。我们去商店偷东西，减少饭量，为的就是把查理 · 沃茨弄来。我们太想要他了。现在总算黏上他了！

在比尔和查理都没加入的时候，我就在第二条日记里提到过比尔：

一九六三年一月二日　星期三

新贝斯手和托尼一起来了。真是最好的一次排练。贝斯为音乐增加了力量。此外还有一个值一百几尼的 Vox 音箱。定下了在大帐篷唱的曲子。能定下来大点的场地肯定很棒。

比尔有音箱！他是全副武装过来的，简直就是买一送一！我们那时候正和这个叫托尼 · 查普曼的小伙子搭档，他其实就是个凑数的。我忘了那时候是斯图还是托尼（不管是其中哪一个，都不会从中获得好处）说：“哦，我还认识一个乐手。”指的就是比尔。然后比尔就带着音箱过来了，信不信由你，他的音箱外面用麦卡诺保护着，就是那种绿色带螺丝的金属片积木。那是个 Vox AC30 音箱，由达特福德的詹宁斯制造，我们可买不起这货，只能对它行注目礼，恨不得给它跪下。拥有音箱真是如虎添翼。一开始我只想把比尔和他的音箱分开，但后来他和查理玩在一起，感觉就两样了。

星期四，三日
和西里尔在“大帐篷”
一到两个半小时的演出，十到十二英镑

精彩的演出。《波·迪德雷》大受欢迎。现场有六百一十二个观众。第一节演出充分热了身。第二节发挥得很精彩，给几个大人物留下了深刻印象。收到两英镑钱，保罗·庞德说“太棒了”。

哈罗德·潘德勒顿说想认识我们。[他就是“大帐篷”的主人！我有两次都想宰了这家伙，想用吉他砸他的脑袋。他讨厌摇滚乐，还老冷笑。]

星期五，四日

“弗拉门戈”的广告：滚石乐队带来原汁原味的芝加哥布鲁斯。[我们他妈的连沃特福德以北的地方都还没去过呢。]

在萨顿的“红狮”演出。拾音器裂了。

在红狮，乐队表现糟透了，但仍然大受欢迎，特别是《波·迪德雷》和《甜蜜十六岁》。托尼太差了。讨论在“弗拉门戈”的演出。

MM [《作曲人》] 上的引言不错。

下午出事了。钱包丢了，里面有三十先令。

应该找回来。

下面是我第一次提到录音：

星期六，五日
钱包找回来了。

里士满

靠！我的拾音器彻底完蛋了。布莱恩吹口琴，我弹他的吉他。《坦白布鲁斯》、《迪德雷老爸》和《杰罗姆》，还有《波·迪德雷》都很不错。和主办人为钱大吵一架。下次再也不去那儿演出了。谈新唱片小样的事。运气好的话这星期就可以录了。《迪德雷老爸》可能不错。克莱奥和朋友们可以唱和声。这星期乐队赚了三十七英镑。

五个小伙子赚了三十七英镑！

星期一，七日

弗拉门戈

得好好磨炼斯图、托尼和戈贡左拉奶酪。

我的吉他恢复正常了。弗拉门戈的人乍看上去没那么热情。但是约翰尼·甘奈尔很满意。托尼必须走。比尔和 Vox 来。《坦白布鲁斯》呈现得很好。李来看演出了。打上了我的印记。

在日记里我似乎以乐队的音乐指导自居了。这个约翰尼·甘奈尔是弗拉门戈俱乐部老板甘奈尔兄弟之一，另一个叫里奇。比尔和他的 Vox 确定要来了。真是历史性的一天。最后一句其实是“泥水”的歌词：“我为你打上我的印记”。我那时真的迷恋李。

星期二，八日

三十英镑十先令！！！

伊令

乐队表现不赖。《波·迪德雷》非常出彩。在大帐篷要是也能演得这么好，我们就该哈哈笑了。

演出周六开始在伊令。“看你们都干了什么”很应景。

六英镑！！！！比上星期多了 50%。

星期四，十日

十二英镑。托尼·米罕来和乐队打招呼。[他是“影子”的鼓手。]大帐篷，第一节演出在8:30或9:00开始。音乐不错，但反响不怎么热烈。第二节在9:45到10:15，感觉好多了。电源出了问题，音量不够大，我和布莱恩有点受影响。和平时一样，《波·迪德雷》赢得了热烈掌声。李和姑娘们来了。

和查理谈日常工作。

一节演出中间电源断了。操！我们这是摇滚乐啊！我们的感染力折半了啊，都是电工的操作问题。我们当时大眼瞪小眼，看着音箱，又抬头看天花板。

星期五，十一日

比尔说如果我们把托尼撵走他就留下。

星期一，十四日

托尼走人啦！！！

弗拉门戈

大惊喜！！！里克和卡洛来和我们同台了。“滚石”今晚绝对是全国最耀眼的乐队。里克和卡洛都是顶级乐手。从上周起观众开始出现变化，这才是最主要的。

钱不怎么多，才八英镑。还得加把劲。

里克和卡洛！卡洛·莱托是牛人，极具杀伤力的鼓手。里奇·芬森（即里克）的贝斯也不错。为了这场演出，他们还特意把头发染成金色。他们为谁伴奏呢——“尖叫萨奇爵爷”[①]。查理没加入时，他们偶尔也和我

① Screaming Lord Sutch（1940 – 1999），即大卫·爱德华·萨奇（David Edward Sutch），英国第一代摇滚歌手，后从政。

们一块儿演出，之后查理愿意加入我们，也是听说我们有很激烈的节奏组。里奇和卡洛的合奏，简直就像开足了马力的涡轮发动机，叫整个屋子都飞起来了。他们太厉害了，差点当场把我们比下去。他们俩在一起时就有这么棒。尤其是卡洛敲的低音鼓，那才是摇滚乐啊！和这么多牛人一起演出，对我这个小孩而言可真是件大事，虽然他们也就比我们大个两三岁，可是在这行中混得久多了。还记得他们第一次带我玩的时候说“好吧，就这么弹吧”，然后突然之间，我身后就有乐队的节奏组了。哇！我顿时觉得自己离地飘向太空了。那是我和查理及比尔合作之前的事。

我从一开始就觉得站在舞台上的感觉很棒。上台面对众人免不了会紧张，但对于我更像是放虎出笼。也许这是形容蝴蝶的另一种说法。反正我在台上总是很自在，就算状态不好也如此。就像一只狗，觉得这块地方是它的地盘，就围着它撒尿。上台就得是那样。我可以将它彻底搞砸，但也可以玩个痛快。

在下一天的日记里，我第一次写到查理加入我们演出：

星期二，十五日

乐队至少得拿两星期的工钱去买音箱和麦克风。

伊令——查理

我也许是感冒了，声音有点不对劲。我和米克、布莱恩都感冒发烧，头晕眼花！！！

查理进入状态了，但声音还得加强。明天得给他纠正！

人不多。没钱。别想了。歇一天。里克和卡洛周六和周一要演出。

查理就这么加入了。我们还在琢磨怎么让比尔走，但留下音箱。可这时，比尔和查理开始合奏，效果不错。比尔是个惊人的贝斯手，这点毫无疑问。我是慢慢才发现的。所有人都在摸索中。对于将来的发展，大家都没有一定的目标，每个人的背景也都不大一样。查理本来是个爵士乐手，比尔是退役的空军。无论如何他出过国。

在音乐上，查理·沃茨就像一张能让我安睡的床，所以现在看到当时我竟写过要“纠正”他，好像还挺奇怪。但是和斯图一样，查理也是因为节奏布鲁斯和爵士有相通之处才转过弯来的。几天后的日记中我写道，查理的节奏布鲁斯打得非常好了，但还是不够摇滚。虽说他真是个好人……但他那时候还不明白摇滚是什么。我希望他能敲得再重一点，要不太爵士了。我们知道他是个好鼓手，但为了配合“滚石”，他得从吉米·里德和厄尔·菲利普斯，也就是吉米·里德的鼓手学起，好好找找感觉。就是那种朴实、极简的感觉。后来他就一直保持这种风格。查理是我们想要的鼓手，但是在当时，我们首先得付他钱，其次不知道他能不能为我们稍稍放弃爵士风格。

星期二，二十二日

没钱

伊令——查理

完败二号。到8:50只有两个观众，我们就回家了。然后用沙锤、铃鼓和声音像哭腔的吉他弹了几首曲子，查理敲了一段很“丛林”的节奏（只是为了显摆他会）。后来条子上门制止了我们。被搜身。这群牢骚不断的混账。直到周六都没演出。

所谓“很‘丛林’的节奏”，说的是《波·迪德雷》的速度——听起来就像这样，“刮脸加理发，两角四分钱”，就是这种节奏。“波·迪德雷，波·迪德雷，你听见了吗/我的漂亮宝贝说她是一只鸟儿”。

至于搜身，我读到这一段时想：原来我们从那时就开始被搜身了？那时候我们一无所有，连钱也没有。后来条子们扑到我身上搜毒品就不算稀奇了，我心知肚明。他们就是无缘无故搜你，到今天我的反应还是一样。而且这帮混账就知道抱怨，没完没了。学不会牢骚抱怨你就当不了警察。“过来，这个姿势站好。”当年我们身上还没什么可搜的。在我暗想“这下完蛋了，我身上还带了东西”之前，我就早已被条子搜过无数遍了。

星期四，二十四日

大帐篷，没钱

卡洛和里克说，西里尔看到我们赢得了那么多掌声后吓倒了，离开一个月。如果没别的乐队表演我们再回来。整天练琴，希望值得！用指的风格得坚持。我觉得现在是好机会，不过太他妈难了，控制不了，手就像流血的蜘蛛一样。

星期六，二十六日

十六英镑

伊令——里克和卡洛

乐队感觉有点生疏。总体还不错。观众都很兴奋，流着汗往前挤。太好了！！！

二英镑。

李来了。

有意思的是，我新练的高难度技巧没能在演出里用上。还是不够放松。男孩们最近有点悲观。

星期一，二十八日

托斯的姐姐说李很想跟我和好，但又拉不下脸，问我能不能给她台阶下。我觉得自己做得很大方。

我和李分过手，这时候两人正在努力和好。“托斯”是李的女朋友托斯卡的昵称。

星期六，二日

十六英镑

伊令

查理和比尔。

今晚真不错，来了好多人。反响热烈。查理的表现没的说！

就在二月二号的晚上，我们确定了贝斯手和鼓手的最终阵容：查理和比尔。“滚石”成了！

要不是查理，我永远也别指望有什么长进和发展。查理最让人称道的就是乐感一流。他从一开始就是这样，充满个性和微妙的技巧。他的那套大鼓和如今鼓手们的鼓相比简直可笑，像城堡一样，又像一座由鼓盖成的大坝。有这么一套经典装备，查理肯定能成功。他打鼓不做作，听的人绝不会担心打一半会乱，而且还很有幽默感。我非常喜欢透过透明鼓皮看他的脚。就算听不到鼓声，光看那动作也能合上节奏。还有就是他从吉姆·科尔特纳①或者艾尔·杰克逊②那里学来的小把戏。大多数人四拍都打踩镲，但是查理把第二、第四拍空出来，这两拍是后拍，也是在摇滚乐里最重要的。他把这两拍空出来后就只剩军鼓的声音，而没有其他任何装饰音（踩镲）。如果亲眼看到，你简直会紧张得心脏病发作。他会做些完全没必要的动作，这会占用一点时间，因为是多出来的。所以查理打鼓那种懒洋洋的感觉其实有一部分来自他每两拍都要做这个没用的动作。其实这种让节奏停一拍再进来的动作很难。这跟查理依靠肢体来感受节奏也有关系。鼓手在处理踩镲和军鼓的协作音量时都各有特色，查理踩镲的音量要高出军鼓很多。他怎么延伸节拍，我们又在这个节拍的基础上做些什么，这可是“滚石”的大秘密。查理本质上是个爵士鼓手，这意味着滚石在某种程度上也有爵士风。他可以跻身大师级鼓手之列，和埃尔文·琼斯、菲利·乔·琼斯平起平坐。他打鼓有一种松

① Jim Keltner（1942－），美国录音室摇滚、布鲁斯鼓手，曾和包括“披头士”成员以及“滚石”在内的著名音乐人合作。

② Al Jackson（1935－1975），美国鼓手，制作人，词曲作者。

弛感，但也很经济。他曾在婚礼和犹太人成年礼上伴奏，了解伤感音乐的那种调调。他起步很早，青年时就在俱乐部里演出，虽然也有些表演作秀的风范，但他本身并不是个爱作秀的人。砰砰！我已经习惯了和这样一个人搭档演奏。四十年来，我和查理比我们表现出来的更亲密，也许比我们自认为的更亲密。我的意思是，我们亲到有时候在台上故意拆对方的台。

话说回来，当年我总是埋怨斯图和查理爵士味太重。我们想搞的是布鲁斯，可我有时候却抓到他们俩偷偷听爵士。“关了那屎玩意儿！”我的天哪。我想让他们俩改了这毛病，让乐队团结一致。“你们得听布鲁斯。你们得听他妈的‘泥水’。”就连路易斯·阿姆斯特朗我也不让他们听，虽然我也喜欢阿姆斯特朗。

比尔总觉得自己被大家瞧不起，主要是因为他姓“波克斯”，在伦敦南部做一份没什么出息的工作，而且还结婚了。你们知道，布莱恩这人很有阶级意识，“比尔·波克斯”对他来说意味着低人一等。“要能找个新贝斯手就好了，这家伙就跟那帮头发油乎乎的傻子欧尼没两样。”菲尔格记得布莱恩这么说过。比尔那时候还有点“泰迪男孩”的习气，头发往后梳，留成鸭屁股头，脑门上再挂一绺头发，真是肤浅。那时候布莱恩可是我们这伙人的头儿。

二月我们付清了雇乐手的钱。就在一个月里，我买了两把吉他。

一月二十五日

休息一天

要买新吉他了，“哈蒙德”还是“雄鹰”呢？

“哈蒙德”便宜，但得有担保才行。“雄鹰”也一样，还有琴箱。

两个标准价格都是八十四英镑。

买了两个拨片；买了“哈蒙德”，送两个拾音器，装饰了太阳图案，配双色琴箱，共七十四英镑。

星期三，十三日（二月）

排练

从艾弗的店里买了把新吉他！多好的乐器啊！！音色太好了！！！新排了《你爱谁？》和《六十六号路》，太棒了！重温《龙虾》，非常好（都是布莱恩的主意）。[至少我相信了他。]

演出开始活跃了。

星期六，九日

18点

该付音箱钱了

伊令

克里尔兄弟的夜行？[这句被划掉了]

录音的事快了，整个乐队都激动得要命。有真正的女歌迷来看演出。

两英镑

回公寓

付比尔六英镑音箱钱

星期一，十一日

休息日。烦死了。

最后的两篇日记里记载了突然降临的一切。我们要录音了，还要在里士满演出。

星期四，十四日

庄园屋

很好。一小群观众。六点的布鲁斯把他们全吓跑了。

新吉他得用一段时间才顺手。新歌。一切顺利。

斯图说格林·约翰斯下星期一或者星期四要给我们录音，打算卖给迪卡。

一英镑

星期五，十五日

红狮

这地方一点共鸣都唤不出来。

演到一半和人打架。

约好每星期日在里士满的车站酒店演出，这星期就开始。天降横财。

在日记扉页我写了一句“噪起来”，旁边的个人信息栏里（就是写着“如有遗失请送至如下地址”的那种）写着“我妈”。此外就没别的了。

“噪起来”就是形容台下那帮人兴高采烈地跳舞，扎堆凑趣，疯狂撒欢。“他们在干吗？”“噪呢。”“至少我们让他们噪起来了。”这样乐队也就能赚着钱了。我们的演出紧凑火热，像海啸一样席卷伦敦。俱乐部外面的人排长队等着，围得他妈的里三圈外三圈，这时候就能看出乐队是真干出名堂来了。但很快我们就不满足于现状了，要继续发展。

俱乐部空间不大，正适合我们，尤其适合米克。米克的艺术气质在这样几乎不够一个人活动的小场地最能得到发挥——越到后来就越是这样。在我看来，米克现在的舞台表现很大程度上都源于当年我们迫不得已的小舞台演出。放上设备后，台上能活动的场地有时候都不及一张桌子的大小。乐队就在米克身后两英尺的地方，他站在正中，他的声音不会延时也无需和乐队分离，而且他还要吹口琴，所以也是乐队的一部分。我觉得同时还负责吹口琴的主唱当时在英格兰只他一个人。口琴迄今仍是音乐中很重要的部分，特别是布鲁斯。

米克·贾格尔只要有桌面那么大的舞台，就能表现得超过任何人，

也许只除了詹姆斯 · 布朗。他扭动、旋转、打沙锤——来吧，宝贝！我们那时候弹琴都坐在高脚凳上，他就绕着我们转，因为实在没别的空间，弄不好摇晃吉他都会打到别人的脸。他曾经边唱边玩四个沙锤。自从我跟他提起沙锤后他一直玩了好久。他真是好样的。我到现在还很惊讶他怎么能在那么小的空间里干那么多的事儿，这有点像西班牙舞蹈演员。

我们在里士满学会了怎么演出。就是在这里，我们意识到自己的确是一支好乐队，可以在几个小时内让人们释放，使台上台下尽情互动。不管米克 · 贾格尔怎么想，我们并不只是在表演。

回忆起来，当年我最喜欢的地方就是里士满的车站酒店，因为一切都是从那儿开始的。温莎的里奇·丁克俱乐部也是演出的好地方。“鳗鱼派”同样不错，主要是因为观众一直是同一批，我们走到哪儿他们就跟到哪儿。乔治 · 戈梅尔斯基这个名字和那段时期密不可分。是他组织我们，帮我们在大帐篷和车站酒店找演出机会，是我们的贵人。他从俄国流亡来英国，体形像头大熊，浑身都是干劲和热情。布莱恩让乔治相信自己是乐队实际上的经纪人，其实我们觉得就这点事根本没什么可经纪的。乔治做得很出色，他包装我们，为我们接洽演出。但那时我们还没什么未来可言，只不过是告诉他“我们要演出，我们要演出。把这话传出去”而已。早期的时候乔治所做的对乐队发展很有帮助，但后来布莱恩看到我们光明前景的苗头后就把他轰走了。布莱恩才是操纵者，他亲自过问这些事，真是让人难以置信。他能让人觉得他的承诺是别人绝对做不到的，所以承诺一落空，我们就都成了浑蛋。布莱恩就是有点爱胡乱许诺。乔治后来成了埃里克 · 克莱普顿的“新兵”乐队经纪人，当时克莱普顿已经开始在我们的场地演出了。后来他离开“新兵”歇了六个月，回来就成了“上帝”，直到现在他还在努力摆脱这个称号哩。

如今米克发生了很大变化。只有回想这一时期，我才会满腹遗憾地回忆“滚石”早期我们俩曾经有多亲密。最重要的是我们对目标从不怀疑。我们明确地知道想做什么，所做的音乐会是什么样子，所以从不用讨论，只用行动表示。这目标那目标统统不需要，我们了解彼此。最基本的目标就是录专辑。后来随着事业的发展，我们的目标越来越远。最初只是希望当伦敦最好的节奏布鲁斯乐队，每周都能有固定演出，除此以外，最主要的是录专辑，获得我们的“圣杯”——走进录音室的大门。要是不能到录音室里亲眼看看麦克风和录音机，怎么进步呢？我们知道乐队在不断向前，下一步要怎么做？录专辑，千方百计！不择手段！约翰·李·胡克、“泥水”、“嚎狼”他们都是这样，这一点一定不能妥协。想录唱片，这是我们的共同愿望。只要能录，让我干什么都行。这在某种程度上说确实有点自恋：我们只想听听我们的声音放在唱片里是什么样的，我们想回放自己的声音。回放当然不是最重要的，但是我们确实就是想听回放。那年头能进录音室，做张醋酸酯唱片回来意味着一种认可——“嗯，你当上军官了”，而不是普通士兵。现场演出是全世界最重要的事，但录制专辑就相当于给它盖章认证。然后才是签名、封口、寄出。

只有斯图认识一个人，他能在夜里打开录音室的门，让你进去待一个钟头。在那年月这简直就跟进白金汉宫或海军司令部没两样。录音室几乎不可能进去。（现在不论在哪儿，是个人都能录专辑放在网上了，这还真是不可思议。）进录音室就像飞天登上了月亮，是一个珍贵的梦。我平生第一次进的录音室是在波特兰地的IBC录音室，就在BBC对面，当然跟BBC没什么关系。格林·约翰斯刚好是录音室的工程师，他安排我们去过几次，不过录音就那么一次。

再就是安德鲁·卢格·奥尔德姆来看我们在里士满演出的那天了，接下来一切就以排山倒海之势迅猛发展。大概两个星期之内，我们就拿到了录音合同。安德鲁和布莱恩·爱泼斯坦合作过，在推“披头士”时也曾出过力。后来他和爱泼斯坦大吵一架，被炒走了，于是出来另立门户，“好吧，走着瞧”。我们就是他用来报复爱泼斯坦的武器。我们是炸药，安德鲁是雷管。讽刺的是，这位“滚石”形象总设计师奥尔德姆先生一开始却觉得，我们被当做长头发、脏兮兮的粗鲁小伙子是不利因素。他本人当时还是个淳朴小男生。“披头士”的概念，他们的统一制服，一切整齐划一这一套还影响着安德鲁，在我们这儿却吃不开。他让我们也穿统一制服。我们就穿着该死的犬牙花纹西装上了《谢谢你们幸运的明星》电视节目，但一录完就把衣服扔了，只留下了他从查令十字街买回来的皮马甲。“你们的外套呢？”“被女朋友穿走了。”他很快就明白了得他来适应我们——你们想怎么样？“披头士”就像虱子一样他妈的到处都是，对不对？可你手上的是另一支好乐队。最好还是别去复制“披头士”，我们得当“反披头士”。我们不要成为“了不起的四人”[①]，都他妈穿着一模一样的傻玩意儿。于是安德鲁照这样全心全意去做了。“所有人都聪明伶俐，身穿制服，演艺界就爱这一套”，其实是安德鲁率先颠覆了艺人表达自我的方式——至少在演艺界媒体是这样认为的。

我们倒没什么意见。“我们那么强，用不着搞这套垃圾，哥们。我们是布鲁斯乐手，起码也是成年人了。我们去过芝加哥，还有密西西比。”这话是自我欺骗。但它确实传达了反抗的态度。当然时机也正好——你们有了“披头士”，连做父母的都喜欢，可他们能让女儿嫁给这些人吗？我们的逆反做法确实是天才之举，当然我不觉得安德鲁或者我们几个是天才，只是碰碰运气，居然成了，我们既进入了演艺圈，又能保持自我，用不着剪这样那样的发型。我一直都觉得安德鲁是顶尖的人力资源管理人才，办事犀利，虽说不免神经质，性取向也有点模糊，可我还是挺喜欢他。他是在一所叫威灵堡的公立学校上学，和我一样，在学校里基本上不怎么开心。安德鲁一度特别神经兮兮，但又胸有成竹，知道我们该做什么，内心脆弱的他常装出坚强的样子。我喜欢他的聪明才智和思考方式。我可是在艺术学院学了一圈广告的，所以马上就能领会他的打算。

我们和迪卡公司签了合同，几天后又进了奥林匹克录音室——而且还有报酬！不过早期录音主要是在摄政者录音室，那是间小房子，到处放着鸡蛋箱，有一台根德牌录音机，不是放在桌上，而是挂在墙上，只为了营造录音室的气氛。放在桌上可不专业。其实这儿录的也无非就是广告歌，“穆雷薄荷糖，穆雷薄荷糖，慢慢吃才有好滋味”，说穿了就是

① Fab Four，当时对“披头士”的俗称。

个录小破歌的小录音室，设备都是最简单最起码的，所以学起录音的基本知识来倒也方便。我们选择这里的原因之一就在于它简单，演奏时听的是什么样，录出来就是什么样。就是靠那台双轨录音机，我学会了叠录，他们管这叫“乒乓技术”——用刚录好的音轨叠录在另一个音轨上，当然这样一来就失去了原始的声音，也就是说，声音被多加工了一遍。我们发现这样做效果不坏。所以我们的第一张专辑和第二张专辑里大部分歌曲都是在一堆鸡蛋箱之间做出来的，还有《并未消失》（我们第一首打榜歌曲，一九六四年登上排行榜第三名）和《告诉我》。早期的专辑都是在不同的录音室里录的，有好多不可思议的人参与其中，比如在《玩火》里菲尔·斯佩克托[①]弹贝斯、杰克·尼采[②]弹大键琴。斯佩克托后来又和波·迪德雷过来探访，还有吉恩·皮特尼[③]，他录过我们的《那个女孩属于昨天》，这是我和米克创作的第一批歌曲之一。

但是和迪卡签约意味着斯图必须离队。六个人实在太多，而钢琴手显然是其中最多余的。这就是商业中残酷的一面。把坏消息告诉斯图成了布莱恩的任务，谁让他自称领队呢。这真是件难事。但斯图一点也没惊讶，我怀疑他早就想到会有这一天。他表示完全理解。我们都希望斯图会说，“我操他妈的，多谢啊”，可是他的心胸就是那么宽广。后来呢？好吧，提前告诉你们，他一直都出现在我们的唱片里；他唯一感兴趣的就是音乐。

对我们来说，他从来都没被炒掉。他也完全清楚。“我不是和你们一样吗？”他是全世界气量最大的人。其实一直以来，都是他让我们团结在一起，我们没有散伙，是因为他在后面支持着。

签约不久后第一首单曲就出来了——一切都发生得很快，连两个星期都不到。那是一首很商业的歌。查克·贝里的《来吧》。我觉得它不能代表我们的水平，但它肯定能弄出点名堂。录音效果可能比我当时的感觉要好。不过那时候我们好像觉得这是我们唯一压箱底的东西。它不是

① Phil Spector（1939－），美国著名制作人，词曲作者。

② Jack Nitzsche（1937－2000），美国编曲人，制作人，作曲家。

③ Gene Pitney（1940－2006），美国歌手，词曲作者，第一个翻唱“滚石”歌曲的美国歌手。

我们在俱乐部里表现的那种歌，和我们在唱的没什么关系。当时乐队有力求纯粹的倾向，我还不是最严重的。我喜欢布鲁斯，但觉得做其他也可以。我也喜欢流行乐。我很冷血地觉得《来吧》这首歌只不过是块敲门砖，为的是让我们能弄出点名堂以打进录音室。我们的版本和查克·贝里的原版非常不一样；其实是“披头士”那个路子的。录音方式完全是英格兰的，一点都不声张，只是进去录完它。我想反响普遍不错，我们自己则觉得“我们是录了歌呀，妈的，你敢相信吗？”，有种命中注定的感觉。上帝啊，如果这首单曲能成功，我们就能得到两年的合约了。然后该干点什么呢？没人能一直红下去。那时候乐队专辑能在架上的日子也就两年半左右，其实现在也差不多。除了埃尔维斯，没人能例外。

奇怪的是，第一张专辑出来以后，我们仍然是支俱乐部乐队。印象里我们那阵子就没在比“大帐篷”更大的地方演出过。后来专辑好容易爬进了排行榜前二十，突然，也就是一个多星期的时间，我们就成流行巨星了，这让在俱乐部里被人们吼“出去”、“滚”的我们难以应付。一夜之间我们就被穿上他妈的犬牙花纹西装，被推上风口浪尖，简直就像遭遇了海啸一样。嘿，等一下，你们想录专辑，你们已经录了一张专辑，现在专辑上了他妈的排行榜前二十，你们就得上什么《谢谢你们幸运的明星》。你们从来就没想过能上电视吧。我们糊里糊涂被推进了娱乐圈。不过因为我们本身就反娱乐，所以表现得很冷淡。但我们很快发现，必须做出一定让步。

我们得想想怎么应付。西装可不能老穿啊。出第一张专辑时还可以，到第二张就混不过去了。来龙虾俱乐部的观众实在太多，戈梅尔斯基只好把据点搬到了里士满的“运动场”。一九六三年七月，我们去了约克夏郡的米德尔斯堡演出，这是乐队第一次走出伦敦，也是第一次尝到疯狂的滋味。此后直到一九六六年，这三年里，我们几乎每天晚上都有演出，有时是在白天，有时一天两场。我们大概演了一千多场，几乎没喘一口气，歇了最多也就十天。

一九六三年七月在剑桥郡威兹比奇谷物交易所的那场演出，我们要是穿着犬牙花纹西装，打扮得像玩偶，大概就不会激怒台下的男观众们了。我们是城里的男孩，唱的也是城里的事。但这里是一九六三年的威兹比奇，唱歌的是米克·贾格尔，得到的反应可就大不相同。真是一方水土养一方人。这交易所他妈的盖在湿地里，那帮乡巴佬小伙子看见他们的妞儿直勾勾地盯着我们这些伦敦来的家伙，恨不能扑过来，当场就崩溃了，骚乱就这么开始了。“妈的上吧！”真是一场大骚乱，要不是运气好我们根本逃不出去。前一天晚上，我们还在黑斯廷斯岩洞里举办的社交舞会上为一位叫兰普森的夫人演出，这反差可真够大的。总之一切都是安德鲁·奥尔德姆的安排，而上流社会对我们这拨下层人的打击也真不小。我们不仅被看做是余兴节目，还被告知不能进入餐饮区，简直是侮辱！但我们还是强装镇定，直到后来有人冲着伊恩·斯图尔特说：“喂，弹钢琴的，来个《月亮河》行不行？”比尔上前一拳把他打倒，或许是把他拖走了。好像是兰普森爵士还是别的什么人看见了，说：“这个可怕的小家伙是什么人？”——你们可以在我们的派对上演出，但我们对待你们就和对待黑人没两样。我觉得这没什么大不了，我还很骄傲，我的意思是我很高兴被当作黑人对待。但最先受辱的却是斯图。“喂，弹钢琴的……”

一开始，我们的观众主要是女性，直到六十年代末性别比例才平衡。一九六三年秋我们的第一次英国巡演进行到一半，开始冒出那些野蛮地冲上来抓你的姑娘。那次巡演阵容确实强大，有“艾弗利兄弟”、波·迪德雷、小理查德和米奇·莫斯特[①]。我们觉得自己好像在迪士尼乐园，或者随便什么能想到的人间乐园——有得天独厚的机会一睹一流乐手的风采。之前我们等于是在电影院和剧场扒着房梁看小理查德、波·迪德雷和“艾弗利兄弟”演出。那次巡演持续了五个星期。我们到处都走遍了，布拉福德、克里索普斯、阿尔伯特音乐厅、芬斯伯里公园。大小演出都有，还能和小理查德共用一个休息室，哇！那感觉真是妙不可言。作为歌迷的你会感叹“我的天哪”，同时又会想“能和这个男人在一起，我也得拿

① Mickie Most（1938－2003），英国制作人，词曲作者，早期曾短暂作为歌手签约迪卡唱片。

出点男人样来”。我们第一次登上大舞台表演是在伦敦的新维多利亚剧场，真是大开眼界。空间、观众人数、演出规模都让人震惊。我们顿时觉得自己太过渺小。当然，我们不是太没出息，但还是惊得大眼瞪小眼。大幕一拉开，哇啊……这就是大剧院。我们迅速学会了适应，但第一天晚上我是真的觉得自己微不足道。当然，在台上发出的声音也和平时在小场地上的有所不同。一瞬间我们的声音变得和小锡兵的没两样了。有太多东西要学，真得抓紧才行。这就是我们面临的最大困难。在这一轮演出里，我们的表现大概糟透了，但台下渐渐有了嗡嗡声，直到观众的反应变得比台上的表演还大声。这确实有帮助，尤其姑娘们的尖叫更是绝好的后援。我们就是在尖叫声的猛烈轰炸之下慢慢成长的。

小理查德的舞台表演精彩至极，堪称一绝。你永远不知道接下来他要做什么。他的乐队会演奏十分钟的《露西尔》(这么长可不容易)。这时候整个剧场的灯光都暗了，除了出口处的荧光标志什么也看不见，然后他从剧场后面跑出来。还有一次，他跑上舞台，突然消失了，然后又回来了。他每次演出都有不同的开场。我们后来打探到，他总会事先查看剧场，和灯光师交流——能从什么地方上台，那边有没有入口——然后根据情况设计最精彩的出场方式，也许是突然出现，也许是直接上台，也许是让乐队先演五分钟，再从观众席上层下来。突然之间你就不想在俱乐部里演出了，在那种地方根本不存在舞台表演，因为台上就没空间，什么都干不了。然后你就得跟波·迪德雷学舞台表演了，他的表演也很震撼。那感觉就像奇迹般地飞上了天，可以跟大神们交谈了。《露西尔》的节奏在耳边重重地响起，你忍不住想，小理查德到底还会不会出来了？突然一道追光从观众席的上层亮起——“牧师”回来了！彭尼曼牧师！[①] 音乐仍在继续。我们就是这样一点点偷学表演技巧。毕竟小理查德是我们能接触到的最棒的表演大师了。

这一招我们多次用在了和“昂贵酒鬼”的合作之中，我们熄灭舞台上的灯光，整个乐队成员围坐一圈，喝酒抽大麻。底下的人都不知道我

①小理查德姓彭尼曼。1957 年至 1962 年，小理查德曾短暂退出乐坛，做了牧师。

们在那儿，突然灯光亮起，我们奏响音乐。这都是跟小理查德学的。

“艾弗利兄弟”上台后打的是轻柔的灯光，乐队安静地演奏着，他们唱着美丽的叠句——“做梦，做梦，做梦”，整齐和谐地一遍遍唱着。蓝草音乐[①]的成分很重。唐·艾弗利是我听过的最好的节奏吉他手。从没有人这么评价过他们，但他们的节奏吉他的确完美，和声音配合衬托得恰到好处。他们对人总是很客气，不过和我还算挺熟，包括贝斯手乔伊·佩奇、吉他手唐·皮克和鼓手吉米·戈登，戈登是中学辍学出来做这个的，后来也给“德兰尼和邦妮”乐队、“德瑞克和多米诺斯”乐队打鼓。最后这小伙子得了精神分裂症，盛怒之下把自己的母亲劈死了，在加州被判了终身监禁。不过这都是后话。我是后来才知道“艾弗利兄弟”内部有问题，一直都有。我和米克之间的关系也有点这样的兄弟关系。先是同甘苦共患难，然后乐队做大了，有了时间和距离去看清对方身上不讨人喜欢的东西。嘿，这放在后面说吧。

巡演期间有件发生在后台的事格外难忘。我很喜欢汤姆·琼斯，第一次遇到他是和小理查德巡演的这次，当时巡演已经进行了三四个星期。小理查德这人很好相处，到现在也一样，我们在一起很开心。但在威尔士的加迪夫，也就是汤姆·琼斯和他的乐队“绅士”所在地，一切都要落后五年。他们走进小理查德的更衣室，穿着带黑丝绒领子的豹纹外套，长上衣瘦腿裤——这一身行头连“泰迪男孩”都得佩服。汤姆·琼斯进来后就跪在小理查德面前，好像他是教皇似的。小理查德当然要就势发挥一番：“我的孩子们！”琼斯他们不知道小理查德其实是个搞怪的人，所以没反应过来。“哦，宝贝儿，你可真像个佐治亚蜜桃。”这是典型的文化冲突，但琼斯他们太尊敬理查德，对他毕恭毕敬。最后理查德冲我点点头，挤挤眼说：“我爱我的歌迷！我爱我的歌迷！啊！宝贝！”这就是理查德·彭尼曼牧师。千万别忘了他是福音教堂出身。我们在一起多次合唱过《哈利路亚》。艾尔·格林、小理查德和所罗门·伯克都曾担任

① Bluegrass，一种乡村音乐，受爵士乐和布鲁斯乐影响，多以精湛的班卓琴和吉他演奏混以高音、密集和声式的歌唱。

过圣职，因为传教不用交税。去当牧师大多是为了钱，不是为了上帝。

杰罗姆·格林是波·迪德雷乐队里的沙锤手，迪德雷的所有专辑里都有他。他总是醉醺醺的，是个最可爱的混球，有时候能干脆倒在你怀里。他是迪德雷的好伙伴，两个人形影不离，对话经常会是这样：“嘿，伙计，你老婆太丑了，我得拿根大棒子把她撵跑。”杰罗姆肯定在波的生活里扮演着很重要的角色，才会一直被波留在身边。不过他打沙锤也的确有两下子，曾经一手拿四个沙锤，两手一共八个，感觉很非洲。不管喝没喝酒，他的演奏都很出色，他就是那种总说“我还没喝呢，不能接着打了”的人。

不知怎么的，我成了杰罗姆的巡演助理。我们俩看对方都很顺眼，他人很有意思，身材高大，长得有点像查克·贝里。后台要是突然有人叫：“谁看见杰罗姆了？”我就得回答说：“我知道他在哪儿。肯定是在离后台最近的酒吧里呢。”那阵子我还没有名气，谁也不认识我，所以赶快跑去后台附近的酒吧。杰罗姆就准在那儿和当地人瞎聊一气，还有人买酒给他喝，因为他们从来没见过从芝加哥来的六英尺高的黑人。我提醒他：“杰罗姆，该你上台了，波正找你呢。”“哎呀我的天哪，我马上就回去。”

巡演将近尾声的时候他病得很重。我记得有几次还叫了医生来。他在我的公寓里住过。“我再也受不了英国菜了，伙计。能他妈的给我弄点美国东西吃吗，我想吃汉堡包。”我就给他弄了个英式夹肉面包。“你管这叫汉堡包？”“对不起，杰罗姆。”我这么做可能是因为他一直都很有趣，而且有魅力。为他花点钱不算什么。他会让你觉得如果没人照顾他准会被电车撞死，或者上厕所被马桶冲下去。不久，他离开了波的乐队。

第一次巡演非常怪异。那时我对自己的技艺还不太自信，但又知道我们肯定能干出点名堂，而且的确有反响。一开始我们是开场乐队，后来就变成了在第一节演出末尾上场，再后来就是在第二节演出开始时上台，六周后，“艾弗利兄弟”就说：“嘿，干脆你们几个小伙子来挂头牌吧。”在英格兰巡演期间的短短六周，事情就起了变化。姑娘们开始尖叫。她们都是时尚潮人！可我们本来是“布鲁斯乐手”，这其实是种倒退。“滚石”可不想当什么冒牌披头士。靠，我们那么努力，为的是做一支出色的布鲁斯乐队。但钱更重要啊。随着观众人数激增，不管喜不喜欢，我们不再是一支纯粹的布鲁斯乐队了。所以我们做的其实就是我们本来最鄙视的流行乐队做的事。

也就是几星期之内，我们从无名小卒成了伦敦最成功的乐队。“披头士”总不能霸占排行榜上所有位置吧。我们出道第一年就见缝插针，在榜上占了几席。就像鲍勃·迪伦唱的《时代在变》，你能感觉到，能在空气里闻到。一切都来得很快。我很喜欢的“艾弗利兄弟”也感觉到了这种变化，他们预感有什么事情发生了——当台下三千多人叫着“我们要‘滚石’，我们要‘滚石’”的时候，你让“艾弗利兄弟”怎么办呢？一切都太快了。正是安德鲁·卢格·奥尔德姆把握住了时机，让我们乘风破浪。我们都知道自己是在点燃一团火，但坦白地说，直到今天我也没法控制它。

那时候我们只知道一周七天都在路上。顶多偶尔歇一天。但我们能从英格兰、苏格兰、威尔士的街头看出改变。六周之前其实就已经有苗头了。我们越来越受欢迎，台下的人越来越疯狂，到后来我们得为怎么进场怎么离场发愁。真正的演出时间其实顶多五到十分钟。在英格兰，有十八个月里我们其实就没真正演完过一场。唯一的问题就是台下一片骚乱，都不知要怎么收场。警察也介入了，有人受伤需要治疗，还有就是演完了我们到底怎么离开。每天的头等大事就是筹划怎么入场和退场。在台上演出倒用不着操心。真是一片大混乱。我们一上台就听见观众在叫！整整十到十五分钟里疯狂的女人们扯着脖子尖叫，你弹错了也听不出来。要么就是三千个十几岁的小姑娘冲着你扑过来。再不就是有人被担架抬出去。她们头发凌乱，裙子都撩到腰上，浑身是汗，满脸通红，目不转睛地盯着你。姑娘们，可真有精神。所以我们才喜欢她们。不管好不好，我们那时候的演出曲目主要有《并未消失》、《遛狗》、《转来转去》和《我是雄蜂王》。

有时候当地警察局长会亲自策划可笑的入场出场方案。我记得有一次在切斯特，演出之后发生了骚乱。我就跟在警察局长后面从屋顶上溜走，乐队其他人跟在后面。局长大人穿着全套制服，身边还跟着一个警察，感觉就像一部古怪的迪士尼动画片。然后这傻子就迷路了，我们被困在切斯特城的高处下不来，所谓的“胜利大逃亡”计划也破产了。后来又开始下雨，场面有点像《随风而来的玛丽阿姨》。制服加警棍，就是他的伟大计划。在当时那个年纪我还觉得警察无所不能呢；大家就是这么灌输给你的。但是很快你就发现这些家伙也没见识过这场面，这一切对于他们来说也都是全新的。所有人都像丛林中的婴儿一样。

有时候我们还唱《大力水手》的主题歌，观众根本听不出来，因为吵到什么也听不见。他们对音乐根本没什么反应。节奏还好一点，因为鼓声再怎样也总是能听见，除此之外就不行了，歌声、吉他……全都覆没。他们要的就是和我们共处于封闭的场地——我、米克、布莱恩和幻象。音乐可能是诱因，但天知道最关键的东西是什么。一般来说，这样的疯狂对他们没什么损害，但对我们倒确实有。几千场里有那么几场也的确有人受伤，还不幸死过人。有个姑娘从三层看台上跳下来，脖子摔断死了，被砸到的人也受了重伤。这种事偶尔会出一回。而开场十分钟后有人就晕倒的情况，每天晚上都有。有时候人太多了，一层一层挤向舞台边，简直就是欧洲战场上的西线。在我们的巡演新领域乡下，情况更加糟糕。比如有一次在苏格兰格拉斯哥郊外的汉密尔顿，警察在我们面前安装铁丝网，因为男人不喜欢姑娘冲我们尖叫，就朝我们扔硬币和啤酒瓶。警察带着狗在铁丝网后面来回走。这种铁丝网在有的地方非常普遍，特别是格拉斯哥那边，而且也不算新鲜，南部和中西部的俱乐部里都有这样的玩意儿。“午夜时分”酒吧的威尔逊·皮克特先生在舞台两边各放了一排猎枪，它们可不是摆设，是实弹的。虽然装的也许只是石盐，不是弹药，但是那架势也足够吓住往台上扔东西或者发疯的人了。这也算是一种管理措施。

有一次，在北方的约克还是什么地方，我们采取的策略是，演出结束在后台待几个钟头，在那儿把晚饭吃了，等观众回家睡觉后我们再走。演出结束以后我回舞台看了一眼，发现有不少内裤之类的东西被清理出来。有个老看门人对我说：“演出真棒，观众席上的椅子全湿了。”

弗兰克·西纳特拉和埃尔维斯·普莱斯利的演出现场大概也发生过这种事吧。我觉得“披头士”和“滚石”之前的时代未必发生过如此极端的状况，至少在英格兰是这样。就像有人拔开瓶塞把什么东西放出来了一样。五十年代的姑娘们都是受虚伪的上流社会的教育长大的，她们好像随时想放纵一下。等机会来了，谁能拦得住呢？这其实是跟她们不知该怎么发泄的情欲有关系。但突然你就成了发泄对象，这真是疯狂。这股力量一旦倾泻出来，真是势不可挡。你就像置身于充满食人鱼的河中。这些行为她们自己也想不到，她们完全迷失了自我，就站在那儿，头破血流，衣衫不整，小便失禁。没一个晚上例外，你都习以为常了。这就是演出。老实说，换了别人上台说不定也一个效果。我想当布鲁斯乐手，她们根本不理。

对于比尔·波克斯这小子来说，眼前的一切可真是美好得难以置信。忘了是在谢菲尔德还是诺丁汉，我们抓到他和一个姑娘在煤堆里搞，脏兮兮的就像刚从《雾都孤儿》里跑出来。“比尔，我们该走了。”斯图找到了他。全世界大多数年轻人都认定了你是那种到处睡姑娘的人，你又正好年轻力壮，还能怎么做呢？结果反正很惊人。想想六个月前我还没姑娘，想上还得花钱呢。

想要那群姑娘在眼前消失哪怕一分钟？门儿也没有。她们追着你唱啦啦啦啦啦，还肆意窥探，你只能惊叹而已。不过从我的香水由老香牌换到娇兰满堂红后情况稍有好转。她们到底想要什么？名声？金钱？还是真心想和我们谈恋爱？因为总也遇不到美女，你自然就变得多疑了。

女人拯救我的次数比男人多。她们有时候只是和你拥抱接吻。但在生活艰难困苦的时候，就算只是拥抱也能让整个晚上都觉得温暖。然后我会说：“靠，你明知道我是个混球，而且明天就要走了，干吗还跟着我？”“我不知道，也许是觉得值得吧。”“好吧好吧，我可不想吵架。”

第一次巡演我就遇到了这样的事，在北方和英国女孩厮混。演出结束后去酒吧或酒店的酒吧喝一杯，然后突然发现身边是在谢菲尔德大学读社会学的可爱姑娘，她还打定主意要对你好。“我觉得你是个挺聪明的姑娘。我是个吉他手，来这儿演出，很快就走。”“我知道，可是我喜欢你。”“喜欢”这东西比“爱”来得好。

从五十年代末开始，十几岁的年轻人作为新的市场，成了广告的目标对象。“青少年”这个词源自广告业；听上去还有点冷酷。它在目标人群之间创造了一种认同感和自我意识。这个市场不仅包括服装和漫画，也包括音乐、文学等各种品类；它将这个年龄段的人群划分成单独的门类。那是一场青春期大爆炸。“披头士狂热”和“滚石狂热”。姑娘们愿意为他们死。四五个瘦巴巴的小伙子为她们提供了宣泄感情的出口，但如果没有他们，她们也会在别处发泄的。

十三岁到十五岁少女成群结伙的力量一直跟随着我，差点把我弄死。我天不怕地不怕，就怕这些小姑娘。如果被这么一群狂热的人逮住你就完了，她们能让你窒息，把你撕成碎片——到底有多可怕真是难以描述。我宁愿趴在战壕里打仗也不愿面对这么一帮没完没了的小姑娘，她们的欲望和渴求可以杀人，这一点她们自己恐怕不知道。警察一走开，你就得面对这些喷发的野蛮情感。

记得是在米德尔斯堡，我没能赶上我们那辆奥斯汀公主小轿车，我拼命追，却被那群贱货扯到一边。问题是她们抓到了我又不知道该怎么办。一个人拽着我的项链这头，一个又拽着那头，差点没把我勒死，嘴里还不停叫着“基思，基思”，我都快窒息了。我紧紧抓住车门把手，结果把它掰下来了，汽车越开越远，我只能他妈的攥着个把手。我被无情地抛弃了。司机吓坏了，见乐队其他人都进了车子，一刻也不想多停留。所以我一个人被扔在这群母鬣狗里。后来我在剧院后面的黑巷子里苏醒过来，显然是警察把人群赶走了。我刚才昏过去了，窒息了，她们全都扑到我身上——要是你能抓住我，会怎么对我呢？

我还记得另一个和姑娘们接触的小插曲，完全出乎意料。一天的演出总算完了！天色阴沉，突然下起了暴雨。我看见外面有三个死忠歌迷，头发蓬松，完全抵御不了风雨。但她们没走！这种情况下一个可怜男孩还能怎么办？“进来吧，傻孩子。”三个小姑娘让我的小卧室一下子变得拥挤起来。她们浑身湿透，把屋里都弄得湿乎乎的，发型也全完蛋，还哆嗦着浑身发抖，不仅因为淋了雨，也是因为进了偶像的房间，但主要还是不知所措，坐也不是站也不是。我也无所适从。在舞台上演出是一回事，跟她们面对面又是另一回事。她们一副可怜相，想要整理一下自己，于是毛巾和厕所成了大事。大家都很尴尬紧张。我给她们倒了咖啡，加了点威士忌，但是根本没有情欲的气氛。聊了会儿天，大家终于都笑起来。后来天晴了，我给她们叫了辆出租车，像朋友一样告别。

一九六三年九月。一首歌也没有。至少没有我们觉得能上榜的歌。能翻唱的节奏布鲁斯曲目本来就少，现在好像穷尽了。我们在 Soho 区附近的“51 录音室”排练。安德鲁不想面对我们无精打采的样子，一个人溜出去散步了，正好在查令十字街遇见约翰和保罗[①]从出租车上下来。他们三个去喝酒，这两人发现安德鲁有心事。他就老实说了：我们没歌了。于是约翰和保罗就跟安德鲁来了录音室，给了我们一首《我要做你的男人》，后来它也被收进了他们的新专辑，不过没有作为单曲发行。他们当着我们的面弹了一遍这首歌。布莱恩给它加上了漂亮的滑棒吉他，我们把这首“披头士”的歌曲变成了如假包换的“滚石”风格。没等他们俩离开，我们就意识到这首歌肯定会流行起来。

这首歌他们俩就是专为我们而作的——他们是歌曲创作者，到处出售作品，蛮有“锡锅街”[②]的作风。他们觉得这首歌很适合我们。我们彼此仰慕。我和米克羡慕他们俩的默契和创作能力；他们嫉妒我们能自由自在地到处跑和叛逆的形象。他们也想和我们一伙。事实上，“披头士”

①指约翰 · 列侬和保罗 · 麦卡特尼。

②集中了众多流行音乐出版公司的纽约第二十八街，因喧哗而得此名。

和我们的关系非常友好。对此我们也很精明小心。在那个年代，单曲一般是每隔六到八周更新换代，我们谨慎地安排上市时间，避免撞车。我记得约翰·列侬会打电话给我——“我们混音还没结束呢。”“我们已经录好一首了。”“那行，你们先上吧。”

刚成名的时候，我们忙着巡演，没考虑要自己写歌，况且也写不了。我和米克觉得写歌这种事跟我们无关，是别人的活儿。就像我负责骑马，别人负责钉马掌那样。我们第一张专辑全是翻唱，《来吧》、《毒藤》和《并未消失》。我们把美国歌唱给英国人听，而且唱得还不错，就连有的美国人也乐意听。我们能混到当时那份上已经很满足了，能传播喜欢的音乐本身就够让我们高兴的。没必要再做分外的事。但是安德鲁很固执，这也是来自商业上的压力——你们把乐队做得很棒，但是一成不变就会完蛋。要弄清楚乐队到底能不能创作，如果不能，就去找词曲作者合作，总不能靠翻唱过一辈子。我们花了好几个月才完成了自己写歌的质变，虽说到最后我发现写歌比早先想的要容易多了。

在那个著名的日子里，安德鲁把我和米克锁进威尔斯登的一个厨房，说：“写不出歌就别出来。”然后我们就写了首歌。安德鲁为什么选我和米克搞创作，而不是米克和布莱恩，或者我和布莱恩呢？我也不知道。后来证实布莱恩确实不会写歌，但安德鲁当时并不知道。我想可能是因为那时候我和米克成天在一起吧。安德鲁是这么说的：“我觉得既然米克能给克里茜·施林普顿[①]写明信片，基思能弹吉他，他们俩就应该能写歌。”我们在那个该死的厨房里待了一晚上，不过因为我们是“滚石”，是布鲁斯之王，所以在里头有吃的，撒尿也可以借窗口或水槽解决，这不是什么大问题。我当时说：“米克，要想出去，咱们最好还是写点什么。”

坐在那个厨房里，我开始写和弦……“这是一天中的晚上”，我好像是这么写的，“我坐在那儿看着孩子们玩耍”。我本来是写不出这样的东西。

① Chrissie Shrimpton（1945－），英国模特，演员，米克·贾格尔的前女友。

我们写了两句歌词，还有了个不错的和弦，然后某些想法就自然出来了。我不想说得太玄乎，但这真是不由自主，一旦你有了某个创意，其余的就水到渠成。这有点像播下种子，给它浇点水，突然它就破土而出，一个劲儿疯长——嘿，瞧瞧我！歌里充满忧伤：遗憾、失落的爱。也许我们俩之中有人正跟女朋友闹分手吧。如果能找到灵感的激发点，捕捉那个创意，剩下的就容易了。最重要的是擦出最初的火花。至于它是从哪儿来的，那就只有天知道喽。

写那首《当眼泪流落》的时候，我们并没有刻意冲着商业流行歌曲而去。它是自然而然产生的。我知道安德鲁想要什么：别写布鲁斯，别有太多模仿痕迹，要写属于你们的东西。一首好的流行歌曲不是那么容易就写成的。创作是一种震撼，对我们来说它是一个全新的世界，我发现了自己从没想过的天赋。有点像威廉·布莱克的诗句，是一种启示和顿悟。

《当眼泪流落》最初由玛芮安妮·菲丝弗[1]录制并唱为金曲，只用了几周时间。后来我们又写了一大堆不着边际唱给小姑娘的傻情歌，有一部分根本没录。我们把这些歌拿给安德鲁，很高兴地看到他把其中多数都拿给别的歌手去唱。我和米克可不想把这些破烂留给"滚石"。有一次我们大笑着从那间该死的厨房里出来。安德鲁等在外面，结果得到那首《最后一次》。

写歌也需要时间。但我们常常只有在演出结束之后才有点空。赶路的时候更不可能。斯图开车载我们，他可无情了，把我们塞进那辆大众车的后座，一点儿不透气：车子只有一扇后窗，人就坐在发动机上。更要命的是设备，音箱、麦克风和吉他都占着地。"你们自己挤进去吧。"想停车上厕所，门儿都没有。斯图会假装根本听不见我们说话。他有个大型立体声便携音响，当然是四十年前的款。他坐在驾驶座上，两个巨大的 JBL 扬声器对着他的耳朵。真是个旅行监狱。

① Marianne Faithfull（1946－），英国歌手，演员，米克·贾格尔的前女友。

"罗奈茨"是天底下最性感的女子组合，早在一九六三年就录了一首出色的歌《做我的宝贝》，由菲尔·斯佩克托制作。我们第二次英国巡演就是和"罗奈茨"一起，我爱上了她们的主唱罗尼·本奈特。她那年二十岁，人美声甜，性格也好。我默默地爱上了她，她也爱上了我。她和我一样性情羞涩，所以我们之间没有太多交流，但那的确是真爱。我们得尽量低调，因为她男朋友菲尔·斯佩克托是个臭名昭著的醋坛子。她一直待在房间，为的就是等菲尔的电话。我觉得我们的事他很快就觉察到了蛛丝马迹，然后托人阻止罗尼演出后和人接触。罗尼的妹妹埃斯特拉也正和米克交往，就没受到这么严格的控制。她们来自一个大家庭，她妈妈有六个姐妹和七个兄弟，住在纽约东哈莱姆区。罗尼刚满十四岁就登上了阿波罗剧院的舞台。后来她告诉我，菲尔非常介意自己掉头发的事，看到我一头浓密的头发就难受。这种不安全感持续存在着，导致他后来做下了非常过分的事——一九六八年他和罗尼结婚后，便把她关在他加利福尼亚的宅邸里，不许她出门，也不许她唱歌、录音和巡演。罗尼在日后出的书里写道，菲尔把她带进地下室，给她看一个玻璃盖的黄金棺材，警告她如果敢逆违他，下场就是进棺材。罗尼年轻又有胆量，但还是没法逃脱菲尔的魔掌。我见过她有一次在金星录音室唱歌的时候对着菲尔嚷："闭嘴，菲尔。我知道这个怎么唱！"

罗尼对那次巡演间我们俩的相处回忆如下：

> 我和基思想方设法地在一起。我记得那次在英格兰，巡演途中，有一天雾太大，无法继续开车。我们俩下车进了路边的小屋子，一个迟钝可爱的老妇人给我们开的门。我说："你好，我是'罗奈茨'的罗尼。"基思说："我是'滚石'的基思·理查兹，路上什么都看不见，车没法开了……"她说："哦！进来吧，孩子们，我给你们点东西吃！"她给我们上了茶点，还多备了点让我们带走。老实说，那段日子是

我演艺生涯里最快乐的时光。

我们那时候才二十岁，彼此相爱。刚听完《做我的宝贝》，你就成了她的宝贝，你该怎么办呢？还是老一套——不能让任何人知道。其实这样处理挺可怕的。基本上，还是荷尔蒙作祟，以及惺惺相惜。我们没细想，但也能意识到自己卷入了一夜暴红的浪潮，得听命于他人。我们不喜欢这样，但又无可奈何。至少巡演路上不能怎样。但当时如果不是在那种古怪的环境，我们可能根本就没机会相遇。罗尼一心念着要对别人好，就算从来没得到回报，也还是一如既往。有一天早晨我去斯特兰德宫酒店找她，"只想问个好"。我们一行人就快出发去曼彻斯特还是什么地方了，得按时赶大巴，所以我想提前去找她。后来什么也没发生，只是帮她收拾了行李。但这对于我来说已经是破天荒的大胆举动，因为之前从来没主动勾搭过女孩。不久后我们在纽约又见了面，这是后话。我和罗尼一直都有联系。9·11 事件那天我们还在康涅狄格州录一首叫"情事"的歌。这项合作仍在继续。

出于年轻人的傲慢心理，摇滚明星或流行歌曲明星在我们心目中比不上布鲁斯乐手和在俱乐部演出。一九六二年至一九六三年间，我们被卷进商业化，这真是令人反感。"滚石"的雄心打一开始就无非是当伦敦最牛的乐队。我们有大伦敦主义，看不起外地。然而一旦外界向我们招手，我们很快就妥协了。眨眼间，整个世界都向我们开放了，此前"披头士"已经有了这待遇。要成名没那么容易，不是想想就能实现的。你必须一步一步来。你会发现你已站在十字路口，但事先没人告诉你。只不过几星期几个月后，你会发现自己不知何时已经作了选择。现在你已经上了路，但不是你最初的理想之道。年轻人那些理想主义、纯粹主义全沦为废物。你上了一条路，和那些你愿意追随的人选了同样的路，就像"泥水"、罗伯特·约翰逊他们。你他妈的已经作了选择。现在你就得走下去，像你的兄弟姐妹和前辈那样走下去。你在路上了。

5

“滚石”首次美国巡演。在圣安东尼奥州集会上遇到鲍比·凯斯。芝加哥切斯唱片公司。我和罗尼，未来的斯佩克托太太相好，还去了哈莱姆区的阿波罗剧场。媒体和安德鲁·奥尔德姆赋予我们新的流行形象：长头发、邋遢、招人厌。我和米克写出了能给“滚石”唱的歌。我们去了洛杉矶，在RCA和杰克·尼采录歌。我在睡梦中写出了《满足》，我们有了第一首自己的排行榜榜首歌曲。艾伦·克莱恩成了我们的经纪人。琳达·基思伤透了我的心。我买了一栋名叫“红土地”的乡村住宅。布莱恩开始走火入魔，并且遇到了安妮塔·帕伦伯格。

迈克尔·库珀 摄 / 拉吉·普拉姆收藏

在英格兰苏塞克斯郡的房子“红土地”，这是1966年在买下来不久后

“滚石”第一次去美国时我们几个觉得简直像上了天堂。那是一九六四年夏天。每个人都有在美国最想做的事儿。查理想去依旧摇摆的爵士乐故乡见见艾迪·康顿[1]。我做的第一件事是直奔“殖民”唱片店，买下兰尼·布鲁斯[2]的所有专辑。让我惊讶的是纽约非常老派，散发着欧洲气息，和我想象的大不一样。酒店里有帮你把行李提进房间的男侍者，还有餐厅侍者总管之类，他们说着各种无聊的废话，真让人开眼界。好像这套规矩打从一九二〇年起就没变过。可这儿同时又是变化最快的现代化都市。

还有广播！在英格兰你根本想象不到这样的东西。真正的音乐大爆炸！坐进有广播的车子简直就像上天堂。打开收音机，大概能找到十个乡村音乐台，五个黑人音乐台。如果开车去乡下，信号弱了，只要转动旋钮，马上就能听到另一首好歌。黑人音乐在爆发，力量很强大。摩城唱片公司[3]就像出品好歌的工厂，但又没有沦为工业化的流水线。我们巡演路上就靠“摩城”的音乐了，巴望着“四顶尖”和“诱惑”乐队出新专辑。不管在不在路上，“摩城”都是我们的精神食粮。听着广播驱车千里去下一个演出地点，这就是美国的美好之处。实现了我们的

---

① Eddie Condon（1905－1973），爵士乐吉他手、班卓琴手，早期迪克西兰爵士乐芝加哥乐派的领军人物。

② Lenny Bruce（1925－1966），美国喜剧演员，社会评论家，出过数张专辑。

③美国首家由黑人经营的大型唱片公司，创立于底特律，在推动流行音乐的种族融合上扮演过重要角色。

梦想。

我知道兰尼·布鲁斯的幽默感不一定合所有美国人的胃口，但从他身上可以看到美国文化的一点秘密。他是我学习美式讽刺的入门导师。就是兰尼。《兰尼·布鲁斯的病态幽默》这张专辑我来美国之前就听过，所以后来上《艾德·沙利文秀》[①]时是有心理准备的——他们不让米克唱《让我们一起过夜》，非得改成“让我们一起待着”。这对CBS来说有区别？“过夜”居然是禁词，真让人难以相信。为此我们大笑了一场。这就是典型的兰尼·布鲁斯式遭遇。“奶头”是脏话？那么到底什么脏，是这个词还是它指的东西？

我和安德鲁去了美国歌曲之乡，“锡锅街”上的布里尔大厦，想见见伟大的杰里·莱博[②]，但他不想见我们。后来有人认出我们并把我们带进去，放了些他们的歌。我们离开时带走了《家乡姑娘》，由莱博和巴特勒[③]创作。这是首很棒的放克[④]歌曲，我们在一九六四年十一月录了它。还有一次冒险。我们想找迪卡唱片在纽约的办公室，结果来到二十六街和第十街交叉口的一家汽车旅馆，碰到一个叫沃尔特·麦克奎尔的爱尔兰酒鬼。这家伙留着短发，一副刚从美国海军退役的样子。可他就是美国迪卡唱片的头儿。我们这才发现，伟大的迪卡唱片公司竟然就在纽约的一个破仓库里。这是种蒙人的把戏：“没错，我们在美国有很大的办公室”，其实就是间西区路码头边上的破屋子。

我们听了不少小姑娘的歌，多数是嘟－喔普，城市灵歌，比如“玛维勒斯”、“水晶”、“缎带”、“沙黛尔”等乐队的，当然包括最热辣的女子组合“罗奈莰”，还有以《明天你是否会爱我》走红的“舍勒斯”。“舍勒斯”的主唱雪莉·欧文斯有一副几乎没经过训练的嗓子，在柔弱与简洁之间取得完美的平衡，使她完全不像专业歌手。之所以听这么多，当

①美国CBS台的综艺秀，由艾德·沙利文主持，曾在美国捧红了埃尔维斯·普莱斯利和“披头士”等摇滚乐人、乐队。

② Jerry Leiber（1933－2011），美国著名流行乐曲作者，制作人。

③指莱博音乐上的合作者阿蒂·巴特勒（Artie Butler）。

④ funk。

然也是受“披头士”影响，是他们唱红了《求求你邮差先生》[①]和“伊斯利兄弟”的《扭曲与喊叫》。要是我们在里士满的车站酒店唱这样的歌，下边准会喊：“什么？疯了吧。”因为他们总想听我们唱重一点的芝加哥布鲁斯，这也只有我们玩得最好。“披头士”可从没玩过这些。在里士满，我们不能太出格儿，这就像是任务。

我们在美国的第一场演出是在加州圣贝纳迪诺的摇摆大会堂。参加演出的还有鲍比·戈尔兹伯勒，就是教了我吉米·里德乐段的那孩子，以及“缎带”。但是更早些时候我们录了档《好莱坞宫》电视节目，由迪安·马丁[②]主持。在当时的美国，男的留长发不仅会被当成怪人，还会被看作同性恋。他们隔着一条街就叫你：“嘿，美女！”迪安·马丁的介绍词大概是什么“来自英格兰的长头发奇人，滚石乐队……稍等，他们还在后台互相捉虱子呢”。接下来是一大串讽刺和夸张，然后一脸恐惧地指着我们要出来的方向说：“别扔下我和他们在一起……”这就是迪诺，叛逆的“鼠帮”[③]成员，总是一副醉醺醺的模样，以此蔑视娱乐圈。说真的，我们当时震惊了。英国的电视节目和主持人可能不那么友善，但总不会拿你当马戏团的哑巴耍。还不等我们唱，迪安就放起了“国王姐妹”[④]的歌和大象表演。但我喜欢老迪诺。虽说他并没有作好准备迎接时代的变化，可他是个挺有趣的家伙。

在得克萨斯，巡演时发生了更多奇怪事。在圣安东尼奥集会上，我们和观众之间隔着一座水池，水池里有海豹表演。我就是在那儿第一次遇到了鲍比·凯斯，伟大的萨克斯手，我最亲密的朋友（我们出生的时间就相差几个小时）。他很坚忍，有着一颗摇滚的心，也是个颓废的疯子。那天参加演出的还有乔治·琼斯[⑤]。他们走到哪儿，那种流浪汉草就长到

① *Please Mr. Postman*，为“玛维勒斯”乐队的代表作。

② Dean Matin（1917－1995），原名迪诺·保罗·克罗切蒂（Dino Paul Crocetti），美国著名流行歌手，影视演员。

③一个以演员亨弗莱·鲍嘉为中心的名人圈，60年代中期特指由弗兰克·西纳特拉、迪安·马丁等组成的，常同台演出的一群人。

④ King Sisters，美国30年代的摇摆大乐队风格女子声乐组合。

⑤ George Jones（1931－ ），美国乡村乐歌手，作曲家。

哪儿，好像那是他们的宠物。尘土飞扬中，他们真像一群牛仔。但是乔治一上台，我们就忍不住喊“哇”，他真不愧为大师！

不问鲍比·凯斯你都不知道得克萨斯州有多大。我花了三十年才说服他，得州其实是山姆·休斯顿和斯蒂芬·奥斯汀巧取豪夺而来的一块土地[①]。“妈的，没门儿，你怎么敢这么说！”他一听就脸红脖子粗。我只好给他找了几本讲得克萨斯和墨西哥渊源的书。过了六个月，他终于说：“你的话好像也有那么点道理。”我明白这种感觉，鲍勃。我也曾经相信苏格兰场像百合花那么纯洁干净呢。

鲍比·凯斯也该讲讲我们第一次相遇时的情景，因为那是一个得州人的故事。他恭维了我，这一点上我也只好顺着他。

我在得州的圣安东尼奥认识了基思·理查兹。在此之前，我对他有点偏见。他们录过一首歌叫《并未消失》，是巴迪·霍利的原唱，那家伙和我一样是拉伯克人。我当时还说：“嘿，这可是巴迪的歌。这些脸色煞白、嬉皮笑脸的小细腿儿是什么人，敢来这儿拿巴迪的歌赚钱？看我不踢他们屁股！”我表现得不怎么待见“披头士”，虽然私下里其实挺喜欢他们。我眼睁睁地看着萨克斯这种乐器在慢慢消失，而这些家伙的乐队里根本就没有萨克斯啊，伙计！难不成我的余生就得在提华纳市铜管乐团里过了？反正我的想法不是“太棒了，我们可以同台演出了”。之前我和一个叫鲍比·维的家伙合演，他有首金曲叫《橡胶球》，“我要向你弹回来”什么的，演出时一直都是我们俩挂头牌，但“滚石”一来，我们就靠边了。这里可是得克萨斯呀，伙计。这里应该是我的地盘才对。

在圣安东尼奥，我们住同一家旅馆。布莱恩和基思，可能还有米克，在阳台上演奏。我出去听了，以我的浅见，那是真正的摇滚乐。我当然了解，因为这种音乐根本就是在得克萨斯发明出来的，我本人也有份。这支乐队确实非常好，他们的《并未消失》比巴迪

①得克萨斯州原属墨西哥，1836 年成为独立共和国，最终加入美国。

还好——这话我从没对别人说过，也没对他们说过。我开始觉得自己也许对这些家伙太苛刻了。第二天我们大概一起演了三场，第三场时共用一个休息室，“滚石”聊起美国艺人怎么在登台前换衣服。我们也要换。我们上台时穿黑色羊毛西装，白衬衫，打领带。这一套是很蠢，因为圣安东尼奥的夏天有几百度呢。他们说：“我们也来换个衣服怎么样？”另一个人说：“哦，好主意。”我还以为他们要拿出西装领带来，结果他们就是互相交换了一下衣服。我觉得这做法真是棒极了。

要知道，在一九六四年的美国，摇滚乐队的标准形象就是羊毛西装和领带，乖巧的邻家男孩形象。突然就有一群穿着夹克的英国佬闯进来，还唱着巴迪·霍利的歌！妈的！唱的啥词我其实没全听清楚，扩音器和音响都不怎么样，但是伙计，我能感觉到。我他妈的能感觉到！他们的音乐让我露出笑容，手舞足蹈。他们没有穿成一模一样，遵照规定一节一节演出，他们把所有该死的规矩都打破了，而且还很管用，把我迷得晕头转向。受他们感染，第二天我本来已经穿好了西服，一只脚都站到舞台边上了，又回去脱了西服，只穿着衬衫和领带、大裤衩和牛仔靴上了台。最后我也没有被炒。我对他们的感觉就是，“你们是谁……怎么敢……到底他妈的怎么回事儿，伙计？”他们给了我很多影响。这些人一出现，美国乐坛那套青少年偶像，干干净净的邻家男孩，小清新歌曲都他妈的滚蛋了！而媒体报道无外乎“你愿意让女儿跟这些人混吗”之类的。他们成了禁果。

不管怎么说，他们注意到了我，我也注意到了他们，我们就这么碰上了，真是狭路相逢。后来我们又在洛杉矶的T.A.M.I.秀①相遇。我发现基思和我同一天生，都是一九四三年十二月十八号。他告诉我：“鲍比，你知道这是什么意思吗？我们都是半人半马②，我们有资格当街拉屎。”哇，这是我这辈子知道的最重要的事情之一！

“滚石”乐队的主心骨和灵魂是基思和查理。是个会喘气、稍

①即1964年10月在洛杉矶举行的青少年国际音乐奖，有众多巨星参演。“滚石”曾在采访中说选择在詹姆斯·布朗之后登台是个错误。

②指射手座。

微有点音乐品位的人都能看出来。他们是所有动力所在。我是个没怎么上过学的乐手，谱也不识，从来没受过专业训练。但我能感受和体会，听基思弹吉他的时候，我会想到巴迪和埃尔维斯的那种活力。虽然弹的是查克·贝里，可他融入了自己的东西。这也是真货，懂吗？我听了不少从拉伯克来的优秀吉他手弹琴。奥比森[①]是几小时车程外的弗农人，我常听他弹琴，巴迪常去溜冰场，斯科蒂·摩尔和埃尔维斯·普莱斯利后来也来了，所以我听过不少一流的吉他弹奏。只有基思让我突然想起了霍利。可能是跟身材有关：巴迪也是个瘦子，一口坏牙。基思邋里邋塌的。可是有的人眼睛里藏着某种东西，看一眼就觉得危险。这是实话。

美国有一个鲜明的特点，城市及周边都很文明，但从任何大城市出发——纽约也好，芝加哥、洛杉矶、华盛顿也罢——往内陆走个五十英里，就会发现自己来到了另一个世界。在内布拉斯加之类的地方，人们冲着我们叫："你们好哇，妞儿。"我们都习惯了，根本不去理会。可他们觉得受到了威胁，因为那些做老婆的总盯着我们看，说："真有意思。"这些满肚子啤酒的红脖子乡下佬可没见识过。他们口上说的都是些攻击你的话，但真实的动机是自卫。我们只想进饭馆吃吃点心，喝杯咖啡，来点火腿和鸡蛋，却得准备好忍受他们的嘲笑。我们只是玩音乐的，但发现自己卷入有趣的社会冲突，陷入困境。我觉得美国社会充斥着很强的不安全感。大家都觉得美国人骄傲自信。狗屁，那只是表象。尤其是那阵子的男人，根本搞不清状况。一切都来得那么突然。有些人就晕头转向了，我一点都不诧异。

回忆起来，对我们一直都有敌意的是白人。黑人兄弟和乐手们顶多觉得我们是挺有趣的怪人而已，会跟我们聊聊天。白人可就没那么容易被打动，好像你对他们构成了什么威胁似的。你不过就是问问："我能在你们这儿上个厕所吗？"他们就反问："你是男的女的？"你能怎么办？

① Roy Orbison（1936－1988），美国著名乡村、摇滚乐歌手。

掏出鸡巴来给他们看不成？

当时我们已经有了一张在英格兰排名榜首的专辑，但美国中部还不知道我们是谁。他们更熟悉“戴夫·克拉克五人组”[①]和“摇摆蓝牛仔”[②]。在有些地方，我们真的感受到了敌意，有人好像恨不得杀死我们，好像真想马上动手了。我们见势就夺门而出，回到忠诚可靠的车子里，和巡演经纪人鲍勃·伯尼斯在一起。他是个了不起的人，曾经带着侏儒、猴子，还有许多顶级艺人一起巡演。他小心翼翼地带领我们在美国穿行，每天只开五百英里。

一九六四年至一九六五年我们总和其他早就安排好的巡演混杂在一起。可能这两个星期和帕蒂·拉贝勒[③]与“风铃草”、“震荡”，还有一个叫“惊奇橡胶人”的杂耍演员同台，下星期就换成另一队人马。我头一回见识到的假唱，就是“香格里拉”乐队唱《记得（在沙中漫步）》。三个挺像那么回事的漂亮纽约姑娘上了台，你听着听着突然发现她们没有乐队，是和着磁带录音唱的。还有个叫“绿人”的乐队，好像是俄亥俄来的，上台时把身子染成绿色，不管怎么说，算是那星期乃至那个月最有特色的乐队。也有真正的好艺人，特别是来自中西部和西南部的。那些小乐队每晚都在酒吧演出，从来没能大红大紫，不过他们也没打算这么干（好就好在这里）。真有些好乐手。人才有的是。好多人弹得比我棒多了，尽管大多数时候我们是头牌乐队。和帕蒂·拉贝勒与“风铃草”一起演出的有年轻的莎拉·达什，她总是穿着周日去教堂的衣服，还有监护人跟着。你冲她笑一下，她就看你一眼。他们管她叫“小不点”，因为这可爱的姑娘个子矮。二十年后她还将出现在我的生活里。

当然，从一九六五年开始我就经常嗑药，此后这习惯几乎跟了我一辈子。它让我对周围事物的观察更为敏锐。不过当时我只是抽抽大麻而已。巡演路上遇到的都是三十多岁的老家伙，也有的已四十多了，都是

---

① The Dave Clark Five，英国乐队，其单曲 *Glad All Over* 一度将“披头士”挤下排行榜首位。

② The Swing Blue Jeans，60 年代风靡英国的乐队。

③ Patti LaBeulle（1944－），美国黑人灵魂乐、福音歌手，格莱美奖得主。下文“风铃草”是她六十年代的伴奏乐队。

黑人乐队。我们整夜不睡去演唱会，总会遇见那些穿斜纹呢西装套马甲、挂金链子、抹一脑袋发胶的哥们，打扮得干净整齐、乖巧体面，我们就强打精神跟他们混。有一天去看演出时我已经筋疲力尽，可是这些人却精神得很。靠，他们的行程跟我们的明明一样呀。我于是就问一个家伙，是小号手："天哪，你怎么每天都那么精神？"他把外套一掀，在马甲口袋里边摸边说："你得吃点这个，再抽点这个。"真是妙不可言的建议。他给了我一粒白色小药片，是混合的，还有一根大麻烟。我们就这么做了：吃点这个，再抽点这个。

但是要偷偷摸摸的！我出门时得到这么一句警告。告诉你，要偷偷摸摸的。我顿时觉得自己加入了一个秘密社团。告诉乐队里其他人行吗？可以，但是只能你们几个人知道。在后台，这传统延续很久了。我留意上了他们的大麻烟。有了它我就把苯丙胺忘了，那年头顶好的"极速"就是用苯丙胺制的。耶，还是纯的！所有长途货车站都能弄到"极速"，货车司机就靠这个提神。停下停下，找个货车站弄点"戴夫"。给我一杯杰克丹尼威士忌加冰再来一袋药。给只猪脚和一瓶啤酒[①]。

南密歇根二一二〇大道是圣地——芝加哥切斯唱片公司的总部就在那儿。安德鲁·奥尔德姆临时安排我们去了那儿，当时我们的第一次美国巡演正进行到一半，并且看上去成了灾难。我们进了切斯那间完美的录音室，曾经听过的那么多东西都是在这儿录的。可能是因为心情放松，又或者是因为有巴迪·盖伊、查克·贝里和威利·迪克森[②]在周围晃悠，我们花了两天时间就录了十四首歌。其中一首是鲍比·沃马克[③]的《一切都完了》，它成为我们的第一支榜首金曲。其间有一件事，包括马歇尔·切斯在内的不少人，发誓说是我在瞎编，但比尔·怀曼可以作证——我们进了录音室，一眼看到一个穿着黑工装裤的家伙在漆天花板。他就是"泥水"，站在梯子顶，脸上沾着白色涂料。马歇尔·切斯后来说："我们从

①贝西·史密斯的一首同名歌曲。

② Willie Dixon（1915－1992），美国音乐人，布鲁斯歌手，词曲作者，唱片制作人。

③ Bobby Womack（1944－ ），美国黑人节奏布鲁斯、灵魂乐歌手，词曲作者，吉他手。

来没让他刷过墙。”但马歇尔那时还是孩子，在地下室工作。比尔·怀曼说他记得是“泥水”帮我们把扩音器从车上搬进录音室。不知道是因为他为人特别好，还是因为那阵子他的唱片卖不出去——我他妈的可是知道切斯那哥儿俩[①]，他们的原则就是想领薪水就得干活。终于亲眼见到英雄和偶像了，我们却发现他们都特别谦逊，一个劲地鼓励你，“再弹一段这个吧”，这时你才意识到自己真的是和“泥水”坐在一块儿。当然，后来我和他混熟了，经常去他家过夜。我记得巡演前期我还到“嚎狼”家待过一晚上，“泥水”也在。我就在芝加哥南部跟着两个大师，参观他们的生活起居，一大堆孩子，各路亲戚进进出出。威利·迪克森好像也在……

在美国，鲍比·沃马克这样的人说过：“乍一听你们的歌还以为你们是黑人呢。这帮牛逼的小崽子都是从哪儿冒出来的？”我和米克在伦敦那个倒霉地方是怎么迷上这种音乐的？我自己也想不明白。我们只是待在那个潮湿的出租房里整天听，不过要是像我们那样一天到晚拼命听，和待在芝加哥也差不多了。我们弹的就是这种音乐，最后真的做成了。它一点也不英国，我们自己也有些惊讶。

当年演出的时候（现在我有时也这么干）我总会转过身去说：“这声音是不是他和我搞出来的？”这感觉就像骑着一匹野马。我们能和查理·沃茨合作真是幸运。他打鼓很像“山姆与戴夫”的鼓手，以及摩城公司的那些黑人鼓手，或者灵魂乐鼓手。他能把握那种感觉，下手总是很精确，还常常用手指转鼓槌，现在多数鼓手也这么玩了。但敲得太疯狂会无以为继，这有点像冲浪：在浪尖上一切都好。因为查理是这种风格，我弹的吉他也这样。在一个乐队里，一切都互为因果，几个人的风格融为一体。一切都很流畅。

整件事里最怪异的一点就是：我们这群见识短、有精神洁癖的小年轻本来是想让人们都来听布鲁斯，结果却让美国人找回了自己的音乐。这也许就是我们对音乐的最大贡献吧。我们改变了美国白人的思想和耳朵。当然功劳并不全在我们——没有“披头士”，恐怕根本没人能打开那

①指切斯唱片公司的创始人切斯兄弟。

扇门。当然，他们并不是布鲁斯乐队。

美国黑人音乐就像一列火车那样延续不断。但是自从巴迪·霍利和艾迪·科克伦去世、埃尔维斯在军队变成软蛋以来，白人音乐的代表无非就是“沙滩男孩”[①]和鲍比·维了，当然是在我刚去美国的那阵。他们还沉浸在过去。其实所谓“过去”也就是六个月之前，算不上多久。但后来一切都变了，“披头士”的出现是里程碑，甚至到了被关进笼子的地步。这“了不起的四人”。后来又有了“猴子”之类跟风的水货。我个人觉得那时候的美国白人音乐存在真空带。

我们头一次在美国期间，洛杉矶的广播里经常放“沙滩男孩”的音乐，我们觉得很有意思。那还是《宠物之声》之前的事，他们在玩汽车音乐、冲浪音乐，弹得很糙，有点查克·贝里的意思。“转来转去 / 我到处转来转去”[②]，我觉得很不错。后来他们出了《宠物之声》，这张专辑在我看来制作的成分偏多，但是布莱恩·威尔逊确实有才华，《在我的房间》、《别担心宝贝》这些歌都挺棒。相较之下，我更喜欢 B 面歌曲，就是他偷偷塞进来的那些东西。它们和我们的音乐没什么特别关联，我可以抱着另一种心态去听，觉得它们写得都不错。我很容易接受流行歌曲的风格，也总是什么都听，何况美国应有尽有——我们在美国听了很多各地金曲，更是熟悉了许多地区厂牌和地区艺人，比如在洛杉矶听到的那首《时间在我们这边》，原唱厄玛·托马斯，是“帝国唱片”的一首 B 面歌曲，这公司就在日落大道上，是家独立厂牌，还挺成功的，所以我们才注意到它。

我跟“老鹰”乐队的乔·沃尔什等众多白人乐手聊过，问他们小时候是听什么音乐的，他们都说那完全取决于当地电台（主要由白人把持）放什么，大多有些狭隘保守。鲍比·凯斯说他能从一个人的音乐品味判断他是哪里人。乔·沃尔什上中学时听我们的歌，说自己深受影响，因为他认识的人里没一个人听这种音乐，周围也没一个人搞这种音乐。他顶多就是听点嘟－喔普音乐，连“泥水”都没听说过。好玩的是，他说

① Beach Boys，美国摇滚乐队，成立于 1961 年，灵魂人物为贝斯手布莱恩·威尔逊。
②出自“沙滩男孩”的第一支冠军曲 *I Get Around*。

他第一次听到的布鲁斯就是出自“滚石”，一听完就觉得这种流浪乐手的生活很适合他——现在你随便进个什么饭馆都能听见他在《加州旅馆》里的那段吉他独奏了。

吉姆·迪金森，就是在《野马》里给我们弹钢琴的那个南方孩子，是从 WDIA 音乐台接触到黑人音乐的，那是个顶呱呱的电台，也是当地唯一的黑人音乐电台。当时他还小，住在孟菲斯，所以后来去得克萨斯上大学时音乐素养已经比周围人高很多了。尽管如此，他也从没亲眼见过黑人乐手，只有七岁那年在街头见过一次“孟菲斯陶罐乐队”和威尔·谢德演出，还有个绰号“好孩子”的乐手敲洗衣板。但种族壁垒太森严，他平时根本接触不到这些乐手。后来就是法里·刘易斯（迪金森后来在他的葬礼上演奏）和布卡·怀特等在民谣复兴运动中开始演出。台下的观众总算可以跟着打打响指了，我觉得“滚石”在其中也有不少功劳。

一九六四年十一月，我们推出了《小红公鸡》，一首由威利·迪克森创作的粗鲁的布鲁斯，加入了滑棒吉他。这在当时是个很大胆的举动。唱片公司反对我们出这张唱片，经纪人也反对，所有人都反对。但我们觉得自己是在潮流尖端，有推动时代发展的责任。这首歌根本就是对流行歌曲的蔑视，我们那时候那么傲慢，竟想这样宣言：“我是只小红公鸡 / 白天太懒了不乐意打鸣。”妈的，就是一首唱鸡的歌，看看这东西能不能上榜吧。我和米克站出来说，来吧，推动时代进程吧。我们要做的就他妈的是这个。于是泄洪闸打开了，突然“泥水”、“嚎狼”和巴迪·盖伊都能开演唱会了。这真是突破。这首歌也上了排行榜头名。我敢说，我们的所作所为帮摩城的贝里·格迪推广了音乐，也让芝加哥布鲁斯重新焕发生命力。

我随身带着用来记草稿和灵感的本子上写着这么一段话：

> 一个有自动点唱机的小酒吧……是在亚拉巴马还是佐治亚？
>
> 我总算找到地盘了！舞台装点着荧光，有支不可思议的乐队在上面唱歌，下边的人齐刷刷地跳舞，蔬菜和排骨端了进来。唯一别

扭的就是我是白人！太棒了，没人注意到这回事，我被接受了。他们非常热情地招待我。我就像上了天堂！

在大多数地方，比如纳什维尔的白人聚居区，过了晚上十点就像一座死城。我们当时和黑人乐手一起演出，比如说“震荡”的唐·布拉德雷——我记得他是叫这个名字。他们是最好玩的乐队，什么都干得出来，唱歌的时候还翻跟头。“演完了你们打算干点啥？”这就是他们的邀请。所以我们坐上出租车，跨越界限，来到城市另一边，那儿一切才刚刚开始呢。有吃的有喝的，所有人都在摇滚、享乐，和白人世界截然相反，这一幕一直留在我记忆里。你可以在这里吃肉，喝酒，抽烟。还有大女人们，不知为什么她们总是拿我们当文弱小伙子，所以就像妈妈那样疼我们，我很乐意接受。在两个巨大的奶子之间简直要融化了……“要按摩吗，孩子？”“好吧，你想怎么样都可以，妈妈。”真是又自由又轻松。一觉醒来，发现一屋子都是黑人，对你好得不得了，真让人没法相信。我的意思是，靠，我在家乡的时候盼的不就是这个吗？现在每到一个地方都能实现。一觉醒来——我到底是谁呀？旁边还有个黑人妈妈，她女儿就睡在身边，早饭都给送来了。

我头一回被枪口指着是在内布拉斯加州奥马哈市的城市礼堂（肯定是这儿）的厕所里。枪在一个头发花白的大个子警察手里。我和布莱恩在后台检查音响，喝了点威士忌加可乐。我们手拿纸杯去撒尿，开开心心地随地尿着，突然听见背后门开了。“别动，慢慢转过身来。”一个气喘吁吁的声音。“我操。”布莱恩说。“马上转过身来。”那个声音又说。我们抖掉尿滴，回头一看，一个大个子警察站在那儿，大手里攥着一把大枪正对着我们俩，一副威严的架势。我和布莱恩光望着那黑漆漆的枪眼，一句话都说不上来。“这里是公共场所。不许喝酒！把杯子里的东西倒进厕所。站好，别乱来。现在就倒。”我和布莱恩吓坏了，但还是按他说的做了。他占了上风。布莱恩抱怨说他是大惊小怪、在施高压手段，结果更激怒了这老东西，他手里的枪都哆嗦了。我们辩解了几句，说不知道这里的法律，却惹得他大吼，说法律面前无知不是借口。我差点问他是怎么知道我们在喝酒的，想了想还是作罢。更衣室里还有一瓶呢。

不久后我就弄来一把史密斯威森点三八口径的枪。这就是狂野的西部，现在还这样！我是在一个货车站那儿花二十五美元买来的，还送弹药。从此我就和这个可敬的物件建立起了非法关系。我持枪没在他们那儿登记！巡演的队友里有好几个人都带枪。他们可是很厉害的乐手。我还记得他们的另一面。更衣室里流了一大摊血，有人在里头打人，你绝不想卷进去。但最恐怖的还是要算警察突然出现，特别是在后台。你真应该看看有些乐队仓皇逃跑的样子。不少巡演的乐手其实都是在潜逃中，理由则千奇百怪。也许是因为犯过小罪，比如没付赡养费或者偷了汽车。你可不是跟圣人们在一块儿工作。他们是好乐手，可也都是充满街头智慧的混账家伙，演完一场就四散云游去了。要是有一伙警察带着逮捕令到后台来找某支乐队的吉他手，那势头就像抓壮丁的部队来了。我的天哪，一片大乱……我还见过艾克 · 特纳的钢琴手滚下楼梯。

第一次美国巡演快结束了，我们觉得自己大获全胜。“滚石”一度被视为药展上的杂耍和马戏团里的长头发怪物。等到了纽约卡耐基大厅演出时却感觉回到了英格兰，台下都是尖叫的十几岁孩子。美国开始接受我们了，但我们明白，这一切还只是个头。

一九六四年，我和米克好容易到了纽约，当然不会不去阿波罗剧场。所以我又和罗尼·本奈特勾搭上了。我们开着一辆红色卡迪拉克，带着“罗奈茨”的所有姑娘去了琼斯海滩。前台给我房间打电话：“楼下有位女士在等您。”“哇，走吧！”那个星期在阿波罗剧场演出的是詹姆斯·布朗[①]。最好还是让罗尼来说说我们这几个英国小伙子到底有多好——和一般人心目中的形象可不一样：

> 基思和米克第一次来美国的时候还没太有名，在东哈莱姆区我母亲的起居室里打地铺。他们没什么钱，我母亲早上给他们做火腿

① James Brown (1933 – 2006)，美国黑人歌手，放克乐创始人，又有“灵魂乐教父”之誉。

蛋吃，基思总是说："谢谢您，本奈特夫人。"后来我带他们去阿波罗看詹姆斯·布朗，坚定了他们的信念，回国后他们就成了巨星。我告诉了他们我的经历、我的成长以及我十一岁时登上阿波罗剧场舞台的场景。我带他们去后台见节奏布鲁斯巨星。我还记得经过詹姆斯·布朗的房间时，米克站在那儿浑身直哆嗦。

我生平第一次体验上天堂的感觉，就是在罗尼（后来姓斯佩克托了！）身边醒来，望着她脸上露出微笑的时候。我们还是孩子，没有比这更好的了。一切都很美好。该怎么说呢？她带我去她爸妈家，带我进了她的卧室。这样有过几次，但这是第一次。我不过是个吉他手，你明白我的意思吗？

詹姆斯·布朗整个星期都在阿波罗演出。去阿波罗看詹姆斯·布朗，太他妈的棒了。我的意思是，谁会拒绝这种机会？他真是样杰作，无可挑剔。我们本来还觉得自己的团队很团结呢！再看他的乐队，那种纪律性让人震撼。在台上，詹姆斯如果觉得某人弹错拍子或者跑调了，就会打响指示意，然后你就会看见那个出错的乐手脸色沉下去。詹姆斯会把正确的弹法用手指示意出来。那些人都会看他的手。他们的萨克斯手，乐队骨干马塞奥·帕克——后来我和他在"酒鬼"里合作过——那天晚上甚至还被罚了五十美元。真是场精彩的演出。米克专门盯詹姆斯的脚怎么挪动。他那天看得比我专心——主唱、跳舞都是米克的事。

那天晚上在后台，詹姆斯打算好好向我们几个英国小子炫耀炫耀。"盛名火焰"[①]当时已经是他手下，他打发其中一个去买汉堡包，叫另一个给他擦鞋，他就这么羞辱自己的乐队成员。我还是更喜欢"盛名火焰"，詹姆斯·布朗不过正好是乐队主唱罢了。但他这么控制手下、工作人员和整个乐队的方式让米克拜倒。

① Famous Flames，著名节奏布鲁斯声乐团。詹姆斯·布朗曾是其中一员，成名后乐队成为他的伴唱乐队。

回到英国，最大的不同表现在和老朋友们见面上。他们大都是乐手，对“滚石”能走红就够惊讶了，现在更是见面就说：“你们是去过美国的人了，伙计。”去了一趟美国，你就突然觉得自己和他们有了距离感，同时英国的歌迷也被激怒了。“披头士”的歌迷也是这样。你不再是“他们的”了。这是一种怨恨感。在布莱克浦尤其如此。我们回来几星期后去那儿的女王舞厅演出，又遇到了流氓，这回是一帮苏格兰醉鬼大声吵着想打架，见点血。那时候还有他们所谓的“苏格兰周”。格拉斯哥的所有工厂都放假，人们都跑来布莱克浦这个海滨胜地度假。我们开始演出，舞厅里挤挤挨挨，人人都穿着节假日才穿的体面衣服，不少都喝醉了。我弹着弹着，突然一个该死的红头发小子啐我。我躲到一边，他还追，正啐在我脸上。我站住了，他又啐了我一口。我们一个台上一个台下，他的头正好在我脚边，我就使出全力踹他的脑袋，跟贝克汉姆罚点球那么漂亮，我看这小子以后的走路姿势都得变形。然后骚乱开始了。他们乱砸一气，连钢琴都没放过。所有设备碎成了渣，连三寸见方的都没剩下，线也全扯断了。我们好不容易才逃出去。

从美国回来后，我们上了老节目《点唱评判团》当评委，它由资深电视人大卫·雅各布主持，邀请名人作为“评判团”点评现场播放的唱片，投票表决歌曲的好坏，算不算失败。很多具有里程碑意义的时刻发生时，我们毫无察觉，这一刻同样如此。从事后的媒体报道上来看，这档节目是一次对上一代文化的宣战，引起了愤怒、恐惧和厌恶。同一天我们还录了《流行顶峰》节目，宣传我们的单曲，那首翻唱鲍比·沃马克的《一切都完了》。我已经习惯了对着口型假唱不脸红，节目都这么录，几乎没有现场演唱。对这个贩卖废话的市场我们渐生厌恶。你发现自己其实是在从事最肮脏的行当，但又还没变成流氓。这一行的人只有把对手彻底打垮才笑得出来。我们就是从那个时候开始明白自己被设定的角色，没有人去抗争，从没有，那会很滑稽吧。我们倒也不在乎。安德鲁在他的书《迷醉》里写过我们在节目中的表现。

> 他们在节目上那副彻头彻尾的小流氓样儿，完全不是我的授意。二十五分钟的节目里，他们一举让全英国的人对他们有了最恶劣的看法。他们骂骂咧咧嘻嘻哈哈，无情地挖苦唱片里的那些口水歌，甚至对镇定自若的雅各布先生出言不逊。这不是事先筹划好的。布莱恩和比尔还尽量保持礼貌，但是米克、基思和查理毫无顾忌。

没人说什么拐弯抹角的诙谐话，我们就是在痛批他们播放的每一张专辑。音乐还没停呢，我们就说，“评价这玩意儿真让人不舒服”，“说真的，你们怎么能听这种东西”。大卫·雅各布还想圆场。虽然满嘴逢迎，但他真是个好人。这份工作对他来说一直挺轻松，嘉宾都是海伦·夏皮罗和艾尔玛·科根这类可靠的综艺俱乐部（就是那些让人舒服的演艺界小社团）成员。不料我们冒了出来。大卫当时肯定在嘀咕：“BBC，谢谢了，跟这帮人做完节目可得给我升职才行。”没那么便宜，伙计，将来还有“性手枪”[①]等着您呢。

那时的综艺俱乐部有点像演艺界人士的圈子。你弄不清楚它到底是个共济会组织还是个慈善组织。它基本上操纵着演艺界，这已不是秘密。奇特古老的英国演艺界黑手党。我们被扔进这个圈子，为的就是摧毁它。他们一直在玩手段，就是比利·科顿[②]、艾尔玛·科根等人。但你明白，这些大名鼎鼎的人几乎没什么真才实学，没一个当真能取得什么成就。谁要去哪儿演奏，谁会被拒绝，谁又会获得什么门路等，才是他们关注的。幸运的是，“披头士”已经让他们见识了真正了不起的音乐。他们的厄运来了。所以当不得不对付我们的时候，他们居然不知道该出什么阴招。

我们能和迪卡签约的唯一原因就是，迪克·罗夫曾把“披头士”拒之门外，最后百代唱片签下了他们。罗夫可不能犯同样的错误，让迪卡再次

① Sex Pistols，1975 年成立的英国朋克乐队，以离经叛道和大不敬的态度著称，在摇滚乐史上有重要影响。

② Billy Cotton（1899－1969），英国乐队领队，鼓手，五六十年代电视、广播中的红人。

沮丧——其实我觉得他还能保住这份工作已够让人吃惊的了。他们觉得我们和当时所谓的“流行娱乐”一样，是一种时尚，包括发型，怎么都会将大众驯服。最终我们只得到一张唱片的合约，因为他们承受不了失败两次。要不然才不会伸出长杆接触我们哩。完全出于成见。整个就是“综艺俱乐部”的那一套，大人物一点头一挤眼，底下的心领神会。没错，这一套一度行得通，但有一天他们忽然意识到，现在是二十世纪了，是一九六四年，老一套作废了。

自从安德鲁出现，一切就在以难以置信的速度运转。至少对我来说，能清楚地感觉到身边的一切疾驰而过。但你也意识到被套上了绞索，亲爱的，你得一直戴着它往前走。起初我迟疑过，但安德鲁知道我不会犹豫太久。我们的想法不谋而合：好好想想该怎么利用“弗利特街”[①]。这是在一次拍照片时受到的启发。有个摄像师对安德鲁说：“他们太脏了。”没想到安德鲁来了灵感，既然他们这么说，索性让我们日后以这种形象出现。他突然发现了另一种极端的美。他和爱泼斯坦一起打理过“披头士”，所以见识上要甩下我一条街。但他确实发现我会心甘情愿地当他的同伙。我得说，从那个时候起我们俩之间就有化学反应了。后来我们成了铁哥们，但在当时，我们打的算盘是一样的——“我可以利用这杂种”。

媒体太容易被操纵了，我们可以随心所欲。我们被赶出酒店，在加油站的院子里撒尿——其实完全是意外。就是巡演路上比尔想尿尿，但车子开了半小时都没地可停。我的天哪，你让一个小伙子往哪儿尿？我们去了布里斯托的大饭店，就是抱着被赶出来的心理预期。安德鲁给“弗利特街”打电话说：你们要想看看“滚石”怎么被大饭店扔出来，就在什么什么时间赶过来吧——因为假如他们马上过来，我们还来不及穿戴打扮呢。安德鲁就是这么设计他们，而我们让他们满载而归。当然，这引起了媒体一片“你愿意女儿嫁给这种人吗”的论调。我怀疑这话也是安德鲁灌输给媒体人士的，要不就是“酒宴午餐会”[②]的主意。

---

①伦敦著名街道，传统上英国媒体的总部，至今仍是英国新闻界的代称。

②英国《私家侦探》杂志一名资深记者的笔名。

我们的确惹人讨厌，但媒体也太掉以轻心了。他们不知道还有闪电战等着他们，那是对整个公关界的攻击。突然你就发现有好戏看了，他们都得等着别人告诉说该怎么做。

我们使出这些花招的同时，安德鲁坐着一辆雪佛兰黑斑羚，让他的大老粗基佬司机斯坦普尼人莱格载着他到处奔走。莱格是个挺缺德的小伙子。那年头，想在《新音乐快报》上让摇滚记者给你登条小新闻非常难，简直堪比奇迹。但它在几乎没有上广播和电视的机会时，又非常重要。《唱片之镜》有个写手叫理查德·格林，经常用那点珍贵的版面批判我的脸色，写我长相上的缺点，我倒不怎么生气。但这成了压倒安德鲁的最后一根稻草。他带着莱格冲进那个写手的办公室。莱格抄着手在窗边站着，安德鲁对理查德说了这么一番话——我是从安德鲁的传记里摘抄的：

> 理查德，今天早晨伤心不安的理查兹夫人给我打了个电话。你当然不认识她，不过她是基思·理查兹的母亲。她说："奥尔德姆先生，你能不能让那家伙别再对我儿子的粉刺品头论足？我知道你不能阻止他们写什么'这些粉刺洗不掉'的废话。但基思是个敏感的孩子，虽然他嘴上不说。求你了，奥尔德姆先生，你能做点什么吗？"所以，理查德，就是这样。我要对基思的母亲有个交代，如果你再这么过分地评论基思，如果你再伤害他母亲，我虽然不会剁了你的手，但它们也肯定不会是现在这样。莱格会攥着你的脏爪子把这该死的窗子砸碎，你也别再想握笔了。你他妈的早就是一坨恶毒的臭大粪。你也别想给人口述什么，莱格会把你的下巴也打断的。

他们说完扭头就走。直到读到安德鲁的书，我才知道他做着这么鲁莽的事的时候还和母亲住在一起呢。也许这两点之间是有关系的。他比那些媒体和唱片公司的白痴聪明得多，那些人根本就不接触现实。你都可以进去把整个银行抢了，情况有点像《发条橙》。在当时，并没有那种"我们要改变社会"的普遍思潮，但是周围的一切都在变，他们也该顺应才对。他们过得太舒服、太顺心了。我们就想，“来点狠的怎么样”。

当然，我们也都撞上过“体制”这堵高石墙。对我们来说这是无止境的动力。感觉就是那些人说了什么，你就非得做出最荒诞的回应。你知道自己不应该这么说，但就是非说不可，就算明知会倒大霉也得说。这么精彩的话，不说太可惜了。不说你会觉得自己没种。

在某种程度上，奥尔德姆是以偶像菲尔·斯佩克托那种制作人兼经纪人的形象为参照塑造自己的，但差距在于，他在录音这块领域缺乏天赋。如果我说他没什么音乐细胞，他恐怕会说我是个骗子。他知道自己喜欢什么，也知道大众喜欢什么，但你要跟他谈 E7 和弦，还不如问他“人生的意义是什么”呢。对于我来说，制作人的工作就是等一天结束的时候和大家一起说：那么，我们录好啦。而安德鲁在音乐上起的作用非常有限，一般都只用在加和声上，来点“啦啦啦”，好吧，就加点儿。不管他承认不承认，事实上他从来就没领会我们做音乐的方式。作为一个全职制作人，尽管他掌握录音和音乐的知识，但还是处于弱势地位。他对市场有良好的感知，特别是我们在美国的时候。在那儿，所做的一切就全凭他的眼力决定，而我们渐渐也习惯了。安德鲁的制作方式、他给我们做唱片的方式基本上是凭直觉，他为我们注入了很多能量和热情。当你一首歌录了三十遍，开始泄气的时候，需要这样的鼓励，“来吧，再录一遍”，就是这样不屈不挠，“差不多了，快了”……

少年时，出国的愿望可是很难实现。父亲出去过一次，但那是跟着军队去诺曼底打仗，还炸伤了一条腿。所以出国对我来说根本不可能。我只是在书本、电视和《国家地理》中见过其他国家，脖子长长的黑妞晃着大奶子。但从没想过真能亲眼看见。攒钱出国实在是我能力之外的事情。

从美国回来以后，我记得我们最早去的国家中有比利时，那简直就是一趟冒险。就跟去西藏没两样。还有就是去巴黎的奥林匹亚剧场。然后突然你在澳大利亚了。你出去看这个世界，他们还付你钱！但是，天哪，这其中也有不少黑洞一样的时刻。

比如新西兰的达尼丁，这个全世界几乎最南方的城市，感觉就跟墓地似的。还有人抢劫火车。那是在一个星期天。一九六五年，达尼丁一个潮湿黑暗的星期天。我觉得没什么地方比那儿更让人郁闷了，那是我这辈子最漫长的一天，好像永远也过不完。我们本来挺会找乐子的，可是跟达尼丁相比，阿伯丁简直就是拉斯维加斯。我们很少会同时陷入郁闷，不管怎样总能互相鼓劲。但在达尼丁，所有人都郁闷难当。根本没什么机会放松或者笑一下。喝酒都让你难受。星期天有人轻轻敲门："十分钟后去教堂……"那是个惨兮兮的阴天，简直把我带回了童年，时间好像永远不会过去，地平线上笼罩着阴霾。烦闷对我而言像疾病，我倒没受过它的折磨，但那一刻真是低落。"我想我可以倒立着，让药再循环一下。"

但是罗伊·奥比森！都是因为罗伊·奥比森我们才去了那里。他是当天晚上的头牌艺人。他就像矗立在最南方那片阴霾里的灯塔。了不起的罗伊·奥比森。他是那种什么都能扛过来的得克萨斯人，也坚强地挺过了他悲剧的一生。孩子们死于火灾，妻子车祸丧生，他的私人生活里就没发生过好事，但我从没见过他那样坚毅又温和的绅士。他只有五英尺六英寸高，在台上却显得有六英尺九英寸那么高大。真是令人惊叹。他穿着短裤站在阳光下，全身红彤彤的像龙虾。他和我们围坐在一起弹吉他、聊天、抽烟喝酒，一起看着第一支乐队登台，然后说："好吧，再过五分钟该我上台了。"接下来他就像变了一个人、长高了一英尺般，俯视着台下的人群。可他还是穿着短裤，他怎么能这么做？在剧场里演出最让人惊讶的就在于，明明在后台还是一群小混混，等台上报出"女士们先生们，下面出场的是……"就瞬间变了一个人。

在录专辑之前，我和米克花了几个月的时间写歌。有些挺烂的，比如《我们曾相爱》、《这样深爱》，《(走过）沉睡的城市》就不用说了，它完全是照抄《他是个叛逆者》的。但也有成了小金曲的，比如基尼·皮特尼翻唱的《那个女孩属于昨天》，尽管他改了歌词，还把歌名改成了"我唯一的女孩"。我也写了首让人难忘的《我只想要我的宝贝》，后来被

P. J. 普罗比的跟班鲍比 · 詹姆森录音；此外还有《惊奇，惊奇》，是露露所录。克利夫 · 理查德录了我们的《蓝变灰》，结果破坏了他的金曲排行纪录——他的歌多数都能进入排行榜前十，这首却只打入前三十。“搜寻者”录制了《拿走或留下》，结果也惨败。所以我们写的歌还有打击对手的功能，让他们上不了榜，还得付我们钱。不过对玛芮安妮 · 菲丝弗就是例外了。《当眼泪流落》让她成了明星——这首歌是用十二弦吉他谱的，歌名由安德鲁 · 奥尔德姆起，套用《卡萨布兰卡》的主题歌《当时光流逝》。我们本觉得这首歌是乱七八糟的废话，但走出厨房弹给安德鲁听后，他说：“这能成金曲。”我们当真把它卖出去了，也挣了钱。我和米克还想，这钱赚得真容易啊。

我和米克知道，我们的正业还是给“滚石”写歌。我们花了八九个月才写出《最后一次》，它让我们第一次觉得自己的作品可以给乐队里其他人看，而且不会被丢出去。如果我是带着《当眼泪流落》去，他们准会说：“滚远一点，别回来了。”我和米克努力打磨着这首歌。我们写了那么多抒情歌，却对乐队本身没多大帮助。有了这首《最后一次》，我们终于可以对视着说：给小伙子们听听看吧。滚石乐队标志性的乐段或者说吉他特色在这首歌中第一次出现，副歌部分源自“斯戴普歌手”的《这可能是最后一次》。我们谱出动人的旋律了，然后得摸索歌词。词里有一种“滚石”式的转折，要是早几年我们绝对写不出来，因为它说的是巡演和甩掉姑娘，“你用不着那么费劲讨好我”。不是那种求爱或者求爱无果的小情歌。这首歌真正完成以后，我和米克信心满满地想把它拿给布莱恩和查理，特别是伊恩 · 斯图尔特，他才是最终的裁定人。早期那些歌他们听了肯定会把我们撵走。而这首在某种程度上界定了滚石，后来登上英国排行榜头名。

安德鲁让我的生命变得奇妙。我之前从没想过自己能写歌。是他让我学会了这门手艺，而且发现自己还挺擅长这个。慢慢地，另一个世界向你敞开了，因为你不再仅仅是个乐手，也不仅仅只会模仿别人。我不单表达别人，也开始表达自己，创作自己的音乐。感觉就像一道闪电。

《最后一次》是在好莱坞的RCA录音室录的，那是一段非常奇妙的时光。从一九六四年六月到一九六六年八月，我们断断续续地在这里录过音，其中数《后果》花的时间最长。所有歌都是我和米克写的，后来我们自称"微光孪生子"。那段时期什么都要忙——写歌、录音、演出，我们也提升了一个新层次。也是从那阵子开始，布莱恩发了疯。

工作总是很辛苦。就算走下舞台，也好像永远没有停歇。回到酒店就得琢磨写歌。巡演间隙大约有四天，顶多一星期的时间录专辑。三四十分钟一首歌。这倒不算难，因为巡演期间我们配合得不错。我们有十到十五首歌需要录，工作总是没完没了，压力非常大，不过这样可能对我们有好处。录《最后一次》是在一九六五年一月，我们刚巡演回来，每个人都筋疲力尽。那次只录这支单曲，录完以后整个乐队里只剩下我和米克还能站着。菲尔·斯佩克托那天也在，安德鲁让他过来听听，还有杰克·尼采也来了。管理员已经清过场。寂静笼罩着偌大的录音室。我和米克拿起乐器，斯佩克托拿起比尔的贝斯，尼采去弹大键琴，《最后一次》的B面歌曲《玩火》就这样由半支"滚石"和另半支独一无二的阵容录制出来了。

第一次去洛杉矶，是在第二次美国巡演期间。桑尼·博诺被派来开车到机场接我们，因为他当时还是菲尔·斯佩克托的宣传人员。要到一年后，阿麦特·厄特根[①]才会在多尔切斯特召开宴会，向全世界推出"桑尼与雪儿"组合。话说回来，桑尼一听说我们要找录音室，马上就帮忙联系杰克·尼采，还向我们推荐RCA录音室。我们差不多是直奔那里，一头扎进了满是豪华轿车与私人泳池的世界。之前我们刚在爱尔兰演了三天，觉得文化间的差异真是有种超现实感。杰克在录音室里里外外地忙，主要是和菲尔·斯佩克托换班，他们的"声音墙"[②]效果需要做大量工作。杰克是天才，菲尔不是。菲尔其实是从杰克那里学来古怪的性格，并且把杰克整个吸干了。杰克·尼采不收报酬，没人知道为什么，可能因为

① Ahmet Ertegun（1923－2006），大西洋唱片公司创始人、总裁。

② wall of sound，一种多轨录音技术，营造出墙一样的巨大音场。

他乐在其中吧。他是沉默的编曲者、乐手、天才的黏合剂，在那个阶段给了我们很大帮助。我们录音时他会过来活跃一下气氛，然后扔给我们不少建议，如果心情好还演奏几段。在《让我们一起过夜》里，他就替我弹了钢琴，我弹贝斯。他的贡献很多，这只是一个例子。我爱这个男人。

直到一九六四年底，我们仍然没什么钱。第一张专辑《滚石》登上排行榜首位，卖出了十万张，销量比“披头士”的首张专辑还高。那钱都到哪儿去了呢？虽然我们认为能不赔就不错了，但也知道自己打开了一个巨大的市场，只是利润还没流出来。症结在于体系：在英国卖唱片，要发行十二个月后才能拿到钱，如果是在海外，则要过十八个月。在美国巡演也没赚什么钱。大家还得挤在一起住。奥尔德姆就睡过菲尔·斯佩克托家的沙发。一九六四年年底，为了赚回家的路费，我们在美国上了《T.A.M.I.秀》，上场排在詹姆斯·布朗后面。最后赚了两万五千美元。“杰里与带头人”、比利·J.克拉默还有“达科塔”乐队也上场了。这笔钱真不小，对不对？

真正拿现钱是得到《当眼泪流落》的报酬。我还记得自己刚拿到钱后的样子。我紧紧盯着它，然后数了又数，再盯着它，一遍遍地摸着。这笔钱我根本没花，只是放在所谓的存钱罐里。我赚了那么大一笔钱！其实我没什么特别想买的，也不想挥霍掉。这辈子第一次，我居然有钱了……也许应该买件衬衣、买点吉他弦。但我当时只觉得“妈的，我根本不信有这回事”！银行发的大票子，上头全是女王的脸。你手里从来没攥过这么多钱，你老爸忙忙叨叨、累死累活一年也赚不来。至于怎么花又是另外一回事了，因为我还有演出，还得忙工作。但我得说，第一次赚到好几百张簇新簇新的大票，那滋味真叫心满意足。我用了好一阵才花完。我第一次有人生赢家的感觉——只不过写了几首歌，他们就给我这么多钱。

有一次我们和罗伯特·斯蒂格伍德[1]旗下的乐队一起巡演，后来他没

---

① Robert Stigwood（1934－），英国流行音乐制作人，经纪人。

给我们报酬，这算是我们遇到的重大挫折。其实要是做足了功课，我们就会了解他的办事风格——一拖再拖，最后一分不给。最后弄得我们跟他打官司。但是在此之前，有天晚上他去了一个叫圣詹姆斯威士忌的酒吧，他真是不该上二楼，我和安德鲁正好在楼上待着呢。我们堵住楼梯口，好好向他讨债。可惜楼梯是螺旋的，没法一脚把他踹下去，所以就让他跪在地上，他欠我们几千英镑，我就踹他几脚——一共十六脚。就是这样。他也从来没道过歉，也许我当年踹得还不够狠。

有钱了我就开始照顾妈妈。我离开家一年后，多丽丝和伯特离婚了。爸爸还是爸爸，不过我给妈妈买了一栋房子。我和多丽丝一直保持联系，但这样就不能和伯特来往，因为他们一刀两断了。我似乎别无选择。况且我也没时间两头联系，生活变得那么精彩刺激。我到处跑，有那么多事要做。父母在忙什么不是我最关注的事。

后来就是那首《满足》，给我们带来全球性的声誉。那阵子我有不少女朋友，就住在我那位于卡尔顿山圣约翰伍德区的公寓里。这首歌也许就传达了这样的情绪。我是在睡梦中写了这首歌，事后没一点印象。多亏了我那台飞利浦卡座小录音机。奇迹是这么发生的：那天早晨，我看着那台录音机，想起自己前一晚放了一盘新带子进去，一夜过去带子却到头了，于是倒带重放，就听到了《满足》。当时还只有一个粗糙的动机，一个骨架，当然也没有电声，因为我是用木琴弹的。磁带后面的四十分钟都是我的鼾声。但有了这个骨架就够了。那盘磁带我保留了一段时间，要是后来没弄丢就好了。

米克在佛罗里达州克利尔沃特镇的泳池边填了词，四天后我们进棚——先是在芝加哥的切斯录了一遍原音版，后来又在好莱坞 RCA 加进了法兹[①]效果。在克利尔沃特镇，我往家里寄了张明信片，上面写道：“嗨，妈妈。照常像狗一样工作着。爱你，基思。”这话可一点也不夸张。

那时候他们推出一种小盒子，就是吉普森的法兹效果器，只要踩下

① fuzz。

一块小踏板就可以了。这种踏板我只用过两次，一次是《满足》，另一次是七十年代末在专辑《有些姑娘》里，我用了一个XR效果器，可以产生类似太阳公司山地音乐里的那种悦耳的拍手回音效果。但是我不怎么喜欢效果，更追求音质。是弹得猛烈些还是尖锐些，或者像《负担的野兽》里的那种温暖平和？简单点说就是：芬达还是吉普森？[①]

我想在《满足》里加入小号的声音，后来录音时就试着加入模拟小号的音轨。我脑海里已经有了小号伴奏的乐段，类似后来奥蒂斯·雷丁[②]弹的。但我们没有小号，我只能加入叠录出来的效果。法兹音效很好用，所以我用它做出一个近似小号伴奏的乐段。在此之前根本没人用过法兹效果，所以这种声音让所有人浮想联翩。接下来就是我们在明尼苏达州忘了到底是什么地方，突然听见我们的歌从广播里传出来——"本周金曲"。我们根本不知道安德鲁是他妈的什么时候把它发行出去的。一开始我觉得羞愧，因为那段声音是叠录的。十天巡演回来，这首歌已成了头名歌曲，一九六五年夏天最流行专辑的主打。我就不再抱怨了。我也学到了一点：有时候不要过于担心。不是所有人都接受且只接受你的品位。

《满足》的创作代表了那段时间来我和米克合作的典型状态。我先给出一个整体轮廓，拿出一个基本概念，米克做最艰苦的补全工作，让它生动起来。我会带来"我无法满足……我无法满足……我试了又试，试了又试，可还是无法得到满足"，然后我们在一起琢磨时米克就写出"嘿，我开着我的车……（他不抽）和我一样的烟"，然后我们再作进一步修改。这么多年来基本就是这种模式。"嘿，你，从我的云上滚下来，嘿，你……"[③]可能是我的贡献。《涂成黑色》是我谱的旋律，他填的歌词。他写的东西一两句话可说不清。但乐段都是我出的。我可是乐段大师。唯一一首完全由米克·贾格尔创作，没有我任何贡献的歌是《红糖》，我要向他脱帽致敬。在这首歌上他赢过了我。我的确改动过一点，但这是他

①芬达和吉普森为两大著名吉他品牌，后者的音色相较而言柔和一些。

② Otis Redding（1941－1967），美国黑人灵魂乐、布鲁斯歌手，在1967年的蒙特利音乐节上声誉鹊起，成为超级巨星，同年不幸死于空难。

③出自"滚石" *Get Off of My Cloud*。

的歌，他作的词和曲。

《满足》这首歌很特别，在现场演唱感觉很糟。多年以来我们鲜少在台上表演它，直到最近十来年间才常常唱，因为总是找不准合适的声音，感觉不对，听上去很弱。我们花了好长时间才弄明白怎么在舞台上演绎这首歌。我们会喜欢上它全是因为奥蒂斯·雷丁的翻唱，后来又有了阿瑞莎·富兰克林的版本，由杰里·韦克斯勒制作，在这一版本中我们才听到自己当初想表达的感觉。我们喜欢它了，于是开始在舞台上呈现它，因为它被最优秀的灵魂乐歌手唱过。

一九六五年，奥尔德姆偶遇艾伦·克莱因，一个总抽烟斗、说话滔滔不绝的经纪人。我仍然觉得和他联手当我们的经纪人是奥尔德姆走得最好的一步棋。安德鲁喜欢克莱因灌输给他的观点，即合同其实一文不值，只在白白浪费纸张，后来我们在和克莱因的关系中痛苦地证实了这一点。当时我觉得安德鲁的搭档兼我们的代理人埃里克·伊斯顿实在太操劳了，已经生病了。我们得抛下他快步向前。不管后来我们和克莱因发生了什么，也不能否认他的确很有商业头脑。他一上手就很擅长强硬地和一心赚大钱、对专业一点不上心的唱片公司和巡演经纪人打交道。

克莱因上马后代表“滚石”和迪卡重新谈合同。于是有一天我们进了迪卡办公室，上演了克莱因设计的戏剧化一幕，显然是非常粗鲁的策略。他是这么告诉我们的：“我们今天要去迪卡，制服那些浑蛋。我们要弄份合同，要带着最好的合同出来。你们摆点架子，什么也别说。只管大摇大摆地进去，站在屋子后面盯着那帮流口水的老废物。别张口，交给我说。”

我们就是去威胁的，也的确起了作用。迪卡总裁爱德华·刘易斯爵士坐在桌子边，的确流口水了！我不是说他对我们垂涎三尺，他是真的流口水了。后来有人过来塞给他一块手绢。实事求是地说，他那天走投无路。我们就站在那儿，沉着脸。这种防御姿态古老又新鲜。他们没招架住。我们最终大摇大摆地离开公司，带着一份比“披头士”还丰厚的合同。这就是艾伦值得我们脱帽致敬的地方。然后我们五个小流氓跟着他回到希尔顿酒店，畅饮香槟，庆贺精彩表现。爱德华·刘易斯爵士虽然流口水，但他不傻，靠这份合同也捞了不少钱。这是一次双赢。合同本来就该这样。到现在我还在靠着这份合同收取报酬，我们管它叫“迪卡大增收”。

克莱因和我们之间有点像汤姆·帕克上校和埃尔维斯的关系。嘿，合同我来签，你们想要什么只管说，我保管拿到——他对待我们和金钱的态度都很有派头。你总是可以从他那儿弄到东西，即使想要一辆镀金凯迪拉克，他也会变给你。有一次我打电话问他要八万英镑，想在切尔西堤离米克家不远的地方买套房子，方便两人串门写歌。第二天我就拿到了这笔钱。但是这其中涉及的细枝末节你连一半都不会知道。这是一种父权主义的管理方式，现在显然不会有了，但在当时还是屡见不鲜。心态不一样了。现在的人连个吉他拨片都他妈的得计较。那时的才是摇滚。

一开始，克莱因在美国干得很不错。我们的又一次美国巡演是在他的安排下进行的，情况有了明显改善。接我们的是架私人飞机，日落大道上有我们巨大的广告牌。我们到现在还会谈起这些事情。

有了一首金曲，就得乘胜追击再出一首，否则很快会失去阵地。那时候他们就盼着好歌赶快从我们脑子里涌出来。《满足》突然占据了全世界歌曲排行榜榜首，我和米克刚对视着说完“很好”，他们就开始“砰砰砰”狂敲我们的门，“下一首在哪儿？四星期之内就要”。那时我们每天还有两场演出。你们得每隔两个月就出一首新单曲，你们得马上就写一首能流行起来的新歌；你们得弄出点新的声音来。如果《满足》之后再交一首充满法兹乐段的歌，我们就死定了。重复只能让价值骤减。很多乐队都在这里栽了跟头，一败涂地。紧跟着的《从我的云上滚下来》一方面是为了拿去满足唱片公司的要求——“别再烦我了”——同时又为我们开辟另一个方向，发展得也很好。

就这样我们成了写歌工厂。我们开始像歌曲创作者那样思考，这个习惯一旦养成就会保持终身，会随着你的潜意识一起运作，会潜伏在你的聆听当中。我们的歌词开始呈现棱角，至少听上去和我们被赋予的形象一致起来——愤世嫉俗、道德败坏、多疑、粗鲁。在这一点上我们好像走在了时代的前面。当时的美国社会存在很大的问题，有很多孩子被送去越南打仗，所以你才会在《现代启示录》[①]里听到《满足》。因为那些疯狂的孩子会带着我们的歌上战场。这首歌的歌词和情绪很符合他们对美国成人世界的失望，而我们一度成了宣泄的唯一来源，为愤怒、反叛提供背景音乐，不断触动社会的神经。我不会说是我们开创了这一局面，但是，尽管我们的音乐本身深受美国影响，却为这种社会情绪提供了英伦特色。我们总在嘲弄古老的英国传统。

这一波录音和写歌在《后果》这张专辑里达到了顶峰，其间我们写的很多歌可能被视为贬低了女性，歌名就有倾向，比如《愚蠢的姑娘》、《在我的拇指下》、《过时》、《那个女孩属于昨天》和《昨天的报纸》。

> 谁还想要昨天的女孩？
> 世上没有这样的家伙。

这些歌也许是仓促写下的，也许有的能稍微启发一下她们的心灵和头脑，让她们意识到：我们是女人，但我们也很强。我觉得"披头士"和"滚石"的歌的确帮女孩摆脱了"我只是个小妞"的想法。这并不是刻意做的，而是在为她们表演时的自然呈现。当你看着台下三千多个小姑娘对着你扯下内裤扔过来时，你会明白自己释放出了一股多么巨大的力量。她们从小被禁止去做的一切都可以在摇滚演唱会上做到。

那些歌曲也源自观念上的受挫：你出去巡演一个月，回来女朋友已经跟了别人，瞧瞧这愚蠢的姑娘。事情不是单方面的，我明白，我这是在搞双重标准，一方面在巡演路上跟数不清的姑娘睡，一方面又为家里的姑娘跑了而发狂。和英国妞在一起，要么你拼命求她跟你睡，要么她拼命求你跟她睡，要么答应要么拒绝。可我发现和黑人妞在一起，这种事根本没什么大不了的。大家只是为了开心，要是事后有麻烦，没问题，她们会觉得这只是生活的一部分。她们很了不起，不仅因为她们是姑娘，

①一部关于越战的电影。

而且因为她们比英国妞更豁达。事后你不用担心被她们缠着不放。我记得有一次在大使酒店和一个叫弗洛的黑妞厮混，她正对我那时候的口味。她很关心我，不是出于爱，而是出于尊敬。我一直记得她，是因为“至高无上”一首歌的歌词“弗洛，她根本不知道”，当时我们躺在床上听这首歌，不禁大笑起来。以后每每听到也还会傻笑。在每段经历中你留下一点这样的记忆，一个星期后又回到路上。

从一九六五年底到一九六六年夏，在 RCA 录音时出现了一些有意识的东西，好像在慢慢迫近极限。比如一九六六年三月录《涂成黑色》（这是我们的第六首英国排行榜头名金曲）的时候，布莱恩·琼斯成了“多种乐器演奏者”，基本上“放弃了吉他”去弹西塔琴。这琴和我之前接触的任何东西都不一样，可能因为我有犹太血统的关系，反正觉得它奏出的音乐听上去更像《一起开心吧》[①]或者什么吉卜赛调子。也许是从外祖父那儿听来的。其他许多事情也多多少少发生了改变。我已经周游过世界（虽说还没去过罗马尼亚和特拉维夫），不再是一个纯粹的芝加哥布鲁斯乐手，我必须振翅，寻找更多旋律和概念。然后在心里酝酿各种风格。开始写歌以后，这就成为一种经常性的体验。我并不是刻意要这么做，只是（套用大家的说法）尽量去探索各种事物。我们开始学会专注于专辑，专注于音乐形式，而不仅限于单曲。在当时，一张完整的 LP 专辑唱片一般包括两三首单曲金曲，以及 B 面歌曲，再补一些其他歌凑数。每首单曲都得是二分二十九秒，要不广播就根本不会播。我和保罗·麦卡特尼最近探讨过这个话题。当年是我们作了突破：我们的每首歌都是潜在的单曲，没有凑数的。就算有，也是带有实验色彩的作品。我们延长了专辑的时间，用来呈现更多东西。

如果没有 LP 唱片，“披头士”和我们大概都维持不了两年半的时间。没有 LP 唱片，你就得为了迎合发行商的口味去压缩歌曲，删掉你想表达的东西。歌曲太长的话电台就不给播。迪伦的《乔安娜的幻影》是个突破。我们的《回家》有十一分钟——“这不是单曲。你们能让专辑延长点吗？能做到吗？”这真是大试验。我们说，不许剪辑这玩意，要么就原样发行，

---

① *Hava Nagila*，犹太人的传统民歌。

要么干脆就别要它。我毫不怀疑迪伦对《眼神悲伤的低地女人》和《乔安娜的幻影》也正是这样的感觉。专辑加长了，听众能听下去吗？一首歌超过三分钟，还能让听众集中注意力吗？能保证听众不流失吗？但这收到了效果。可能正是"披头士"和我们让"专辑"真正成为录音的载体，同时也加速了"单曲"的消亡。单曲不是一下子就消失的；人们总还是需要金曲的单曲碟。它只是在慢慢地，不知不觉地延长。

我们几乎每天都演出，有时候一天赶两三场，动机也不断涌现。任何东西都可以有启发。去游泳、泡姑娘的时候，心里有个地方还在琢磨和弦次序或和写歌相关的事。不管出了什么破事都是这样。说不定就算挨枪子，嘴里也还喊着："啊，过渡段应该这样！"你其实不用特意做什么，甚至都不知道一切怎么就有了，完全由下意识或潜意识之类的东西来完成。不管你有没有意识到，心里的雷达总是开着。你没法把它关上。你听到屋里有人在聊天："我就是忍不了你了……"这也可以变成一首歌。它会自然而然地飘进你心里。写歌当然还带来其他东西，当你意识到自己是一个歌曲作者后，这种自觉就开始为你提供弹药，你开始成为一个观察者，跳出你自己，随时随地都保持警觉状态。这种技巧会在多年中不断得到提升，要去观察人们，看他们如何对彼此作出反应。这在某种程度上会让你显得怪异而疏远。但你别刻意去这么做。写歌有点像偷窥狂。你四处打量，所有事情其实都可以成为题材。平庸的词语也可以成为一首歌的主题，你会不禁感叹：真不敢相信，以前居然没有人用这句话写过好歌！幸运的是，词句总是比写歌的人要多，差不多如此。

琳达·基思是第一个让我伤心的人。错都在我，是我自找的。我对她的第一印象刻骨铭心，我看着她走过屋子，看着她的小心眼小动作，感到强烈的渴望，觉得她和我不是同一类人。我早先就常常对身边的女人怀有敬畏之情，因为她们都是精英，我呢，就是个从贫民区出来的家伙。我真不敢相信这些漂亮女人竟然会愿意和我打招呼，更别提跟我睡了！和琳达是在安德鲁·奥尔德姆的一个派对上认识的，是为了庆祝我和米克某首新单曲（忘了哪首）。也是在那次派对上，米克遇到了玛芮安妮·菲丝弗。琳达那年十七岁，美丽脱俗，乌黑的头发，六十年代的完美形象：美得令人目眩，简简单单的白衬衫、牛仔裤，整个人自信满满。她是模特，经常上杂志。大卫·贝里[①]当时为她拍过照。但她对这一切其实不是特别感兴趣，她只是想要做点什么，从家里出来走走。

我初遇琳达，得知她想跟我在一起的时候简直惊呆了。又一次，姑娘主动想和我上床。是她想和我睡，不是我主动。她径直向我走过来，我一下就死心塌地爱上了她。我们彼此相爱。我是琳达的初恋，是她第一个爱上的男人，这让所有人都很惊讶。追求她的人不计其数，她都拒绝了。至今我也不理解。琳达是安德鲁的女朋友谢拉·克莱因最好的朋友，谢拉和安德鲁那时候快结婚了。她们这些漂亮的犹太女孩在伦敦西汉普斯特德的波西米亚圈里是一股很强大的文化力量，我和米克也在这圈子里混了几年。这个圈子以西汉普斯特德的布罗德赫斯特花园为中心，它离迪卡唱片公司不远，附近还有几处我们经常演出的场馆。琳达的父亲叫艾伦·基思，那年四十四岁，在BBC主持一档叫“百佳歌曲”的节目。琳达的成长环境相当自在。她热爱音乐，爵士、布鲁斯——她其实是个布鲁斯纯粹主义者，并不真正认同“滚石”的作为。她也确实从来没真正认可过我们，也许现在还是这样。她很小就开始在伦敦自由地游荡，在一个叫“兴旺的二十年代”的黑人音乐俱乐部混。

“滚石”每天晚上都有演出，我们总在赶场，但我和琳达总能腾出时间来风流。我们先是住在马普斯伯里路，后来又去了圣山，和米克以及他当时的女朋友克里茜·施林普顿住一起，后来住进卡尔顿山我在圣约翰伍德买下的那栋房子。这里没好好装修过，所有东西都靠墙堆着，墙上挂着壁毯，有多把吉他，一台立式钢琴。我们也不在乎，就这么像夫妻一样住下了。我们出门一直坐地铁，后来我给琳达买了一辆捷豹MK II小轿车，上面有个信箱一样的四十五转唱片播放机，她却从来不放“滚石”的唱片。我们在切尔西的“砂锅菜”、“子午线”、“巴格达之屋”这类饭

① David Bailey（1938－），英国公认的顶级时尚摄影师。

馆流连。西汉普斯特德我们常去的那家饭馆如今还在，就是“正午酒窖”，时隔四十年，也许他们的菜单还没换哩。反正从外面看上去还跟当年差不多。

距离最终导致了分手——主因还是迷茫：突然过上了那样的生活，而周围的人中没有一个可供借鉴。我和琳达都很年轻，想通过各自散心来解开这种迷茫。“我要去美国待三个月，我爱你，亲爱的。”与此同时我们又都在改变。比如我又遇到了罗尼 · 本奈特，巡演期间我和她相处的时间远多于琳达。我和琳达都在分离中慢慢成长，这花了几年的工夫。我们本可以继续相恋，但在三年间，乐队一共只有十天左右假期。我和琳达确实想办法到法国南部度了一个短暂的假期。虽说琳达记得那次其实是她为了逃离伦敦才坐飞机去法国，到圣托佩酒店当侍者。而我跟着她去了，带她住进一个酒店，给她洗了个热水澡。她那时候开始大量嗑药。如果我说我反对她这么做大概会显得很讽刺，但我当时的确反对了。

最近我见过琳达几次。她嫁给了著名唱片制作人约翰 · 波特，过得很幸福。她还记得我当年反对她嗑药。我那时候只不过是抽点大麻，而她是染上了更重的东西，并引发了危险的后果。这很明显。一九六六年夏天，她跟我作“滚石”第五次美国巡演。我和她住在亚美利加纳酒店，但多数时间她是和朋友罗贝塔 · 戈德斯坦在一起。我一出现，她们就把那些东西藏起来，镇静剂、吐诺尔——想想看，当时连我都没沾过这些东西呢！到处都是酒瓶子，需要借酒帮助产生药效时她们就喝。

后来她遇到了吉米 · 亨德里克斯，她看过他弹琴，就扛起帮他发展事业的使命，想让安德鲁 · 奥尔德姆跟他签约出唱片。她说，她和吉米度过了一个漫漫长夜，激情促使之下，把我放在酒店房间里的一把芬达 Stratocaster 琴送给了他。琳达说，后来她还从我这儿拿走了一张蒂姆 · 罗斯唱的《嘿，乔》，搁在罗贝塔 · 戈德斯坦那里，并把它放给当时也住在那儿的吉米听。这是摇滚乐的逸事。[①]显然他是从我这儿得到这首歌的。

① 《嘿，乔》（*Hey Joe*）后来成为吉米 · 亨德里克斯结识经纪人查斯 · 钱德勒的契机，也是他的首支金曲，让他在英国声誉鹊起。

巡演结束回到英国，伦敦一下子成了个嬉皮村。我在美国已经熟悉了这种氛围，但真没想到伦敦也变成这样。一切都在几星期之内大变样了。琳达开始吃迷幻药，把我甩了。在她这样的年龄，又处在瞬息万变的环境之中，要保持四个月不变心实在不可能。我知道我们已经在分手边缘。我知道是我太自以为是，才觉得十八九岁的她会像个老太太那样闭门不出，任凭我在全世界随心所欲、寻花问柳。我发现琳达和一个诗人同居了，这让我发疯。我跑遍整个伦敦，见人就问她在哪儿。我从圣约翰伍德一路哭到切尔西，叫着"婊子，给我滚出来"。我管他什么交通信号灯，以至于有几次差点出车祸，从伦敦城开去切尔西途中差点翻车。一发现琳达出轨，我就想确认，想亲眼证实。我向朋友们打听那个杂种的住处。我还记得他的名字：比尔·切尼尔。所谓的诗人，无非就是个嬉皮乞丐，写的东西和迪伦有点像，什么乐器都不会。就是所谓的"伪嬉皮"。我跟踪了琳达一两次，记得自己当时想，要和她说什么？我还没想好要怎么面对情敌。是在汉堡店里，还是在小酒馆里？我甚至跟踪她到他们俩在切尔西同居的地方，已经快到富勒姆了。我就站在外面（这真是个爱情故事）。我能看到她在里面，和他在一起，"映出清晰的身影"，而我"像个夜里的小偷"。①

这是我第一次伤透了心。但作为一个词曲创作者，就算倒了大霉，也可以在创作中寻求安慰宣泄情感。一切都是相互联系的，没有哪件事是独立的割裂的。这成了一种体验，一种感受，或者经历的集合。《露比星期二》差不多是写给琳达的。

但我们的故事还没完。离开我以后，琳达走上了一条非常糟的道路，吐诺尔也换成了更厉害的毒品。她回纽约和吉米·亨德里克斯再续前缘，他大概是伤了她的心，就像她对我一样。她的朋友说她绝对是深爱他。但我知道她需要医治，当时她离危险边缘不远，她自己后来也意识到了。我对她无能为力，因为我们已经分手。我去找了她父母，把所有可能联系到她的电话地址都留给他们。"嘿，你们的女儿现在很糟。她自己不会

①引用的句子分别出自歌曲 *Silhouettes* 和 *Thief in the Night*。

承认的，但你们得做点儿什么。我什么也做不了。我不再受欢迎了。我对琳达只能做到这份上了，但是你们得为她做点什么。我明天就得去巡演了。”琳达的父亲飞去了纽约，在一家夜店里找到了她，把她带回英国，注销了她的护照，还把她置于法院监护之下。她觉得我严重地背叛了她，我们有很多年都不见面不联系。她有好几次都差点因为药物丧生，但终于活下来并且痊愈了，还组建了家庭。她现在住在新奥尔良。

趁巡演期间一个难得的休息日，我在西苏塞克斯买下了一栋叫“红土地”的房子，离奇切斯特湾不远，现在还是它的主人。我们曾在此遭到逮捕。它曾经两次失火，到今天我仍然爱它。我们第一次见面就开始交流了。这是一栋绿荫环绕的房子，非常小，有一条护城河围着。我是开车误打误撞到这儿来的。我拿着一本标记了几个地点的买房小册子，然后开着我的宾利转悠起来。“嘿，我要买房子。”在一个交叉路口我走错了道，结果就遇到了“红土地”。房主，一个好男人走出来问我怎么了。我说对不起，我拐错弯了。他说：哦，对，你本来是想去“鱼溪”，然后又问：你是想买房子吗？他曾是皇家海军准将，是上流社会的人士。我说对。他说好吧，虽然没有登记，但这栋房子可以出售。我看着他，马上就问多少钱，因为我对“红土地”一见钟情了。没有人会错过这一机会。这里实在是风景如画，太理想了。他说要两万英镑。当时是下午一点，银行三点开门。我说，你晚上在吗？他说当然在。我说，如果到时候我带来两万英镑，咱们就成交吗？我于是马上回伦敦，及时赶到银行取了钱用棕色纸袋装着连夜赶到“红土地”，在壁炉前面和他签了合同。他把地契转交给我。现款现付，真是老式的交易。

一九六六年底，我们都筋疲力尽了。巡演了整整四年都没怎么休息，快累垮了。其间还和色厉内荏的安德鲁·奥尔德姆吵过一次。那是一九六五年我们在芝加哥切斯公司录音时候的事。奥尔德姆喜欢“极速”，但那次为他女人谢拉的事借酒消愁，结果喝多了，在我酒店房间里挥舞着一把枪。我们可不想出什么事。我们大老远赶到芝加哥来可不是为了来吃这个不靠谱的家伙的子弹。他的枪筒就在我眼皮底下，那个小枪眼看着可真不吉利。我和米克从他手里把枪抢下来，略微粗鲁地让他上床睡觉，忘了这事。我都不知道那把枪后来怎么样了，还是把自动手枪呢。可能是被谁从窗子丢出去了。我们的日子还长呢，这事就让它过去吧。

但布莱恩又是另一回事。布莱恩身上最搞笑的就是那远大的幻想，甚至在成名之前就有。不知为什么，他觉得“滚石”是他的乐队。第一次表露这个野心是在我们首次巡演期间，他每星期比我们其他人多拿五镑，因为他告诉埃里克·伊斯顿说他是我们的“领队”。而队员之间的协议是我们要像海盗一样，把赃物拿到桌子上来平均一分为八。“我的天哪，你以为你是谁？这些歌都是我写的，你倒要每星期多拿五英镑？滚出去！”就是这样的小事，导致我们之间摩擦渐渐加重，他也变得越来越暴躁。乐队早期的对外交涉都是由他作为领队出面。他根本不允许我们出席。我记得我和米克有一次到谈判地点附近，坐在里昂康纳咖啡馆里等结果。

一切发生得太突然。上过几次电视之后，布莱恩就成了怪人，贪婪地追求着地位、声誉和关注。我和米克、查理带着怀疑冷眼旁观。要想做专辑，有时是免不了做点混账事。但布莱恩——要知道他并不是个蠢货——却全身心地投入到这里。他喜欢被人阿谀奉承，我们其他人虽也不讨厌被捧，但总不至于沉浸在里头。我体会到了那种能量，知道有大事在发生。但有些人被奉承后就忘形了。一下，再一下，突然你就觉得“我是大明星”。

我从来没见过这么虚荣的人。我们刚出了几张成功的专辑，他就成了维纳斯和朱庇特的结合体。这其中掩藏着不为人知的自卑情结。姑娘们开始围着我们尖叫时，他好像就彻底变了个人，但我们不需要这样的转变，我们只要团结。我知道人不免被盛名冲昏头脑，但从来没见过一夜之间变得这么快的人。“不，我们只不过是交了好运，没有成名，伙计。”这声音常在他脑中打转。此后，六十年代中期那几年艰苦的巡演里，我们根本就指望不上布莱恩。他经常嗑大麻，神游天外，觉得自己是知识分子和神秘的哲学家。他对其他明星赞赏有加，但只因为他们是明星，不是因为他们的成就和才华。他成了肉中刺，一块腐烂的赘肉。巡演中一年三百五十天里都带着个累赘，拖着一个死沉的负担，形势必然是严峻的。

我们在美国中西部各地巡演，布莱恩因为哮喘住进了芝加哥的医院。嘿，既然有人生病，他那份活就得有人替。但我们发现他在芝加哥到处抛头露面的照片：出席名流的派对，围着名人阿谀讨好，傻乎乎地点头哈腰。他不在的时候我们做了三四场演出。我干的可是双份的活，伙计。我们只有五个人，而“滚石”最重要的是：它是支双吉他乐队。突然只剩一把吉他了，我还得重新想怎么弹，得把布莱恩那份也演了。我学会了怎么分饰二角，或者说提炼他那角色中的精华，同时不落下我这儿必须弹的部分，另外还得加进几个乐句，真是太他妈难了。我替他擦了屁股，却从来没听他说过一声谢谢。他一点也不放在心上。“我不去演出。”我得到的就是这么一句。好吧，你能不能把你那份报酬也给我？就是从那时起我开始对布莱恩心怀不满。

在旅途中，人可以变得尖酸刻薄又恶毒。“闭上嘴，你这小爬虫。你要是不在这儿该多好。”他就是这么不停地大叫大嚷，说着刺耳的话。“我和谁谁谁一块儿弹琴的时候……”他开口闭口大明星。“昨天我还见过鲍勃·迪伦，他和你们这种人可不一样。”但他不知道自己有多让人厌恶。所以我们开始对他说“闭嘴吧，布莱恩”，或者模仿他那副点头缩脖的样子，后来就演变成了拿他寻开心。他开着一辆庞大的Humber Super Snipe，但他个子矮，所以得在屁股下垫个垫子，才能越过方向盘看见前挡风玻璃外。我和米克有一次偷走了那个垫子，大笑了一场。这是学校男生式的恶作剧。坐在巡演大巴后座上的时候，任他怎么样我们都装没看见。“布莱恩呢？靠！你看见他昨天穿的那身衣服了吗？”这都是工作压力导致的，另外你也希望这样骇人的对待能像一记耳光那样让他清醒过来。因为没有时间去专门谈谈。但我们对布莱恩是又恨又爱的。他有时候非常有趣，我曾经那么喜欢和他待在一起，琢磨吉米·里德、“泥水”或者“邦·沃克”是怎么弹奏的。

最让布莱恩如鲠在喉的可能就是我和米克开始写歌一事。他觉得丧失了地位，其后失去了对音乐的兴趣。不得不在录音室里学我和米克的歌，这让他沮丧，就像一道难以愈合的伤口。他的应对办法就是拼命黏着我和米克，形成一种三角关系，而且总是猜疑安德鲁·奥尔德姆、米克和我，觉得我们阴谋想把他赶出去。这些并不是真的。但是总得有人写歌吧。你要来参与也是受欢迎的，我可以和你一起写歌。但你又能拿出什么来呢？反正和布莱恩坐下来弹琴的时候，我们之间什么火花也没擦出来。然后他就开始说："我不喜欢吉他了，我想弹马林巴琴。"又来了，我的天哪。我们还得巡演，而且开始不再指望他出现，他要是能来那倒是奇迹。如果他哪天出现而且复活了，倒会表现得很机灵。他随便拿起什么乐器都能上手弹，出来还是相当不错的东西，比如《涂成黑色》里的西塔琴、《在我的拇指下》里的马林巴琴。但接下来的五天里我们就别想看到这个混账东西，而乐队接下来还得录一整张唱片呢。录音日程都排好了，可布莱恩到哪儿去了？没人能找到他，就算能找到，他也肯定处在相当糟糕的状态。

布莱恩在乐队的最后几年里几乎不怎么弹吉他。但乐队的核心概念就是双吉他，很多东西都是围绕这一点设计的。这下另一个吉他手有一半时间都缺席，而且对吉他已经丧失兴趣，你就只好开始叠录[①]。有很多录音都是我一人弹四个音轨叠录出来的，为此我倒是学到了不少录音知识，以及怎样应付突发状况。通过叠录、与音响工程师交谈等等，我掌握了大量关于麦克风、扩音器和改变吉他音色的知识。因为你一个吉他手要弹出所有吉他的部分，一不小心就会让人听出其实都是一个人弹的，但你又希望每个部分听上去感觉都不一样。在《十二月的孩子们》和《后果》这两张专辑里，本来该布莱恩弹的部分都是我替上的。有时候我甚至做出八个吉他音轨，混音的时候这个小节用一轨这个，那个小节用一轨那个，所以最后听上去就好像有两三把吉他在弹，你也不会去数到底有几把。事实上混音的时候有八把吉他在进出。

① overdub。

那段时间布莱恩遇到了安妮塔·帕伦伯格。一九六五年九月我们在慕尼黑演出期间，他们在后台相识了。她一路追随到爆发了一场壮观骚乱的柏林演唱会现场。后来几个月里，她慢慢开始和布莱恩约会。她是个模特，工作很忙，四处奔波，不过最后还是来到伦敦和布莱恩谈恋爱。他们的关系很快就被暴力充斥。布莱恩换了辆劳斯莱斯，不过还是没法越过方向盘看前面。

与此同时他开始使用迷幻剂。一九六五年底，我们巡演到一半，布莱恩又像往常一样借口健康原因消失了。后来他在纽约出现，和鲍勃·迪伦同台即兴演奏，跟卢·里德和“地下丝绒”厮混，吃迷幻剂。对于布莱恩来说，迷幻剂能把他和普通嗑药的人区分开。我们其他人那时候其实没把吸毒太当一回事。我们抽大麻烟、吃兴奋剂，只是让疲惫的身体运转下去。但迷幻剂让布莱恩觉得自己是精英。就是“迷幻剂考验”[1]那一套。吃迷幻剂的建有一个小集团，他想成为其中一分子。除了他，我不记得还有谁到处宣扬“我嗑了迷幻剂啦”。但布莱恩视此为荣誉勋章。他给人感觉就是：“你们可不知道这个，伙计。老子现在正在迷幻旅行中呢。”他开始精心打点自己，特别是发型。本来不过是些小个性，现在却变得越来越让人讨厌。这是嗑药人的典型作风，觉得自己特立独行，是瘾君子俱乐部的，见人就问：“你嗑药吗？”好像这能赋予什么特殊地位，以嗑点别人没见过的东西为荣。这种精英主义真是狗屁，为此肯·凯西要负很大责任。

我还记得安德鲁·奥尔德姆在回忆录里写过一个很有象征意义的插曲：一九六六年三月，布莱恩瘫倒在RCA录音室的地板上，两腿夹着吉他，制造出嗡嗡的响声，干扰我们的音乐。有人过去把他吉他的插头拔了。以安德鲁的说法，这仿佛是布莱恩被永远放逐，漂泊迷失的标志。但对我来说这无非是讨厌的噪音，我们一点也不为此震惊，因为当时布莱恩已经一连几天都是摇摇欲坠的。他总吃大量镇静剂：西巴比妥、吐诺尔、

① Acid Test，由作家肯·凯西于60年代中期在旧金山湾地区主办的系列聚会，主题为迷幻药物LSD的使用、实验及宣传，吸引了包括音乐人在内的众多名人的参与，又因为是公开招募，社会影响力极大。

戴斯巴托斯，整个一系列。这些药的效果就是你会觉得自己在弹西班牙式吉他，要发出“叮咚，叮咚，叮咚”的声音，结果出来的却是“咚咚咚”。这么一个残缺不全的乐队没法走下去。如果引擎出了问题，就得想法修理。以当时的状况，我们确实不能对他说：操，你被开除了。但恶意在我们之间蔓延，乐队没法发展。后来安妮塔又把康迈尔斯之类的药剂介绍给布莱恩。更坏的事还在后头。

爸爸妈妈，30 年代末

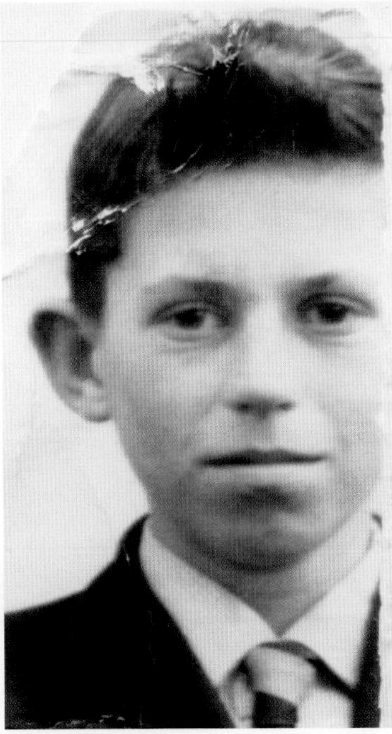

8 岁，小学，1951 年

4 岁，骑着我的第一辆自行车，在滨海绍森德

12 岁在英格兰南部海滨，1956 年

和父母在德文郡比珊兹，50 年代

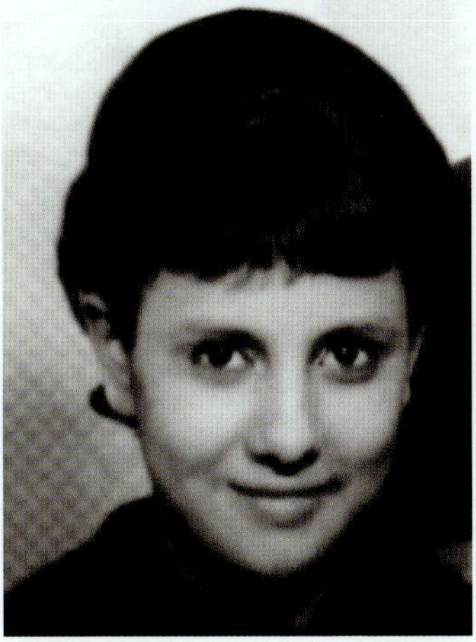

初恋哈李玛

特里·奥尼尔 摄

1964 年

1964 年。前排（右起）：多丽丝、外祖父加斯、外祖母艾玛、姨妈玛乔里；后排（姨妈们，左起）：埃尔茜、乔安娜、帕蒂、康妮、比阿特丽斯

鲍勃·伯尼斯 摄 / NotFadeAwayGallery.com

和米克、安德鲁·奥尔德姆在好莱坞 RCA 录音室，1965 年

鲍勃·伯尼斯 摄 / NotFadeAwayGallery.com

第一次去西德，在慕尼黑安妮塔遇见布莱恩·琼斯的当晚，1965 年 9 月 14 日

鲍勃·伯尼斯 摄 / NotFadeAwayGallery.com

鲍勃·伯尼斯 摄 /NotFadeAwayGallery.com

早期美国巡演，观众被拦得很远。这是在加利福尼亚弗雷斯诺拉特克利夫体育场，1965 年 5 月

杰雷德·曼科维茨 摄

在好莱坞日落和埃法尔大道的 RCA 录音室制作《后果》，1965 年

丹尼斯·哈特 摄 /Rex USA

和米克在“红土地”，1967 年

丹尼斯·哈特 摄 /Rex USA

我们被以“侮辱行为”（在加油站院子里撒尿）之名起诉后，我和查理在法庭外美美地喝了杯茶，1965 年 7 月

鲍勃·伯尼斯 摄 /NotFadeAwayGallery.com

来自佛罗里达州克利尔沃特镇水手酒店的友好问候，1965 年 5 月

杰雷德·曼科维茨 摄

1965 年美国巡演期间。演出被县行政司法官粗暴打断。这是要重新上台前，整个状况也没改善

“蓝色莲娜”，我的欧陆飞驰款宾利

宣传《按钮之间》，1967 年 1 月

池珀摄影 / 华盖图片

约翰·努特 摄 /Rex USA

奇切斯特地方治安官法院，1967 年“红土地”被搜查后，我们选择了蹲监狱

迈克尔·库珀 摄 / 拉吉·普拉姆收藏

在墨西哥丹吉尔艾哈迈德的店里泡着。背景：玛芮安妮、米克；中间左起：罗伯特·弗雷泽、布莱恩·琼斯、艾哈迈德；最前面背对镜头的：安妮塔

德佐·霍夫曼 摄 /*Rex USA*

和安妮塔在威尼斯电影节上；在她参演《太空英雌芭芭丽娜》不久后

迈克尔·库珀 摄 / 拉吉·普拉姆收藏

1968 年在加利福尼亚。左起：我、格兰姆·帕森斯、托尼·弗茨、安妮塔和格兰姆的经纪人菲尔·考夫曼

《每日邮报》/Rex USA

“滚石”人和新吉他手米克·泰勒，1969 年

哈里斯/Rex USA

马龙到来，1969 年 8 月 10 日在伦敦国王学院医院

鲍勃·格伦 摄 /www.bobgruen.com

《流亡大街》巡演尾声，1972 年 7 月在麦迪逊花园广场

多米尼克·达尔莱 摄

我和格兰姆·帕森斯，1971 年在“奈尔科特”

安妮·莱博维茨 摄

《流亡大街》阵容（除了查理），1972 年。左起：米克·贾格尔、米克·泰勒、比尔·怀曼、尼基·霍普金斯、鲍比·凯斯、我

肯·里根 摄 /*Camera 5*

得克萨斯州阿拉摩，罗恩·伍德加入乐队，1975 年

简·罗斯 摄

和 5 岁的安吉拉，1977 年

安妮·莱博维茨 摄

和马龙在多伦多的麻烦事中偷闲，我们在酒店床上搭起 Scalextrics 路轨轨道赛车，1977 年

简·罗斯 摄

两个出生时间仅差几小时的人：他在得克萨斯州拉布克，我在肯特郡达特福德。我最亲密的伙伴，鲍比·凯斯

安妮·莱博维茨 摄

和罗恩·伍德待着，1975 年

伊桑·罗素 摄

1972 年巡演期间在美国某地

迈克尔·普特兰德 摄

欧洲巡演，1973 年

6

在“红土地”里被捕。开宾利逃到摩洛哥。和安妮塔·帕伦伯格偷情。平生第一次上庭受审，在斯克拉比斯监狱过了一夜。在罗马度夏。

迈克尔·库珀 摄 / 拉吉·普拉姆收藏

和布莱恩、安妮塔在马拉喀什，气氛很紧张

没有乐队会把饭桌弄得这么不堪入目。吃早饭时他们把鸡蛋、果酱、蜂蜜弄得到处都是，简直惊人。他们给“邋遢”这个词下了全新的定义……“滚石”的鼓手基思（原文如此）穿着十八世纪的服装，黑色丝绒长外套和紧身裤……粗制滥造，好几处都开线了。基思还自己缝裤子，浅紫浅粉的料子之间夹着一条歪歪扭扭缝上去的皮革。布莱恩穿着白裤子，屁股后面缝着一大块黑色的正方形，还挺好看，只可惜缝线快开了。

——塞西尔·比顿，1967年写于摩洛哥

《与朋友相处自画像：塞西尔·比顿日记选，1926－1974》

一九六七年是个分水岭，裂痕开始显现。我们预感有麻烦要来了，后来得到证实。骚乱、巷战一一上演。空气中的紧张一触即发，就像暴风雨之前正负离子在云层对撞，你屏住气息，等待什么大事发生。事实上，真是一次爆炸。

我们在一九六六年夏天结束了令人筋疲力尽的美国巡演，之后两年都没有再巡演。乐队成立后的最初四年里，我们一直不间断地演出、巡演和录音，几乎没有连续休息过两天，一直都在路上。

我觉得自己再也受不了布莱恩了。至少不能再像巡演时那样下去。我和米克开始厌恶布莱恩，他成了个笑话，实际上放弃了在乐队的位置。布莱恩在彻底变成混蛋之前情况也够糟糕了，他跟我们之间的关系已经有点紧张，但是直到一九六六年底我还试图修补。我们毕竟是支乐队。那时候我和琳达·基思刚刚分手，正是单身一人，自由自在。非工作期间，跟布莱恩相处还算轻松。我自然而然地经常到布莱恩和安妮塔在科特菲尔德路上的住处去，那里离格劳赛斯特路不远。

我们玩得很尽兴，重新成为了朋友，还一起嗑药。起初一切都很好，所以我就搬过去和他们同住。布莱恩觉得我的举动可以帮他重回乐队中心，伺机向米克寻仇。布莱恩总在树立假想敌，那段时间他觉得米克·贾格尔严重地错待和冒犯了他。我成了安妮塔的座上宾，在她的世界里享有一席之地，进了她的社交圈子——她的朋友个个优秀。我经常凌晨六点从他们家穿过海德公园赶回圣约翰伍德的家里取干净衬衫，后来我干脆不回家了。

严格地说，住在科特菲尔德路那段时间里，我和安妮塔之间其实没发生什么。我只是站在一个安全距离之外欣赏她。我确实觉得布莱恩非常幸运，纳闷他是怎么把她搞到手的。我对她的第一印象是她很强悍——我是对的——而且又非常聪明，这也是吸引我的原因之一。更别说她性格开朗，长相美，为人风趣，是我见过最有国际范儿的。她会说三种语言，世界各地都去过，非常有异国情调。我爱慕她的精神劲儿，尽管她喜欢煽动和操纵别人。她一分一秒都不肯顺着你。如果我说："真美好啊……"她就会说："美好？我讨厌这个词儿。啊，别这么布尔乔亚好不好。"然后我们会就"美好"这个词大吵一架。你怎么就认定事情是这样？她的英语其实还有点不够利索，所以关键时刻总蹦出几个德语词来，然后说："对不起，我给你翻译过来。"

安妮塔，性感的婊子，世上最好的女人之一。一切都是在科特菲尔德路酝酿的。布莱恩有时候会发疯，我和安妮塔面面相觑。但这是布莱恩和他女人的事，我不能插手。偷队友的女人可不在我的计划之列。就这么过了一阵子。

真相其实是：我看看安妮塔，再看看布莱恩，再看看安妮塔，明白自己根本力不从心——我将来肯定是要和她在一起的。不是我要她就是她要我。不是这样就是那样。这种认识当然对事态没什么帮助。我们之间来电显然已经有几个月了，而布莱恩越来越神游天外，我费了很大的耐心。我一般在他们家待上三四天，一星期回一次圣约翰伍德。最好留点空间，我的感情已经太外露了。但周围有很多人；一切没完没了。布莱恩绝望而迫切地想随时成为焦点，但得到愈多就渴望更多。

我的优势是随时可以知道布莱恩和安妮塔之间的状态。有时候夜里听见很大的响动，然后布莱恩就顶着一只黑眼圈出门去。布莱恩喜欢打女人。但世上唯一一个你打不过的女人就是安妮塔·帕伦伯格。每次他们动手，布莱恩身上总是青一块紫一块地挂着彩落荒而逃。但这和我一点关系也没有，对不对？我只是来和布莱恩玩的。

安妮塔来自一个艺术氛围浓郁的世界，她本人也很有才华。她热爱艺术，也热爱当代艺术家，和流行文化圈走得很近。她的祖父和曾祖父都是画家，但终于堕落成一个充满梅毒与疯狂的家族。安妮塔也会画画。她在祖父位于罗马的大房子里长大，少年时期在慕尼黑度过，在一所败落的德国贵族学校上学，后来因为吸烟喝酒和搭便车旅行被开除。十六岁那年她得到一份奖学金，到罗马一所美术学校上学，学校离人民广场不远，小小年纪的她在那儿的咖啡馆和罗马知识分子们打成了一片，用她的话说是“费里尼等人”。安妮塔着装风格多变。她还特别擅长把事物联系在一起，和人套近乎。那一时期《甜蜜的生活》正在罗马拍摄，她因参演认识了费里尼、维斯康提、帕索里尼；在纽约她认识了沃霍尔，进入波普艺术和垮掉派诗人的圈子。凭着自身的才能，她在很多圈子里都吃得开，结识了形形色色的人。她是那段时期不少大事件的催化剂。

如果给伦敦嬉皮界排资论辈的话，安妮塔和罗伯特·弗雷泽应该算最早一拨的名人。弗雷泽是画廊拥有者和艺术品中间商，业内除了古董商兼藏书家克里斯托弗·吉布斯等人，就要数他了。这主要得益于他们建立的关系网。安妮塔早在一九六一年便认识了弗雷泽，当时她通过男友，著名的罗马波普画家马里奥·斯基法诺打入早期波普艺术圈，又认识了马克·帕尔玛爵士——一位吉卜赛男爵，朱利安与简·奥姆斯比－戈尔，还有塔拉·布朗尼，“披头士”作品《生命中的一天》唱的就是他，所以在进入音乐圈（音乐圈在早期的地下艺术界还很重要）之前安妮塔已经积累了良好的人脉基础，也认识了不少贵族（并非通常意义上的贵族）。弗雷泽、吉布斯和帕尔玛三人都是伊顿公学校友，不过弗雷泽和吉布斯是被退学或者说主动辍学的。他们都有独特古怪的才华和强烈的个性，天生不会随大溜。而米克和玛芮安妮后来曾和一位名叫约翰·米歇尔的作家随艺术圈里的巫师一起去赫里福郡朝圣，观察飞碟和“灵线”之类。安妮塔在巴黎生活过，晚上在各种场合轻盈地跳舞，“雷吉娜”这样的舞厅都让她免费进去；她在罗马的生活也同样精彩。此后她当模特，在电影里出演角色。和她在一起的人都既硬核[①]又前卫，不过那时还没“硬核”这词呢。

那时毒品文化开始兴盛。先是大麻和镇静剂，一九六六年底是迷幻剂，次年可卡因登场，接下来就是至今不衰的海洛因。我记得大卫·科特斯，就是最早给我做了骷髅戒指的那家伙，到现在还是我的好朋友，有一次到离“红土地”不远的酒吧吃晚饭，吞了点镇静剂，又喝了点酒，结果一心想把脸埋在汤里。我仍记得这事是因为当时是米克把他背进汽车的。现在米克可不会这么做了，回想起这件事，我才发现米克早就变了。说起来又是另外一个故事了。

那时有许多魅力四射的人。弗雷泽曾经当过上尉，在英王非洲步枪团服役，这是殖民势力在东非的一支劲旅，曾经在乌干达驻扎过，伊迪·阿敏[②]也在他手底下当中士。他回来就成了“草莓鲍勃”，到处游走，夜里穿拖鞋和印度式长裤，白天穿细条纹和波点图案的套装。他的“罗伯特·弗雷泽画廊”是最前卫的地方，举办过吉姆·戴恩展，推介过罗伊·利希滕斯坦[③]，做过安迪·沃霍尔在伦敦的第一次展览。他还在自己的寓所里放映沃霍尔的电影《切尔西女孩》，给拉里·里瓦斯和罗伯特·劳申

① Hard-core，于 70 年代兴起的一种朋克摇滚。

② Idi Amin（1924－2003），乌干达 70 年代军事独裁者。

③ Jim Dine，Roy Linchtenstein，均为波普艺术家。

贝格策展[①]。罗伯特能嗅出所有变化，也非常喜欢波普艺术。他是个野心勃勃的前卫主义者。对于我而言，比起艺术品本身，我更喜欢它们带来的那股热情，弥漫在空气中一切皆有可能的感觉。另外，艺术界过分狂妄的劲头让我浑身发麻，感觉像冷火鸡在皮肤上爬，不过当时我还没有这样的体验呢。艾伦·金斯堡曾在米克的伦敦寓所里住过，有天晚上我也过去听了听这个废话连篇的老家伙喋喋不休的布道。那阵子金斯堡总喜欢坐着用拙劣的技术拉一架六角手风琴，制造出类似“唵——”的声音，假装对自己的名流身份毫不在意。

弗雷泽上尉非常喜欢奥蒂斯·雷丁和布克·T. 与 MG's 乐队[②]。我整夜没睡的时候，常一大早到他在大山街的家里拜访（那段时间他家就是社交沙龙），总能看到布克·T. 或者奥蒂斯的新专辑。他那穿着阿拉伯式连帽斗篷的摩洛哥男仆穆罕默德，会递上来两支装满大麻的烟斗，在我们听着《绿洋葱》、《跳棋》或者《锁链与束缚》的时候。罗伯特沉迷于海洛因。他手头总有零散的烟，就是六分之一粒海洛因——六支烟里的海洛因量相当于一粒海洛因丸。他习惯地把烟塞在套装口袋里。他有个衣橱里挂满了双排扣外套（质地上好的布料，定制衬衣，领口和袖口都有磨损的痕迹。这是他个人风格的一部分），所以他总是到衣橱前去翻口袋，看看能不能再摸出一支烟。罗伯特的寓所里随处可见稀奇古怪的玩意儿：来自西藏的镶银头骨，一端镀银的腿骨，蒂凡尼新艺术风格的镶嵌灯具，漂亮的布料和纺织品。他穿着从印度买来、色彩鲜艳的丝绸衬衫到处转。他也很喜欢抽大麻，“顶级大麻膏”、“阿富汗上等货”。他是前卫和老派的怪异组合。

罗伯特另一个让我喜欢的原因是，他没有一点架子。他大可以仗着伊顿高材生的身份和贵族派头，但他低头打量，特意帮那些非皇家学院出身的艺术家做展览。或许也因为他是同性恋。这一点他从不刻意宣扬，也不故意隐瞒。他眼光冷酷精准，胆识过人，最让我佩服。这种性格一

---

① Larry Rivers（1923－2002），美国艺术家，爵士乐手，被很多学者视为波普艺术之“教父”；Robert Rauschenberg（1925－2008），美国波普画家。

② Booker T. & the MG's，美国斯塔克斯唱片旗下的招牌布鲁斯乐队，布克·T. 是主唱。

定是在非洲步枪团养成的。他在非洲打开了眼界。退役的罗伯特·弗雷泽上尉，如果他愿意，本可以在军队里晋升。但我能感觉到他愈来愈厌恶那种已苟延残喘但仍被拼命维持的体制。我敬仰他坚持“再也不能这样下去”的态度。这正是他黏着我们、“披头士”和其他前卫艺术家的原因。

罗伯特和克里斯托弗·吉布斯在伊顿是同学。安妮塔当年认识吉布斯的时候，他大概十八岁，因为从苏富比拍卖行偷书入狱释放不久——他一向都是个激情洋溢的收藏家，眼光很准。我们认识吉布斯也是通过罗伯特。那时候米克说想过乡村生活，而罗伯特不怎么喜欢乡村，就让我们去找吉布斯问问。于是吉比就带着米克和玛芮安妮四处兜风，参观各种宫殿和宅邸。我欣赏吉比的做派，常常去他在河堤附近切尼步行街的公寓。他有个很大的图书馆，我可以随便坐坐，看看那些美丽的初版书、插画、油画和各种各样我忙着巡演没空去欣赏的好东西。他喜欢倒卖家具，手上的那些都非常漂亮，他总在微妙地推销自己的藏品。“我买了个漂亮的柜子，十六世纪的。”他总在倒卖，也总有东西让他可买。克里斯托弗其实非常疯狂。他是我认识的唯一一个早上睁眼就用鼻子吸硝酸戊酯的瘾君子。连我都受不了。他床边就放着一瓶，醒过来就打开那个黄色的小瓶子。我见他这么干时，真是惊呆了。我不介意嗑药，不过总是半夜才嗑。

罗伯特·弗雷泽和克里斯托弗·吉布斯的共同点是，他们都很神经质，却又天不怕地不怕，还都是妈妈的好孩子。怕妈妈们担心。也许正因为这样他们才都成了娘娘腔的同性恋。“啊，我妈妈要来了。”“那又怎么样？”不过这并不意味着他们软弱或者好欺负。正因为尊敬母亲，他们才那么强大。他们的母亲显然都很强势，所以他们也很强势。直到最近我才知道吉比的妈妈当过世界女童子军的“皇后”，可以对海外的女童子军发号施令。那时我们也不谈这些。那时我没觉察到这两个人有多大的影响力，但他们的确改变了世界的面貌，影响了时代潮流。

吉布斯和弗雷泽只是代表人物。他们身后还有兰普森一家、兰波顿一家、西克斯一家，以及迈克尔·雷内。还有马克·帕尔玛爵士，他就像女王身边的侍童，恶习难改的吉卜赛人，上帝保佑他，他镶了一排大金牙，随时带着小狗，拴在行李上，开着房车在全国各地漫游，拜访朋友。我猜他大概从小就被教育要给女王提裙子。他的吉卜赛大车在当时看来确实很拉风，直到有一天出了麻烦。现在你去干点什么？“我去给女王提裙子。”

突然间围在我们身边的竟有一半是贵族，年轻的贵族子弟，古老血统的继承人，奥姆斯比－戈尔、泰南特之辈。我到底也没弄明白是他们屈尊了还是我们高攀了。但他们都是挺好的人。我觉得这不干我的事。如果有人对我们感兴趣，那我们欢迎。想跟我们混就跟吧。我头一次知道有那么多人想找乐手当朋友。用鲍勃·迪伦的话说，他们知道有什么东西在风中飘呢。这些蓝血贵族们觉得很尴尬，觉得如果自己不主动加入，就会被时代抛弃。所以就有了贵族和流氓这种奇怪的组合，社会的最高层精英和最底层混混携手。罗伯特·弗雷泽就是个最典型的例子。

罗伯特喜欢在下层社会混。也许他所在的圈子对同性恋的压迫让人窒息，这是他的反抗。他总是被大卫·利特文夫这种人吸引，后者是东区流氓克雷兄弟的朋友。这个故事里还有不少恶棍，其中就有托尼·桑切斯，他帮罗伯特逃过一次赌债追债，两人由此相识。此后托尼成了罗伯特的保护者，帮他挡掉各种恶棍，以及他的经纪商。

托尼在伦敦开了一家卡西诺赌场，面向下班后的西班牙侍者们。他还卖毒品，开着辆双色捷豹 Mark 10，一切都是男妓的范儿。他父亲在梅菲尔开着一家挺有名的意大利餐馆。“西班牙人托尼”是个狠角色，比如打人绝不手软，本来可是个好家伙。问题也出在一个地方，一个人不能既当老大又沾海洛因，这两样不能兼得。如果你想当个像从前的托尼那样强大的男人，从头到脚透着聪明劲儿，那就绝对不能沾毒品。它会让你脑子慢下来。光贩毒那还没问题，但是自己千万别碰。毒贩子和吸毒的人很不一样。要想当毒贩子，你得事事料在前头，要不准会搞砸。托尼就这么搞砸了。

他给我下过几次套，我都蒙在鼓里，是后来才发现的。有一次，他在伯灵顿拱廊街砸窗抢劫珠宝，利用我开车运赃物。“基思，我弄了辆车子，想试试吗？”他们只想要一辆没案底的车和一个没案底的司机。托尼显然告诉其他人说我是个不错的对象。而我就在外边等着，根本不知道出了什么事。托尼是我的好朋友，但他也真坑过我。

还有个叫迈克尔·库珀的好朋友，我和他混过好一阵子。他是个很棒的摄影师，整天在你身边转悠，然后拍出那么多东西。他是我知道的唯一一个拍照时会发抖的摄影师，而且说抖就抖。“你是怎么拍的？手抖了，拍出来不会模糊吗？”“我知道什么时候该按快门。”迈克尔时刻都在拍照，所以记录了“滚石”早期生活里的大量细节。拍照就是迈克尔的生活方式，他迷恋图像，或者说是图像选择了他。

迈克尔在某种程度上是罗伯特造就的。罗伯特这人有斯文加利[①]的某些特质，而且在各个方面都让迈克尔·库珀觉得很有魅力。而罗伯特也很欣赏迈克尔的艺术才华，热情地推荐他。迈克尔喜欢建立关系网，他是伦敦各地之间、贵族与混混之间的黏合剂。

要是你也嗑过我们嗑过的所有药，就会不免东拉西扯，除了正经事什么都聊。我和迈克尔就常常坐在一起聊药品质量的好坏，两个魔鬼一起试着飞更高，又不至于把自己毁了。我们从来不聊什么自己或者对方或者别人会创作出什么未来的“伟大作品”。这些都是外围的东西。我知道他工作很努力，他和我一样是个疯子。但我们把辛勤工作当成理所当然的事。

关于迈克尔还有一件事，就是他会周期性地陷入深沉忧伤的抑郁之中。那些黑狗。这个用镜头写诗的诗人比外人想象的脆弱得多。他在慢慢走向一条不归路。那时候我们基本是一个匪帮。倒并非犯罪团伙，而是一个精英小圈子，浮夸、无礼。诚实地说，我们在挑战一切藩篱，因为非这样做不可。

至于迷幻剂，倒没什么好说的，除了“我的天哪，这可真是奇妙的旅行”，落入这片领域，生命就充满未知与不确定。一九六七年到一九六

①英国作家乔治·杜·库里埃笔下的小说人物，用催眠术使人变成一名歌手。

八年间，人们对周遭发生的事的看法有了很大转变，产生了很多困惑与试验。记忆中我嗑药后最有趣的事，就是看见虚幻的鸟儿一直在我面前飞，大群大群来自天堂的鸟儿。其实我眼前只有一棵在风中晃动的树。那是走在一条乡村道路上，绿树成荫，我可以看清每只鸟儿翅膀的扇动，动作实在太慢了，我忍不住说："靠，我也可以飞呀！"也正是这次幻觉让我理解了为什么有人嗑药以后从窗户跳下去，因为那一瞬间整套动作变得那么清晰。一大群鸟儿在我的幻觉中飞了半个小时，扇动着翅膀，每一根羽毛都清晰可见。它们一边飞一边看着我："来，飞一个试试。"妈的……好吧，有些事我确实做不到。

嗑迷幻药的时候你得跟对的人在一起，不然就得当心。布莱恩嗑药后就成了一尊莫测的大炮，要么轻松有趣，要么就会带你走上邪路，好的路已被关闭。你会在突然之间发现自己正跟着他走上一条妄想之路。用药后，你没法控制自己。我为什么要进他的黑洞？不，让我重新回到十字路口，看看有没有其他可走之路。我还想看到飞翔的鸟儿，发现惊人的音乐创意，找到那个"失落的和弦"。寻找音乐的圣杯是那个时代的时尚。当时有很多照拉斐尔前派艺术风格打扮的人，穿着丝绒衣，膝盖上系着丝巾到处跑。奥姆斯比－戈尔兄弟就是这样，他们在寻找圣杯、亚瑟王失落的世界、UFO和"雷线"等等。

而克里斯托弗·吉布斯则让你看不出他到底嗑药了没有，因为他平时也是那副样子。也许我根本就没见过他不嗑药的模样，我得说他真是个爱冒险的家伙。他随时准备跳进未知的世界，踏进死亡的深谷。他随时准备去探视这一切。这是他必须做的。我从来没见过吉布斯因为嗑药失常，也没见过他出现任何"不良旅行"的迹象。在我记忆里的他总是一副脚不沾地的天使模样。也许我们都如此吧。

我们对这种幻觉其实掌握得不多，只是在黑暗中摸索。我觉得它很有意思，但好像也有人嗑药后反而变得沮丧。你需要去回避的是那些产生了"不良旅行"的人。这样的经历会让人变得非常偏执或紧张，甚至非常可怕。特别是布莱恩。这种事有可能发生在任何人身上，并会弄得周围的人也不好受。迷幻剂就是这么神秘莫测，你不知道自己还回得来回不来。我自己也有过几次很恐怖的迷幻旅行。我记得克里斯托弗安抚我，“嘿，一切都很酷，没问题”，就像个晚班护士那样。我不记得自己曾经穿过什么样的地狱，只记得那滋味可真不好受。也许就是妄想狂，很多人抽了大麻也有同样的反应，会出现妄想症状。基本上是恐惧，但你自己不知道。你完全没有防备，陷得越深，恐惧就越强烈。有时候你得拍醒自己。

但这不能阻止我进行下一趟迷幻之旅。这是必须迫近边界的感觉，虽说不免有点傻气。上次感觉不好？那就再试一次。不敢试？你难道是废物不成？这可是迷幻剂考验啊！妈的肯·凯西，他说如果这关你过不了，那就什么也干不成。这的确很愚蠢。很多人都觉得如果还想在这个团体混，就必须吃一吃这东西，就算不情愿也得吃。这是一种帮派作风。但如果不够谨慎，迷幻剂会让人发疯，这种事出了好多。就算只吃一次，也会对你有影响。它太不稳定了。

那阵子有件大事就是和约翰·列侬一起嗑药。其间极端事件实在太多，我几乎什么都记不起来了。我记得有个司机开车带我们去托基镇和莱姆·雷吉斯镇待了两三天。我和约翰嗑得太多，导致几年后在纽约他还问我：“我们那次旅行到底干吗了？”我们那次还带了卡莉·安·莫勒，现在她已经成了克里斯·贾格尔[①]的夫人。我觉得“霍利斯”乐队有首歌就是写给她的，要不就是写给玛芮安妮的？她是个很可爱的女孩，在波特兰德广场有处房子，我在那儿住过两年。写这本书的时候我费了番周折找出她的回忆录，跟我的记忆有很大出入。但至少不像我这样一片空白。

我现在发现，当年我们根本没察觉自己在超负荷工作，后来慢慢才发现当初原来连个休息都没有，天哪。所以如果突然有三天没什么事干，我们马上就出去野。我还记得我们坐的车是由一名司机开的。但卡莉·安说没有。她说我们挤在一辆双开门的小车里，车上还有另一位身份不明的乘客——说不定就是司机。我们从夜店“流浪汉”的前身也就是“多莉”出发，绕着海德公园角开了好几圈，不知道该去哪儿好。我们开车

① Chris Jagger（1947－），乐手、制作人，米克·贾格尔的弟弟。

去了约翰在乡间的房子，和辛西娅[①]打了个招呼，然后卡莉·安决定去莱姆·雷吉斯看望妈妈，也不管我们这几个飘飘然中的人已经几天没睡觉了。据她说，我们是在清晨时分到的。有个油腻腻的小饭馆不肯招待我们。有人认出了约翰。卡莉·安突然觉得不能去看妈妈，因为我们神志太不清醒了。后来几个小时里发生了什么她也记不得了，只知道回约翰家时天已经黑了。记忆里有棕榈树，所以，好像是在托基镇的棕榈林荫道待了好几个钟头，沉浸在我们的小世界里。回家后，所有人都很快活。有好多次，约翰药吃得都比我多，这也是其中一次。大袋大麻烟叶、大块大麻膏和迷幻剂。我一般都吃迷幻剂，来回换药会难以投入。

我非常喜欢约翰。他在很多方面都是个傻小子。我笑过他挎吉他的位置太高。有的人总把吉他挎在胸前，但这样很限制动作，就像戴了手铐。"把你那该死的吉他挂在下巴底下干吗，我的天哪，你又不是拉小提琴。"可能他们觉得这样很酷吧。"杰里与带头人"那些利物浦乐队也都是这么干的。我们曾经这么开玩笑："换根长点的背带吧，约翰，换了背带你弹得会更好的。"我记得他点头表示听进去了。结果下次再见他们的时候发现那背带更短了。这样难怪你们"披头士"摇滚不起来呢，你们会"摇"，但不"滚"。

约翰有时候也很直。我记得他只有一次对我粗鲁，是说起我在《一切都完了》里那段吉他独奏。他说那段是垃圾。也许他那天早晨有起床气吧。好吧，那段吉他确实还有改进余地。但你还得好好回敬那家伙："是啊，的确不是我最好的作品，约翰，对不起了。对不起碍着你耳朵了。你他妈的爱怎么弹就怎么弹吧。"不过他至少肯听我们的东西，说明他对我们很感兴趣。很开放。换个人可能会让人尴尬。但约翰的眼睛那么诚实，让你忍不住喜欢他。他的情感也很强烈。他和我一样，是个独特的人。我们以一种奇异的方式彼此吸引。从一开始就是两个强者间的撞击。

一九六七年二月，一个寒冷的清晨，"红土地"里充斥着药劲下去

① Cynthia Lennon（1939－），约翰·列侬的第一任妻子。

后的情绪。所谓“药劲下去”就是所有人都从迷幻中清醒过来，感觉自己已经“脚踏实地”了。大家之前整天待在一起，净干疯狂的事，把脑袋都快笑掉了；要不就是在海滩上瞎走，还没穿鞋，浑身冰冷，不知怎么就没冻伤。药劲下去的时候每个人的反应都不一样。有人会再去嗑点，有人会觉得已经够了。这期间你可以随时闪回到药力发作时的状态。

这时有人敲门，我透过窗子一看，外面有很多小矮人，都穿着一模一样的衣服！是警察，不过我当时并不知道。他们看上去活像穿着深蓝色衣服、戴着闪光亮片和头盔的小矮人。“多漂亮的衣服呀，你们是说好要过来的吗？快进来吧，外面好冷呀。”他们宣读对我的逮捕证。“啊，真不错，可是外面太冷了，进来烤着火念吧。”我那时候药劲还没过，况且以前也没有被逮捕的经历。啊，大家交个朋友。爱。我可没说“你们不能进来，除非我的律师在场”，却说着“耶！快进来！”之后才恍然大悟。

他们随心所欲地把屋子彻底搜查了一遍，我们还在等药劲慢慢过去，根本没去搭理他们。气氛显然跟平时有点不一样，但我们真是什么都做不了，只能任凭他们到处走，连烟灰缸都不放过。奇怪的是，他们只找到几根大麻烟的烟蒂，和米克口袋里的几片安非他命，还是米克从意大利合法带入的，弗雷泽口袋里有海洛因胶囊。我们仍旧晕着。

当然还有玛芮安妮。她狠狠吃了一整天药，在楼上刚洗完澡。我浴室里有条很大的毛毯，大概是用兔毛做的，她拿过来裹着自己。我以为她身上还盖着别的毛巾之类。美美洗完澡，她躺在沙发上休息。不知道哪里来的巧克力棒，反正桌子上有那么一两根。吃了迷幻药后会很想吃糖，大口大口嚼。所以“警方发现了巧克力棒”就和她的故事永远联系在了一起。你得说这件事和她还挺相配。而媒体把“有块巧克力棒放在桌上”和“玛芮安妮裹着一块毛毯”扯到一起，吹成了一个神话。也的确挺经典的。其实玛芮安妮这次穿得还算保守呢。通常人们在第一次和她打招呼时总忍不住盯着她的乳沟看，她也一点不遮掩。多调皮的女人，上帝保佑她。她身上这块毛毯其实比她平时穿得多。他们于是派了个女警，把她带到楼上，让她把毯子脱下来。脱了毯子你还指望看见什么？从中可以看出人们脑子里在想什么破玩意儿——晚报的标题是"'滚石'派对上的裸女"。这是直接从警方流出来的。但是巧克力棒像阴茎？这也太过分了。这则神话里最古怪的部分就是，他们抓着明显的错误不放。而观众又觉得这事实在太惊人、太粗野、太淫荡，不可能是瞎编的。设想一下，让一群警察和女警看见证据——当他们在屋子里走动时不断展览证据——"对不起，警官，那边你们大概还没查呢"。

那天"红土地"里还有克里斯托弗·吉布斯，以及尼基·克拉默。后者是个流窜于上流社会的食客，跟谁都称兄道弟，完全无害、完全没想背叛我们。虽说大卫·利特文夫为了检验他是不是叛徒，拎着他的脚把他从窗子扔出去了。当然，叛徒是大卫·施耐德曼，他后来在法庭上被以"X 先生"代称。施耐德曼外号"迷幻剂之王"，是当时所有高质量迷幻剂的提供人，有各种牌子，什么"草莓田"、"阳光"、"紫雾"——你以为吉米的药都是从哪儿来的？[①]还有各种混合剂。施耐德曼就是这样，靠提供上等迷幻剂进入我们的圈子。那单纯无知的日子突然结束，没人去过问角落里的毒贩子。一次盛大的快乐派对。其实这毒贩子是警察的代理人。他有一大口袋好东西，其中还有不少 DMT，即二甲基色胺，"死藤水"的主要成分，迷幻效果强劲。有两周时间他在所有派对上现身，后来就神秘失踪了。

这次逮捕行动由《世界新闻报》和警方联手，但是对我们的构陷上升到了司法界。一开始并不明显，直到几个月后我们上庭时才变得明确。米克威胁要起诉一家小报，因为他们把他和布莱恩·琼斯弄混了，说他在夜店嗑药。那家报纸则搜集对米克不利的证据，好在法庭上反击。我的比利时司机帕特里克向《世界新闻报》出卖了我们，报纸又向警方透露了消息，警方则利用了施耐德曼。我对那个司机很大方，就是为了让他别声张。但他还是被《世界新闻报》收买了，这对他一点好处也没有。后来我听说有人把他的腿废了。但这些线索我们是事后花了好长时间才

①吉米·亨德里克斯有首成名曲就叫"紫雾"（*Purple Haze*），"披头士"有首单曲叫"草莓田"（*Strawberry Fields*）。

凑在一起的。我记得事发时我们都相当放松。靠，我们做都做了。等第二天接到起诉书之类的东西，看到上面写着“大英帝国女王政府”的废话，我们这才想：哇，这下闹大了。

我们决定暂时离开英国，直到开庭才回来。最好是找个可以合法弄到药物的地方。一切都很突然。“咱们坐着宾利去摩洛哥吧。”所以三月初我们开始逃亡。我们安排好时间，选了最好的车子。是我的深蓝色宾利，我叫它“蓝色莲娜”，S3 欧陆飞驰款，非常珍贵，限量生产八十七辆。起这个名字是为了向莲娜·荷恩[①]致敬，我还给她寄了一张这辆车的照片。但拥有这辆车其实是麻烦的开始，我打破了社会体制的规矩，开了本不应当属于我这一阶级的车子。“蓝色莲娜”载着嗑药的我们做过不少次旅行，它的内部有个秘密装置可以藏违禁品。引擎盖也非常大，打开很要费点力气。“蓝色莲娜”的外观很特别，后车身比前面宽六英寸，开起来需要一点技能和艺术。毫无疑问，你得了解自己的车子。整辆车重三吨，且设计精心，跑得飞快。

布莱恩和安妮塔在上一年，也就是一九六六年去了摩洛哥，和克里斯托弗 · 吉布斯待在一起，住在丹吉尔的艾尔敏扎酒店。有一回布莱恩想打安妮塔，结果打在金属窗框上扭了手腕，吉布斯只好把他送进医院。布莱恩一直不擅长和安妮塔沟通。我也是后来才知道布莱恩变得非常暴力，就像恶性循环，他向她扔刀子、玻璃杯，打她，逼她躲在沙发后面。很多人可不知道安妮塔从小擅长运动——航海、游泳、滑雪，户外运动样样能。布莱恩无论智力还是体力都不是她的对手，总是差她一截。一开始她觉得布莱恩的暴怒非常搞笑，但渐渐越来越不好笑，并且被危险取代。安妮塔后来告诉我，他们在去丹吉尔路上，开到托雷莫利诺斯时好几次大打出手，结果布莱恩进了监狱，她自己也因从俱乐部里偷车进

① Lena Horne（1917－2010），美国歌手、演员、舞蹈家，20 世纪最负盛名的黑人女艺人之一。

去了。后来她经常去保释布莱恩，对警察们尖叫："你们不能把他关进监狱，放他出来！"在一起久了，他们越来越像，发型和衣服一模一样，性格也是，至少作风很像。

我、布莱恩、安妮塔飞去了巴黎，在乔治五世酒店遇上了安妮塔的老朋友黛博拉·迪克森。黛博拉很了不起，是来自得克萨斯州的美女，六十年代初上过所有杂志的封面。布莱恩和安妮塔是在"滚石"的第一次巡演中结识的，两人正式确定关系就是在黛博拉的巴黎公寓里。我的车子由新司机汤姆·基洛克（替下了告密的帕特里克）开到了巴黎。汤姆是个强悍的北伦敦小伙儿，后来很快成了"滚石"的主力购毒者。

我给妈妈写了张明信片："亲爱的妈妈，对不起走前没给你打电话，但我打电话不安全。一切都会好起来的，别担心。我在这儿很好，等我换个地方就给你打电话。爱你。逃亡中的基夫。"

布莱恩、黛博拉和安妮塔坐后座，我坐副驾座，挨着汤姆·基洛克，给车里的小飞利浦车载四十五转唱片机换唱片。一路上，不知怎么车里慢慢变得紧张了，可能是因为布莱恩比平时更讨厌，更耍性子。就连汤姆这个在荷兰阿纳姆之类的地方打过仗的兵后来也注意到了。当时布莱恩和安妮塔陷在猜忌中，她不想放弃演艺工作，断然拒绝在家里充当他的全职艺妓、赞美者和沙包袋——随便他怎么想——还有那些狂欢宴的参与者。一路上他不停地抱怨自己多难受，快喘不过气来了。没人拿他的话当真。布莱恩是有哮喘，但也有疑病症。此时的我充当着DJ角色，一直在放那张该死的四十五转小唱片，都是那阵子我很喜欢的音乐，主要是摩城的作品。安妮塔后来说我选的音乐都意味深长，是想向她传情，比如《尚蒂利花边》、《嘿，乔》之类的。但其实所有的歌都一样，你想从里边听出什么它就是什么。

我们横穿法国的第一晚，五个人挤在同一个房间里过夜，是顶层房间，有点像宿舍，是当晚我们唯一能投宿的地方。第二天我们又依黛博拉的意思去了一个叫"天空之城"的镇子。这是山顶上一座漂亮的小村庄，有中世纪风格的围墙。我们到达后，一辆救护车迎面开来，因为布莱恩说得赶紧去附近阿尔比的医院。之后布莱恩被诊断患了肺炎。好吧，有时候你确实很难判断他的话是真是假。他被转送进图卢兹的大医院，要住上几天，我们几个先行离开了。“好吧布莱恩，你要好好的。我们先开车去西班牙，你到时自己坐飞机回丹吉尔吧。”后来我才知道他嘱咐黛博拉别让我和安妮塔单独相处，说明他心里什么都明白。

我和安妮塔、黛博拉坐车去了西班牙，一到巴塞罗那就钻进了兰布拉斯有名的弗拉明戈琴行，一个很粗野的地方。我们是凌晨三点到的，引发了一场小型骚乱。人们疯狂地冲宾利扔东西，一认出是我们就更怒气冲冲。也许他们本意是反对富人，会迁怒于我们只是因为那天我在车外挂了教皇旗的缘故——车上有个小旗杆，我经常换上各种旗。后来警察来了。午夜时分的巴塞罗那，我突然被带进一个小法庭。小小的砖瓦房里有法官主持这场夜间审判。他对面有一条长椅,大概坐了一百多个人，我坐在最末端。突然警察进来用警棍在每人的头上都打了一下。他们知道接下来会发生什么。我觉得这对他们来说好像司空见惯：你半夜进法庭就该得到这个。我是最末排的一个不起眼的家伙。汤姆花了好几个钟头才拿来我的护照，我举着在他们眼前晃：“以女王陛下的名义”。他们打了我旁边的人。我以为既然都打了那么多人，总会个个都打吧？没想到没打我。他们抓来了一大堆嫌犯，法官想让我做证指认他们指定的肇事者，控告他们砸车和煽动暴乱。但我不愿配合。结果我们交了违章停车的罚款，签了文书，交了钱，然后整夜剩下的时间被关在监牢里。

第二天我们修好挡风玻璃，怀着希望继续上路，黛博拉却不愿跟我们走。在警察局的经历吓坏了她，她只想回巴黎。这下没有人看着我和安妮塔了。我们继续向巴伦西亚开。一路上发现我们真的对彼此有好感。

我这辈子从来没主动追过姑娘。我不知道该怎么做。我本能地把这件事留给女人。这有点奇怪。但我就是问不出“嘿，宝贝，怎么样啊？过来咱们上床吧”这类的话。我的舌头总好像打了结。我觉得所有曾经跟我好的姑娘都是主动追的我。不过我会用其他方式求欢，就是制造一种令人难以忍受的张力。这种气氛下，总得有人干点什么。对方要么会接收到我的信号采取行动，要么没什么反应。但我总是迈不出第一步。虽然我知道该怎么对付一堆女人，我的表亲大都是女的，跟她们相处我觉得挺舒服。如果女人对你感兴趣准会采取行动。这就是我的发现。

所以是安妮塔迈出了第一步。我可不能去追朋友的女人，就算他是个浑蛋，对安妮塔也很差劲，因为我体内有个加拉哈德骑士。我们越靠越近，安妮塔很美，她男友又不在身边，她突然勇敢地捅破了这层纸，说去他的这一切。在巴塞罗那与瓦伦西亚之间的某地，我和安妮塔在宾利车的后座对视，一触即发。我能记起的下一件事就是她开始给我口交。张力就这样被打破了。哇。突然我们就在一起了。猛地受到这种冲击你说不出什么话来。我们什么都没说，如释重负，好像终于解决了一件事。

那时是二月，西班牙的早春。英格兰和法国还是寒冷的冬天。我们翻过比利牛斯山，不到半小时，走进了春天。等到了瓦伦西亚，已经是夏天了。我还记得瓦伦西亚空气里橙子树的气味。第一次和安妮塔·帕伦伯格睡在一起时，周围的一切我都记得。我们在瓦伦西亚过夜，用齐根普斯伯爵夫妇的名义在酒店登记。那是我第一次和她做爱。在阿尔赫西拉斯，我们又用卡斯蒂格里昂伯爵夫妇的名义入住，之后坐渡船回到丹吉尔的艾尔敏扎酒店，车子也托运回去。在丹吉尔的还有罗伯特·弗雷泽、比尔·巴勒斯[①]和他的朋友，滑稽艺术家布里昂·基辛，这人也是个公立学校出来的嬉皮男；另外还有比尔·威利斯[②]，在一群逃亡者里像个装饰。一到那儿安妮塔就收到了布莱恩发来的无数电报，要她赶紧回去安慰他。但我们直奔丹吉尔的卡斯巴区，有一周的时间一直泡在那儿。我们欲火焚心，但也发愁怎么应付一切。因为我们知道布莱恩会来丹吉尔，我们只是扔他在医院治病罢了。我记得我们俩尽量言行得体，至少是考虑到其他人的感受。“等布莱恩回丹吉尔，我们要去……”、“咱们打个电话问问他好了没有吧”之类的话我们常说。但其实我们口是心非，真正想的是：“天哪，布莱恩要来丹吉尔的话，我们还得他妈的演戏给他看。”“唉，他

① Bill Burroughs（1914－1997），美国著名垮掉派作家。

② Bill Willis（1921－2007），美国橄榄球运动员。

要是死了就好了。”突然安妮塔需要作出决定了：是跟他还是跟我？我们发现自己制造了“无解的困境”，也许还会危及乐队的生存。我们决定退回去，作战略性后撤。安妮塔不想抛弃布莱恩，哭哭啼啼的。她也担心对乐队造成影响——这么严重的背叛，乐队肯定会垮掉。

> 我不能被人看到和你在一起……
> 那太危险，宝贝……
> 我不能这样，我得和你分开。
> ——《不能被看到》[①]

我们去见了艾哈迈德，一个早年间的传奇大麻贩子。安妮塔上次来这儿的时候和克里茜·吉布斯一起见过他。一个小个子摩洛哥男人，走到哪儿肩上都架着个中国式罐子，扭头望着来买东西的人，带着他们走过敏扎酒店对面山坡上的居民区，打开一个小店铺的门，里面空空荡荡的，只有一个箱子，放着几件摩洛哥式珠宝，还有很多大麻膏。

他那门前有高高台阶的店铺名叫伊斯卡里尔·沃勒，就在敏扎山下。位于一大排单层商店的右手边，后面是敏扎花园。艾哈迈德起初只有一家店，后来又开了一家，两家店之间有台阶相通，曲折得像迷宫。稍微高一点的那间摆有几张黄铜床，铺着色彩鲜艳的丝绒毯子，可供客人躺在上面抽大麻，昏昏沉沉地待上一两天。等你一清醒，他就递给你更多大麻，让你接着晕下去。房间有点像地下室，挂满各种具有东方情调的稀奇玩意儿：长袍、小毯子、漂亮的灯笼……好像阿拉丁的山洞。这里本来是贫民窟，但被他布置得像宫殿。

我们都叫他“脑袋有窟窿的艾哈迈德”，因为他说自己经常祈祷，磕头都把脑门磕出个窟窿来。他是个好商人，卖薄荷茶起家，然后才卖大麻。他有虔诚的一面，把大麻卖给你的时候常常会讲点先知在荒野里的冒险故事。他擅长传播自己的信念，性格活泼乐观，同时也是个典型的

---

① *Can't Be Seen*，“滚石”的歌曲。

摩洛哥小奸商。他笑得豪放，而且一笑就停不住，让人把那宽大的齿缝看得一清二楚。他会一直盯着你看。他手上总有好货，到了他那儿简直就像到了流着蜜与奶的福地。多享受几回大麻，感觉就和吃了迷幻药一样。他还跑进跑出，给你拿来甜肉和糖果。要想从他那儿离开还真不容易。你想赶快飞完后去干别的，但来了他这儿你就什么也别想了。你能在这儿待上一整天一整夜，能住在这儿。这儿还可以收听开罗广播电台，虽然有杂音，还有点跑调。

摩洛哥的特产是"凯夫"，就是混合了烟草的大麻叶，用叫做"赛布希"的长烟斗抽，烟斗尾部有一个小碗。早晨可以抽一斗烟，来一杯薄荷茶。艾哈迈德货很全，当时力荐的是一种大麻膏。管它叫大麻膏是因为它到货时是大坨大坨的，但严格说来它不是膏。膏是脂状的，这东西其实是松散的粉末，有点像花粉，是把大麻的花蕾晾干磨成粉再压制成型。所以是绿色的。我听说有一种采集办法就是在小孩子的光身子上涂满蜂蜜，让他们跑过大麻地，出来时身上就沾满花蕾。艾哈迈德手头有三四种，可以用各色丝袜过滤。颗粒粗糙些的，只能通过二十四丹尼的长袜，大小简直和迪拉姆硬币差不多。高质量的则可以被最精细的丝绸过滤，是极细小的粉尘。

这是我第一次来非洲。从西班牙到丹吉尔，短暂的兴奋过后，你会感觉自己进入了另一个世界。好像穿越到一千年前，看到东西不是说"真奇怪"就是说"哇！太棒了"。我们喜欢被打动。我们烟瘾本来就很大，来这儿可以说就是为了考察大麻。我们抽了太多这玩意儿。塞西尔·比顿[1]在日记里写道："我们必须重审对药品的观念了。那些男孩子好像是靠它们活着，可是他们健康又强壮。走着瞧吧。"

安妮塔左右为难，除了背叛的负罪感，还有对布莱恩的激情和自毁式的迷恋。布莱恩仍然生着病，很脆弱，她觉得自己应该照顾他。所以她回去找他，把他从图卢兹带回伦敦进一步治疗，后来又和玛芮安妮（她是周末去马拉喀什找米克的）一起把他带到丹吉尔。布莱恩也吃了不少

① Cecil Beaton（1904–1980），英国时尚摄影师，舞台设计师。

迷幻药，因为肺炎身体很虚弱，为了能让他好受点儿，安妮塔和玛芮安妮这对护士姐妹花就在飞机上给他吃了一片迷幻药。安妮塔说，她们俩前一晚也吃了，到达丹吉尔后，玛芮安妮在艾哈迈德那儿出了点状况，结果发现自己身上的纱丽（当时她穿的唯一一件衣服）松开了，赤裸着身体暴露在城区，这引发了大家的恐慌，特别是布莱恩，他惶恐不安地一路跑回酒店。几个人一起蹲在敏扎酒店走廊的草席上，蜷着身子拼命克服幻想症状。这对布莱恩的痊愈可不是什么好事。

在他们三人到达丹吉尔时，我们一群人已去了马拉喀什，米克已经在那儿等着玛芮安妮了。比顿跟着我们，称赞我们的早餐，还有我“雄壮的身体”。比顿还迷上了米克（“他身体、双臂和双腿瘦削的曲线令我着迷……”）。

安妮塔和玛芮安妮随后带着布莱恩也到了马拉喀什。布莱恩肯定是感觉到了什么，尽管唯一知道我和安妮塔状况的汤姆·基洛克不可能告诉他。我们假装不怎么熟：“耶，布莱恩，我们刚好好飞了一把，一切都很酷。去了卡斯巴，瓦伦西亚很不错。”气氛紧张，令人难以忍受。迈克尔·库珀拍了一组照片记录了这一幕（本章开头那张照片就是这组照片里的），成为他的经典作品之一。回想起来真是觉得毛骨悚然。这是我和安妮塔、布莱恩最后一次合影。至今仍然能感觉到那种紧张——安妮塔直勾勾地盯着相机，我和手里夹着一支烟的布莱恩各自冷冷地望着不同方向。塞西尔·比顿照了一张我、米克和布莱恩的合影，布莱恩抓着他的阿赫尔录音机，眼袋很深，满脸恶意和悲哀。那阵子我们几乎什么正事也没做，这一点也不奇怪。我和米克在摩洛哥好像就没写歌，真是罕见。我们都在忙别的。

布莱恩和安妮塔显然走到了尽头。他们互殴，要把对方置于死地一般。这一点意义也没有。我从来没搞明白他们这样到底是为什么。如果我是布莱恩，我会温柔一点，好留住这个妞儿。但安妮塔是个强悍的姑娘，她激发了我的男人气概。她从没正经谈过恋爱，只是有几段混乱、堕落的关系，所以跟布莱恩总是诉诸武力。她跑开，尖叫，被追逐，哭泣。

她习惯了这一套，像家常便饭一样接受。要从这种毁灭性的关系中脱身很不容易，她不知道该如何去结束。

不出所料，布莱恩又开始了老一套，在马拉喀什的艾斯萨迪酒店，和安妮塔玩起拳击。他感觉到安妮塔和我之间发生了什么，变得愈发暴力。这回他断了两根肋骨、一根手指，可能还有别的。我就在一边看着、听着。他的举动等于加速自己出局，帮助安妮塔和我在一起。再袖手旁观就没意义了。我们被困在马拉喀什，我爱的女人就在身边，我难道要因为拘泥什么礼节而放弃她？我和布莱恩重修旧好的计划显然在走向失败。他处于这种状态，根本没有任何重建的余地。我已经尽力了……接下来发生的事情令人难以接受。安妮塔回忆，布莱恩拖着两个满身文身的妓女，"真正粗俗的女人"，穿过走廊进了酒店房间，逼着安妮塔看到，并当着她们的面羞辱她。他点了菜进房间，从盘子里抓起食物就向她扔。安妮塔终于跑进了我的房间。

我觉得安妮塔想摆脱这种状态，如果我能想出一个方案，她肯定会接受。我心里还有那股加拉哈德骑士精神，但我想让她回到我身边。我说："你来马拉喀什，不是为了烦恼把你男人打断肋骨躺在澡盆里动不了的。我再也受不了这些屁事了。我再也听不得你挨打和动手的破事了。一点意义也没有。我们离开吧。离开他。没有他我们能玩得很好。知道你和他在一起的这个星期我过得好苦。"安妮塔泪流满面，她不想离开，但我说布莱恩可能会杀了她，她知道我是对的。

我计划着秘密逃亡。塞西尔 · 比顿给我拍那张躺在酒店泳池旁边的照片时，我脑子里其实想的是逃跑路线。我想："好吧，让汤姆把宾利车准备好，天黑以后找个地方，我们就离开。"从马拉喀什到丹吉尔的大逃亡就这么展开了。

我们坑了布里昂 · 基辛。汤姆 · 基洛克告诉他，有媒体想找布莱恩的麻烦，让他带布莱恩去马拉喀什的"死亡广场"给当地的乐手和杂耍艺人们录点音，好逃过媒体的追围。与此同时，我和安妮塔坐车去往丹吉尔。我们在深夜出发，由汤姆开车。米克和玛芮安妮已经先走了。基辛在后来写的文章里记录了布莱恩回到酒店时崩溃的一幕。他给基辛打电话吼道："快过来，他们抛下我走了。都走了！我不知道他们去哪儿了。没有留言，酒店什么也不告诉我，现在只有我一个人了。帮帮我。快过来！"基辛写道："我过去扶他上了床，打电话叫来医生，给他打了一针，陪着他直到药力生效。我可不想他从十几楼的窗口一头跳进楼下的泳池。"

我和安妮塔回了我在圣约翰伍德的小公寓，自从琳达·基思走后我就没怎么在这里住过。安妮塔觉得这地方和科特菲尔德花园非常不一样。我们就这么躲着布莱恩。我和布莱恩还得共事，他又拼命想让安妮塔回到身边。但这是绝对不可能的。安妮塔一旦下定决心就再也不会回头了。一边躲着布莱恩、一边和他谈判的阶段还是挺刺激，他想利用这件事获取更多利益。都说是我偷走了安妮塔，但我觉得是我救了她。在某种程度上，我也救了布莱恩，救了这两人。他们当时正走在一条互相毁灭的道路上。

布莱恩到巴黎去找安妮塔的经纪人，咆哮着说所有人都离开了他，欺负他、遗弃他。他一直没有原谅我。我并不怪他。他很快又给自己找了个妞——苏姬·波伊蒂埃，"滚石"勉强在三四月份作了一次巡演。

那年春夏之交，审判开始之前，我和安妮塔去了罗马。她要去出演《太空英雌芭芭丽娜》，主演是简·方达，导演是简·方达的丈夫罗杰·瓦迪姆。安妮塔在罗马的生活主要围绕着"生活剧团"进行，就是那个由朱迪斯·马利纳和朱利安·贝克创立的无政府主义－和平主义话剧团。这个剧团已经建立了好几年，但在当时激进主义和街头表演盛行的时代才真正开始成气候。"生活剧团"疯狂、硬核，演员们经常因为"有伤风化"而遭逮捕——他们有一出剧目是向观众列举各种社会禁忌——演出总是以被拘留一晚的待遇收场。他们的主要演员是个叫拉夫斯·科林斯的黑人帅小伙，他是罗伯特·弗雷泽的朋友，和安迪·沃霍尔和杰拉德·马兰加[①]也很熟。这是个前卫的小圈子，不是因为嗑药气味相投，而是以"生活剧团"凝聚。那段日子里，药品也不怎么丰盛。"生活剧团"很极端，

① Gerard Malanga（1943－），美国诗人、摄影师，安迪·沃霍尔在乐队"工厂"期间与其合作。

但也非常有魅力。有很多美人都被吸引，比如丹耶尔·露娜，美国第一个成名的黑人模特儿，还有妮可之类的姑娘都围着他们打转。丹耶尔·露娜和剧团里的一个演员在谈恋爱。她是一头老虎，一头豹子，我见过的最婀娜多姿的姑娘。我没试过跟她调情之类，她显然有自己的事要做。罗马的迷人风光让这一切都更加美好。

安妮塔在拍片期间进了监狱。有天晚上，她和"生活剧团"的一些人嗑了点药，警察觉得她是异装癖。他们把她带进牢房，门一开，所有人都叫"安妮塔！安妮塔！"，所有人都认识她，大家都是熟人。她却低声说："闭嘴！"因为她觉得自己是"黑皇后"，不能被逮捕。但又觉得这是一出精彩的剧目，一定能打动启蒙时代的罗马人，至少也能为他们提供消遣——遇捕时她不得不把一大块大麻膏吞下肚去，所以飞得的确很高。她和一屋子异装女王关在一起，第二天早晨被人保释出来。那阵子警察真不知道该拿那些性别倒错者和异装癖怎么办。他们不明白出了什么事。

安妮塔的朋友照例是当时最时髦的一群人，比如克里斯蒂安·马昆德，他导演了那年夏天安妮塔演的第二部片子《糖果》，片子里群星荟萃，包括马龙·白兰度。有天晚上，他劫持了安妮塔，还读了她的诗，这一套失败以后，他又试图诱惑她和我两个人。"回头见，伙计。"还有保罗·格迪[①]和塔莉莎·格迪夫妇，他们俩有品质最好的鸦片。此外也有几个堕落之辈。比如作家特里·索瑟恩，我和他相处得很不错，还有那个令人难以置信的家伙，那个时代的"王子"斯坦尼斯拉斯·克罗索夫斯基·德·罗拉，人称"斯塔什"。他是画家巴尔蒂斯的儿子，和安妮塔在巴黎相识，被布莱恩派来劝安妮塔回头。结果他却和我这个偷猎者混了。斯塔什拥有那个时代最牛的通行证书——神秘主义。他能滔滔不绝地谈炼金术和各种秘术，在性爱方面来者不拒。女人多容易受骗啊。他是个花花公子，放荡不羁，总是喜欢摆出卡萨诺瓦的做派。他是个令人称奇的人物，风靡整个二十世纪。他和文斯·泰勒是好朋友，泰勒是个美国摇

① Paul Getty（1932－2003），石油大亨，慈善家；妻子是演员，60 年代末的时尚符号之一。

滚歌手，后来到英国发展，默默无闻，但在法国获得了巨大成功。斯塔什也在他的乐队里玩，戴着一只黑手套敲手鼓。他喜欢泰勒的音乐，也喜欢跳舞，舞姿古怪而高贵。我总觉得他会随时跳起小步舞来。他想当个放荡不羁的粗俗小伙，但也会说“我是个王子”这种话。净吹牛。

我们一起住美第奇公馆这栋豪华的宫殿，它有正式的花园，是世界上最庄严华丽的建筑之一。这也是托斯塔什的福。这栋建筑归法兰西学院所有，他老爸巴尔蒂斯在学院里担任外职，在这儿有一处公寓。巴尔蒂斯不在，我们就占了他的地盘。我们去“西班牙台阶”吃午饭，逛夜店，在美第奇公馆附近转悠，去波各赛公馆外的花园玩。这是我的教育之旅。空气中有革命的潜流在涌动，政治味浓郁。大家都不是太热衷，除了后来的“红色旅”[①]。在巴黎学生骚乱的前一年，罗马大学的学生就展开了革命，我也去了。他们封锁了道路，让我悄悄溜进去。他们都是昙花一现的革命者。

我其实没什么事可干。有时候去电影棚看方达和瓦迪姆，安妮塔工作，我却闲着，像个罗马小白脸一样，每天送女人去上班，然后就开始晃荡。真的挺奇怪。乐在其中的同时，我也觉得浑身发痒。我是不是该做点什么了？汤姆·基洛克和我的宾利也在这里。“蓝色莲娜”的散热器上装了一对大喇叭，被安妮塔用来吓唬街上的罗马人。她装出女警察的声音，念他们的汽车牌号，让他们马上靠右停车。这阵子车上挂的是梵蒂冈的旗子，上面有圣彼得的钥匙。

玛芮安妮和米克跟我们待了一阵子，玛芮安妮是这么说的：

> 那段旅行让我永远难忘，我、米克、基思、安妮塔和斯塔什。我们夜里在美第奇公馆嗑了药，对着一轮满月。一切非常美好。我还记得安妮塔的笑容。我的意思是，她在那些日子里展颜而笑，仿佛憧憬着未来。她在享受幸福时光，满心载着希望。她的笑容好迷人，整副牙齿都露出来时也有点可怕，好像一头狼，或者一只得到奶油

①意大利极左恐怖组织。

的猫儿。如果换作是男人，这样的笑容会是非常有力量的。她打扮精心，总是穿着最完美的衣服，浑身上下那么光彩照人。

安妮塔对时尚很敏感，她可以把任何东西搭在一起，看上去都不错。我开始经常穿她的衣服。早晨一醒过来就随便拿过身边的什么穿上，有时候是我自己的，有时候是我女人的，好在我们衣服尺寸一样。我和一个女人睡，那至少有权利穿她的衣服吧。但这却惹恼了查理·沃茨。他的衣橱里净是在萨维尔街定制的精美套装，而我只不过穿女人的衣服竟成了时尚偶像。我还穿那些白来的"战利品"——演出时扔上舞台的，或者我从舞台上捡起的衣服，只要合身就行。我会对扔东西的人说我喜欢。不知道为什么他们觉得有义务送我衣服。我就是靠别人的衣服打扮自己。

其实我从没特别对自己的外表上过心，不过听上去确实像在说谎。我曾经花好几个小时把几条旧裤子缝在一起，就为了标新立异。我有四条水手裤，我把它们都齐膝剪掉，缝上一块皮革，再把两条颜色不同的拼接起来。正如塞西尔说的，是浅紫和浅粉色。我都不知道他还拿正眼看过这破玩意儿。

我很喜欢和斯塔什还有他那帮狐朋狗友玩——连我都觉得他们堕落。他们能帮我遮丑，我本来就没兴趣打进这个狗屁欧洲上流社会。我是在尽量利用他们。我根本不想批判这个男人，只是想和他一起玩罢了。是的，他实在太肤浅，没什么可深交的。斯塔什很清楚地明白我的意思，也知道自己只配这样，小可怜虫。他也利用了我很多，我帮他摆平了好几件事。我知道他有几斤几两。在他屁股上踢一脚他就滚蛋了。

我曾经信任法律、秩序与大英帝国，觉得苏格兰场廉正不阿。太精彩了，我是掉进了一出彻头彻尾的滑稽戏里。

和我打过交道的警官让我看清了事实。现在想来真是奇怪，我竟然会那么震惊。但我的确震惊了。当时乃至接下来的几年里，针对我们的几起拘捕是在伦敦警视厅大规模腐败的背景下发生的，后来该机构首脑公开解雇或者控告了一大批警官，将此事推向高潮。

不被搜查逮捕，我们还不知道这个体制有多脆弱。他们把自己吓得不轻，因为抓了我们，又不知道该拿我们怎么办。他们也算开了眼界。他们在“红土地”找到了什么？一点意大利“极速”，是米克持医生处方得来的，还有罗伯特·弗雷泽身上的一点海洛因，别无其他。再就是烟灰缸里的几个大麻烟头，那不过是我允许别人在我屋里抽大麻而已。都是一点小事，他们从这里找不出什么来。事实上，他们碰了一鼻子灰。

我和米克被捕当天，一九六七年五月十日，差不多就在一小时内，布莱恩·琼斯也在伦敦的家里被捕了。这是精心设计的诬陷，两边配合得天衣无缝。但是舞台调度出了点小错误。媒体闻讯赶来，包括电视台，不料抢在警察带着拘捕证敲响布莱恩家大门之前几分钟赶到了。警察得拼命挤过这群他们自己叫来的人才能接近门口。但有了接下来上演的笑剧，几乎没人注意到他们的同谋。

“红土地”一事的审判在六月底举行，地点在奇切斯特，那座法庭还保留着一九三〇初建时的样子。法官席上坐着布洛克法官，他六十岁出头，就和我现在一般大。这是我第一次上法庭，根本不知道要做什么反应。事实上，我别无选择。他太可恶了，显然就是想激怒我，以便随心所欲地处置我。他指控我在宅子里吸大麻，留下了“渣滓”和“污物”，还说“这样的人不应被允许自由走动”。后来公诉人问我，到底知不知道自己的公寓里有一个裹着毯子的裸女，他认定这是我做的。我可不会只是说“啊，对不起，尊敬的先生”。

下面是实际发生的对话：

莫里斯：（公诉人）我们都知道，还有一位年轻女子坐在沙发上，全身只披一条毯子。你认为在正常状态下，一个年轻女子当着八个男人全身赤裸，只披一条毯子，难道不会尴尬吗？其中还有两个陌生人和一个摩洛哥男仆。

基思：一点问题也没有。

莫里斯：你觉得这很平常是不是？

基思：我们又不是老家伙，才不担心什么有损道德。

我被判处在沃姆伍德－斯克拉比斯监狱蹲一年，最后其实只蹲了一天。法官听了我的话后，就判了他能判的最重刑罚。后来我才知道布洛克法官娶了“施潘姆”牌鱼糊的女继承人。我要是早认识他的渔翁老婆，说不定还能给我减点刑呢。这个话题先说到这儿吧。

一九六七年六月二十九日，我被判有罪，要在狱中服刑十二个月。罗伯特·弗雷泽被判入狱六个月，米克三个月。米克被送进布里克斯顿监狱，我和弗雷泽当晚就被送去斯克拉比斯。

多可笑的宣判。他们到底有多恨我。我怀疑是有人在法官耳边施加了影响。如果他明智，就该对自己说：罚他们二十五英镑，放他们走，这案子就算完了。回过头来看，这个法官其实帮了我们的忙。他的举动反而为我们作了宣传，尽管我得说我一点也不喜欢沃姆伍德－斯克拉比斯，二十四小时也待不住。法官让我一夜之间变成了平民英雄，从那以后我一直都在努力扮演这个角色。

不过这件事的负面效应是，我们成了神经质的当局的关注焦点。他们面对所感受到的挑战，一般采取两种做法，一是招安，一是关进监狱。他们没管“披头士”，是因为早先给“披头士”授过勋章。我们则被关进了监狱。这一后果比我想象中的要严重。我因为蔑视权威进了监狱。我只是个受欢迎的乐队里的吉他手，结果就被英国政府和它恶毒无耻的警察组织给盯上了，它们都争相向我展示自己有多可怕。我们赢了两场世界大战，对方穿着皮靴还是吓得浑身发抖。“如果不制止，那你们的孩子就都会变成这样”。双方对彼此都有无知的地方。我不知道我们做了什么让整个帝国濒于崩溃。他们在糖罐里搜索，但不知道要找的是什么。

但这并不能阻止他们在接下来的十八个月里一再尝试。就在这段时间，他们学习了有关毒品的知识。先前他们可没听说过。有一次我带着一块滑板大小的大麻徒步走过牛津街，根本没把它包裹起来。那是一九六五年或一九六六年的事，一段短暂的彻底自由的时期。我们都不觉得这么做非法，而他们对毒品也一无所知。但到了一九六七年，他们就发现机会来了。逮捕我们可以让他们升官发财或者得到别的好处。想抓一个嬉皮还不容易！栽赃几支大麻烟再简单不过。到最后你都习惯了。

被判入狱的第一天里大部分时间都在忙“入狱仪式”。你和其他“入职者”一起进去，淋个浴，你被喷点灭虱剂。啊，效果不错嘛，孙子。周围的一切都在尽可能威胁你。斯克拉比斯的高墙让人望而生畏，足有二十英尺，但有人拍着我的肩膀说：“布莱克翻过去了。”九个月之前，间谍乔治·布莱克的朋友们从墙的那头抛进来一架软梯，把他秘密救回了莫斯科，真是耸人听闻的大越狱。但我可没有俄国朋友来救我。我在原地打转，走着一个特别圆的圆圈，听着周围人嘈杂的闲聊，过了好一会儿，才有人拍我的后背：“基夫，你被保释了，该死的。”我说：“有什么口信吗，现在告诉我。”我得眼泪汪汪地给这个“大家庭”留下十几张大钞。他们当中有严厉的妈妈，但大部分都是狱卒。当我坐上我的宾利车时，那个臭虫头子对我说：“你还会回来的。”我说：“在你任期内不会了。”

我们的律师申请上诉，于是我得到了保释。上诉听证会之前，《泰晤士报》这伟大的败犬捍卫者出人意料地站在了我们这边。其编辑威廉·里斯－莫格撰文《谁用车轮碾碎了蝴蝶》，写道：“贾格尔先生遭到的宣判是否过于严厉，一个没有名气的普通被告是否会受同等程度的刑罚？对此我们持怀疑态度。”换言之，这都是你们在胡搞，你们让英国司法系统显得很差劲。事实上，我们真是被里斯－莫格救了，因为，相信我，那阵子我真觉得自己是只蝴蝶，快被碾碎了。当你回顾普罗富莫事件[①]上体制的暴行，会觉得有些事肮脏得和约翰·勒卡雷[②]的故事不相上下，棘手的角色被诬陷迫害致死——我很奇怪普罗富莫这事居然没有更血腥。在同一个月里，对我的定罪被推翻，对米克维持原判，但刑罚被撤销。罗伯特·弗雷泽则没有那么幸运，他被判非法持有海洛因，得去蹲班房。

①一桩发生于英国的政治丑闻。英国内阁成员约翰·普罗富莫发生婚外情，在下议院否认，但几个月后承认自己误导下议院，其后被迫辞职。

② John le Carré（1931－ ），英国小说家，以阴郁黑色气氛的间谍小说闻名。

我觉得对于这个在英王非洲步枪团待过的人来说，沃姆伍德－斯克拉比斯监狱算不了什么。他曾经把一大堆人扔进军队禁闭室，罚他们去做苦役，在沼泽里跋涉或去挖新厕所。他对监禁和体罚并不陌生。我相信非洲比任何地方都苦。他勇敢地进了监狱，从没屈服过，出来时也同样勇敢，打着领带，手夹着烟。我对他说："去嗑药吧。"

我们获得自由的同一天，一场最奇怪的电视讨论在米克（他一出狱就被直升机送到英国的某块草坪上做节目）和权威体制的代表们之间展开了。他们很像《爱丽丝漫游奇境》里的人物：主教、教士、首席检察官各一名，外加里斯－莫格。他们就像来参加童子军活动一样，挥着白旗，讨论青年文化有没有对现存秩序构成威胁，试图在矛盾无法调和的两代人之间架起桥梁。他们又热心又笨拙，非常滑稽。所提问题可以归结为：你们到底想要什么？我们忍不住偷笑起来。他们想跟我们讲和，就像张伯伦那样。一纸小合约：我们时代的和平，我们时代的和平。[①]他们想做的无非就是维护自己的地位。这样的关怀，是多么美好的英国式郑重啊。真让人震惊。但你知道他们说话是有分量的，能给你带来不少要死的恶劣后果，所以在这种有趣的好奇之下掩藏的其实是强烈的攻击性。他们好像在恳求米克作出回答。我觉得米克做得很好。他根本不去回答他们，只是说：你们还生活在过去里。

这一年的大部分时间，我们都在挣扎着胡乱录制《魔鬼陛下们要求》。没人想录它，但"滚石"该出新专辑了。"披头士"的《佩珀军士》刚出来，我们更觉得自己做的是冒牌货。不过我们是第一个使用3D图案做封面的。这封面很迷幻，是我们自己做的。我们去了纽约，让那个日本小伙子用世界上唯一一台3D相机给我们拍了照片。部分是图画和拼贴，部分是泡沫塑料。我们还需要点植物！好吧，就去有花的地方照。安德鲁·奥尔德姆当时已经离开，他已经被我们放弃，状态非常不好，因为女人心灵受创，正在接受休克疗法。另外，他把大量时间用在自己的厂牌"立即唱片"上。一切本来也都顺理成章的，但他和米克之间出了点

---

①英首相张伯伦在二战时期对纳粹德国采取绥靖政策，并对国人说"这是我们时代的和平"。

难以解决的问题,具体我也只能瞎猜。他们不再和睦。米克变得自命不凡，想除掉奥尔德姆，试试自己的力量。为米克说句公道话，安德鲁也是野心勃勃的。为什么不呢？一两年前，他还什么都不是，现在他想当菲尔·斯佩克托了。但他手上只有我们一支五人摇滚乐队而已。一旦有金曲，他就不惜耗费大量时间去打造斯佩克托式的专辑。安德鲁已经不愿再在“滚石”身上集中全副精神了。另外，我们也不愿再按他的方式去炮制什么爆炸性新闻，我们不愿再上头条，宁可躲着它。这意味着他的另一项工作不复存在。花招已经耗尽。

一九六七年底，我和安妮塔以及刚出狱不久的罗伯特·弗雷泽回摩洛哥过圣诞节。克里茜·吉布斯在马拉喀什租了一套意大利美发师的房子，它带个巨大又荒芜的花园，养了很多孔雀，杂草和大麻之间开着白花。马拉喀什气候干燥，一旦下雨，所有植物都疯长。当时天气湿冷，屋里点了火炉。我们抽很多大麻，吉布斯享用一大锅“马鲁”，一种加了大麻和香料的摩洛哥甜点，是从丹吉尔买的。罗伯特则迷上了一个化名“非常好先生”的马鲁制造者，他是布里昂·基辛介绍给我们的，在那种“混合物”果酱工厂工作，一到晚上还特意给我们做杏子果酱。

我们去丹吉尔的时候特意拜访了艾哈迈德。他的店用“滚石”的拼贴画装饰着。他剪了很多植物图片，让我们的脸陷在一大片甜豌豆和风信子之中。那时候大麻可以从世界各地邮购。最好的大麻是阿富汗的，一般有两种形状，一种像飞碟，上面盖着印章，另一种像凉鞋，或者凉鞋鞋底。这些大麻里面经常有白色纹理，显然是羊屎，也可能是水泥。其后几年，艾哈迈德会把大量大麻膏藏在黄铜烛台里邮寄。不久后他就有了四个连排的店面，开上了美国好车，后座上坐一对挪威姑娘。各种各样奇妙的事情在他身上发生。又过了几年，我听说他被剥夺了一切，进了监狱。吉布斯照顾着他，和他保持联系直到他死去。

丹吉尔是流亡者与嫌疑犯的天下，各种边缘人在这里过着另一段人生。有一次我们在海滩上看到两个奇怪的男孩走过来，他们穿着西装，看上去有点像“布鲁斯兄弟”。那正是克雷双胞胎兄弟。罗尼·克雷喜欢摩洛哥小男孩，莱吉总是惯着他。他们的打扮很有英国绍森德味，手帕两角打结盖在头上，裤管卷着。那阵子你可以在报纸上看到他们怎么杀死那个斧头手，还把好多人送进棺材。他们的粗鲁中透着安详。当时保罗·格迪和他美丽却厄运缠身的妻子塔莉莎刚在西迪米蒙市买了一栋巨大的宫殿，我们在里面过了一宿。还遇上了一个叫阿尔恩特·克虏伯·冯·波伦·安德·哈尔巴赫的人，我能记住这串名字是因为他是百万富翁克虏伯家族得意的继承人，即便以我的标准来看也是个十足堕落的家伙。有一次我开车出车祸，好在死里逃生。当时他本来应该也在车上。

那天在车上的肯定有迈克尔·库珀，罗伯特·弗雷泽可能也在，本来还该有克虏伯，假如这个军火商帝国的继承人当天真在我车上，那么接下来发生的事就太讽刺了。我们开着一辆租来的标致去非斯，晚上赶回马拉喀什，途径阿特拉斯山脉。我开车。下到半山腰后有不少急转弯，对面突然开过来两辆摩托车，非常突然，一点信号都没给，车上人穿的是军装，他们把路全占了。两边彼此躲让，而下面是两千多英尺深的峭壁。所以我又往里让了一点，哪知面前出现一辆大卡车，又有更多摩托车开过来，我差点过不去。我擦着一辆摩托车侥幸过去，对方也开了一个弧线。擦身而过时我们看到卡车上载着一个巨大的导弹。我们总算过了这个转弯，真是惊险，一个轮子一度在悬崖外了，我救了大家的命。妈的他们在路中央到底想干什么？几秒之后，只听“砰”的一声，出事了。随后传来巨大的撞击和爆炸声。一切都太突然了，他们自己可能也不知道怎么回事。那是一辆又长又大，几节车厢接驳在一起的卡车。后来我们是怎么离开的我都不大清楚，只知道踩足油门拼命开，应付那些急转弯。当时我的夜间驾驶技术堪称一绝。一到梅克内斯我们就换了车子。我到车行说：“这辆车开起来不怎么样，我要租辆别的。”我们匆忙逃窜，以为北约会来追杀。至少也得有军方部队、直升机、探照灯之类东西。第二天我们在报纸上找，什么都没有。骑坐在一枚运往第三世界的导弹上掉进悬崖，对于克虏伯军火大亨的继承人来说恐怕是个悲惨的结局，不过也可能是最死得其所呢。

这次旅途中我得了肝炎，几乎是爬着离开的。但我的运气不错，在巴黎遇到了高明的本苏森大夫。安妮塔带我去找凯瑟琳娜·哈尔莱，她是个模特经纪人，苏菲派教徒，一个了不起的女人，认识很多人。她就像安妮塔的灵魂教母一样，总是在安妮塔生病或者有麻烦的时候出手帮助。布莱恩·琼斯当时为挽回安妮塔，就来求她劝安妮塔。凯瑟琳娜介绍我认识了本苏森大夫。本苏森大夫，听名字好像是个阿尔及利亚人，光这点就比传统药物更能给我信心了。本苏森大夫曾经去奥利机场治疗过各路因病中途停留的酋长、国王、王子，白天黑夜随叫随到。我得的是很重的肝炎，差点要了我的命，全身一点力气也没有。我去找本苏森大夫，他给我打了一针，花了二十分钟。主要是各种维生素，各种对身体有益的物质，还有另外一种特别好的东西。他的诊所我是爬着进去的，半小时后走着出来了，“不用坐车了”。真是惊人的一针，惊人的鸡尾酒式混合疗法。不管那是什么东西，我都要向它脱帽致敬。不到六个星期，他就让我重新生龙活虎地摇滚了。他不仅治好了我的肝炎，还让我身体结实起来，感觉棒极了。不过我的免疫系统也非常不可思议。我患了丙肝，几乎是靠自己的力量，没费多大劲就扛过去了。这种例子非常少见。我很了解自己的身体。

唯一的麻烦就是时不时出现各种分心的事情，法律上的问题，出国，和奥尔德姆之间的矛盾，都困扰着我们。我们无暇顾及一个显而易见又可怕的事实：“滚石”的能量已经消耗殆尽。

7

六十年代末，发现开放和弦调音法和海洛因。遇到格兰姆·帕森斯。航海去南美。当上爸爸。在马斯尔肖尔斯录制《野马》和《红糖》。逃过阿尔塔蒙特一劫。再次遇到萨克斯手鲍比·凯斯。

罗伯特·奥尔特曼 摄／altmanphoto.com

1969 年阿尔塔蒙特赛车场，事情变得可恶

我们的能量已经耗尽。我想当时我还没意识到，但我们确实很有可能在那个时期垮掉，这对一个不断创作金曲的乐队很自然。这一阶段在《魔鬼陛下们要求》之后很快到来，我却觉得很荒唐。而吉米·米勒就在这时成了我们的新制作人，真是很愉快的合作。我们克服懒散怠惰，努力推出了《乞丐盛宴》，把“滚石”提升到一个全新的高度。这是我们背水一战的时刻。我们做到了。

我还记得第一次和吉米见面时的情形。邀他加入也有米克的功劳。吉米出生于纽约布鲁克林，在美国西部长大，他父亲在拉斯维加斯的“撒哈拉”、“达尼斯”、“弗拉门戈”等赌博酒店里当过娱乐指导。那天我们去了奥林匹克录音棚，打算看看形势发展。当天我们就随便演了一下，并没试着录歌，只是想体会一下录音室的气氛，和吉米找找感觉，让吉米也了解一下我们。我真想回到那天，变成一只苍蝇趴在墙上好好看看当时的情形。我只记得录音持续了十二个小时，结束后我对他印象很好。我就是在弹琴，后来又进了控制室。还是老一套的艰苦过程，听回放才能知道自己到底弹得怎样。有时候在录音室里弹的和在控制室里听到的完全是两回事。但吉米认真地聆听我们的演奏，认真地聆听乐队。从第一天开始我对他就感觉不错。他对乐队有一种很自然的直觉，因为他以前就和不少英国乐手合作。他给斯潘塞·戴维斯乐队制作过《我是个男人》和《给我一点爱》；也和“交通”以及“盲目信仰”合作过。他也跟不少黑人合作。但首要原因还是在于吉米本人是个非常牛的鼓手，理解节奏模式。《快活》里的鼓就是他打的，《你不可能总是要什么有什么》里的鼓最早也是他录的。[①]他让我的工作变得轻松，帮我设计节奏形式，设计曲子的速度。同时米克和他沟通得也不错，有信心和他相处下去。

我们是弹芝加哥布鲁斯起家的；我们靠它才有今天，它是我们的起点。芝加哥。看看密西西比河，它从哪儿来，又要到哪儿去。沿着这条河一直走，你就会来到芝加哥。同时也得追溯芝加哥布鲁斯艺术家们的录音之路。他们不墨守任何规矩。如果你只关注录音中常规的东西，录下来的就会统统不对劲。但什么是错，什么又是对呢？能冲击耳膜才最重要。芝加哥布鲁斯粗糙、闹腾又充满力量。想把它录得干干净净的？千万别打这个主意。几乎所有芝加哥布鲁斯的专辑都堆砌了很多层次，声音叠加在厚实的音乐层上。比如小沃尔特的专辑，他用口琴吹出第一个音符，直到它消失，乐队的声音才出来，因为他在让这音符超负荷。录音的时候，你总是想扭曲点什么。录音赋予你的自由，就是可以随便制作声音。不是用蛮力去扭曲它，而是通过实验和练习。嘿，这个麦克风不错，如果把它靠近音箱，拿个小音箱换掉大音箱，再把麦克风用毛巾盖住后挪到它正对面，听听会弄出什么声音？你在找的是音与音之间彼此融合的效果，要找出它背后的节奏，其余的就随他去。如果试图把一切都分割开，那就太乏味了。你在寻找的是力量与力度，而不是音量。那是一种内在的力量。要让录音室里所有人制造的声音都融在一起。不是吉他两把、钢琴、贝斯和鼓各一，是一样东西，不是五样。你们大家在这里是为了创造同一个东西。

吉米为我们制作了《乞丐盛宴》、《让血流淌》、《偷窃的手指》，一直到一九七三年的《羊头汤》，都是“滚石”的代表作。但其中最棒的一首歌还要算是《跳跃的杰克闪电》。这首歌和《街头战士》都是一九六八年春天在奥林匹克录音室和吉米第一次合作时录出来的，后来收进了《乞丐盛宴》——当时是五月，巴黎正发生巷战。灵感之花忽然在我们中间

---

①《快活》（*Happy*）和《你不可能总是要什么有什么》（*You Can't Always Get What You Want*）均为“滚石”作品。

绽放，带来第二股风。一切都越来越有意思。

米克有了些很棒的灵感和好歌，比如《亲爱的医生》（我觉得它可能和玛芮安妮有关系），还有《对魔鬼的同情》，不过它可能和他一开始设想的不太一样。你在戈达尔[1]的同名电影里看到听到的是这首歌的变形，顺便说一句，我后来也和戈达尔打过交道。《降落伞女人》里出现了一种奇怪的声音，好像苍蝇或者蚊子之类的东西在你耳边嗡嗡嗡地飞来飞去——这首歌录得实在容易。我本来觉得它会很难搞，因为当时我想到一个声音的概念，但不知道好不好听，是米克突然想出了后来被用到的这个效果，没费多大劲就录成了。还有《大地的盐》，我记得歌名是我想的，基本概念也是我的。但歌词都是米克写的。这是我们俩的作品。我贡献了灵感的火花，“让我们举杯祝贺辛勤工作的人，让我们举杯祝贺大地上的盐”，好了米克，之后就看你的了。写到一半他会问，在哪儿分段，在哪儿进入副歌，在哪儿加过门？看看他要用多长时间才能把这个搞定，然后对我说：咱们可以搞别的啦。啊，过门。剩下的都是些技术工作，只需要稍加讨论，通常很快能打发掉。

《乞丐盛宴》里有很多乡村音乐和布鲁斯的元素。《没有期待》、《亲爱的医生》，甚至《拼图》、《降落伞女人》、《回头的浪子》、《流浪猫布鲁斯》和《工厂女孩》，都是布鲁斯或民谣音乐。那时我们觉得，给一首好歌，我们就能把它演绎好。能找到最合适的音色，用一两种合适的方式来呈现。我们绕着整个录音室追逐最要命的东西，都快追到天花板上去了。我们知道我们能得到它，我们要用雷达锁定它、一定要找到它。

我不知道那段时间怎么那么顺利。也许是时机的问题。我们还没有好好探索过自己的本源，以及曾让我们兴奋的东西。《亲爱的医生》、《乡村小酒馆》和《徒劳的爱》其实都是一时兴起动手的，是我们必须做的东西。把美国的黑人和白人音乐混合起来，这其中还有很大空间可供探索。

我们知道“滚石”的歌迷肯定会喜欢，而当时这支队伍已经相当大了。我们想也没想，就知道他们肯定会喜欢。我们就是这么自信，因为如果

---

① Jean-Luc Godard（1930－），法国新浪潮导演，编剧。

我们也喜欢一首歌，它肯定是有点什么内容。它们都是好得不得了的好歌。我们从没忘记要写点好听勾人的乐段。每找到一段好听的乐段，我们都会好好利用。

我觉得大多数时候我都可以夸夸“滚石”。我们不随大溜，这正是“滚石”的魅力之一。我们在《乞丐盛宴》里做的已经足够了。不能因为《对魔鬼的同情》和《街头战士》这两首摇滚歌就说《乞丐盛宴》里都是摇滚乐。《流浪猫布鲁斯》有点放克风，但其他的其实都是民谣。我们不能去迎合别人，不能因为谁需要摇滚歌就去写一首。米克后来这么试过，结果写下来的都是胡话。纯粹做摇滚乐可不是“滚石”。我们在舞台上很摇滚，但录音的时候我们并没有刻意都做摇滚乐，除非有《红糖》、《让我开始》这样的好歌。也许正是这样，有了《没有期待》这些很不错的小歌，那些快节奏的歌反而能脱颖而出。我的意思是，作品不用整个都像一拳打在脸上那么硬邦邦的，这是音乐，不是重金属。

“闪电！”靠，多好的录音啊！我的想法都是用一台磁带录音机实现的。有了《跳跃的杰克闪电》和《街头战士》，我才发现自己可以用木吉他制作出一种全新的声音。那种碾磨般的混浊声音，仿佛来自拥挤嘈杂的小酒馆，其实都是用那个叫磁带录音机的新发明录出来的。完全不用劳烦别人，你就有了自己的迷你录音室。只要弹着木吉他，你就可以用飞利浦磁带录音机把它放大、扭曲，回放起来就像电吉他的声音。磁带录音机可以同时充当拾音器和扩音器。你把木吉他和录音机相接，放出来的就是电吉他的声音。电吉他的声音就这么从指尖流出来，感觉就像一条电鳗在你手里跳。木吉他的音色非常干，你得用另一种方法来弹它。但如果能给这种不同的声音接上电，音色会非常惊人。我一直都很喜欢木吉他，很喜欢弹它，我觉得如果能让它再有力量一点，同时又不用通上电，就能得到一种独特的声音。有点像刺痛感。这没法言传，但的确是我那段时间非常沉迷的东西。

在录音室里，我把磁带录音机接在一台小扬声器上，再在扬声器前放个麦克风，增加声音的宽度和深度，然后开录，这就是基本音轨。所以《街头战士》里其实没有电声吉他，只有贝斯是电声的，是我后来叠录上去的。都是木吉他在弹。《跳跃的杰克闪电》也是这样。我真希望现在也还能这么做，可惜后来就再也不生产那种机器了。后来录音机被设了限制，不能放太大声。你刚一取得点什么成就，马上就被他们禁止。乐队其他人都觉得我疯了，不过他们纵容了我。我确实听到了有价值的声音，吉米也马上喜欢上了它。《街头战士》、《跳跃的杰克闪电》和一半的《给我庇护》都是用磁带录音机这么做出来的。我曾经叠录过吉他，有时候用八把。把它们都混在一块儿。《街头战士》里查理·沃茨的鼓是三十年代鼓手练习用的小鼓，用一个小手提箱装着，有个小镲片，另外还有个半大的手鼓，用来充当小军鼓，装备就是这样，其实是用垃圾做的，是我们在酒店房间里从一大堆小玩具里找到的。

这真是个奇妙的发现，还有那些乐段。我都不知道关键而又精彩的乐段是怎么写出来的。我好像是受到了祝福，它们似乎取之不尽。如果有了《跳跃的杰克闪电》里面的那种乐段，你会觉得非常兴奋，有难以言喻的快乐。当然，还要说服别人相信这东西确实像你自己想的那么伟大。你得先忍耐他们的怀疑和讽刺。《闪电》基本上就是《满足》的反面。所有乐段都是紧密关联的。但如果有人说“你这辈子只能再弹一个你自己写的乐段”，那我绝对会回答：“好吧，我要弹《闪电》。”我很爱《满足》，但它的和弦很大程度上只是为了满足写歌进程的需要，而《闪电》异常有趣。“一切都正好。”和弦有点阿拉伯味道，或者是非常古老古典的感觉，可以在格里高利圣歌中听到。这种几乎是陌生的古老音乐的奇异回响和摇滚乐混合，感觉非常奇妙。它比我还要老，真是难以置信！仿佛是在唤回什么东西，我真不知道它是怎么来的。

但我知道歌词是怎么来的。它诞生于“红土地”一个阴郁的清晨。我和米克一整晚没睡，外面下着雨，窗外传来橡胶雨鞋沉重跺地的声音，那是我的园丁杰克·迪尔，他是苏克塞斯人，一个真正的农村小伙。米克被吵醒了，问：“什么声音？”我说：“啊，是杰克，杰克在跳。”我就开始弹着吉他唱这个句子，用的是开放和弦调音法，唱的就是“跳跃的杰克”，米克在一边说“闪电”。突然我们就有了一个句子，节奏感很棒，很上口。我们一起琢磨着写完了它。

每当我弹起《闪电》，都可以感到整个乐队在我身后起飞，就像涡轮发动机加速启动。你跳上一段乐段，它便驱使着你去弹奏。燃料准备好了吗？好吧，起飞。达里尔·琼斯[①]总是在我身边弹贝斯。“下一首弹什么，《闪电》？好，来吧，一、二、三……”然后我们用不着彼此对视，因为你知道自己就要起飞了。我总是以不同的方式来弹这首歌，取决于用什么节奏。

“两脚悬空”大概最能贴切地形容我在弹《跳跃的杰克闪电》、《满足》和《一路直下》时的感受，当我发现自己的节奏正合适，整个乐队都跟在我身后的时候都会这样。就像坐上里尔喷射机起飞，感觉不到双脚下的地面，仿佛进了另一层空间。有人问我：“你怎么到现在还在弹它？”可我没法不弹，除非死了。我想他们没法理解我从这首歌里得到的东西。我不是为了金钱或者歌迷而弹，我是为了自己而弹。

一九六八年年底或一九六九年年初有了大发现：我开始采用五弦开放调音法。它改变了我的生活。我把这种弹法用在了滚石最有名的几首曲子里——《小酒馆女人》、《红糖》、《滚动的骰子》、《快活》、《一路直下》、《让我开始》和《满足》里，当然《闪电》也是。

当时我进入了一个停滞期。我真心觉得，没了那种能直接在现场听到的声音，我什么也做不成。我不再学习，也不再在录音室寻找自己想要的声音。关于制作声音我已经探索过很长一段时间。我大多在研究不同的音调，因为当时在写歌的时候，我能在头脑里听见它，但却无论如何都不能用传统的音调来表现。我也想回归老布鲁斯吉他手弹琴的方式，把它们转为电声，但保持最基本的朴素和直接，那种你从原音布鲁斯乐手那里感受到的原始悸动，那种简单、若隐若现、充满力量的声音。

我发现了班卓琴。二十年代初，西尔斯－罗巴克公司以极低的价格

---

① Darryl Jones（1961－），美国贝斯手，1993年起接替比尔·怀曼加入“滚石”。

销售吉普森公司生产的吉他，有很多乐手都用它来弹五弦和弦。但在那之前，班卓琴是卖得最好的乐器。后来因为吉普森公司批量生产物美价廉的吉他，乐手们纷纷用它来弹班卓琴的五弦和弦，因为他们以前几乎都是班卓琴手。吉他上最粗的那根弦你不用管，留着只能勒死你老婆用。美国乡村地区的多数乐手都是从西尔斯公司邮购乐器。在美国农村，邮购真的很重要，城市里可以到处逛商店，但在圣经带、乡村、南部、得州、中西部，你非得搞份西尔斯－罗巴克邮购目录才行。奥斯瓦尔德[①]就是这么搞到枪的。

吉他最常向班卓琴借鉴的调音法是滑棒弹法或者“瓶颈弹法”[②]。“开放音”其实就是把吉他弦调成班卓琴的弦弹和弦，但也分种类。我就曾经弹过开放D弦调音和开放E弦调音。后来我发现最好的节奏吉他手之一唐·艾弗利在《醒醒，小苏西》和《再见，爱》里弹的都是开放和弦调音。他用的是食指按弦变音和弦，即食指横贯琴颈。瑞·库德是我见过第一个弹开放G弦调音的乐手——我得说我要向瑞·库德致敬。他教我怎么弹开放G弦调音，但他只是在使用滑棒弹法的时候这么弹，最下面的一根弦还是要用到。大多数布鲁斯乐手也是这么使用开放和弦的，主要用于滑棒弹法。我觉得这太限制了。我也觉得最底下的一根弦很碍事，弹了一段时间就觉得用不上它，它根本合不上和弦，又总是把我想要的声音搅乱。所以我就把它去掉，用从下数第二根弦，也就是A弦来当根音。这样就不用担心会碰到最底下那根弦，弹出你不想要的声音。

我开始用开放调音法弹琴了，这是一个全新的领域。只是动了一根弦，整个宇宙忽然就都在你的手指下。你自以为知道的这下全被扔出窗外。没有人想过要用开放大和弦调音法去弹小和弦，因为总是去回避这种弹法。你得重新去想所有的事情，就像把钢琴的黑白键对调。你也得像重新给吉他定调一样，给自己的头脑和手指重新定调。你一旦在吉他等乐器上找到一个和弦，就得以它为核心。现在我完全脱离了常规音乐的王国，

---

① 刺杀肯尼迪总统的人。

② bottleneck。

仿佛跟着黄色食人鱼在林波波河上漂流。

在电吉他上弹五弦开放 G 弦调音的美好与庄严之处在于，你只能得到三个音，另外两个是重复的八度音。五根弦是 GDGBD 的效果。有些弦要贯穿整首歌，所以一直会有一个持续低音[①]跟着，电吉他还会产生回响。只有三个音，但因为有了这些不同的八度，贝斯与最高音之间的部分得以填满。它能制造一种悦耳的共鸣和环绕音。我发现弹开放和弦的时候，有很多时候其实用不着刻意动，音符就已经在那儿了。有的弦你根本不用去按。如果找到一个对的和弦，你就能听出后面跟着其他和弦，就算不弹,它们也在那儿。这好像不合逻辑,好像躺在那儿说“操我”一样。不过还是那句说滥了的老话：弦外之音最有价值。要随他去，这样两个音符才能彼此和谐。你的手指虽然换了位置，但前一个音符还在响，你甚至可以让它保持在那儿，这就叫持续低音（至少我是这么叫它的）。西塔琴也是这样，你换了和弦，就是所谓“和谐回响”或“和谐弦”。逻辑上而言这行不通，但弹起来你会发现，原来的音在持续回响，你发现它就是你所弹的一切的基础，这就是持续低音。

这种重新学习吉他的过程让我着迷，让我充满活力。吉他就像变成了另一种乐器，事实也正是这样。我得去弄一把专门定制的五弦吉他。我从来不想弹得和别人一样，只是初学的时候模仿过斯科蒂 · 摩尔和查克 · 贝里。后来我就只想找寻吉他和钢琴本身教给我的东西。

五弦弹法把我引向非洲西部的部落。那里也有类似的五弦乐器，有点像班卓琴，但他们也用同样的持续低音，可以让其他声音和鼓声浮在上面。它是一个最基本的音符，永远在最下面，一直贯穿着。如果你去听莫扎特之类严谨的东西，以及维瓦尔第的东西，你会发现他们也知道持续低音的存在。他们知道如果让一个本不该在的音保持在那儿，让它飘浮在空中，就能给僵死的尸体注入生动的美丽。加斯就这么告诉过我：听听那个悬浮在那儿的音。潜藏在下面的其他东西都可有可无，只有一个音符让曲子变得非凡。

---

① drone。

人们对节奏有一种本能的原始反应，却都浑然不觉。我们的心脏每分钟都要跳七十二下。对于布鲁斯乐手来说，火车除了载着他们从三角洲赶往底特律，还有其他的重要意义，那就是机器的节奏、铁轨的节奏，以及当列车转入另一条轨道时随之改变的节奏。它勾起人类身体某个部位微妙的回响。所以当你听到类似机械的声音，比如火车的声音，比如持续低音，它们都会像音乐一样留在我们身体里。人类的身体可以在不自觉中感受到节奏的存在。听听埃尔维斯·普莱斯利的《神秘列车》吧，它永远是最伟大的摇滚歌曲之一，里面却根本没有鼓音。它只是一种提示，因为身体自然会把节奏补充进去。节奏无需大声宣告，而只需要提示。所以他们才会把“这种摇滚”和“那种摇滚”混淆起来。它其实和“摇”没有关系，关键在于“滚”。

五弦弹法清除了很多冗杂的东西，它给了我许多乐句，帮我架构音乐的质感。你几乎可以通过和弦弹出旋律，因为你可以把任何音符都放进来。猛然间，听上去不止是两把吉他在弹了，倒像有个交响乐队，或者说再也听不出是谁在弹什么东西。而理想状况下，如果弹奏得好，确实不会有人去在乎谁弹的是哪部分。真是太迷人了。感觉就像蒙在眼睛和耳朵上的遮蔽物同时掉下，泄洪闸被打开了。

伊恩·斯图尔特曾经亲切地称我们是“我的三和弦小奇迹”。这其实是个荣誉称号。好吧，这首歌只有三个和弦，是吗？你能拿三个和弦做出什么来呢？去问约翰·李·胡克，他的歌多数只有一个和弦。“嚎狼”和波·迪德雷也是，一个和弦。听他们的音乐让我懂得，沉默就像油画画布，把它不留空隙地快速填满，并不是我欣赏的，或者会去做的。用五根弦，你就可以弹得很简洁，这就是框架和基础。《让我开始》、《你没听见我在敲吗》、《小酒馆女人》这些歌都在和弦间留出了空隙。这就是《伤心旅馆》给我的影响，是我第一次听到这么赤裸而又简洁的歌。当时我还没有这样去考虑问题，但这种简洁的确打动了我。与此同时它又有着令人难以置信的深度，和那些华而不实的东西完全不一样。对于当时孩子一般的我来说的确非常震撼。用五弦弹琴就像翻开了新的一页，开始了新的故事，直到如今我仍在探索。

我的伙伴沃迪·瓦赫特尔，非凡的吉他手，我的音乐探索的诠释者，“昂贵酒鬼”的生力军，在这点上有话想说。请讲吧，沃迪。

基思和我学吉他的方式差不多。很有意思。有天晚上我和唐·艾弗利在一起，唐那阵子特别能喝。我说：“唐，我想问你点事。你们所有的歌我都知道。”（所以我才能得到在他们乐队工作的机会；我知道每个和声声部，每个吉他的部分。）“但是，”我接着问，“你的第一首单曲《再见，爱》里有个地方我一直没能弄明白，就是它的前奏。那声音到底是什么？谁弹的这个前奏？”唐·艾弗利说：“啊，那是波·迪德雷教我的G弦调音法。”我说：“什么？不好意思，你说什么？”然后他拿过吉他，用开放G弦调音法调好音，说：“好，我就是这么弹的。”他弹完以后，我说：“啊，我靠，就是它！就是你弹的，就是你！”

我还记得自己发现那种调音法时觉得它很古怪，而基思已经开始采用它了。那是七十年代初，我和琳达·罗斯塔特一起去了英格兰。我们去基思在伦敦的住所拜访，看见有把Strat琴放在那儿，只有五根弦。我说：“这把琴怎么了，坏了？”基思说：“这就是我的琴。”什么？他接着说：“五弦！五弦开放G弦调音法。”我说：“开放G弦调音法？等一下，唐·艾弗利跟我说过开放G弦调音法的事。你也弹开放G弦调音？”在成长期和弹吉他的时候，你都一直学“滚石”，在酒吧里弹，但你知道有什么地方不对，因为就是没法弹得和他们一样，总觉得缺了点什么。我从来没弹过民谣音乐，也没有布鲁斯的知识。当他这么对我说的时候，我说：“所以我才总也弹不对吗？你弹给我瞧瞧。”他的五弦调音法让一切都变得容易起来，比如《你没听见我在敲吗》，不那么调弦就没法弹，听起来很荒唐。一那么调弦的话，就很简单了。如果你把第一弦，也就是最高音的那根弦降低，第五弦就总会回响着，制造出一种响亮的声音。这是一种无法模拟的声音，至少基思的如此。

他上下弹着两根琴弦，用两根弦可以做很多事。有天晚上我们和“酒鬼”一起登台，要唱《在他们让我奔跑之前》，他弹起前奏，然后说……“啊，我不知道是哪个了！”因为他的很多前奏都是建立在同一种形式上的：B弦和G弦，或者B弦和D弦。他说：“我们在弹哪首歌呢，伙计？我都掉进前奏的大海里去了。”他弹过那么多前奏，一个精研乐段的狂舞者，都是用的开放G弦。

一九六八年夏天我喜欢上了格兰姆·帕森斯[1]，于是掉进一大片音乐宝库，拓宽了演奏和创作的眼界。直到今天还在探索。我们第一次坐下来交谈时就觉得一见如故，相见恨晚。我好像遇到一个久别重逢的兄弟，虽说我没有兄弟。格兰姆是个非常非常特别的人，我怀念他。那年年初他加入了“飞鸟”乐队，因为翻唱迪伦的《手鼓先生》走红。当时他的乐队在录经典专辑《牛仔甜心》，格兰姆把它从一支流行乐队彻底变成乡村乐队，扩展了乐队的整个内涵。那张专辑让当时所有的人都觉得困惑，成了早期乡村摇滚的雏形，影响深远。他们巡演去南非，我就到布莱赛斯俱乐部看他们演出，本想听到《手鼓先生》，但版本太不一样了，于是我就到后台去找他们，认识了格兰姆。

“有什么好东西吗？”这可能是他问我的第一个问题，或者是更谨慎的“啊，找个地方，啊……”、“没问题，我们去……”。我记得我们后来去了罗伯特·弗雷泽家抽了点什么东西。我就是从这一次开始接触海洛因的。他对这玩意儿一点都不熟悉，还管它叫“危险品”。我们是因为音乐建立的友谊，但也有臭味相投的成分。格兰姆也喜欢吸毒，这让我们俩联系更密切。他和我一样，都喜欢追求品质最好的东西。他手上的可卡因品质比黑手党的还好。这个温暖的南方大男孩，嗑了药脾气也很稳定，温和。他的背景很复杂，缠着一身寄身藤，就像善恶花园。

那天晚上在弗雷泽家我们聊起南非，格兰姆问我：“我到英格兰以后

① Gram Parsons（1946－1973），美国创作型歌手，吉他手，钢琴手。

感觉到的那种东西是什么？我一说要去南非，别人都冷冰冰地瞧着我。”他以前从来没离开过美国，对种族歧视之类一点概念也没有。我就解释给他听，说南非实行种族歧视，大家制裁他们，没人去那儿，他们对黑人兄弟不怎么友好。他说：“啊，那不是跟密西西比一样吗？”然后马上又说：“操，这真是坏事！”那天晚上他提前走了，因为第二天就得去南非。我对他说，你可以留在这儿。一九六八年夏天，我和格兰姆同住了好几个月，主要是在“红土地”。没过几天，我就觉得好像和他已经认识了很久。我们俩马上就情投意合。我们要是能早点认识就好了。我们可以整晚坐在一起，一连五个晚上，我们还是坐在那儿聊天，回忆过去——也就是五天前的事。我们没完没了地弹琴。坐在钢琴前，或者抱着吉他，照着乡村音乐的歌谱一路弹下去，也来点布鲁斯和临时起的动机。格兰姆教我弹乡村音乐——它的原理，巴克斯菲尔德风格和纳什维尔风格之间有什么不同，都是用钢琴弹的，梅尔·哈格[①]的《用歌声送我回家》、还有乔治·琼斯[②]和汉克·威廉姆斯[③]。我跟格兰姆学会了弹钢琴，也开始用钢琴谱曲。他在乡村音乐中播下的种子有些至今活在我体内，所以我可以毫不犹豫地去和乔治·琼斯录一首二重唱。我知道我在这个领域里有个好老师。格兰姆是我的好朋友，我真希望他当时能在我身边多留一段时间。你和另一个正在快速戒毒的人躺在一张床上，两人却还能相处得不错，这种事可不常有。不过这是后话了。

在所有我认识的音乐人里，音乐态度上和我最接近的要数格兰姆·帕森斯和约翰·列侬（其实奥蒂斯·雷丁更接近，但我不认识他）。我们的共同理念就是：商业上把你划为什么类型其实没有意义，只是卖点和方便的工具而已。你总得被塞进这样那样的口袋里，方便他们打榜和定位目标销售对象。但格兰姆和约翰其实都是真正的音乐家。他们只爱音乐，只是被卷进了这个游戏。遇上这种情况时，你要么就去追逐它，要么就得和它战斗。有些人甚至都不明白这个游戏到底是怎么运作的。格兰姆

① Merle Haggard（1937－），美国乡村乐歌手，巴克斯菲尔德乡村乐代表人物。

② George Jones（1931－），美国乡村乐歌手。

③ Hank Williams（1923－1953），美国乡村乐歌手，吉他手。

是个勇敢的人。他从来没有一张金曲大碟，虽说有几张卖得不错，但都没有什么特别大销量的，不过如今他的影响力更胜当年。基本上，没有格兰姆·帕森斯，就没有后来的韦伦·詹宁斯乃至整个“叛道运动”[①]。他向他们展现了一条新路：乡村乐不只是乡巴佬才爱听的狭隘东西。他赤手空拳地做到了这一切。他并不是圣战者类型的人物。他热爱乡村乐，但不喜欢乡村乐商业化，也不觉得乡村乐只有纳什维尔这一条出路。音乐要比这些东西更重要，它应当感染所有人。

格兰姆写过不少伟大的歌曲。《一首给你的歌》、《胡桃树的风》、《一千美元的婚礼》，都是伟大的创意。他可以从角落来到你面前，再绕到你身后，只拐一个小弯，就给你写出一首歌。“我曾经写过一个造汽车的人。”然后你就听到一个故事——《软软的新鞋》，写的是一个名叫“考德先生”的人，研发了新颖又漂亮的考德汽车，是用自己的钱造的，结果被福特、克莱斯特和大众三巨头故意撞毁了。格兰姆是个讲故事的高手，但他还有一手别人绝对没有的本事：他能让婊子也哭得出来，就算帕洛米诺酒吧见多识广、铁石心肠的女招待也不例外。他能让眼泪涌上她们的眼眶，让她们不可抑制地忧伤。当然男人也会被他深深感动，但他对女人的杀伤力无与伦比。那不是普通的哭哭啼啼，是真的触动人心。他对女人的心灵有一种独到的把握。听着他的歌，我的双脚都快被泪水给淹了。

我还记得有一天早晨在克里茜·吉布斯带领下，和米克、玛芮安妮与格兰姆一起去巨石阵玩的事，迈克尔·库珀给我们拍了照片。这组照片记载了我和格兰姆的早期友谊。吉比的回忆如下：

> 一大早，约莫凌晨两三点，我们就从南肯辛顿的某个酒吧出发，开着基思的宾利车。我们路过斯坦芬·泰南特的家，路过威尔斯福特，穿过铁轨，来到巨石阵，抱着一份虔诚接近它，在那里看日出。我们嗑了迷幻药，都在胡言乱语。我们在萨利巴里一家小酒馆吃了早饭，

---

①“叛道运动”为70年代乡村乐变革运动，旨在强调乡村乐根源色彩、归复传统，反对纳什维尔大众化。前文中韦伦·詹宁斯（Waylon Jennings）是该运动的代表人物，“叛道”一词便出自他的歌曲 *Ladies Love Outlaws*。

> 我们这堆嗑了药的疯子切着咸鱼，把鱼骨挖出来。想想你能不能办到吧。感觉用了很长时间，其实只有三十秒，这是嗑药之后很正常的反应。从没有人能那么又快又好地把一条咸鱼的肉剔干净。

六十年代中后期的事很难串起来，因为当时没有人知道正在发生什么。一种异样的云雾笼罩着，周身能量充沛，但没有人知道该拿它怎么办。当然，一直大量嗑药、尝试各种体验，所有人包括我在内都会产生一些模糊的、并不成熟的想法，比如“一切都在改变”、“好吧，但是为什么，会变成什么样呢”。到一九六八年，一切都泛政治化，无从逃避。一切也在变得危险可怕，示威者遭到毒打。越战是个重大的转折点，因为当我第一次去美国的时候，他们刚刚开始征兵。从一九六四年到一九六六年然后到一九六七年，美国年轻人的心态发生了巨大转变。一九七〇年五月，发生了肯特州立大学枪击事件，事态急转直下。它的余震波及了所有人，也包括我们。没有越战，就不可能有《街头战士》。现实就是这样慢慢渗透进来。

然后就有了“他们反对我们”这套东西。我根本没想到大英帝国也想找音乐人的茬儿。乐手能有什么威胁？你们有海军和陆军，还需放出邪恶的小军队来对付几个捣蛋鬼？在我看来，这是体制和政府第一次展示他们其实有多么缺乏安全感，他们对一点鸡毛蒜皮的小事能有多敏感。他们一旦感觉到威胁，就会拼命在内部寻找敌人，却没意识到他们真正的敌人多半是自己！这的确是对社会的攻击！我们必须同娱乐业作战，后来自从《街头战士》之后，政府也开始严肃对待我们。

《“滚石”的真正冒险》这本书记录了那段特殊时期，它是我们的朋友、我们早期巡演的长期写作者斯坦利·布斯所作。六十年代末或七十年代初，他在奥克兰拾到一份传单，上面写着“浑蛋们听到我们在小广播电台里放你们的歌，就知道他们没法逃脱无政府主义解放运动的鲜血与烈火。我们要一直播放你们的音乐，亲爱的‘滚石’，在摇滚乐进军的路途上，我们要摧毁监牢，释放囚犯，武装弱者。文身在燃烧，宝贝，烧掉那些狱卒与将军们的屁股吧”。

他们把《街头战士》或《给我庇护》推向了极端。但毫无疑问，这是陌生的一代。奇怪的是，我本来是和它一起成熟起来，但突然之间从一个参与者变成了旁观者。我看着所有那些人成长，也看着他们当中的很多人死去。第一次到美国的时候，我遇到很多了不起的小伙子，年轻的小伙子，我留了他们的电话。两三年以后我再去，再给他们打电话，发现有人已经被装在尸袋里从越南回来了。也有很多人渐渐消失，我们都懂的。这种破事不断打击着我。嘿，那个漂亮的金发小子，那个了不起的吉他手，很有趣的人，我们在一起玩得很快活，下次再见面，这个人就没了。

在六十年代，差不多一九六四年到一九六五年间，日落大道上是不允许机动车通行的。整条街上都挤满了人，没人能在那儿开车。你在那儿转悠，准能认识流氓。我还记得“肖戴尔斯”乐队的汤米·詹姆斯——他们乐队有六张金唱片，风靡一时。我想坐车去日落大道上的威士忌 A Go Go 酒吧，汤米·詹姆斯就过来了。“嘿，伙计。”“你是谁？”“汤米·詹姆斯，伙计。”他们的《深红与三叶草》直到今天仍耐听。那天他正忙着应付逃兵役的事，显然是觉得自己很快要被招进军队了。当时越战还在进行中呢。很多第一次来看我们乐队演出的人后来再也没能回来，在湄公河三角洲打仗的时候他们还听着“滚石”的音乐。

不管喜不喜欢，政治都找上了我们。有一次是因为那个奇怪的家伙，让－雅克·戈达尔，伟大的法国电影创新者。他对伦敦那年发生的事很感兴趣，想做点跟他以前的作品迥异的东西。他也许搞到了什么他不该搞到的毒品之类的玩意儿，虽说不怎么习惯，但却让他进入了情绪。他到底他妈的打算干什么？我觉得没有人说得清。他的片子《对魔鬼的同情》正好记录了我们那首歌是怎么在录音室里诞生的。几番录制后，这首歌从迪伦式的冗长民谣变成了摇滚桑巴，只换了节奏，就从劣质品变成了金曲。这一切都被让－雅克记录下来。影片里可以听见在先前的几个版本里，吉米·米勒抱怨着：“节奏类型呢？”那时候还根本没什么节奏类型可言。片中还有我们互换乐器演奏的珍贵录像。我弹贝斯，比尔·怀曼打沙锤，查理·沃茨唱“喔——喔——”的和声，安妮塔或许还有玛芮安妮也跟着唱。到这里为止一切都很顺利。我很高兴他把这些拍了下来。但是戈达尔！我真不敢相信，他长得像个法国银行职员。他以为自己在什么地方？他其实没有一个有条理的计划，只是想离开法国来拍点伦敦的新鲜东西。这部片子完全是垃圾——泰晤士河驳船上的少女，鲜血，黑豹党那帮“兄弟”在巴特西一个垃圾场笨拙地分发武器的模糊场景。让－雅克·戈达尔之前拍的片子都很有技巧，带点希区柯克风格。你别忘了，在那个年代，一切都轻飘飘的像是要飞起来，至于能不能真的离地那又是另一回事。我的意思是，在那么多人里，为什么偏偏是让－雅克·戈达尔对英国的这场嬉皮小革命产生了兴趣，还想把它阐释成别的东西？我觉得肯定是有人给他塞了点迷幻药，才致使他走进了这个虚假的、什么都被意识形态过度驱使的年头。

戈达尔还在奥林匹克录音室放了把火。我们在一号录音室演奏，那里过去曾经是个电影院。为了制造灯光的漫射效果，他把薄棉纸贴在从天花板垂下来的滚烫灯泡上。一下子，所有棉纸和整个天花板都被点着了——我想那个电影有几个流传出来的非正式版本里可能会有这一幕。感觉好像在“兴登堡”号①上。所有沉重的吊灯都摔到地上，因为灯索烧断了，录音室漆黑一片，火花四溅。还同情什么倒霉的魔鬼，赶快让我离开这儿！柏林的末日来了。快撤退，电影结束。完了。

一个大雨天，我在罗伯特·弗雷泽位于大山街的家里写了《给我庇护》。安妮塔当时在拍《迷幻演出》，虽然地方不远，但我不想去片场。天知道那里会有什么事发生：“西班牙人托尼”想玩个小花样，去偷他们用来做道具的伯莱塔枪。但我没有过去，因为我不喜欢片子的导演唐纳德·卡梅尔，他是个骗子，喜欢操纵别人，活着唯一的乐趣就是祸害别

①一架德国飞艇，于1937年5月顺利飞跃大西洋，在美国新泽西州莱克赫斯特基地着陆过程中起火烧毁。

人。对于安妮塔和唐纳德之间的关系，我想保持一点距离。唐纳德是个颓废的富二代，依靠富有的卡梅尔船业家族过活。他长得挺帅，思想敏锐，说话毒辣犀利。他在纽约当过画家，但不知道是什么事让他恨上了周围那些聪明有才的家伙——他想毁了他们。他是我生平见过的最颓废的小屎球，也是个斯文加利、掠夺者，非常擅长操纵女人，肯定迷倒了不少姑娘。他有时会嘲笑米克的肯特郡口音，也会嘲笑我是达特福德乡下人。我不介意别人偶尔奚落我，因为我有时也嘲笑别人。但他真是讽刺人成瘾。所有人在他面前都得乖乖地各安其位，要不做任何事准会被他嘲笑。其实他内心深处有一种相当强烈的自卑感。

我第一次听说他的时候，他还在和黛博拉·迪克森、安妮塔搞三角关系，那是我和安妮塔好上前很久的事。他们都乐在其中。他专门搞狂欢宴会和三人行，到处拉皮条，不过我觉得安妮塔似乎并不这么认为。

我和安妮塔之间最早的矛盾就是在拍这倒霉的《迷幻演出》时发生的。卡梅尔想害我，因为他和黛博拉·迪克森在一起之前就和安妮塔好过。能拆散我和安妮塔，他当然再高兴不过。他让米克和安妮塔演情侣肯定是故意的。我能感觉到有什么不对。我认识那个大名叫米凯尔·布莱顿的穆克，她在电影的一幕洗澡戏里演第三者的角色；我还不是什么都不知道——她和她男朋友被雇来演情侣。安妮塔告诉我米凯尔每次拍戏之前都要先注射镇静剂，所以她其实是被骗来拍了三级片。卡梅尔的《迷幻演出》确实讲了个好故事。光凭这部片子，他一辈子就吃穿不愁了，因为出演的都是米克他们这些名人，片子的摄像尼克·罗格也很棒，还有另一个主演詹姆斯·福克斯，被他折磨得够戗。声音洪亮的福克斯自从拍了这片子之后，说话就时不时像个伯蒙齐来的流氓，直到后来加入一个名叫“领航者”的基督教派，才算把他的注意力引开了二十多年。

和导演电影相比，唐纳德·卡梅尔其实对操纵人更感兴趣。一受背叛他的鸡巴马上就硬起来，这也正是他给《迷幻演出》定下的基调，只要在他能掌控的部分都是这样。他一生只拍过四部片子，其中三部结尾一样——主角中枪而死，或者开枪打死亲近的人。永远都有旁观者。迈克尔·林赛－霍格，电视节目《各就各位、预备、跑！》的早期导演，以及后来给滚石拍《摇滚马戏团》的人，告诉我他给“披头士”拍《随他去》那场最后的屋顶演唱会时，看见唐纳德·卡梅尔就在附近不远的房顶上看着这一幕。卡梅尔的最后一部片子是他自拍自杀过程，和《迷幻演出》的最后一幕一样，精心准备了很久，延续了很长时间。在这里，他“亲近的人”是在隔壁房间的老婆。

后来我在洛杉矶见过卡梅尔，我对他说：你知道，唐纳德，我觉得没人能让你快乐起来，你自己也不能。你没处可去，也没人要你，能做的最好的事就是像个绅士那样体面地离开。后来过了顶多两三年，他就真这么干了。

多年来我从没发现米克和安妮塔私通的证据，但我能嗅出来。主要是从米克那边，他并没流露出任何蛛丝马迹，所以我才能嗅出来。我的女人半夜一回家就抱怨电影还有唐纳德之类的事情。但我了解这个女人，有时晚上她竟没有回家。我就去闲逛，找另外的女人。

我从没指望过安妮塔能怎么样。我的意思是，反正她也是我从布莱恩那儿偷来的。所以现在米克来了，你还能有什么设想？有点像电影《冷暖人间》，里面的人换妻、换女友……好吧，你去上他吧。没问题。你还指望什么？你得到了安妮塔·帕伦伯格这样的女人，难道指望别的男人都不看她吗？我也听到过流言，我觉得，如果她愿意和米克拍戏，那就祝他好运吧；他只有这么一次机会。我一辈子都得忍受这点。安妮塔很了不得，可能差点让他臣服。

我并不爱争风吃醋。我知道安妮塔的过去，她曾经和功成名就的画家马里奥·斯基法诺在一起，还有纽约一个艺术品交易商。我不指望能束缚她。这件事显然在我和米克之间划下了最深的，也许是永久的一条鸿沟。但问题主要在米克，不在我。

对于米克和安妮塔的事我没作任何反应，打算顺其自然。我们俩争同一个妞也不是第一次了，就算巡演路上只睡一晚的那种也会争。谁能得到这个姑娘，谁是泰山？好像两个大男子主义者之间的争斗，并且是诚实的。不过对于一段恋爱关系来说，这不算什么好基础，是不是？我不能责怪安妮塔，责怪了又能怎么样？我们还是在一起，我已经在路上了。但我对这类事情始终持有嘲讽态度。我的意思是，我从布莱恩那儿把她偷过来，总不能指望米克不去挑逗她，尤其还在唐纳德·卡梅尔的一手导演之下。但是，你知道，你做这事的时候，我也在挑逗玛芮安妮哩。有失有得。其实我差点在米克那家伙回家的时候被抓个现行。嘿，只有那么一回，我和她激情四溢，大汗淋漓。就像米克在《慢慢让我失望》里唱的，我们在夕阳下躺着，我的头枕在她那对漂亮的大奶子上。我们听着他的车开过来，手忙脚乱了一阵，我穿上鞋从窗子跳进花园，这才想起忘了拿袜子。好吧，反正他也不是那种会注意袜子的男人。我和玛芮安妮到现在还拿这事开玩笑。她给我发短信："我还是没能找到你的袜子。"

安妮塔是个赌徒，但有时候也会押错。对于那阵子的她来说，"保持现状"绝对不可能。一切都必须改变。不管怎样，我们没结婚，我们都是自由的。只要你随时来告诉我有什么改变就成。不管怎样，她对鸡巴小的男人没什么兴趣。我知道米克有对大睾丸，但还是填不满她对不对。我才不惊讶呢。在某种程度上我早就预料到了。所以我在罗伯特·弗雷泽的家里写下了"我感到暴风雨正在威胁我今天的生活"。安妮塔拍片的时候，弗雷泽把公寓租给我们，但后来他也没搬出去。所以安妮塔出门工作后，我就得跟这位"草莓鲍勃"和"穆罕默德"待在一块儿，他是我这首歌的第一个听众。"战争，孩子，就是一枪……"

外面下着暴雨，这真是该死的一天。我待在大山街，看见整个伦敦淹没在可怕的雨水之中。我沉浸在那种情绪里，从窗口往外望，只见街上人们手里的伞都被大风吹走，他们飞快地跑着。然后这首歌的动机就有了。有时候写歌会特别顺利。这是倒霉的一天，我没有事干。当然，其他段落就比较隐晦了，但当时我脑子里想的不是"天哪，我女人正和米克·贾格尔拍洗澡戏呢"。我只想着其他人经历的风雨，而不是我自己的。那只是片刻之间的感悟。后来我才意识到，这一刻比我当时所认为的更有意义。“正在威胁我今天的生活”，这句话有危险临近的感觉，没错儿，就是可怕的东西。和弦则受吉米·里德影响，那个飘忽的和弦，那个E调的持续低音在指板上滑动。之后我又试了A大调，B大调，接着我又想，好吧，怎么结束呢？突然变成C小调，没错。非常不像吉他的音调，但你一听到就能认出来。我有很多歌的灵感就像这样，是意外得来的。

就在那个时候，我和安妮塔迷上了海洛因。我们用鼻子吸了大概一两年，又开始吃混有纯可卡因的强效药丸。那段时间法律仍很混乱，等到《国家健康法案》实施后，吸食海洛因成瘾的就得到医生那里登记，然后就成了政府“认证”的海洛因瘾君子，就可以得到纯的海洛因小药片，再加一小玻璃瓶注射用水，把药注射进去。当然，所有海洛因瘾君子都会把自己实际需要的量多报一倍。此外，不管你想不想要，还会得到一份等量的可卡因。他们的理论是，可卡因可以抵消海洛因的作用，没准还能让海洛因毒虫变成有用的社会成员哩；而假如他们只吸食海洛因的话，那就只会躺在地上冥想，发呆，拉屎撒尿。当然，瘾君子把那份可卡因卖了，还得到双份海洛因，可以把多出来的那份也卖掉。多棒的花招啊！所以直到这一条文喊停之后，毒品才开始在英国成为社会问题。但瘾君子可不相信这点。我们想要镇静剂，你懂吗？然后他们就给你弄来最纯的兴奋剂。所有毒瘾者付房租的钱都是靠卖可卡因得来的，那时候吸海洛因的人看不上可卡因，就算有兴趣，也只留一点助兴。我最早就是这么开始接触可卡因的，纯粹的“梅与贝克”制品，装在瓶子里，以前瓶身上还写着“纯粹晶体”，就在标签上写着“！”，下面还有骷髅头和交叉的腿骨，注明“有毒”。多么含糊可爱的标签啊。我就是这样迷上了这一切，和“西班牙人托尼”还有罗伯特·弗雷泽混在一起。这就是一切的开始。因为他们和所有瘾君子都有联系。我之所以活到现在，可能只是因为我们只吸食顶级的好货。我迷上可卡因可能只因为它是纯粹的药剂——“砰”的一声打开药瓶子。我用的都是最纯的东西，用不着担心它在街头药贩子手里打转后被掺了什么。药效有时候就像掐住你的脖子，你得深入到自己的最底层去。和格兰姆 · 帕森斯一起吃的时候，我其实是逗留在浅层区，“墨西哥鞋擦”之类。但后来我用的毒品和药品基本上都是精华中的精华。

当然，最后会养自己的“宠物瘾君子”。比如史蒂夫和潘妮，他们是一对注了册的毒瘾情侣，就在伦敦，可能是“西班牙人托尼”带我过去的。他们住在基尔本区一个破破烂烂的地下室。我们去那儿买了几个月的药以后，他们说：“我们想离开这儿，想住到乡下去。”我说：“我有座乡间小屋！”我当时住在“红土地”，就和安妮塔把他们安置在“红土地”对面的小屋里去住。每个星期史蒂夫都要去趟奇切斯特，一下子搞了毒品带回家，我可以吸食他那一半的海洛因。史蒂夫和潘妮乖巧羞涩又低调，不是那种卑劣的下层人。史蒂夫有点像苦行僧，留着一撮胡子。他还是个哲学家，看的不是陀思妥耶夫斯基就是尼采。他身材瘦高，一头姜黄色的头发，留山羊胡，戴眼镜，还他妈挺像个教授的，虽说身上的味道会穿帮。就这样过了大概一年。他们实在太乖巧温顺了。“我们能给您倒杯茶吗？”总之他们和你心目中的“毒鬼”完全不是一码事。他们总是彬彬有礼。他们是用静脉注射的，有时候我到小屋去问：“潘妮，史蒂夫还活着吗？”“应该是吧，亲爱的，先喝杯茶，我们再叫醒他。”就是这么温文尔雅。你能给我找出一个大众心目中典型的“毒鬼”，我就能给你找出十个活得好好的、过着正常生活的瘾君子，其中不乏银行家之辈。

那真是一段黄金岁月，至少直到一九七三年至一九七四年都是。因为海洛因还是完全合法的。后来他们取缔了它，换成了美沙酮，这东西更糟糕，至少没比海洛因好到哪儿去。人工合成药品。有一天，瘾君子们一觉醒来，只能得到一半纯海洛因一半美沙酮了。此后海洛因就得到市场上去买，那是皮卡迪利广场上夜间药店的年代。我曾经到那里去找毒品，把车停在角落，但总有一队人在外面等着他们的宠物瘾君子带着货出来平分。这个系统已经不能满足如此庞大的需求了。我们缔造了一个瘾君子的国家！

我已经记不清自己第一次用海洛因的感觉了，可能是和可卡因混在一起做成强效药丸吃下去的。如果你身边的人把两样混在一起吃，也给你吃了，那你是觉察不到的，事后才能发现。“昨天晚上吃的东西很带劲呀，到底是什么东西，哇！”它开始一点点在你身体里蔓延，因为你自己什么也不知道。关键就在这儿。突然间你发现自己上瘾了。

“海洛因”这名字可是名副其实。它真是个诱人的婊子。你可以吃上一个月然后停掉，也可以去一个完全没有它的地方，完全不去想它；它只是你吃的一样东西而已。你可能会觉得自己像得了流感，第二天就好了。此后你又开始接触它，这次吸食更多。一连几个月。接下来你又有几天不吃，像得了流感，没什么大不了的。他们说什么？这就是快速戒毒法？除非上瘾，否则平时不会特意想到它。

这很微妙。它是慢慢抓住你的。等到了第三四回，你就能感受到它的信息了。为了减少开支，你开始静脉注射。不过我从来没尝试过。静脉注射那一套精细的操作从来不适合我。我不喜欢那种瞬间即逝的感觉；我希望持续的刺激。如果从静脉注射进去，就会产生一股强烈的、闪电般的感觉，两个小时之内你会渴求更多。注射会在身上留下痕迹，我可不能暴露。再加上我根本找不着静脉，我的静脉太细，连医生都找不到。我用过肌肉注射。把针头扎进去，一点都不觉得疼。屁股上注射海洛因，如果方法正确的话要比静脉注射来得更强烈。因为接受者会对注射有反应，针头进去又出来也很有感觉。当然这么说在政治上不正确。

那是创造力丰沛又高产的时期，《乞丐盛宴》、《让血流淌》，有不少好歌，但我从来不觉得吸毒本身和创作有什么联系。可能影响到几个和弦，影响到这里那里几段歌词，但对创作力应该没有显著的削弱或者提升。我从来没把海洛因当成创作的辅助，也没觉得它让我分心。写《给我庇护》时我也许用了药，也许没有。这并不能影响你的判断力，但在某些场合确实能让你更持续关注某些东西，比平时更深刻地去挖掘它，而不是挥挥手说，哦，这没什么新鲜的。用药后，你偶尔会不断地盯着一样东西直到搞出名堂。有人说萨克斯手都吸毒，因为他们相信是毒品成就了查理·帕克,这种屁话我从来不相信。毒品和世上的所有事物一样,有利有弊,或者一定程度上有用。一坨放在桌子上的海洛因本身一点害处都没有,唯一的问题是,你吃不吃它?我用过很多种毒品,要是不喜欢,一定不会再去尝试。

我觉得海洛因让我精力更集中,做到平时以为做不到的事情。我这不是建议你吸毒。瘾君子的生活可不值得推荐给任何人。我算是生活在瘾君子世界的顶层,但还是过得相当悲惨。它并不是通往音乐天才或任何世界的必经之路。这是一种平衡的艺术。我有很多事要做:这首歌很有意思,我想给这东西做副本,我想在五天之内做完某件事……这就需要在可卡因和海洛因之间获取完美的平衡。但问题是五六天后,我就会忘掉这种平衡的比例,或者其中某一种供应不上了。我总是得为药品补给担心。我能活下来,关键就在于能掌握好自己的步调和速度。

我从来没有服药过量的经历。好吧,不能说"从来没有",偶尔也吃到昏迷过去,不省人事。但我觉得它对我来说越来越像一种工具。我发现,我要依靠燃料来运转,其他人却不是这样。我在燃烧,而他们得拼命跟上我。我能熬过来只因为我吃的是最纯的可卡因,没掺一点杂质,我就靠高辛烷值活着。如果我觉得把自己逼得过狠,需要放松一下,就会来点海洛因。现在听起来似乎有点可笑,但可卡因和海洛因的混合药丸一度的确是我的燃料。但我要向所有读到这儿的人强调,我用的是最好最好的可卡因和最纯最纯的海洛因,一点杂质都没有,没有那种"墨西哥鞋擦"之类的垃圾。我对这些东西质量的把关总像福尔摩斯一样警惕,总在研究这种东西的致病率,或者那种东西的不稳定性,这就像平衡的艺术。它可以让我连续坚持几天,不会注意到自己把队友都累坏了。

吸毒让我和约翰·列侬的交集更多,对他的了解也愈发深入。我们相处过很长一段时间,他和洋子会顺便过来找我。但问题是,约翰其实是虚张声势,不够坚定。我给他什么他都尝试,但他不像我这样训练有素。他总是一会儿吃点这个,一会儿吃点那个,来两片镇静剂,又来两片兴奋剂,吃点可卡因又吃点海洛因。然后我就工作去了。我总能游刃有余，而约翰最后就只能趴在我家厕所瓷砖上，还有洋子的声音当背景：“他不应该吃这个。”我说：“我知道，可我又没逼他！”但是不管在哪儿，约翰总会回来找我要更多货。我记得有一天晚上我在广场酒店，他到我的房间里来，过了一会儿就消失了。我在外面和姑娘聊天，她们都问约翰到哪儿去了。我到厕所里去找他，他正趴在地上，盯着瓷砖。他喝了太多红酒，又吸食了海洛因。真是五颜六色的组合。“别碰我，这些瓷砖好美啊！”他的脸惨白可怕。有时候我会纳闷这些人来找我的目的，他们是不是在背后打什么赌了？约翰每次离开我的房间时不是横躺着被抬出去就是被人架着出去的。

也许这和我疯狂的生活节奏密切相关。我醒来后会吃一片巴比妥盐酸,和海洛因相比,吃这个就纯属娱乐,不过也有危险性。这就是我的早餐。再来一粒吐诺尔胶囊,在上面扎个眼药效发挥会更快。然后喝一大杯热茶，再决定到底起不起床。也许吃一粒镇静片或者安眠酮，量不能太大，否则会把人烧死。你得慢慢醒来，你有的是时间。两个小时后药效慢慢退去，周身舒服，就去吃点早饭，着手工作。有时候我会吃点镇静剂继续睡。一旦真正清醒，我就没法再睡了，因为显然睡够了。接下来要做的就是为未来的三四天铺平道路。我会在很长的时间里没有睡意，我知道自己身体里就有足够的能量，除非我故意压抑它。我可以点燃它，一直到做完该做的，比如在录音室工作。我吃药就像给自己加油一样，很少是贪图享乐。至少我的借口是，它们可以让白天过得更容易。

不要在家里这么吃药。就连我也不敢再这么做了；在家里药效完全不一样。七十年代中期，他们就不再生产以前那种镇静剂了，新产品都是没有兴奋，直接就让你睡过去。我真想撬开全世界的柜子，只为再找到一点巴比妥盐酸。在中东和欧洲肯定能找到一点。我喜欢原来的镇静剂。我总是容易狂躁，所以得抑制自己。如果我不想睡觉，只想享受兴奋感，那就只要站一会儿，听听音乐就行了。毒品也有个性。所以我喜欢巴比妥盐酸。个性。任何一个负责地用镇静剂的人都会懂我在说什么。就算它让我镇静下来，也可以让我的精神保持在某个兴奋度上。最纯的毒品才最实用，吐诺尔、速可眠、纳姆巴妥斯。戴斯巴托斯可能是最好的，胶囊颜色是奇怪的红色和奶油色。当年的配方比后来的好得多，能直接刺激中枢神经系统。二十四小时之内药效就过了，不会一直活跃在神经末梢上。

一九六八年十二月，我和安妮塔、米克、玛芮安妮从里斯本坐船去里约热内卢，在海上走了有十天。我们想按古老的方式过去玩，也并没有太认真，所以才采取了这种交通方式。我们那时候毒瘾不大，只有安妮塔一次次去船上的医生那里讨吗啡。船上没什么事可干，我们就拿着一台超 8 摄像机到处拍，录像带直到现在还存着。我们给船上一个女人起外号叫“蜘蛛女”，录像里也许有她。那是一艘货船，也搭载乘客。很有三十年代的感觉，好像诺埃尔·科沃德[①]随时都会出现。手镯、烫卷的头发、昂贵的衣服、香烟托……“蜘蛛女”也是其中一景。我们常常跟着她，看她在酒吧表演。偶尔给她买饮料。“太棒了，亲爱的。”她有点像女版的斯塔什，满嘴的胡言。酒吧里挤满了英国上层社会的人，喝起酒来都疯了一样。粉红杜松子酒和粉红香槟，二战前的话题。我穿着半透明的阿拉伯式斗篷，墨西哥式鞋子和热带地区军帽，有意作异国打扮。过了没多久，他们就发现了我们，开始过来问各种问题：“你们是在干什么？给我们讲讲到底是怎么回事。”我们从来不回答他们，有一天“蜘蛛女”过来说：“啊，给我们点暗示，一点微光一样的暗示也好。”米克转向我说：“我们是‘微光孪生子’。”做赤道洗礼[②]时，我们就是用“微光孪生子”这个名字登记的。

早先我们认识了鲁本特·洛伊文斯坦，不久后他便开始打理我们的事业了。这次他安排我们住进了里约热内卢最好的酒店。安妮塔忽然神神秘秘地去翻电话簿。我问，你找什么呢？她说，我要找个医生。

“医生？”

① Noël Coward（1899－1973），英国演员、歌手、导演，1943 年获奥斯卡终身成就奖。
②古老的欧洲航海传统，第一次过赤道的水手要在洗礼池中浸泡。

“对。”

“干什么？”

“你别管了。”

傍晚时分她回来了，说：我怀孕了。这个孩子就是后来的马龙。

噢，这个……太好了！我非常高兴，但我们不想取消这次旅行。我们去了马托格罗索州，在一个大农场住了几天。我和米克坐在阳台，脚跷在护栏上，像牛仔一样，想象我们是在得克萨斯，写了首《乡村小酒馆》，回了都市后，这首乡村乐风格的歌就被改成了单曲《小酒馆女人》。不过我们最终把《乡村小酒馆》收进一九六七年年底的专辑《让血流淌》。它是用木吉他写的。我还记得那个地方，因为每次冲厕所的时候总有不少又黑又瞎的大蛤蟆跳出来——真是有趣的情景。

玛芮安妮提前回了家，因为她儿子尼古拉斯病了，他在船上时就不舒服，一路上多数时间不出船舱门。于是我和米克、安妮塔去了秘鲁的利马，然后又去了库斯科，它坐落在海拔一万一千英尺的高原。所有人都有点上不来气，我们一到酒店，就看见走廊里放着一排高压氧舱。半夜安妮塔发现厕所坏了，就在洗脸池里撒尿，尿到一半，洗脸池摔到了地上，水从一根大管子里喷出来，真像“马克斯兄弟”喜剧里的情节，先是忙中出错，接着就……各种东西纷纷砸下来。我们叫了人。洗脸池摔碎了，一片片的，但奇怪的是那些秘鲁人半夜跑过来，对你还很客气。他们没说“你们到底干了什么！怎么把洗脸池给摔碎了”，只是把东西清扫干净，给我们换了个房间。我本来还以为他们会带着警察冲进来呢。

第二天我和米克出去散步，坐在一条长椅上吃了白天的药，嚼了点古柯叶。回酒店后，发现一张从英国领事馆转过来的卡片：“某某某将军……如能会见，不胜荣幸。”这位将军是马丘比丘的军政府首脑，请我们去他家吃晚饭。这还真不好拒绝。他统治着这块地区，签发各种许可和旅客通行证。显然他在这里过得很闷，所以召我们到他在库斯科外的别墅玩。有个德国 DJ 和他同住，是个金发男孩。我永远也忘不了他家的装潢，家具都是从墨西哥或美国运来的，上面的塑料膜都没撕开，他就是那样的，人也许是一撕开就会被虫子蛀光的缘故吧。所有家具都很可怕，但别墅本身非常漂亮，有点西班牙古宅的味道。将军很有魅力，是个好客的主人，食物很不错。然后就是主菜——由他的男友，那个德国 DJ 带来表演。播放的唱片非常可怕——冒牌灵魂乐，当时还是一九六九年呢——然后将军让这个可怜的男孩表演游泳的舞姿，那舞步太老式，我根本记不得了。男孩趴在地上，挥舞四肢，做蛙泳的动作。我和米克面面相觑，这都是什么乱七八糟的？我们怎么才能离开？我们差点没能忍住笑，因为那个男孩实在是竭尽全力，他肯定觉得自己是南半球最棒的游泳健将吧。耶，加油伙计！将军让他干什么他就干什么。“再跳个捣马铃薯舞。”他就马上照做。我们真觉得回到一百年前了。

之后又去了乌鲁班巴，马丘比丘附近的一个村子，挨着乌鲁班巴河。我们一到那儿就傻眼了，什么都没有。肯定没有酒店。整个地方根本就不在旅游地图上。他们唯一见过的白人已经失踪了。其实我们也迷路了。不过最后还是找到了一个酒吧，好好吃了一顿，有虾、米饭和豆子。我们说，我们是开车过来的，能找地方让我们住么？一开始，“不”的声音此起彼伏，但他们注意到我们的吉他，于是我和米克就给他们唱了一个钟头的小夜曲，绞尽脑汁地回忆各种老歌。我觉得可能需要获得多数人表决通过才能住下来。安妮塔有身孕，我想让她能有床睡。我们肯定是唱得不错。我弹了几小节的《马拉加舞曲》，还有加斯教我的几首西班牙风格小曲。最后主人说我们可以使用楼上的两间屋子。这是我和米克唯一一次为了睡个觉卖唱。

那是一段高产的时期。我们不断写歌。《小酒馆女人》后来在一九六九年七月发行，成了先于专辑《让血流淌》发行的单曲，它是我们那阵子的代表作，有放克风格，还有点脏；这是我第一次使用开放调音法的重大尝试，让乐段和节奏吉他提供旋律。达特福德时期的布鲁斯与黑人音乐在这里又向前迈了一步，查理的表现也好得惊人。毫无疑问，这是首金曲，是那种一录完就知道肯定会他妈的登上排行榜头名的歌。那阵子经常是由我来写好乐段、歌名和副歌，米克把其余部分填满。基本上就是这样。我们没想太多，更谈不上冥思苦想。就这样，这一段就这么唱：“我在城里遇见一个该死的婊子”。好了米克，下一段该你了。我的乐段就在这儿，给，宝贝。你来把它写完，我去写下一首。然后米克就能把它完成。给他一个概念，他就能完善。

我们还使用“元音进程”法写歌，这种方法对歌曲创作者来说非常重要。歌词的发音是关键。很多时候你不知道该用什么字眼，但清楚至少应该包含什么元音。你可能在纸上写下很多看着还不错的东西，但里面却没有合适的发音。你得围绕元音来搭建辅音。这里要唱“噢——”，那里要唱“哒——”，一旦错了，听着就会很恶心。不必句句都押，但韵脚不能没有，你得明白，哪个特定元音必不可少。“嘟－喔普”这名字可不是白叫的，它就是一种元音进程。

《给我庇护》和《你得到了银子》是我们在奥林匹克录音棚为《让血流淌》最先录制的两首歌。这张专辑是在六九年夏天录制的，也就是布莱恩去世的那个夏天。《你得到了银子》不是我第一次在乐队当主唱，我第一次唱歌其实是在《联系》里。但《你得到了银子》确实属于最早一批我独立创作，并超过了米克的歌曲。我一个人唱它是因为我们得平摊工作量。我们总是需要和声，就像“艾弗利兄弟”那样，所以我以前也开过嗓子，而不是突然就独唱了。但这首歌和我其他的歌一样，根本不像我写的。我有敏感的触角，可以在房间里捕捉灵感，但仅此而已。《午夜游荡者》是怎么来的？我说不上来。可能是过去的日子在心里激起的回响。“嘿，别忘了我们，伙计，写首牛逼的布鲁斯吧。变一种形式，就变一点。”《午夜游荡者》是芝加哥布鲁斯。我知道节奏该怎么走，关键在于和弦序列的紧密性，D 和弦、A 和弦和 E 和弦。它不是布鲁斯的和弦序列，但听上去很像重而脏的布鲁斯。也许和弦序列不是，但音色是地道的芝加哥风格。这是“滚石”创作的最原汁原味的布鲁斯曲之一。歌名和主题都来自媒体哗众取宠的新闻标题，一天之内就被淡忘。你碰巧看到报纸上有则《午夜游荡者再度出逃》。哇，就是它了。

从时事报道、新闻标题和日常对话里可以提炼精彩短句用于歌词，这离以前流行歌曲的观念或者说科尔·波特和豪吉·卡迈克尔[①]的做法实在太远了。“我今天在接待处看到了她”这句平凡无奇，没什么力量，也没有经典出处。我和米克对视一眼，说，如果约翰和保罗能做到，那我们……“披头士”和鲍勃·迪伦在很大程度上改变了歌曲的创作方式和人们对演唱的看法。鲍勃的音色并不是特别出众，但非常有表现力，他知道怎么才能运用得恰到好处，这比任何技巧都更重要。这几乎是一种“反演唱”。但你听到的是一个真诚的声音。

《你不可能总是要什么有什么》基本上都是米克写的。我记得他到录音室来说，我写了首歌。我问，歌词有了吗？他说，写好了，但不知道听上去怎么样。因为他是用吉他写的，最初听上去是民谣。我得想出一种节奏，一个动机……我让乐队随便尝试，在不同地方加上和弦序列。也许是由查理决定最后用哪个。一切都是试验性的。后来我们非常谨慎地决定在结尾加一段合唱。来一段古典的合唱吧。换句话说，我们也试试高攀一下严肃音乐。这是一种冒险。我和米克先觉得应该用福音合唱，因为我们在美国曾有和黑人福音歌手同台的经历。后来我们又想，要是能找一个英国最棒的合唱团会怎么样？找那些可爱的白人歌手，采用严肃音乐的方式，看看我们能不能占上风？稍微刺激下他们，动摇他们的观点，给他们一点震撼，对不对？“你不——可能——总是……”最后形成一种优美的对比。

六月初，我们每天都在奥林匹克录音室打磨这些歌曲。一天我开着奔驰带安妮塔出去，结果车翻了，当时她怀着马龙，已有七个月身孕。她的锁骨骨折了。我带她去了圣理查德医院，他们用半个小时就给她接好了骨头。我坐在外面等着，照顾我们的都是好人。一出门，正遇见布莱顿的刑事调查员，直接被带到奇切斯特警察局，接受审问。我老婆怀着孕，还断了锁骨，我的天，都凌晨三点了他们还不肯放过我们。我越和警察（特别是英国警察）打交道，就越觉得他们受的培训有问题。我

① Cole Porter（1891－1964），百老汇著名词曲作家；Hoagy Carmichael（1899－1981），美国著名作曲家，钢琴家，歌手，乐队领队。

的态度肯定不够好，但我还能怎么做，给他们打个滚吗？别逗了。他们怀疑我吸毒了，觉得这事当然跟毒品有关系。他们怎么不好好看看街拐角那棵橡树呢。一上来就问："你们的车是怎么拐弯的，你们肯定吸毒了。"我当然没有。在离"红土地"不远的拐弯处，车子突然坏了，一切部件都失效。液压制动器出了毛病，刹车失灵了，方向盘也失灵了，车子摇摇晃晃地栽进一片湿滑的草地，然后翻了。那是一辆敞篷车，足有三吨重，重量都落在挡风玻璃和支撑车篷的支架上。挡风玻璃居然没碎，真是奇迹。后来我才发现原因：这辆车是一九四七年产的，用的是二战结束后在德军战场上遗落的装甲车部件和强化钢材——那阵子他们有什么就捡什么。这破车还真是用好钢材造的。换句话说，我开的就是一辆敞篷坦克。难怪德国人用六个星期就能横扫法国，还差点把俄国也打下来。装甲车救了我的命。

我的身体离开了车。我的意识在十二码到十五码左右的空中目睹了这一幕。相信我，真有灵魂出窍这回事。我一辈子都想尝试，但这次是头一回经历。我看着一切以三分之一速度的慢动作在眼前移动，心绪异常平和冷静。就像一个观察者，不带任何感情：你已经死了，忘掉这一切吧。但在光芒熄灭之前……我看到了车的内部，我看到那些铆钉连着的支架，一切都非常清晰。眼前还是慢动作。我深深地屏住呼吸，看见安妮塔还在车里，我意识中的另一个部分猜测她可能也在从高处的什么地方向下看着。我担心她胜过担心自己，因为我已经不在车里。我的灵魂逃跑了，或者可以用别的什么说法，反正就是发生在瞬间的事，随便你怎么说吧。然后就听见车子翻倒的声音，转了三圈，撞在树篱上。突然我的意识又回到了方向盘后面。

所以马龙出生前两个月就经历了人生的第一场车祸，难怪他从来不开车，连驾照也没有。马龙的全名是"马龙·里昂·桑迪普"。马龙·白兰度来医院看望安妮塔，还恭维她在《迷幻演出》里的表演。"马龙，这名字不错，干脆叫他马龙好了。"这个可怜的孩子回到在切尼步行街的家时被迫接受了洗礼，一大堆米粒、花瓣和唱圣歌之类的狗屁玩意儿。好吧，安妮塔是妈妈，对不对？我怎么能说不呢？你爱怎么样就怎么样吧，妈妈。儿子毕竟是你生的。罗伯特·弗雷泽为我们请来了一支孟加拉的巴乌尔[①]，还送来了一张漂亮的，可以摇摆的婴儿床。总之，孩子全名是马龙·里昂·桑迪普·理查兹，这才是最重要的事情。其他的都是陪衬。

三年前，布莱恩躺在录音室嗡嗡作响的麦克风旁昏迷不醒时，我们就已经不指望他了。奇怪的是一九六九年，也就是他去世那年的年初，他还在我们的歌里留下过声音——《你得到了银子》里的自动竖琴，《午夜游荡者》里的打击乐。怎么会有这些？不过是沉船前的回光返照。

五月在奥林匹克录音棚时，我们已经找来了代替他的乐手米克·泰勒，为《小酒馆女人》弹奏，他叠录的音轨半途而废。泰勒非常出色，我们一点也不惊讶。他的出现好像自然而然。我们都听过泰勒弹琴，因为他和约翰·梅耶尔以及“布鲁斯突破者”合作过。所有人都指望我作个决定，因为我是要和他配合的吉他手，但我的立场是跟谁一块儿弹都行。只有大家一起上才知道合不合适。我们一起做出了最棒的东西，其中有“滚石”最好的作品。他的演奏里什么都有，从旋律感到优美的延音和对歌曲的理解。他能弹出极好的音色，极有灵魂的东西。他的技艺甚至在我之上。米克·泰勒的弹奏有时候会让我满心敬畏，特别是《徒劳的爱》中的滑棒吉他。有时候我们只是即兴弹，由他先热身，我再跟上，哇，我觉得我们之间的感情就是这么产生的。我爱这个家伙，喜欢和他工作，但他非常害羞和冷淡。一起研究或演奏时我会故意靠近他，看他让头发垂下来，很逗。但我总觉不论多久，我对他的了解还是停留在第一次见面时的那些。你可以在纪录片《给我庇护》[②]里看到——他的脸上总是没有表情。他的内心在挣扎。对这样的人你束手无策，没法让他们敞开心扉。他们总在和自己内心的魔鬼作斗争。偶尔可以让他们袒露自己一两个小时，或者一晚上、一整夜，但第二天他又沉静下去了。这么说吧，他不是个爱说笑的人。好吧，对这种人你得给他点空间。你知道，有的人你跟他在一

---

① Baul，孟加拉地区的民间音乐人团队。

②滚石乐队 1969 年巡演纪录片，大量呈现了阿尔塔蒙特音乐会上的不幸命案。

起待上一天就把该看的看透了。他和米克·贾格尔正好相反。

布莱恩死前的两三个星期，我们已经把他炒掉了。已经到了紧要关头，我和米克去了他的小熊维尼之家（布莱恩前不久买下了考切福特农场，这里原本属于“小熊维尼”的作者A. A. 米尔纳）。我和米克硬着头皮开车过去对他说：“嘿，布莱恩……一切都完了，伙计。”

不久后的一天，我们正在和米克·泰勒一起录音，突然接到一个电话。当时正在录史蒂夫·旺德的《我不知道为什么》，刚到一分半钟，突然电话里就传来布莱恩的死讯。这个一分半钟的录音现在还保存着。

我知道弗兰克·索罗古德的“临终忏悔”，他说自己杀了布莱恩，把他溺死在泳池里，几分钟后别人就发现了尸体。但我对此一直持怀疑态度，因为听到这个忏悔的只有一个人，叔叔还是女儿什么的。“他死前说自己杀了布莱恩。”他到底做没做这件事，我无从知道。布莱恩患有哮喘，当时正在服用安眠酮和吐诺尔，吃了这些再下水可不怎么妙，很容易呛水。他肯定是进入了很深的睡眠。我得说，他对药品的耐受量很高。但是验尸报告指出，布莱恩患有胸膜炎，导致心脏扩大和肝病。我能想象布莱恩对上门装修的索罗古德等建筑工人有多苛刻，搞得他们都恨在心里。他的头陷在水中，再也没能浮上来。但如果真有人说“我杀了布莱恩”，我还是觉得顶多是意外杀人。这人可能是把他推下去了，但并不是存心杀他。布莱恩肯定是像个浑蛋那样欺负那些建筑工人。但其实他死的时候那些工人在不在场根本不重要，就算身边没有任何人，他的生命也已经走到尽头。

他去世三天后，也就是七月五日，我们在海德公园举办了“滚石”两年多来的第一场演唱会，是免费演出，有五十万人到场，非常精彩。对于我们来说，它的意义在于，这是我们时隔很久后第一次公开演出，队员也有了变动。这是米克·泰勒的首演。我们老早就决定办这场演出的，不过现在显然得加个声明，于是演出变成了布莱恩纪念仪式。我们希望庄严地同他告别。这个男人的生平起落是一回事，但当他的时代结束时，还是为他放飞白鸽吧，或者像我们在这场演唱会尾声时那样，为他放飞大袋大袋白蝴蝶。

一九六九年十一月，我们和米克·泰勒去美国巡演。B. B. 金和艾克与蒂娜·特纳夫妇为我们暖场，他们的演出已经很精彩了。就在那场演出中，我第一次在巡演时用开放和弦调音法弹琴，把这种了不起的新声音展示给了观众。最有感触的还要算艾克·特纳。和我一样，他也被开放和弦调音法迷住了。记得是在圣迭戈，他把我拖进后台更衣室，差点没用枪指着我："给我看看这五弦的玩意儿是怎么弹的。"然后我们就一块儿待了四十五分钟，我给他演示了开放和弦调音法最基础的东西。这之后不久艾克和蒂娜就推出了《一起来》这张美丽的专辑，全是用五弦弹的。四十五分钟他就领会了精髓，掌握了它。但是对我来说最惊喜的是：我竟然能教艾克·特纳？乐手之间有种微妙的感情，介乎敬畏、尊敬与认可之间。要是有人冲你走过来说，嘿，伙计，你这段是怎么弹的，教教我——而事实上这些人的东西你听了好多年，这时你就会感到自己真的是他们中的一员了。好吧，我简直不敢相信，但我已经在一流吉他手的行列里了。对于乐手，至少是多数乐手来说，还有一件很棒的事就是共享、交流，展示慷慨。你听出我这段了吗？对，就是这么弹的。大多数情况下，乐手并不会刻意保密；所有人都互通有无。你是怎么整出这个来的？你一问，对方就会教给你，然后你发现那其实很简单。

十二月初，我们加足马力，信心满满地来到亚拉巴马州谢菲尔德的"马斯尔肖尔斯之声"录音室，巡演已经结束（其实还没完全结束，因为过几天还有阿尔塔蒙特赛车场那回事呢）。我们在这里录制了《野马》、《红糖》和《你得前进了》。在这个完美的八轨录音室里，我们三天之内就录了三首歌。马斯尔肖尔斯真是个好地方，一切都很实在。你可以进去录一遍音，用不着说什么"啊，我们能在这儿加段贝斯吗？"之类的废话。只要走进去弹出来，就行了。这是个顶级录音室，唯一美中不足的是它在一个没什么名气的地方的一栋小房子里。创立这个录音室的都是些了不起的南方人，有罗杰·霍金斯、吉米·约翰逊，等等。他们都是有名的乐手，“马斯尔肖尔斯节奏组”的成员，一直在里克·霍尔之前位于马斯尔肖尔斯的“名人录音室”工作。他们已经形成了一个具有传奇色彩的圈子，几年间就制作了几张很棒的灵魂乐专辑——威尔逊·皮克特、阿瑞莎·富兰克林和珀西·斯莱奇的《当男人爱上女人》。对我们来说，来这里录音和去切斯是一样的，虽说路有点远，其实我们本打算去孟菲斯录音。但是你得听听在《野马》里弹钢琴的吉姆·迪金森怎么说。他是个南方孩子，很会讲故事。

这个故事没别人知道，不知道为什么，斯坦利·布斯在自己的书里也没讲。但他们能去马斯尔肖尔斯其实就是因为斯坦利。他为了写那本传记随他们一起旅行，有天半夜给我打了个电话。我和老婆以前在奥本见过他，看过“滚石”演出，大概是这样。后来又过了一星期，大约一个半星期，他再次给我打电话，问孟菲斯有没有什么地方可以让“滚石”录音？他们在巡演末期有三天空余时间，整个巡演期间他们一直在演奏，状态正热，有些新东西出来。当时，外国乐队可以向美国艺人联合会申请巡演许可证或者录音许可证，但不能同时申请两样。他们被禁止在洛杉矶录音。我听说里昂·罗素帮他们张罗在洛杉矶录音，结果被联合会罚款了。不管怎么说，他们想找个能躲开艺人联合会监视的地方，于是就想到了孟菲斯。“披头士”先前就想过在孟菲斯的斯塔克录音室录音，结果因为安全之类的问题被拒绝了，孟菲斯确实没有什么可以让他们隐姓埋名安全录音的地方。我这么回答斯坦利，他一听就抓狂了。他说：好吧，那我怎么向他们交代？我说：让他们去马斯尔肖尔斯吧，那儿没人知道他们是谁，不怕被认出来。斯坦利的反应很不积极。他说：好吧，我可不认识那儿的乡巴佬，可怎么联系……我说：你给杰里·韦克斯勒打电话就行了，他会安排的。但我不知道，当时也没人知道，"滚石"和百代的合同已经到期了。好吧，韦克斯勒肯定会知道，一眨眼的工夫他就能明白。后来一个星期也许十天里我都没再听到什么消息，后来斯坦利又在半夜给我打电话，说星期四到马斯尔肖尔斯来，"滚石"要在那儿录音，他还嘱咐我别告诉别人。所以我没开自己的车，而是开老婆的车，免得被人认出来。我去了那个老录音室，它横在公路和墓地之间，其实是棺材厂改建的。非常小的一栋楼。我一敲门，吉米·约翰逊把门打开一条缝，看着我说：迪金森，你来干什么？我说：我是来给"滚石"录音的。他说：妈的，是不是孟菲斯所有人都知道这事了。我说：不是不是，没人知道，吉米。一切都没问题，别担心。当时其他人都没来，"滚石"还没出现。后来他们的飞机降落在马斯尔肖尔斯机场，这地方就从没见过这么大的飞机。因为我是和斯坦利一起的，所以可以留下。后来有不少人声称自己当时也在马斯尔肖尔斯，其实根本就没有。有好几次我被追问当天格兰姆·帕森斯在不在。靠，要是格兰姆·帕森斯在，我就不可能在里面弹钢琴了，肯定是他弹了。所以当天那儿基本就没什么外人。我和基思先一头进了录音室，边等贾格尔他们边即兴弹。直到那天他们还觉得我是个乡村乐钢琴手，我也不知道为什么。我其实很少弹乡村乐，只是学过几段弗洛伊德·克拉默的东西。不过可能是格兰姆·帕森斯的缘故，他们当时刚和格兰姆交上朋友。我觉得基思有点迷恋乡村乐。我们在那儿弹了一下午，主要是汉克·威廉姆斯和杰里·李·刘易斯的歌。他们让我留下了。

后来米克开始唱《红糖》，副歌前面的歌词是随便唱的，每节都在变。我和斯坦利在控制室里，我说，斯坦利，有句很棒的歌词他漏掉了。然后就听见控制台后面的沙发上有个声音传来。是坐在那儿的查理·沃茨，我先前没看见他，要不就不会说了。他说：告诉他呀！我说：我才不告诉他呢！查理凑到控制台前面，按下对话键说：告诉他！于是我就说：啊……米克，我觉得你漏了一句歌词，你刚才在第一段里还唱了“午夜听见他在鞭打那个女人”，这句词很棒。贾格尔听了就笑，问：谁说的，布斯吗？查理·沃茨说：不是，是迪金森。贾格尔说：还是这样。我不知道这话是什么意思，我猜他是想说：又一个自作聪明的南方小子。所以上帝保佑，我就这么在摇滚乐的历史上留下了一笔。“听见他在鞭打那个女人”这句词是因为我才录下来的。

迪金森是个很好的钢琴手。也许当时我确实错把他当成乡村乐手了，可能因为他是南方人的缘故。后来我才发现他擅长的领域非常宽。和这样的人合作有点像休息，因为你深陷在“明星”这个身份里，听说过很多乐手并很想合作，但一直没有机会。所以和迪金森共事让我们很有“南方”的感觉，而且这种自然而然地被“南方”接纳的感觉很棒。他们总会问：你们真是从伦敦来的？你们怎么能他妈的弹成这样！

除了“滚石”和伊恩·斯图尔特，吉姆·迪金森是当时在场的唯一一个乐手。到第三天我们开始弹《野马》的时候，斯图尔特有点不知所措，干脆袖手旁观了。因为《野马》是用B小调和弦开头的，斯图不喜欢弹小调和弦，“什么乱七八糟的中国音乐”。所以迪金森就在录音里弹了那一段。

《野马》几乎是自发而成的，不过还是跟我一天到晚琢磨调音法有关。我找到了那些和弦，特别是开始用十二弦吉他弹的时候，为这首歌奠定了个性和特殊音色。十二弦吉他可以弹出一种凄凉的声音。我一边弹一边思考，起初是在普通的吉他上用开放E弦调音法弹的，效果不错，但有时候你会有点想法。我想到如果把开放和弦调音法用在十二弦吉他上会怎么样呢？密西西比·弗莱德·麦克道尔就是这么干的，就是十二弦滑棒弹法，将普通吉他的五弦方式运用于十二弦吉他，也就是弹十弦吉他。我那时候已经有了一些习惯的积累。这又是一个有魔力的时刻，一切因素都汇拢了。有点像写《满足》的时候，你就是梦见了它，然后一切都在你手里了。在心里勾勒出一幅野马奔腾的画面，你会用什么词来描绘呢？我写下了“野马也不能把我拖走”。这是写歌过程中最棒的事情之一；它其实不是智力活动。你可以用头脑去思考这个或那个，但写歌时基本只是去抓几个瞬间。吉姆·迪金森——二〇〇九年八月十五日，我还在写这本书时，他去世了，上帝保佑他——后来会在采访里说《野马》“写的是什么”。我可不怎么确定。我从来不觉得写歌和写日记是一回事，尽管有时候回忆起来你会发现，歌里写的和生活中发生的也有点关系。

你是怎么想起要写歌的呢？在某种程度上，是想让自己触及他人的内心。你想把自己深深植根于别人的心房，至少要激起共鸣，好让他人成为一件比你手中拨弄的乐器更大的乐器，那根心弦。去感动别人，这主意让我迷恋。写一首能被人记住、被人放在心里的歌，能为你和他人建立起一种联系，让你得以触及他人内心最深处，仿佛你们之间有一根丝线牵系。是对心灵的直击。有时候我觉得写歌就是尽量绷紧自己的心弦，又不至于犯心脏病。

迪金森的话让我想起那几天我们的效率有多高。我们在巡演路上已经充分排练过这些歌。不管怎样，他记得《红糖》和《野马》都是过两遍就录好的——这种事以后再也没有了，后来每首歌我都要梳理个四五十遍，在其中碰撞火花。八轨录音好就好在直接流畅，对于“滚石”来说是最好的形式。你一走进录音室就知道鼓的音轨该在什么位置，声音会是什么样。不久后就有了十六音轨和二十四音轨，所有人都得在大台子前面来回，反而增加了录制的困难。创作用的“画布”变得巨大无比，让人更难集中精力。要给四至六人乐队录音的话，八轨录音是我最喜欢的。

下面是吉米就那次历史性录音的最后一段观察，直到今天，我们还在演那些歌儿：

> 第一天晚上先弹了《红糖》，但他们没有录下来。我亲眼看着米克写下歌词，大概花了四十五分钟；有点让人头晕。他的手飞快移动着，尽量写下一切。我从来没见过这样的场景。他有一本黄色拍纸簿，每页纸写一段歌词，只写一段就换页，等写完三页纸，他

们就开始录这首歌了，真是惊人！

如果你好好听歌词，会发现他唱的是“天狗奴隶”（这短语经常被写成“带伤疤的老奴隶”）。这是什么意思？“天狗”是他们给马斯尔肖尔斯的杜安·奥尔曼[①]起的外号，因为他总是“飞”得很高。贾格尔听到有人这么叫他，觉得这个词很酷，就把它用在歌里。这首歌大致写的是在南方的感觉。看他写歌真的很有意思。同样的事发生在他们创作《野马》的时候，基思原本是要把它写成一首摇篮曲，关于马龙的，大概讲他有了一个儿子，于是不想离开家。贾格尔又修改了一遍，可以感觉到是关于玛芮安妮·菲丝弗的，贾格尔就像个中学生一样为她写这首歌。这次他花的时间要长一点，但也不是特别长，大概一个钟头。

他们的合作方式是这样的：基思有一些句子，然后哼出来，或者说吟出来。有人问米克：你能听懂吗？米克看着那人说：当然能了。米克就有点像把这些歌词翻译出来，明白吗？

他们那天然的嗓音真是让人难以置信。两人一起站在一个麦克风前面，第五瓶威士忌在手中传递。三首歌的主音与和声都是他们用同一支话筒录的，和前一天晚上一样速战速决。

我们离开马斯尔肖尔斯之后就去了阿尔塔蒙特赛车场，从伟大走向荒谬。

阿尔塔蒙特的一切都很奇怪，部分是因为我们经历了巡演和录音，已经疲惫不堪。没错，这是场免费演唱会，为什么不呢？非常谢谢你们大家，你们所有人。“感恩之死”也牵涉进来（不过最后没有登台），我们本来邀请了他们，因为他们那阵子总做免费演出。我们勾搭上他们，问他们两三个星期后能不能一起演出。问题是，要不是因为顽固又愚蠢的旧金山市议会，这场音乐会根本不会在阿尔塔蒙特举行。我们原计划

① Duane Allman（1946－1971），美国吉他手，奥尔曼兄弟乐团的合作创始人。

是在中央公园演的。舞台都搭起来了，但因为许可证被撤回，又被拆了。他们说，你们可以用那块场地。那时候我们正在亚拉巴马州的什么地方录专辑，于是就说，好吧，都交给你们操心了，我们只管上台演出。

结果到最后只剩阿尔塔蒙特的赛车场可以选择，它在荒郊野外。没有什么安保人员，只能找到“地狱天使”，如果你们能管他们叫“安保”的话。但当时是一九六九年，无政府主义的盛行时期。警察的数量有点少，我看场上大概只有三个警察应付五十万人。我当然知道他们肯定还有更多人，只是尽可能不出现罢了。

基本上这就是个凭空冒出来的大公社，持续了两天时间。看上去非常普通，也没什么大不了，身上挂着铃铛的人在那儿唱“大麻，佩奥特”。你可以在纪录片《给我庇护》里看到这一幕。这是嬉皮公社的顶峰，从中可以看到发展势头一旦不对就会导致多么严重的后果。我很高兴事态没有恶化下去。

梅勒迪斯·亨特[①]遭杀害。另有三人意外死亡。这样规模的演出有时候免不了有四五个人遭到踩踏或者窒息。看看“谁人”吧，他们有场完全合法的演出，结果死了十一个人。但阿尔塔蒙特暴露的是人性的黑暗面。一颗黑暗的心能做出什么，它让一个体面人只在几个小时之内变成野蛮人。这都是因为桑尼·巴格尔和他的“地狱天使”，再加上一点劣质红酒——“雷鸟”牌和“波纹”牌，差劲的低等酒；还有低质的迷幻药。就我所知，这件事标志着梦的终点。嬉皮运动中也曾经有“鲜花力量”，虽然我们没有见识到很多，但能感受到它的力量。我毫不怀疑那些从一九六六年到一九七〇年乃至更往后的年头里，那些生活在海特－阿什伯利街的人都非常酷。人人友好相处，这是一种与众不同的方式。但美国实在太极端化了，上一分钟还是教友会教徒，下一分钟就变成自由性爱，到现在还是这样。嬉皮运动的基调是反战，而且也没怎么涉及我们，我们不过想快活一下。

去阿尔塔蒙特看完场地，斯坦利·布斯和米克回了酒店，我留了下来。

---

①一名歌迷。

周围的环境很有意思。我不想今天回喜来登明天再过来，我就要留在这儿，我就是这么想的。我花了几个小时调整自己融入周围。非常迷人。你能感觉到空气里有种东西，感觉到有什么要发生。加州就是这样，白天天气都非常好，太阳一落山天就冷了，开始上演但丁《神曲》里地狱般的场面。那些嬉皮们急于表现，传达着一种绝望的爱与“来吧”的情绪，并且助长它，让气氛良好。

“地狱天使”不搭理这些，他们有自己的安排，也就是让我们尽可能远离这一切。他们根本算不上有组织的安保力量。你可以看到有些“地狱天使”眼珠乱转，咬着嘴唇，像挑衅一样把摩托车停在舞台前面，显然，你不能碰“地狱天使”的摩托车，这是规矩。这是绝对禁忌。他们用哈雷摩托在舞台前竖起一道屏障，又禁止人们去碰。但是观众向前挤，碰车子是免不了的。在《给我庇护》里面，有个“地狱天使”说了内情。他身上有文身，穿着皮革，扎着马尾辫，破口大骂。他就是在等着有人碰他的车子，他好打人。他们全副武装——半截的桌球杆，当然还都带着刀子。其实当时我也带着刀，但会不会把它抽出来捅人又是另一回事了。刀子，不到最后关头绝不出手。

夜幕降临，我们上了台，气氛诡异可怕。斯图当时也在，说：“我有点毛骨悚然，基思。”我说：“我们得撑过去，斯图。”人太多了，我们只能看见被台上灯光照亮的前排。灯光还是像往常那样晃眼，你几乎是半瞎的，没法看清或者判断周围发生的一切，只能让手指在乐器上动弹。

那么你还能怎么办呢？滚石在演奏，我能怎么威胁他们？“冷静点，”我说，“要不我们就不演了。”你一直在现场摇头摆尾，结果什么都没看见，这有什么意思？那个时候，有些事情已经在酝酿中了。

不久后那桩倒霉事就发生了。在影片中你可以看到梅勒迪斯·亨特挥舞着一把手枪，你可以看到他被刀捅了。他穿着一件浅绿色上衣，戴着帽子，嘴里也在骂人；他和其他人一样疯疯癫癫。在“地狱天使”面前挥舞手枪？正中他们的意！这是导火索。我怀疑他那把枪不是实弹的，但他想出风头。真是错误的时间地点。

出事时，没人意识到他已经被捅死了。演出还在继续。格兰姆也在，他当天带着“煎饼”乐队出演。我们都挤进那架超载的直升机离开。和平时的退场也没什么两样。感谢上帝我们离开了，确实太可怕了，尽管我们已经习惯了千钧一发的逃脱。这个场地太大了点，我们始料不及。但也不比从布莱克浦的“女王舞厅”脱身更危险。事实上，如果没有人命事件，我们会觉得这是场顺利的演出，总算虎口逃生。这还是我们第一次现场演绎《红糖》，在混乱嘈杂的加州之夜，真是一场来自地狱的洗礼。等我们知道发生了什么，人已经回到酒店，也许都是第二天黎明了。

一九六九年巡演中米克·泰勒的加入让“滚石”重新紧密团结。我们一起录了《偷窃的手指》。我们的音乐几乎是在不知不觉间改变。你知道米克·泰勒可能会带来些不同的东西，在潜意识中你是在和他一起写歌。你得给他一些他真正喜欢弹的，不能只是老一套，比如他和约翰·梅耶尔与“布鲁斯突破者”在一起时做的。你得一直寻找各种方式。理想情况下，如果能让乐手兴奋起来，也就能让观众兴奋起来。我认为泰勒肯定能弹出了不起的东西，《偷窃的手指》里有些歌就是建立在这个认识上创作的。当时已经回到英国的我们有了《红糖》、《野马》还有《你得前进了》。剩下的歌有的是在米克位于斯塔格洛夫斯的家里录的，我们在那儿新建了一个“万能机动车”录音室。也有的是在奥林匹克录音室录的，时间在一九七〇年三四月间。《你没听见我在敲吗》脱颖而出，我找到曲调和乐段，尽情发挥了一番，查理心领神会，就这样。嘿，这肯定是金曲。两人相视而笑。对于吉他手来说，这段曲子不算难，击弦，断奏和弦，非常直接简洁。《吗啡姊妹》唱的是玛芮安妮，我了解米克的写作方式，他当时和玛芮安妮同居，我从这首歌的曲风就感觉到有几句肯定是关于她的。《月光里程》由米克独挑。我记得米克带来了完整的构思，乐队只是厘清了怎么去演奏。米克很能写歌！他的高产真是令人难以置信。你都不知道怎么把他的阀门关上。在零星时间里他就能写出很多歌词，同时还老上广播电视。伙计，我并不是在抱怨，他能做到那很好。填词与写诗或者单纯作词不一样，它必须去适应已经创作出来的旋律。填词人的工作就是:给他一段音乐，他就得填出主唱的内容。米克非常擅长此道。

当时我们开始找别的乐手参与录音，即所谓的“超级伴奏”，有些人现在还和我们关系不赖。尼基·霍普金斯从一开始就在，瑞·库德来了又走了。在《偷窃的手指》里，我们又联系上了鲍比·凯斯，就是那个得州萨克斯手，还有他的搭档吉姆·普莱斯。我们和鲍比接触的时间很短，第一次美国巡演以后，我们再见面是在伊莱克特拉录音室，他当时在和“德兰尼与邦妮”乐队录音。吉米·米勒在制作《让血流淌》时请鲍勃过来在《和我一起过》里吹段独奏。那首歌最后成了一首自然、纯粹、直来直去的摇滚歌，好像是为鲍比量身定做的。从那以后我们就开始了长期合作。他和普莱斯在《小酒馆女人》的末尾加了些管乐，但混音的时候把这声音弄得太小，所以直到整个曲调减弱，在最后一秒半的时候才能听见。查克·贝里的《翻滚贝多芬》收尾也有萨克斯。让某种乐器到最后一秒才出现，我们喜欢这个做法。

凯斯和普莱斯来英国和克莱普顿、乔治·哈里森一起录了几次音，米克有天在夜店遇到他们，就在那儿“勾搭”上了。听过他们的一次精彩录音后，米克觉得我们也需要来点管乐，我赞成。凯斯这个得州硬汉看着我，用得州腔说:“我们以前一起演出过。”“我们，在哪儿？”“圣安东尼奥青年集会啊。”“啊，你也在吗？”“靠，当然啦。”当时我说:妈的，咱们一块儿摇滚吧。然后就看见了真诚温暖的笑容，一只可以捏碎岩石的大手握了上来。你这个牛逼的王八蛋！鲍比·凯斯！那是在一九六九年十二月的一次录音，鲍比在《红糖》里吹了萨克斯，和后来在广播里无数次听到的一样精彩。

当时我和格兰姆·帕森斯去戒了两次毒，都以失败告终。那种叫“冷火鸡”的快速戒毒法比被塞进冰柜还痛苦。我觉得戒他妈的一个星期根本不算什么，但是“冷火鸡”尝试一次就够了，而且必须非常老实。与此同时我觉得毒瘾根本没法克服，而且对别人告诉我该把什么药品注入我的身体感到非常烦躁不安。

我总觉得不管我嗑药有多厉害，到最后总能自己恢复过去。我实在太自大，竟觉得海洛因是可以被控制住的。我觉得我可以吸，也可以随时戒掉。但是它的诱惑力超过想象，你可以暂时戒掉一段时间，但每次再试着戒，都变得比上一次困难。复吸容易，再戒可就难了，你可不想经历那种情景——有人闯进家门说：跟我走！然后你发现自己进了警察局，不得不去戒，又得来一次“冷火鸡”。你不由得想，嘿，要不落到这步田地很简单，别再吸就行了。

但是有一百万种理由让你再来吸。这也许和登台演出有关。演出需要保持高度的活力和肾上腺素水平，这其实是一种解毒剂。但我发现海洛因也成了活力的来源。你为什么要这么对待自己？我从来没有追求这么出名。用了海洛因也许能让我更加轻松地面对人群，其实喝烈酒也能达到同样目的。这并不是全部答案。我吸毒并不是为了成为“流行巨星”，明星当到后来，的确有很多我不怎么喜欢。它很难控制，而海洛因似乎还好控制一些。米克选择了接受奉承，这其实和吸毒有相似点，都是逃避现实。而我则选择了吸毒。另外，我还和安妮塔在一起，她吸毒比我更来劲。我想我们就是想一起探索这条路。我们本想探索几个街区，结果一直走到了尽头。

我从比尔·巴勒斯那里得到了脱水吗啡疗法，还遇上了斯米蒂，一个康沃尔来的恶毒护士。我和格兰姆·帕森斯接受的是让人对海洛因产生彻底厌恶的疗法，这一套深得斯米蒂喜爱。“时间到了，小伙子们。”我和格兰姆就躺到床上去。“啊，不好，斯米蒂来了。”我和格兰姆需要在一九七一年的告别巡演之前接受一次治疗，当时他和即将迎娶的女朋友格雷琴一起来英国，我们一起试着戒毒。是比尔·巴勒斯推荐这个丑护士来执行脱水吗啡疗法，他没完没了地鼓吹它，其实顶个屁用。但是他发毒誓说有用。我不怎么了解他的为人，只听他聊过毒品——不是怎么戒，就是怎么找顶极货。斯米蒂是巴勒斯最爱的护士，一个虐待狂。治疗方案就是她给你注射那狗屁玩意儿，然后站在你身边，让你干什么你就得干什么，不能争辩。“别哭哭啼啼的了，小子，你要是不糟践自己就不至于上这儿来。”我们是在切尼步行街我的家里接受治疗的，我和格兰姆躺在四柱大床上，他可是我唯一同床过的男人。我们不时从床上滚下去，因为治疗让我们剧烈抽搐。床边有个桶供呕吐用，不过浑身抽得太厉害，来不及凑近就开始吐。“你够着桶了吗，格兰姆？”我们唯一的发泄是，一旦能站起来就走下床去弹弹钢琴、唱唱歌，尽可能地消磨时间。我可不会把这种疗法推荐给任何人。我不知道比尔·巴勒斯是不是在开玩笑，故意把他试过的最糟的疗法推荐给我。

一点用也没有。经历了漫长的七十二小时，你开始大小便失禁，抽搐痉挛。这样你全身的系统就算被清洗了一遍。接受这疗法期间，你体内的内啡肽被赶去沉睡。它们觉得，啊，反正不需要我们，反正有别的东西在那儿了。过了这七十二小时以后，它们又回来工作。通常治疗一结束，你又恢复原状。再过一个星期，又得去复吸。就是这样，不管你尝试快速戒毒多少次，结果总是直接复吸，因为它实在太粗暴了。

国家权力并没有碾碎轮下的蝴蝶，但六十年代末到七十年代初，他们一再去搜我在切尼步行街的房子。我已经习惯了凌晨三点从俱乐部回到自己家里，被推到墙上。我一到门口，灌木丛里就跳出一堆带着警棍的人。啊，好吧，又来了，稳住。“趴在墙上，基思。”那种跟你套近乎的口吻让我厌恶。他们想看到你畏缩颤抖，但我就站着，伙计。“噢，这不是飞行队嘛。”“我们可没像你一样飘飘然，基思。”每次都是诸如此类的屁话。他们可能没有许可证，但在自己制定的规则下玩得很尽兴。

“啊，这回可抓住你了，小伙子，光鲜的小家伙”——他们欢天喜地。“噢，看看咱们找到了什么，基思？”我知道自己身上其实什么都没有。他们来势汹汹，只想看看能不能把一个摇滚大明星踩在皮靴底下，让他浑身发抖。你得表现得比他们更理直气壮。看你们到底能做得多过分！警官们走进走出，检查每片纸张，想着如果媒体知道我又被抓了会有什么反应，也纳闷警察局长会不会一时激动，把所有瘾君子吉他手都抓起来。

每天一觉醒来都有蓝制服警察围在你门口，都觉得自己是罪犯，这确实很恼人。你开始像犯人一样思考。早晨一醒来，说“多么美好的一天”和透过窗帘看看那辆没车牌的车是不是还停在外面，这两者之间是有区别的。也有的时候你早晨一醒来就谢天谢地——昨天晚上总算没被推倒在门口。真是一种精神折磨。我们并没有摧毁这个国家的道德标准，但却被认定这么做了，最终被拖入一场战争。

是克里茜·吉布斯介绍米克和鲁本特·洛伊文斯坦认识的，当时形势明摆着，我们必须竭力从艾伦·克莱因的诡计中脱身。鲁本特是个商业银行家，心地善良，值得信任。他开始为我们工作以后，尽管我有一年的时间里都没怎么和他说过话，却相处得非常好。他发现我喜欢阅读，于是常送我书，这么多年下来都可以建个图书馆了。

鲁本特不喜欢摇滚乐，他觉得“作曲”该像莫扎特那样拿着纸和笔坐在那儿写。克里茜向他提起米克·贾格尔前，他根本就没听说过这人。十七年来，我们向艾伦·克莱因提起了七次诉讼，最后演变成一场闹剧，诉讼双方开始在庭下招手聊天，就跟在办公室似的。鲁本特至少也算学会了音乐圈内的黑话和规矩，尽管在感情上始终不亲近。

我们是很久之后才发现艾伦·克莱因其实是在为他自己谋利，而与我们的利益早已相悖。我们在英国有个叫“南卡·菲尔格音乐”的公司，大家都有股份。之后我们在纽约也成立了一个同名公司，并规定一切收益都要转移到这里。我们以为这两个公司是同一个，只不过美国的这个叫“南卡·菲尔格美国”。但后来发现它和“南卡·菲尔格英国”完全没有关系，它完全属于克莱因一个人。所有钱都归了“南卡·菲尔格美国”。米克想在切尼步行街买房子的时候，整整十八个月没能从艾伦·克莱因那儿拿到钱，因为当时他在试图收购米高梅公司。

克莱因是个失败的律师，喜欢研究法律条文，也乐于看到法律与正义其实毫无关联这个事实；这一切对他来说只是游戏。最后的结果是他得到了我们全部作品的版权和母带——截至一九七一年我们与迪卡的合同到期前创作和录制的所有东西。事实上，这期间我们的最后一张专辑是一九七〇年的《大声喊“呀呀”！》。截至一九七一年，我们有一些歌是处在半成品状态，麻烦也就来了。双方争执点就是《大声喊“呀呀”！》到一九七一年间的这些歌应不应该属他所有。到最后我们妥协了《安吉》和《野马》，即他得到这两首歌在若干年内的出版权，我们得到部分版税。

他至今拥有《满足》的出版权，或者说他的继承人拥有，因为他在二〇〇九年去世了。对此我并不在乎。他对我们来说是个教训。不管他做了什么，他到底推着我们过了河，把一切因素组合在一起，尽管其中《满足》功不可没。放弃《满足》的版权其实让我赚到了更多，而我的理想其实从来就不是钱。当然多少也有点经济上的愿望——“赚的够买吉他弦吗？”，到后来的“赚的够我们呈现想要的演出效果吗？”，我想查理和米克也是这么想的。特别是在一开始的时候，嘿，我们才不在乎来不来钱，而所得大部分被投入到我们想做的事里去。所以基本上可以说，艾伦·克莱因成就了我们，也剥削了我们。

马歇尔·切斯在父亲去世后从地下收信室一举登上切斯公司总裁的宝座，他卖掉这家公司，打算另立门户。一九七一年，我们一起创立了滚石唱片公司，和大西洋唱片公司签了协议，成为他们的分公司。时任大西洋唱片总裁的是阿麦特·厄特根。阿麦特！一个高贵的土耳其人，他和弟弟尼苏里让音乐界开始重新思考大众应该听什么。滚石乐队的理想主义（尽管非常稚嫩）得到了共鸣。靠，我真怀念这个人，上一次见到他还是在纽约灯塔剧院的后台。“妈的，厕所在哪儿？”我指给他看。他过去解决问题，我上了台。演出结束后我发现他在厕所瓷砖地面上滑倒了，后来一直没能完全康复。我爱这个男人。阿麦特总是鼓励人才，事必躬亲，和百代或者迪卡那种大集团的人不一样。他建立公司是基于对音乐的热爱，而不是出于商业目的。杰里·韦克斯勒也是，他们拥有一个完整的团队，亲如一家。还要我报上他们旗下的艺人吗？阿瑞莎、雷……太多了。加入这样的公司，你会觉得自己跻身精英行列。

但在一九七〇年我们出了个问题。

我们陷在一种荒诞可笑的境地中，可能不得不向克莱因借钱，而且永远还不起，因为他没替我们交税，而我们还要有其他开销。英国七十年代初对最高收入者征收的税率是百分之八十三，后来对这一群体的投资收入和所谓“非劳动所得”的征税又提升到百分之九十八。这等于是告诉你这个国家没法待了。

我要向鲁本特致敬，是他想出办法，让我们免于承担巨额债务。他建议我们成为法律上“居无定所”的人，好在财务上东山再起。

国家权力大概最没想到的就是，当他们用超级重税袭击我们时，我们却说：好吧，我们走了。我们要成为不用向你纳税的人。他们没把这一层考虑进去。这让我们变得强大，而且制作出了最好的专辑《流亡大街》。他们不相信我们离开英国还能坚持本色。诚实地说，我们自己也有点怀疑。但除了尝试还能怎么办？留在英国，每挣一英镑就等着得到一先令的施舍吗？我们可不想坐以待毙，所以起身去了法国。

8

一九七一年春，“滚石”来到法国。我在里维埃拉租下一栋叫“奈尔科特”的房子。米克在圣托贝结婚。我们在车上录制《流亡大街》，制订高产夜间录音计划。我们坐着“镇静片”号汽艇去意大利吃早饭。我的五弦吉他技巧突飞猛进。格兰姆·帕森斯来了，米克占有欲渐强。我沉溺于毒品，与外界隔绝，我们被搜查。我最后一次和格兰姆在洛杉矶玩，迷上二流毒品。我和安妮塔飞往瑞士接受治疗。经历快速戒毒的恐怖时期，在恢复期写下《安吉》。

多米尼克·达尔莱 摄

和“奈尔科特”的客人帕森斯一起做《流亡大街》，相处亲密融洽

第一次见到“奈尔科特”的时候，我觉得自己大概能应付流放咒语。这是世上最美的房子，就坐落在能俯瞰维勒弗朗什湾的卡普费拉脚下。它是一名英国银行家在十九世纪九十年代所建，巨大的铁门之后有个巨大的花园，已经是杂草丛生。房屋内部十分宽敞。如果一早起床觉得恍惚，在这栋光线极好的大宅邸里走一走，立刻精神充沛。走廊上装满镜子，天花板有二十英尺高，两边都立着大理石柱，还有华美的楼梯。我早晨醒来就会想，这真是我的房子？妈的，会不会什么时候被收回去？在英国遭遇了那么多卑劣的破事，我们觉得自己有理由享受这样的奢华。既然已经决定在海外生活，定居“奈尔科特”又有什么难的？况且我们一直在路上巡演奔波，“奈尔科特”总比假日酒店强多了！同在英国的境况相比，我想我们都有了自由的感觉。

我们没打算在“奈尔科特”录音。本来是想在尼斯或戛纳找录音室，尽管后勤工作有点令人生畏。查理·沃茨在几英里外的瓦克鲁斯找了栋房子住下，开车过来要几个小时。比尔·怀曼住在格拉斯附近的山腰，很快就和马克·夏加尔[1]交上了朋友，经常有邻居上门来喝比尔沏的难喝的茶。米克先是住在圣托贝的比布鲁斯酒店等待婚期，后来又从“雷尼尔王子”的叔叔那儿租了一栋房子，再后来又向一个叫“托尔斯泰夫人”的女人租了房子。我们是在和一群有文化的欧洲败类打交道，或者说是他们和我们这些白人败类鬼混。但至少他们张开双臂欢迎了我们。

① Marc Chagall（1887－1985），20世纪享有盛誉的画家。

“奈尔科特”一大特色就是，它有道小小的台阶一直通向外面的码头，我很快就弄了一艘非常强大的丽娃牌二十英尺汽艇停在那里，把它起名为“镇静片二号”，它是用桃花心木制成的，意大利高速游艇中的精品。我把它原来的名字颠倒，正好组成“镇静片”——只需把铸在上面的字母敲下来，重新排列后再装上去就行了。这个名字实在令人难以抗拒。我从一个男人手里把它买下来，开着它下水。我没有船长或者领航员的执照，连“你下过水吗”这样的问题都没被正式问过，只是被告知，要想开进地中海就得去考试。这就需要鲍比·凯斯陪着。没过多久，格兰姆·帕森斯等人就陪我一起在平滑如镜的地中海上为“镇静片二号”试航，我们驶出里维埃拉，展开冒险。但这是后话。头一桩大事是我们到法国四星期后，也就是五月，米克娶了他的尼加拉瓜未婚妻比安卡。玛芮安妮在前一年，也就是一九七〇年，彻底从他的生活中消失，开始了她十年的迷惘期。

米克安排了一个以他的标准来说非常安静的婚礼，选了圣托贝的旅游旺季，这样的时间没有记者会留在家里。那些天，这对新人和客人们出门都得从摄影师和游人之中挤过去，从教堂到市政厅就像肉搏，有点像在吵闹的酒吧里非要挤到吧台去。我躲在一边，让鲍比·凯斯当副伴郎之类的角色，他那阵子和米克非常要好。伴郎是罗杰·瓦迪姆。

提到鲍比，是因为比安卡的伴娘是美丽的娜塔莉·德龙，法国影星阿兰·德龙的妻子，不过两人已经疏远。鲍比陷入了对她危险的迷恋。她和德龙正深陷一场丑闻，牵涉法国总统乔治·蓬皮杜夫妇，以及从马赛到巴黎的黑社会罪案。娜塔莉和阿兰·德龙的南斯拉夫保镖有染，后来保镖被枪杀，尸体被扔在巴黎郊外的垃圾场。凶手一直没能找到。德龙离开了娜塔莉，和女演员米雷耶·达克好上了。真是一团混乱，还有重重危险。德龙和娜塔莉背后是马赛的权势，马赛离这儿只有几英里，另外还有南斯拉夫流氓团伙介入。这真让人忧心，更别提政治勒索事件——娜塔莉已经是焦头烂额了。做她的新情人，现在大概不是时候。

鲍比对这些一无所知。他对她一见钟情，在婚礼当晚的派对上为了吸引她的注意，都快把心掏出来了。他的眼睛没法离开她。事后他先是回了伦敦，后来再到“奈尔科特”帮我们做音乐，而娜塔莉还在陪着比安卡。后来呢？好吧，在我写这本书时，他们俩都还活着，我也不知道为什么。离后来的麻烦还有几周时间呢。

婚礼上我溜了号，去了比布鲁斯一间厕所撒尿，听见旁边隔间里传来吸毒的声音。我说“吸下去，要不就喷出来”，只听一个声音答道：“要来点吗？”我就是这样认识了布拉德·克莱因，后来和他成了朋友。他的专长就是运输、鼓捣毒品。他受过良好教育，长得干干净净，总是利用这一特点厚着脸皮蒙混过关。后来他开始从事可卡因交易，陷得太深，但我认识他的时候他还只是卖卖烟。他已经死了。还是那句话，如果真想贩卖毒品这屁玩意儿，那自己千万别沾。他自己吸毒，又总想染指这行当。话说回来，我们认识那天，就一块儿去玩了，婚礼随他去啦。

我是到后来才慢慢了解比安卡。米克总是不希望我和他的女人们说话，但最后她们总是跑来靠着我肩膀哭，因为他实在太花心了。那我该怎么办？好吧，开车去机场要走半天呢，亲爱的；让我想想。我的肩膀接过杰里·霍尔、比安卡、玛芮安妮、克里茜·施林普顿等等人的眼泪。她们毁了我多少件衬衫啊。然后还来问我该怎么办！我他妈怎么知道！我又不跟他上床。有一天杰里·霍尔过来找我，带着一张不知哪个娘们儿写给米克的便条，字是从右往左反着写的，真厉害的暗号啊，米克！——“我要永远做你的情妇”。你还得照着镜子才能看懂。“靠，真是个混账男人。”一般我都扮演不靠谱的安慰者角色：基思叔叔。真没多少人能想到我还有这么一面。

一开始我觉得比安卡只是个头脑简单的漂亮妞。那阵子她对人疏远，跟我们谁都不亲近。但后来我慢慢了解她，发现她很聪明（这一点后来让我印象深刻），而且很要强。她当上了大赦国际的代言人，自己创办了一个颇有成就的人权组织，并亲自担任巡回大使。她很漂亮，无可挑剔，但个性强。难怪米克搞不定。她唯一的缺点就是从来不开玩笑。我到现在还想不出什么能逗她笑。要是她能有哪怕一点点幽默感，我就娶她了。

米克正好是在我们离开英国的关头和比安卡交往的。所以两人一开始就有分歧，路数错了。比安卡带上全副行李，带着米克进了自己的社交界，这个圈子除了她没有人会感兴趣，我毫不怀疑现在她自己也不喜欢了。当时我虽然并不讨厌她这个人，但是她和她周围的人带给米克的影响我却不怎么喜欢，因为他和乐队变得疏远，虽然其实他一直都在谋求脱离乐队。米克会一连消失两个星期去度假，在住处和巴黎之间往返。秋天他们俩的女儿杰德在巴黎降生。比安卡一向不喜欢“奈尔科特”的生活，我并不怪她。所以米克就被夺走了。

在“奈尔科特”的最初几天，我们常沿着海港散步，或者去维勒弗朗什的阿尔伯特咖啡屋，安妮塔喜欢那儿的茴香酒。我们在那一带实在很显眼，但我们很强硬，不介意别人的想法。不过暴力事件却在最想不到的时刻发生了。早些时候过来的“西班牙人托尼”救了我几次——不管他是不是有意的——在离“奈尔科特”不远的伯利欧镇，要不是他我就被人抓了。那次我带着马龙和托尼，开着E型美洲虎到伯利欧港口，有两个似乎是工作人员的人给我们指了个停车地点，我就把车停过去了，但其实是停错了地方。一个人过来招呼我和托尼进港口办公室，我们就把马龙留在车里走了，因为觉得几分钟就能出来，而且从办公室能看见他。

托尼比我先察觉到不对劲。屋里有两个法国中年渔夫，一个人正背对着我们去锁门。托尼看了我一眼，说：“掩护我。”他冲上去，将一把椅子推进我手里，自己抓起另一把椅子跳到桌上，挥着椅子砸他们。那两个男人一看就是酒足饭饱，桌上还有不少东西。我打了一个人的脖子，托尼搞定了另一个，过来帮我，那家伙已经吓得面无血色了，托尼在他脑袋上又来了一下。“快走。”他说着踢开了门。一切都发生在几秒之内。他们还在地上呻吟叫唤，满地都是红酒和打翻的家具。他们根本没想到我们会打他们——他们是块头很大的渔夫，不是软脚虾，本来打算调戏我们，侮辱我们，好好在这两个长头发小子身上找点乐子。马龙还坐在美洲虎里。“你去哪儿了，爸爸？”“没事了。”车子发动起来。“走吧。”“西班牙人托尼”就是这么干的，像跳芭蕾舞一样。这是他最优雅的时刻。

他那天的表现连道格拉斯·费尔班克斯[①]都要自叹不如，是我见过最敏捷的身手，虽说之前也见识过几次。这真是托尼人生中值得大书的篇章——如果嗅到危险，就赶快行动。先发制人。

三天后，警察来到我住处。他们只持有对我的逮捕证，因为不知道托尼是谁，而且他当时已经回英国了。我跟着当地治安官办了一堆冗长的手续，但等案子进展到第二还是第三阶段，他们发现那两个男人的指控站不住脚。事实表明是他们先威胁我们，而且我的孩子还在车里，我们是毫无理由地被带进办公室里去的。于是指控就神秘地消失了。我毫不怀疑我花了点律师费，反正最后那些人决定不送我上法庭，还说两个疯疯癫癫的英国佬在他们办公室里干的事他们早收拾好了。

我刚到"奈尔科特"的时候还没有彻底戒毒。但是"沉迷毒品"和"没戒干净"之间是有区别的。"沉迷"时，除非吸上毒，否则什么也别想干。所有精力都放在这上面。那时候我总得随身带最低剂量的毒品，但我觉得自己基本戒了。我们刚到法国不久，也就是五月的时候，我去戛纳参加了一次微型单座汽车赛，结果车子翻了，把我甩出去五十码远。后背受了伤，皮肤像被树皮擦过一样，我觉得都快见骨头了。这场车祸我都快破纪录了。什么都有了。我去看医生。"会非常疼的，先生，伤口得保持清洁。我派个护士每天帮你换药检查。"每天早晨都会有个男护士过来，他是个军医，上过奠边府前线，待过法军在中南半岛最后的据点；还去过阿尔及利亚；见过不少血腥大场面，所以态度也很粗暴。这个干瘪的小个子男人硬得像钉子。他每天给我注射一针吗啡，我于是愈来愈渴望吗啡。每次打完针，他都会把注射器像丢长矛一样丢出去，准确地扎在一幅油画里人物的眼睛上。治疗终于结束，我却开始依赖吗啡，这之前我都戒掉海洛因了的。好吧，重要的事先做，我又得来点海洛因了。

我们的厨子叫胖雅克，也兼职买海洛因。他认识马赛的人，有一大帮哥们。这帮家伙，我们觉得得雇用，要不然更危险。他们很擅长"执行任务"。我问："谁知道怎么给我在这边搞点海洛因？"雅克就跳了出来。

---

① Douglas Fairbanks（1883－1939），美国演员，饰演过佐罗、罗宾汉等角色。

他很年轻，身材肥胖，总在出汗。有一天他坐火车去马赛，回来就带着那个可爱的小包，里面装满白粉，还有一个大包，差不多有水泥口袋那么大，里面装的是乳糖，用来做吸毒时的混合物。他想用蹩脚的英语向我解释，而我的法语更差。最后他只好写下来：百分之九十七的乳糖混合百分之三的海洛因。那海洛因是纯的，不比平时掺了东西的。但配比必须非常精确。就算只有百分之三，药效也相当强。我带着这些东西进了厕所，谨慎地按比例混合。必须非常小心，因为海洛因这个老毒妇是要命的，也真带走过几个人。多百分之一就会让你忍不住叫唤。要是吃上一剂纯的，“砰”一声，你就完蛋了。

一次买这个量的海洛因有不少明显的好处。不算天价，由马赛直接运到维勒弗朗什来，除了雅克的车票钱，没有其他运输费用。但你买的次数越多，就会有越多麻烦上身。你真得小心，一次不能买太多，否则就会有越来越多的人对你感兴趣。一次搞上两个多月的量就够了，只要不至于急得跑出去到处找这玩意儿。那个小袋子从来没空过。“好吧，吸完这袋我们就去戒毒……”这么说吧，从六月吸到十一月，小袋子里还有剩呢。

我必须信任随它而来的配比。他们肯定是对的，每次我尝试这个配方，感觉都很完美，没有任何不适。我把这个配方贴在墙上，好让自己别忘了：97:3。（我当然想过用“九十七比三”当歌名写首歌，但又觉得这事没什么好广而告之的。）我会在下午三点多的时候调配它。这亲爱的好货，了不起的玩意儿。大勺盛乳糖九十七克，把它放在一边，再把小勺子伸进海洛因口袋，三克。混合，晃一晃。我经常这样做，一次不调制太多，每次只做两三天的量，或者再多一点。

我们在戛纳等地到处找录音室，才知道法国人到底想骗我们多少钱。“奈尔科特”有个很大的地下室，我们还有自己的流动录音室“万能机动车”。它是一辆卡车，里面有一台八轨录音机，是斯图帮着装上去的。倒并不是为来法国预备的。它是我们身边唯一一个独立移动录音装置，但我们没觉得有多稀罕，不久后就开始把它租给 BBC 和 ITV，因为他们每个台也只有这么一辆，用不过来。这是“滚石”另一桩美好高贵，同时又是偶发的创举。

于是六月的一天，这辆车驶进我的大门，我们把它停在前门口，接上电。我已经很久没有尝试不同的录音室花样了。当你有了设备，有了适合的乐手，就不再需要那些花招。只有米克仍觉得必须在真正的录音室里录音，才能做出真正的专辑。我们的最新专辑（截至我写这本书的时候）《更大的爆炸》充分证明他是错的，因为那张专辑是在他的法国小宅邸做的。一切准备就绪，他说：“现在我们到一个真正的录音室里去做它吧。”我和唐·瓦斯[①]对视一眼，查理看着我……别他妈放屁了。我们在这儿干得好好的，你干吗去节外生枝？就为了能让你说这张专辑是在哪个有名的录音室录的，就为了那玻璃墙和控制台？我们哪儿也不去。最后他妥协了。

“奈尔科特”的地下室足够大，但是被分割成一块块的。通风不怎么样，所以有了《通风口布鲁斯》。最怪的就是给萨克斯手找地方。鲍比·凯斯和吉姆·普莱斯到处换位置试声音。多数时候他们都得站在狭窄走廊的尽头，后背贴着墙。多米尼克·达尔莱给他们拍了些照片，其中一张可以看到麦克风连线在角落里缠成一团。最后为了区分，我们特意把管乐部分的麦克风连线涂成黄色。如果你得找两个管乐手，就得沿着黄线走，否则根本不知道他们在哪儿。那真是间大房子。有时候找查理，我得走四分之一英里。但一想到这里原本是地牢，就觉得挺好玩。

每个人都在慢慢熟悉这座地下室。第一个星期，我们都找不到查理，因为他每天晚上都换一个房间待着。吉米·米勒让他试试走廊尽头的那间，但查理说，得走半英里，太远了，我要离你们近点。所以我们要找他就得一间间看。除非必要，我们不想再加上电子制作的回声效果，想要自然的回声效果，在这儿可以听见一些真正古怪的回音。我在一间贴瓷砖的屋子里弹吉他的时候，故意把扩音器转过来对着房间角落，看看麦克风能捕捉到什么。我记得在《甩掉石头》也许还有《快抽这支烟》里，

---

① Don Was（1952－），美国乐手，贝斯手，唱片制作人。

我就是这么做的。尽管在这里录音有这么多怪异之处，特别是一开始的时候，但是一旦投入，一两个星期就适应了。乐队也好，吉米·米勒和工程师安迪·约翰斯也好，没有人说“这么做专辑实在太奇怪了”。不，我们已经掌握了一切，只要坚持下去就好。

我们一般是从傍晚开始，一直录到早晨五六点。突然太阳出来了。我正好有条船，走下台阶，穿过地穴，来到码头。开着“镇静片”去意大利吃早饭吧！我们跳下船——鲍比·凯斯、我、米克，还有随便什么想去的人。我们最常去的是意大利的芒通，就在法国边境，因为某些奇怪的条约成了意大利的地盘，或者说是归意大利所有。不用护照，在初升的阳光之下，我们开着游艇驶过蒙特卡洛，耳边还听着音乐，是用磁带录音机播放昨晚刚做的东西，就放第二次的混音版。把船停在码头，享受一顿美味的意大利早餐。我们喜欢意大利人做的鸡蛋和面包，还有那种穿越国境、没人知道也没有约束的感觉，非常自在。我们把录的东西放给意大利人听，看有什么反应，如果能碰巧遇到渔民，就从船上直接买到刚打来的红鲷鱼，回去当午饭。

我们也会停在蒙特卡洛吃午饭，跟奥纳西斯或者尼阿科斯的人聊天，尼阿科斯船业拥有那一带最大的游艇。你几乎都能看见两边拿枪互指着对方。所以我们才管专辑叫《流亡大街》。最开始会想到这个名字，是因为美国人说每个人都有自己的“大街”。我们的大街就是里维埃拉，而我们又是流亡者，这名字简直完美，恰到好处地说出了我们想表达的一切。

整个地中海沿岸都洋溢着古代的气息，都是没有边境的“大街”。我曾经在马赛逗留，那儿到处破败没落，我毫不怀疑它至今也还这样。它是这个国家与西班牙海岸、北非海岸及整个地中海沿岸相接的都城，直到往内陆几英里似乎还自成一国。所有人都住在海边——渔夫、水手、走私贩，他们属于一个独立的社区，包括希腊人、土耳其人、埃及人、突尼斯人、利比亚人、摩洛哥人、阿尔及利亚人和犹太人。这是一种古老的联系，无法被边界和国界打破。

我们到处胡闹，去昂蒂布玩，还去圣托贝泡女人。这条船哪儿都能去，它有个大引擎。地中海风平浪静的时候，船开得很快。一九七一年的夏天，地中海风调雨顺，每天天气都很好。你几乎不用去看导航系统，只要跟着海岸线走就行了。我根本不看航海图。安妮塔从来不肯上这条船，理由是我对沿岸的暗礁不熟。她一直在瞭望海上有没有我们因燃料耗尽发射的紧急求救闪光信号。我觉得就算有航空母舰开到这个倒霉的海湾来，我都能给它导航。我唯一要小心的就是登陆。在码头靠岸对于船只来说总是一桩危险的事情。我觉得对于船夫来说唯一堪称艺术的就是靠岸。其他的说笑着就能做好。

维勒弗朗什港非常深，和美国海军交情不浅，突然有一天，真有一艘巨大的航空母舰开进海湾来了。是美国海军的礼节性拜访。整个夏天他们就绕着地中海到处挥小旗。我们驶离码头时，闻见一股很浓的大麻味从他们舷窗飘出来。他们肯定抽昏头了。那天是鲍比·凯斯跟着我。我们去吃了早饭，回来时绕着那艘航母转了转，船上是欢天喜地的水手，正庆幸自己没被派到越南。我开着小"镇静片"凑过去，抽着鼻子说："嘿，伙计们，我闻见……"然后他们就扔过来一袋大麻。作为回报，我们告诉他们镇上最好的妓院——"可可吧"的"黄铜戒指"就不错。

大船一靠岸，维勒弗朗什港那些黑暗的街道顿时灯火通明，简直像拉斯维加斯。有"达科塔咖啡"，"纳瓦达酒吧"——起的都是美国情调的名字，还有什么"得克萨斯乐园"。街头到处装点着鲜艳的霓虹灯和仙境般的彩灯。尼斯和蒙特卡洛来的婊子蜂拥而至，外加戛纳的娘们儿。航空母舰上有两千名水手，都是好色的男人，早就准备好被服务了。他们足以叫整个南海岸闻风而动。等他们一走，维勒弗朗什又恢复为一座沉寂的死城。

我们在地下室做的音乐到如今还在流传，真是惊喜。那张专辑刚出来时得到的评价并不高。二〇一〇年《流亡大街》重发，收录了当年的删减曲目。这些音乐是一九七一年录的，离创作时已有四十个年头。如果七一年时我想听四十年前的音乐，肯定都是些非常珍贵的录音，也许有早期的路易斯·阿姆斯特朗和杰利·洛尔·莫顿。我想是二战改变了人们的观念。

《甩掉石头》、《快活》、《通风口布鲁斯》、《滚动的骰子》和《一路直下》这几首歌把我的五弦开放和弦调音法推向了高峰。我开始真正确立起自己的招牌特色；这些歌都是我在几天内写成的。用五弦弹琴后，歌曲忽然就像从我的指间倾泻而出。我第一次真正演练五弦弹法是几年前在《小酒馆女人》里。那时候我只是觉得"好吧，还挺有意思的"。后来的《红糖》也是，其中的吉他是我在我们离开英国的那个月写的。开始创作《流亡大街》的时候，我才开始真正认真探索其他诀窍，尝试弹小调和弦和挂留和弦。我发现加上一个变调夹可以让五弦弹法更有意思。它会限制大幅度动作，特别是把它夹在第五品或第七品上的时候，但同时它能带来一种特定的回音，一种无法通过其他任何方式得到的共鸣。问题只在，什么时候该用它，什么时候不该用。

如果是米克的歌，我不会上来就用五弦弹法，我会先用普通调音法，然后去摸索，或者慢慢找感觉，这是典型的方式。如果查理加快一点节奏，或者鼓里出现异样的感觉，我就会提出试试五弦弹法，看看能不能改变一下结构。显然，五弦简化了声音，你得限制自己去呈现一个固定的东西。但如果找到了合适的形式，就像在《让我开始》里那样，就能创造出整首歌。我听过无数个乐队用普通调弦法翻唱《让我开始》。都没用，伙计们。

我们把很多东西带到"奈尔科特"来酝酿了一阵。我会提出歌名或者动机。"这首歌就叫'一路直下'，米克，'我听见它来了，一路直下……'你接着写吧。"我每天都会拿出两首新歌。一首还不错，另一首不怎么样。米克跟上了我飞快的步调，写出值得夸口的摇滚乐歌词，总有琅琅上口的段落和副歌部分。《一路直下》是直接从米克的《红糖》里衍生出来的。我的任务基本就是写出乐段和概念，激发米克。他知道该怎么把握这些歌：它们必须既适合录音，又能被搬上舞台。我像切肉的屠夫一样粗糙直接，有时候他不喜欢，比方说《快抽这支烟》，因为它太快了。我本以为它会很快被甩掉，但它好像创了什么每分钟多少拍子的世界纪录。也许小理查德能唱更快的吧。但是不管怎么样，没人有意挑战这项纪录。我们有一些没能收在专辑里的歌标题都很怪：《头伸进马桶布鲁斯》、《羽毛夹克》、《风车》、《我本来只是个乡下男孩》、《在光明中起舞》，最后这首肯定是米克写的。什么《折弯绿针》、《痛苦劳工》和《土豆》[①]——好吧，我们毕竟是在法国。

还有《破碎与磨损》，我们不常表演它，歌词还是有话题性的：

> 乔有点咳嗽，听起来不怎么妙
> 耶，只有可待因能够把他治疗
> 医生开了方子，药房给他拿药
> 可是谁来帮他把这玩意给戒掉？

除了《吗啡姊妹》和一些对可卡因的零星暗示，我们其实从来没特意写过关于毒品的歌。它们只是在歌里不经意地出现，就像在生活里一样。关于歌曲总有那么多谣传甚至捏造的故事，说它们是为谁而写，到底是哪桩事。他们说《跳跃的杰克闪电》唱的是海洛因，我能看出原因，“杰克”是有注射毒品的意思，但事实上这首歌跟海洛因毫无关系。但神话总是不胫而走。不管你写什么，总会有人出来解释，说歌词里隐藏了什么。所以才有阴谋论这一说。有人被杀死了。哦，我的天哪！这要怪谁？这个人刚刚倒下！长盛不衰的阴谋论的存在，就在于你永远无法得知真相，证据的匮乏反而能为它提供新鲜血液。没人能查出我是不是真的全身换过血。这类故事根本没法找到证据。但就算是子虚乌有的事，我也不会出来否认。所以你就等着看下去吧。多年来我一直小心在后面躲着，不去诚实地评价这些热辣烫手的话题。

《滚动的骰子》可能是和我们在“奈尔科特”的赌博活动有关。我们玩扑克牌和轮盘赌。蒙特卡洛就在附近。鲍比·凯斯和乐队去过一两次。我们确实玩过骰子。我记得是米克写了《滚动的骰子》，但这首歌其实是

①原文为法语，*Pommes de Terre*。

由《好时代的女人》改编过来的。写歌时你也许已经有了音乐部分，有了精彩的乐段，但就是找不着主题。这时候要是有人坐在屋子里唠叨“昨天掷了骰子……”，一首歌就诞生了：“该把我扔下去了”。歌曲真是奇怪的东西，有这么几小句就够了。如果能前后连贯，那就前后连贯。但是老实说，我写过那么多歌，其中还有很大的空隙等着被填满；这首歌本来应该几百年前就被写下来的。这样的小空白怎么没人来捡呢？有一半时间你都在寻找前人留下的空隙。我有时会感慨，真不敢相信他们错过了这么牛的题材！它太明显了，就在这儿正对着你的脸。这空隙被我逮到了。

我现在发现《流亡大街》这张专辑是在非常嘈杂混乱的环境下录制的，录音方式也很即兴随意，但这些在当时好像不成问题。最迫切的问题是：我们有好歌吗，能做出这个声音来吗？其余都无关紧要。在未收入版本中，你可以听到有一段我是这么结尾的：“啊，好吧，没有了。这个故事就到这里了。”但让你诧异的是，如果你觉得差不多了，打算干点别的事时，所有人都会看着你：继续呀，来吧，看看会发生什么？你把全部精力都投入在一段燃烧的歌词中——蒙上我的眼睛，点上最后一根烟，死到临头了就走吧。然后你会惊奇地发现自己“死前”还能写出些东西来。有时候你其实是在蒙骗队友，让他们相信你知道自己在干什么，其实你知道自己就像蝙蝠一样瞎，往下一点主意也还没有。但你得相信自己，会有东西出来的。你总会挤出一句，在吉他上弹出一句，接着下一句也就来了。你的天分就体现在这儿。它和一丝不苟地制造“喷火”战斗机可不一样。

也许我会好好睡一觉。大概就是在上午十点左右，然后下午四点起来，自然醒。太阳下山之前没有人会来，还有一两个小时可以思考或者是弹弹昨天晚上做的东西，衔上进度；如果有曲子已经做好了，就想想等人齐了以后干什么。有时候你发现自己拿不出什么新东西，就会觉得一阵恐慌。他们总在期待新的素材，给你一种错觉，即他们好像觉得这些东西都是凭空而出的，其实还不是出自我和米克之手。看纪录片《流亡中的滚石》会让你产生一种印象，好像当时大家就是在地下室自发地即兴演奏几小时，就有新东西出来了，大家接着演奏就一直可以到录音的程度，好像我们都相信灵感和成果会从天而降。片子就是这么呈现的。有些时候可能确实如此。但是去问米克吧。我们常常对视一眼：今天要给他们什么呢？今天要填点什么弹药，宝贝？因为我们知道，只要有首歌，有点什么可弹的东西，所有人都会跟上我们的。我们偶尔也会犯懒，决定今天就只叠录点昨天做好的东西。但大多数时候，我和米克都觉得有责任每天出一首新歌，一个新乐段、一个新点子，两个当然更好。

我们那时候很高产。认为自己每天或隔天不搞出点什么新东西来简直不可能。我们就是这么干的，就算是一个乐段的框架，也可以接续下去，由队友按照它做出音色，我们再作整理，然后整首歌就自然浮现了。一旦有了最初几个和弦和节奏的创意，就可以找到其他元素，比如中间需不需要加个过渡段之类的。有点像踩在刃锋边缘的感觉。没有时间精心准备，但这不是重点，重点是，这就是摇滚乐。我们要的就是做出乐段的空架子，再迅速把鼓加进来看效果。回忆起来，正是这种即兴让一切变得更有意思。没时间多想，没时间反复精雕细琢，就是直接说“这段就是这个意思”，然后尝试能做成什么样。到时候你会明白，有了一支好乐队，你所需要的就只是一点点灵感的火花，整晚的工作结束之前，它肯定会出落成一样很美的东西。

我们耗干了自己。《卡西诺布基》就是我和米克在筋疲力尽的时候做出来的。米克看看我，而我说：我可不知道。然后我突然想起老比尔·巴勒斯的剪辑法。我们把报纸上的标题和书页剪下来，扔到地板上，看看能拼成什么。嘿，我们显然没心力照常写歌了，那就试试别人的方法吧。于是有了《卡西诺布基》。诚实地说，我很惊讶我们居然没早点想到这个办法。但在当时确实是绝望中的最后一搏。一个句子接着一个句子，虽然彼此间原本没有联系，但凑在一起也有了意义。它们有自己的内涵，但也清晰地描绘了一幅创作摇滚或流行歌曲的画面。

荒诞的音乐，百万美元的忧伤
已经没有时间，也没有什么伎俩
拖着左脚的鞋，裹着右脚的鞋
沉没到沙子里
隐没的自由，升腾的蒸汽
快把那顶黑色帽子仔细瞧
已经没有时间，手指在发抖

我还记得听查理说要搬去车程三小时外的地方时心里泛起的沮丧。我很想让他住在附近，随时给他电话说“我又有个想法了，你能过来吗？”。但是查理喜欢的生活方式和想住的地方在沃克卢斯，离普罗旺斯的艾克斯不远，离我有一百三十英里。他只能每周一到周五过来。这段时间我可以拥有他，但我们相处的时间本来可以更长的。米克则总要在巴黎待着。做《流亡大街》时唯一让我担心的是大家住得这么远，可能会分散注意力。一旦人都聚齐，我希望他们都能保持专注。我以前从来没这样生活工作不分。靠，我为了做这事把房子都贡献出来了。我都做到这份上了，大家不应尽量住得近一点吗？但是对于查理来说这绝对没戏。他有点艺术家脾气。对于他来说，夏天住在蔚蓝海岸实在不怎么酷，这里有太多社交活动类的东西。我完全能够理解。查理是那种在荒凉可怕的冬天才乐意上门拜访的人。他想住的地方肯定不在海边，不在戛纳、尼斯、瑞昂莱潘、卡普费拉或者蒙特卡洛。他对这样的地方深恶痛绝。

有些歌的确是从天而降的，《快活》就是极好的例子。我们用一个下午就录好了它，大概四个小时，连剪辑带录音。中午这首歌还没影呢，下午四点它已经在磁带里了。虽然挂着乐队的名字，但它不是“滚石”录的，而是吉米·米勒打鼓、鲍比·凯斯吹萨克斯，后来我又叠录了贝斯和吉他。我们本来在等那几个人晚上过来正式录音，转念一想，我们不就在这儿吗，看看能不能折腾出点什么来。那天我已经写了这首歌，所以有事干了。一起摇滚一下。一切都准备好了。我们就说：好吧，咱们先来录，等他们来了也许一首好歌都弄完了。我决定用五弦加滑棒来弹这首歌，它忽然就出来了。就是这样。等他们到的时候，已经录完了。你一旦想出什么好点子，就得赶快让它飞翔。

嗯，太阳下山后我从来一个子儿不留
它总把我的裤袋烧出个大窟窿
从来不能让一个学校小妞快活
千万别耽误第二次机会，哦别
我想要个爱人让我快活。

歌词就这么来了，从我舌尖冒出来的。写这玩意的时候，就干脆把脸正对着麦克风,一句句喷。有些东西总会来的。我作了《快活》的歌词，但不知道它们是从哪儿来的。“要是我能飞着回家去，干吗还坐里尔喷气机”只是为了押韵而编的故事。歌词中必须有微弱的情节线索，虽然在我的很多歌里找它要费很大力气。但写歌词都在晚上了，你也累了。你就想出去玩，但没钱。我已经有点崩溃了。我想要个爱人让我快活，因为真爱绝对应该免费！不用为它付钱。我想要个爱人让我快活，因为我的钱妈的花得一点都没剩……当时已经是晚上，我想享受一下，但我一无所有……我想要个爱人让我快活，宝贝，宝贝，你能不能让我快活……

如果有更多歌能像《快活》这样我就更快活了：“就是这么来的”。好歌会自己出来。你只要被它牵着鼻子或者耳朵走就够了。诀窍就在别干预太多。忘掉你的思想，忘掉一切，只要跟着它，看它把你带到哪儿。实在没有你说话的份儿，突然间明白“啊，我知道这个是怎么弹的了”，然后你都不敢相信，因为没有东西会那么容易水到渠成。你会想，这是我从哪儿偷来的？不，不，这肯定是我原创的——好吧，至少是尽可能原创的。然后你就知道好歌会自己来，你只是一个传声筒。

也不能说我没费一点心力。有些歌真能让我们下跪。有些歌至今已经三十五岁了，我还没能憋全。你可以写下一首歌，但它未必完整。问题在音色、速度和定调上，还有是不是所有人都真正感兴趣？《滚动的骰子》花了几天时间才搞定。我记得光前奏就花了几个下午。听音乐的时候，你可以分辨出哪些地方是经过精心打磨的，哪些是随意写的。但你不能总是那么随意。要加入多少心思，干预多少，这个度真的很重要。来吧，我要驯服这头猛兽，用这种那种方法，但到底用哪种呢？是温和一点，还是揍它一顿？我要下狠手，我要用比写你的时候快两倍的速度弹你！你和歌曲就是这样的关系。你和这帮小浑蛋说话。我不让你结束你就不能结束，听见没？诸如此类。不，你可不能变成那样。有时候你也跟它道歉：对不起了。不，肯定不该这样。啊，它们真是好玩的家伙，就像小宝宝一样。

但是一首歌应该是来自内心的，这一点我从来不用去想。我只是拿起吉他，或者坐在钢琴旁边，让灵感降临。总有些东西会来，进入我的身体。否则我就弹点别人的歌。我从来没有落到要说“我现在要写首歌”这类话的地步，也从没说过。我头一次意识到自己能写歌的时候，确实想过自己能不能写第二首。然后我发现它们就像断线的珍珠一样从指间滚下来。我从来没为写歌犯过难，写歌是纯粹的快乐，一种我本来不曾发现的天赋。这真让我惊喜。

七月，格兰姆·帕森斯带着他年轻的准新娘格雷琴来到“奈尔科特”。他已经开始给自己的首张个人专辑《GP》写歌。那时我们俩已经混了几年，我觉得这个人肯定能做出点了不起的东西。事实上，他改变了乡村音乐的面貌。可他过世得太早，没能看到这一点。一年后，他和艾米洛·哈里斯[①]合作录了首批杰作，《巴尔的摩的街》，《一首给你的歌》、《付出的一切》、《我们要在上午清扫灰尘》。我们一碰头就会弹琴。我们一直都在弹，还写歌。我们整个下午待在一起，唱“艾弗利兄弟”的歌。格兰姆对音乐怀有的热爱，简直难以形容。他活着就是为了音乐。他不是只爱自己的音乐，而是爱所有音乐。他和我一样，一醒来就听乔治·琼斯，摇滚

① Emmylou Harris（1947－），美国创作型乡村乐女歌手。

一天后去睡觉，再醒来又听莫扎特。我从格兰姆身上学到了那么多东西，知道了巴克斯菲尔德乡村乐式的旋律转换和歌词有别于纳什维尔乡村乐的那种甜蜜蜜。巴克斯菲尔德乡村乐承袭梅勒·哈格德和巴克·欧文斯[①]的传统，歌词大多来自加州农场与油井的移民世界，属于蓝领层，至少在五六十年代是这样。乡村乐一直影响着“滚石”。你可以在《死去的花朵》、《破碎与磨损》、《甜蜜的弗吉尼亚》和《野马》中找到它。顺便说一句，我们把《野马》这首歌先给了格兰姆和他的乐队“飞翔煎饼兄弟”，让他们用在专辑《煎饼豪华版》里，然后才是我们自己用。

我和格兰姆有一些计划，至少算很大的期望。和某个很棒的人共事，你会觉得你们有的是时间，伙计，不用忙，着什么急呢？我们可以一起做出真正的好东西。你还期待它会不断得到进化。等熬过下一次快速戒毒，我们就可以做出点好玩意来！我们觉得自己拥有全世界的时间。

米克不喜欢格兰姆·帕森斯。我很久以后才发现，在这一点上我周围的人都比我看得要清楚。他们向我描述米克是怎么让格兰姆不舒服，向格雷琴献殷勤，对格兰姆施加压力，表示他不受欢迎。斯坦利·布斯记得米克就像“狼蛛”那样围着格兰姆。我和别人合作写歌让米克觉得自己受到了背叛，尽管他从来不承认。而我后知后觉。我只是在发展朋友圈而已。我到处走，去认识人。但这并不妨碍米克和格兰姆弹琴唱歌。你和格兰姆在一起的时候就只想做一件事，就是一首歌接一首歌接一首歌。

格兰姆和格雷琴不愉快地离开了，当然说法是格兰姆的身体状况不好。我的确想不起来他离开时的具体情况。对这种大家庭内部的不调，我一直不怎么敏感。

回忆起来，我毫不怀疑米克非常忌妒我拥有其他男性朋友。我毫不怀疑这比女人或者其他什么事更让他难受。我很久后才发现我的任何朋友都会遭到米克的冷眼，至少也是猜疑的待遇。任何跟我亲近的男性早

① Buck Owens（1929－2006），美国乡村乐歌手，吉他手，和梅勒·哈格德同为巴克斯菲尔德乡村乐的代表人物。

晚都会来对我说:“我觉得米克不喜欢我。”我和米克是非常亲密的朋友,一起经历过很多事。但他有种奇怪的占有欲,是一种模糊的氛围笼罩着我,但其他人明确指出来了。米克不希望我再交他以外的朋友。这种排他性也许和他攻击性的人格有关，也许他觉得他是在保护我:“这个浑蛋到底想从基思那儿得到什么?”但说实话，我不能为这个指责他。他要是觉得谁和我亲近，总会先发制人，至少试图这样，好像他们是我的恋人而不是朋友。

再说格兰姆的事。米克是觉得自己受排挤了吗?我从来没这么想过。所有人身边都有很多人，我们认识各种人，体验各种事情。我不知道米克会不会承认，但我感觉米克认为我属于他。我可不接受。多年来我一直在想这件事。我深深爱着这个男人;我仍然是他的伙伴。但他让别人很难和他做朋友。

我认识的多数人都是浑蛋，我也有不少浑蛋朋友，但这不是问题。友情与人品没关系。和谁交朋友取决于你能不能和他一块儿混，能不能和他无拘无束地谈心。友情就是缩短人和人之间的距离。这就是友情，是对我来说全世界最重要的东西。米克不信任任何人。我却信任别人，除非你证明自己不值得信赖。也许这就是我们之间最大的不同。我想不出别的方法来阐述了。我觉得这和他的“米克·贾格尔”明星身份有关，还有他处理这种地位的方式。每时每刻，他都不能停止扮演“米克·贾格尔”。这或许和他母亲的遗传有关。

鲍比·凯斯在“奈尔科特”不远处租了一栋公寓，有一天，他的得州人脾气发作，把家具从窗子扔下去，惹了点麻烦。但美丽的娜塔莉·德龙很快就教会了他法国人的礼仪。自米克的婚礼之后，她就一直陪着比安卡。现在要让鲍比回忆他们俩当时是怎么认识的,鲍比仍记忆犹新哩。

> 我不知道她为什么还在这儿，也许是想躲枪子儿吧。米克在尼斯北部有一栋房子，他和比安卡住进去了。我常常骑上新买的

摩托车去看娜塔莉。我和米克各自买了摩托车。他的是五百或者四百五十毫升左右的排量，然后我看到有七百五十毫升排量，七个气缸，四个排气管的。“给我这有四个管子的玩意儿，伙计。我要这四个管子的东西，因为我要让一个法国女明星坐在后头！”我和娜塔莉快把蔚蓝海岸融化了，我们尖叫，开着摩托车冲下中央滨海路，在尼斯和摩纳哥之间奔驰。娜塔莉轻得好像没有分量，就像一片舒洁面巾纸。我身强力壮，车子加满了油！我的意思是这很摇滚，万能的上帝呀，还能更美好吗？我们出发开往内陆，经过一个个法国小村庄，喝酒吃三明治，娜塔莉教我说法语。在法国的乡村小路上行驶的经历，是你一辈子都会记住的。我们真是天生一对。她安静而有趣，我们给对方在屁股上注射海洛因，只一点点。感觉就像到了成人迪士尼仙境。她是个美人，她偷走了我的心，我依然爱她。怎能不爱她呢？

需要补充一句，鲍比当时是有妇之夫，刚结婚没多久。但他结过不少次婚。当他和娜塔莉出去罗曼蒂克的时候，他老婆就待在他们的公寓里。鲍比有一次打破了纪录，四天四夜没回家，惹得所有人都去告诉他老婆他的去向。

但是几个月后，浪漫关系戛然而止。娜塔莉告诉鲍比，一切都完了，别再打电话，也别再和她联系。鲍比的心都碎了，他从没这么被拒绝过，对方跟他已经那么亲近，却连句解释都没有。几十年了，这件事对他来说一直是个谜，直到最近，一个了解个中内情的记者才告诉他，那是因为当年他和娜塔莉公开亮相实在太危险。她儿子安东尼被保镖保护着，她本人也在受警察保护。没有人知道是谁杀了那个和娜塔莉睡过的保镖；从那以后她就经常被那家伙的南斯拉夫弟兄骚扰。鲍比记得她提过自己有人身危险，但他当时没听进去。如果娜塔莉当年喜欢鲍比，那她绝不会保持两人的关系，这就是鲍比得到的解释。鲍比听说后觉得真相大白了，他当时待在我家，第二天出去吃早饭时心情好多了，充满感激，觉得娜塔莉当年救了自己一命，也很高兴她没把实情告诉他，否则他准会回答“这帮他妈的癞蛤蟆浑蛋都是谁，我可是得州来的，我要把他们当晚饭吃了”，当然，他明知这是空话。鲍比活了下来，一次又一次用心灵在《红糖》里吹奏，尽管他一直过着危险的生活，这是后话。

那么多音乐都是怎么制作的——吸海洛因上瘾，一天却还要写两首歌。海洛因有种种缺点，我从不推荐给任何人，但也有用处。瘾君子在很多方面都极其擅长把握平衡。一旦沾上这种东西，什么也不能碍你的事；你都能应付。当务之急就是让整个“滚石”都到法国南部这栋房子里来活动。我们有一张专辑要制作，而且明白，如果失败，等于英国赢了。这栋像贝都因人帐篷一样的房子里总有二三十人进进出出，我从不受干扰，因为我有自我隔绝的天分，我心思都集中在音乐上。还有海洛因这个帮手。

但安妮塔受了干扰，快被逼疯了。她是我们中仅有的几个说法语的人，还得跟奥地利房东说德语。所以她成了保镖，负责轰走睡在床底下的人和逗留太久的客人。她肯定很紧张，还有点偏执——我听见她说梦话，把自己当成看门人——当然她还嗑了不少药。家里总有吃客，有一天几个穿着橘红色长袍的圣人来拜访，和我们围坐在桌边，没过两秒钟就开始要吃的，然后把上来的食物扫了个一干二净，什么都没剩下。为了和雇员沟通，安妮塔还得屈尊到厨房去，对他们比抹脖子的动作；她觉得我们周围的这群牛仔对她来说是很大的威胁。

胖雅克住在厨房一角，是栋和主建筑分开的屋子。有一天我们听见一声巨响，是沉重的爆炸声。我们当时都坐在大餐厅里，突然见雅克出现在门口，头发烧焦了，脸上都是烟灰，简直像个漫画人物。他把厨房炸了。煤气光开着没点火。他说这下没饭吃了，晚饭基本上都从房顶飞出去了。

海洛因帮助我集中心智，让我把自己同日常琐事隔离开来，因为我不愿去应付它们，只想把它们关在门外，把精力集中在想做的事情上。你可以走出去，同时又完全孤立。有时候，没有海洛因你根本没法进屋处理特定的事务，有了它，你就可以厚着脸皮去处理，一切都会非常顺利，然后回去拿起吉他做音乐。它让一切成为可能。但坦白说，我不知道有太多事在发生。这样同外界相隔绝，就会只活在自己的世界，其他人好像都去了太阳和月球。他们醒了又睡……如果你打破这种循环，清醒个四五天，就会觉得那些正常起床睡觉的人离你非常遥远。你一直在工作、写歌、翻录磁带，那些人进来然后又要去睡觉之类。他们甚至还要吃东西！与此同时，你坐在桌边，拿着吉他和纸笔。“你们他妈的去哪儿了？”我甚至想，怎么才能让这帮可怜的家伙别每天都睡觉？

对于我来说时间这东西根本不存在，我全身心地投入在录音里。时间在流逝，我只能觉察时间一到周围的人就纷纷倒下去，只有我还在拼命。我的最高纪录是九天不睡。显然到最后肯定会一头倒在桌上。但爱因斯坦对时间的认识是对的——它是相对的。

我能活下来不仅仅因为用的都是高质量毒品。我对用量可以说是精打细算。我从来不会超剂量摄入，好变得更兴奋。大多数吸毒致死的人都死在这一点上。有人觉得毒品摄入越多会越兴奋，其实根本没有这种事。特别是可卡因。上好的可卡因只需一点就能让你一晚上不睡。但是他们不知道，十分钟之内就要再吃点、再吃点、再吃点……太疯狂了，这种认识是错误的。也许是我有自制力，也许我这样的人很少。也许我交了好运。

我就像个监工，特别是在那些日子里，疯子一样不让人放松。如果我有了个动机，而它又是对的，那就必须马上录下来，否则会在五分钟内失去它。有时候我觉得我最好站起来表达愤怒，别人都莫名其妙。我要从他们身上逼出更多东西。这会刺激他们——哇，基思很奇怪；他有点怪里怪气，脾气也不太好。但一天过去的时候，我总会收获一条音轨或者一首歌。这就是我使的唯一小花样，只在必要时采用。顺便还能争取四十分钟时间去厕所里吸毒，让他们在外面琢磨我说的话。

我觉得我们的时间安排一定很怪，成了“基思时间”，让比尔·怀曼有点抓狂。他倒也没说什么。起先我们计划在下午两点开始工作，但从来没能实现。后来说下午六点开始，凌晨一点才能结束。对此查理好像并不在意，比尔却特别敏感。我能理解。我的这一套他们都熟悉了：我去厕所，思考写歌，吸毒，四十五分钟后回来，拼命完成在做的东西。我本该对他们说，嘿，歇会儿吧，让我想想这个。但我没有这么去做。这是我做得粗鲁的地方，虽然是无心的。

如果我说“我要照顾马龙睡觉”，就意味着我要消失几个钟头。安迪·约翰斯讲过一件事：他和米克、吉米·米勒站在楼下——“谁去叫他起床？我受够了。”“我才不上去呢，你怎么不去啊，安迪？”“我只是小安迪。拜托了，伙计们，我可应付不了这个。”我敢说，七十年代末这事变本加厉，到最后只有马龙可以去叫我起床。

但在某种程度上说，这样做很有效。让“万能机动车”不知疲倦的工程师安迪来鉴定吧。

> 我们录《甩掉石头》，当时所有人都走了，基思说：“给我再放一遍，安迪。”凌晨四五点，他听着听着便睡着了，回放还开着。我想，太棒了！我总算可以离开了。所以我回到基思体贴地帮我和吉姆·普莱斯租的房子。我刚睡着，电话铃就响了，“铃、铃、铃、铃……”。“你他妈的哪儿去了？我有了个很棒的点子。”到他那儿要开半个钟头的车。“对不起基思，我马上到。”于是我跳上车回去，他在弹另一个音轨的部分呢，所以《甩掉石头》里才有两把吉他换位的效果，到今天仍然让我震惊。然后他再次这么弹，重新录了一遍。砰！一下就好了。都这么录我可真是太高兴了。

后来一大堆人都走了。深秋时分，我和安妮塔、马龙，以及几个核心工作人员留在“奈尔科特”，云层翻卷，暴雨一阵阵落下来，四周开始变成光秃秃的灰色。冬天来了，气氛凄惨，特别是当你还留恋着夏天的时候。这里开始变得险恶，一支叫做“毒品团”的当地缉毒小分队在盯着我们，忙着搜集证据，从他们认定的嫌疑人那里取证，想证明“奈尔科特”

里有毒品大交易，不光我，那帮牛仔工作人员也有份。但那支小队里本身就有毒品的消费者。他们到处侦查打探，证据不难找到。十月，我的住处被破门盗窃，失物里最贵重的就是我的吉他。我们无意声张，但法国政府不放过我们。我们被告知当局以几宗重罪罪名开始了正式调查，还得到尼斯去参加由负责调查的治安官主持的听证会，所有传言和指挥，不管来自不满的警方还是受到警方压力而告密的"奈尔科特"内部人员都会被媒体广播出去。我们麻烦大了。在法国没有人身保护权一说；全部权力都归国家所有。如果法官觉得证据确凿，调查期间，我们可能会在监狱里蹲几个月。当然他也可以不这么认为。这就是我们的经纪人普林斯·鲁本特·洛伊文斯坦所建立的关系网初次大展身手的时候了。后来他在全球都为我们张罗了律师网，请一流的枪手来保护我们。当时他已经找来一个叫让·米夏尔－佩利谢尔的律师。他是顶级的。我们的这位发言人给戴高乐当过律师，刚任法国总理雅克·沙邦－戴尔马的内阁顾问，跟总理是铁哥们，另外，他还给昂蒂布镇镇长当法律顾问。如果这还不够，天才的米夏尔－佩利谢尔几乎跟当地每个人称兄道弟，与警方也有往来。干得漂亮，鲁本特。听证会在尼斯举行，鲁本特为我们代言。我记得事后鲁本特说整件事简直"恐怖"，因为警察一个劲地把矛头指向我们。但也非常滑稽，事实上很欢乐。有点像彼得·塞勒斯演的法国喜剧片，讲一个侦探严肃缓慢地用打字机敲一份完全是非颠倒的审判。法官认定我们经营着庞大的卖淫圈，那些操德国口音的歹人还把毒品卖给我这个英国吉他手。"他想知道你认不认识阿尔丰斯·奎里尼先生"等诸如此类的话。"从来没听说过他。"然后有人翻译成法语，"不，他不认识"。告密的人都被警察逼迫着来捏造事实，添油加醋。一切都子虚乌有。洛伊文斯坦甚至不得不指出：不，不对，你们控告的这个人是买，不是在卖。那些家伙不择手段想判处他两三倍的刑罚。与此同时，米夏尔－佩利谢尔也忙开了。为了不进监狱（真很有可能蹲上几年），我和安妮塔签了一份九死一生的法律协议。为此我们必须离开法国国土，直到被"允许回来"，但根据某些条款，我必须继续缴纳"奈尔科特"的房租——每周两千四百美元。

“滚石”受到贩卖海洛因罪行调查的事件被捅上了媒体，成了一个长而完整的传奇；秘密被泄露了。啊哈，乐队吸海洛因，而且毒品在整个音乐界都很猖獗。还出现了典型的诽谤，比如传安妮塔把海洛因卖给未成年人之类，总之我们被妖魔化，成了谈资：在“奈尔科特”发生了不可告人的事情。戏码在法国还不算完。十二月我们在洛杉矶，警察对“奈尔科特”展开突袭，找到了他们要找的东西。他们花了整整一年才提出罪名，获得对我和安妮塔的逮捕证。最后不过发现了藏毒，罚了款，判我们两年之内不许入法国境。无关紧要的判决过去后，我总算用不着为“奈尔科特”付房租了，省了几千美元的支票。

从法国到洛杉矶，我们只带了《流亡大街》的原始素材，名副其实的骨架，没有一点叠录。每首歌我们都已作过研究：得在这儿加个合唱，在那儿加点女声，这儿还需要添点打击乐。一切都计划好了，但没实际操作。在洛杉矶，我们基本上就是往骨架上添肉。一九七二年年初，我们在洛杉矶待了四五个月，给《流亡大街》做叠录和混音。我记得曾经暂留在“高塔录音室”或“金星录音室”的停车场，抑或开车沿日落大道而下，听着广播里我们最喜欢的节目主持人播放一首我们尚未发行的作品，判断混音效果好坏。这首歌在广播里听起来怎么样，能当单曲吗？我们打电话给 KRLA 电台的一个主持人，把《滚动的骰子》和《一路直下》等歌曲的混音版给了他。刚制作完，我们的手指还在燃烧，就开着车跑出去听广播里的效果。沃尔夫曼 · 杰克等洛杉矶的节目主持人会放送我们的歌，我们派一个人过去站在旁边，节目一完他就把带子拿回来。《流亡大街》一开始进展很慢。以唱片公司的见识和他们对售价、分销方面的考虑，要做双专辑真是要命之举。但我们坚持，说：看，就是这样，我们就是要这么做，如果需要两张专辑，我们就出两张。其实这非常大胆，偏离了所有商业上的忠告。专辑一发行，起先好像证明他们是对的，但后来销量持续上涨，越卖越好，一直受到好评。不管怎样，如果你不采取大胆行动，那就他妈的哪儿也去不成。你得去冲破边界。我们觉得我们被送到法国去做东西，并且做出来了，他们最好通盘接受。

这事完了以后，我和安妮塔住在石峡谷，我又去找格兰姆，那是我最后一次见到他。石峡谷是好地方，但也能弄到毒品。有一张照片拍的是格兰姆骑着他的哈雷摩托，我坐在后座，戴着“比格斯”眼镜。我们是去买毒品。“嘿，格兰姆，咱们要去哪儿啊？”“穿过城市的裂缝。”要不是他，我都不知道洛杉矶还有这样的地方。我记得前去买毒的有不少是姑娘，女毒虫。圈子里管她们叫“FJs”。格兰姆的供货人中偶尔有一两个男的，多数还是女的。他觉得她们做生意比男人痛快，而且好接近。“把这个拿走吧，不过我没有麻醉剂。”“啊，我知道有个女的……”日落大道上的大陆海耶特屋被我们称为“暴乱屋”，租金便宜，还可以停车，是乐队都喜欢去的地方。格兰姆认识不少住在那里的姑娘，有几个还挺漂亮，是彻头彻尾的毒瘾者，还把她们的针头借给你用。当时艾滋病还没这么猖獗。

格兰姆就是在那儿遇上了艾米洛·哈里斯，不过和她录下那些精彩的二重唱歌曲是在一年后。听着，我打赌他们刚认识的时候想的肯定不是唱歌。他是个好色的浑蛋。不幸的是当时在西海岸高品质的海洛因货源不足。我们被迫去抽“墨西哥鞋擦”，俗称MMS。这真是街头玩意儿，棕色的，来自墨西哥，看起来确实和鞋擦没两样。有时候倒也有真货，得自己检验。你在小匙里点燃一点儿，看它会不会液化，然后闻闻有没有那股气味，就算闻着像掺了假的你也不会介意，因为老式的街头海洛因总是混着乳糖。这东西很稠，有时候推针管得用力才能动。那真是一段消沉低下的生活。

我从来没沦落到长期弄不到纯海洛因的地步，也一向都跟街头货划清界限。我打算放弃了。这不是我想要的，我该要的。只不过是让身体机能运行下去罢了。

有一天你醒来，计划都乱了。你得去一个本来没想去的地方，你发现你脑子里蹦出的第一件事是怎么去弄海洛因，不是穿上内裤，也不是拿起吉他。而是怎么跟毒贩子接头。我是要冒险随身带着，还是给铁定有货的地方打电话？后来在巡演开始之际，这个念头第一次让我崩溃。我陷入绝境了。我不想手头没有货地被困在半路，这是我最大的恐惧。我真是想在巡演之前戒毒。自助戒毒很恐怖，但一想到万一因为我，巡演陷入危机，连我都没法接受。

我在美国的签证过期了，不得不离开。另外我和安妮塔也该告别洛杉矶了，她怀了我们的女儿安吉拉；她也该戒毒了。我觉得安妮塔的瘾并不大，她并不是随时都需要毒品。如今，我们健康的女儿安吉拉显然证明她没有什么严重的健康问题。安妮塔只是偶尔来一下。是我总沉迷在里面。这非常危险。我们仿佛生活在边缘。但我觉得我们俩毫不怀疑自己可以戒掉，只是去不去戒的问题。我不记得我们对戒毒有过任何恐惧或者疑虑。只是一件必须去做，必须马上去做的事情而已。我们不能在英国或法国采取这一行动，因为这两个国家我都不能进入，所以选择了瑞士。

登机前我好好吸了一次，因为一落地就要直接去做快速戒毒，在瑞士根本没人供我毒品。情况可真够糟糕的。我们到那儿时就是一团糟。我记不得了，但据说我是被救护车从酒店送到戒毒所的。安排这一件事的是琼恩·谢利，曾经打理我们在“奈尔科特”的乱子。她在回忆录里说，觉得我肯定会在救护车里就死去；我当时看上去好像的确如此。具体情形我一点都不记得，只是被推来推去。带我去戒毒所，把这东西戒了，扛过这一关。给我点药吃，让我在这地狱一般的七十二小时里尽量睡过去。

我是在沃韦接受丹伯尔医生的戒毒治疗。他是个美国人，但长得却和瑞士人没两样，胡子刮得干干净净，戴着无框眼镜，颇有点纳粹秘密警察头子希姆莱的风采；说话带中西部人的鼻音。其实他的疗法对我没一点用处。他本人是个阴险的小同性恋。还不如比尔·巴勒斯那个五大三粗的老护士斯米蒂呢。只不过丹伯尔医生是这儿唯一说英语的人。我无能为力，既然已在快速戒毒，需要时就得找他。

我没法想象别人是怎么挺过快速戒毒的。真他妈的可怕。当然没有在前线被炸掉一条腿那么严重，也比活活饿死要好。但你绝不想落到这个地步。整整三天，你整个身体从里到外翻出来，生不如死。你知道挨过这三天就是平静，但这是你一生中最长的三天，你奇怪为什么会这样对自己，你干吗不去过他妈的摇滚明星阔佬的好日子，倒来这儿上蹿下跳还挠墙。你为什么这样折磨自己？我可不知道。我到现在还不知道。皮肤发痒，脑子一片混沌，四肢不由自主地抽搐哆嗦，上吐下泻，一把鼻涕一把泪：这就是一个理性的人说“我上瘾了”之后，人生第一次遇到的惨状。但是就连这样也不能阻止一个理性的人戒毒之后复吸。

我在戒毒所的时候，安妮塔正怀着我们的女儿安吉拉。我一挺过漫长的痛苦阶段，就要来了吉他，某个下午坐在床上写了《安吉》，因为我总算可以挪动、控制手指了，总算不至于在床上大便失禁、挠墙或者发疯了。我写着，“安吉，安吉”。这首歌不是关于某个人，它只是一个名字，就像“啊，戴安娜”一样。写《安吉》的时候我还不知道安妮塔要给女儿起名叫安吉拉。那时候不等孩子出生是不可能知道性别的。其实安妮塔本来选了“丹德莱恩”，但因为她是在一家天主教医院里生产，他们建议再取个“合适”的名字，所以就多加了“安吉拉”。等安吉拉长大点的时候还说过：“你们别再管我叫丹迪了。”

9

我们开始了盛大的一九七二年巡演，比尔医生打开他的医药包，休·赫夫纳接待我们，我遇到弗雷迪·塞斯勒。我们搬到瑞士，又去了牙买加。我和鲍比·凯斯在路上惹了麻烦，被夏威夷的菠萝大王搭救。我在牙买加买房子；安妮塔在那里被监禁，又被驱逐。格兰姆·帕森斯去世；我入选“最有可能……”名单。罗尼·伍德加入乐队。

伊桑·罗素 摄

1972 年美国 STP 巡演中，在鲍比·谢尔曼的老飞机“星际飞船”上

"滚石"大型而丑陋的一九七二年巡演始于六月三日。你可以看到基思那样敏感的人是多么需要药物，但它们全不能让我兴奋。我期待着看更好的戏。一九六九年巡演的理想化以灾难收场，演变成一九七二年的讥讽化，招致杜鲁门·卡波特、特里·索瑟恩、李·拉德西维尔公主和罗伯特·弗兰克等人的笔伐，要不是稿酬原因，《星期六评论》上还得多威廉·S. 巴勒斯的评论。穿插于巡演中的花絮角色包括一位旅行医生、一群掮客和骨肉皮，还有性与毒品。我本可以向你栩栩如生地描述巡演途中目睹和参与的各种当众亵渎和放荡，但你一旦见识过大量意大利面条倾倒在丝绒垫上，厚厚的地毯上积着热尿以及性器官分泌的潮水，就够了。所谓管中窥豹。至于变奏，大同小异。

——斯坦利·布斯，《基思：站在阴影中》

我从来没遭遇过这样的事。我曾和不少非凡的人一起旅行，他们总是出去玩……他们全然排除外部世界，从来不出去，你都不清楚自己是在哪个城市……我真受不了了。

——罗伯特·弗兰克，摄影师、导演，《舔鸡巴布鲁斯》

"滚石"的一九七二年巡演有别名——"可卡因龙舌兰酒到天亮"或者 STP，"滚石巡演派对"。斯坦利·布斯写的这些放纵场景大大夸张了。

我都没见过。斯坦利不是太夸张就是太天真。真是如他所说，那我们都别想在假日酒店级别以上的地方订房间。当时我们已经开始订酒店整层，不让外人进入，让我们当中某些人（比如我），可以安全地享受点隐私。办派对可以，但非得满足一些条件不可：我们能控制局面，或者至少出麻烦时能得到警告。

随行人员的数目大大膨胀，有巡演工作人员、技师、食客和骨肉皮。我们第一次坐着自己租的飞机巡演，飞机上还画着那个吐出来的大舌头[①]。我们好像成了个海盗国，一大群人举着旗帜，还带着律师、小丑和随从，浩浩荡荡的。管理者则用一台破破烂烂的打字机以及酒店里或街上的公用电话在北美三十多个城市运转工作。我们新聘的巡演经纪人彼得·拉奇做了大量组织工作，他就像一群无政府主义者当中的四星上将。我们一场演出也没错过，虽然都是卡着点到的。各个城市的每一场给我们暖场的几乎都是史蒂夫·旺德[②]，他那时候还不满二十二岁。

我还记得和史蒂夫还有他那支很棒的乐队在欧洲的巡演。他们说："那个浑蛋看得见！我们入住一家新酒店，他就拿了钥匙，一头往电梯走过去。"我后来才发现史蒂夫提前记好了我们下榻的四季酒店的地形：这边有五级台阶，上电梯要走两级台阶……这对他来说算不上什么，目的是吓唬他们。

乐队在巡演中一直很"摇滚"，最好听听我们的另一个长期作者罗伯特·格林菲尔德是怎么说的。有太多人写过这次巡演，在新闻报道的层面上，它简直上升为一场政治运动。我们的老朋友斯坦利·布斯撤了，觉得新加入的这些社交名流和名记者破坏了往日的纯粹，让他觉得恶心。"舞厅和恶臭的妓院 / 厕所里全是寄生虫"[③]。但我们的演出还在继续。

> 在诺福克、夏洛特和诺克斯维尔等地，演出好像从头"飞"到底，乐手心有灵犀，就像一个处在最佳状态的运动队，所向披靡。但只

①滚石乐队著名的标志。

② Stevie Wonder（1950－ ），美国盲人歌手，作曲家，音乐制作人，擅长多种乐器。

③出自"滚石"作品 *Torn and Frayed*。

有真正聆听的人，比如伊恩·斯图尔特、离场的“滚石”本身和合作乐手才明白，魔力已在减退。而其他人不是在担心后勤问题就是在想离场的办法。

斯坦利提到的随行医生被我们叫做“比尔医生”，听上去有点威廉·巴勒斯小说人物的味道。他的专长是急救。米克非常担心遭人攻击——当时有人威胁他，有一些变态迷恋他，也有人走过来动手，“地狱天使”更是想弄死他——所以米克希望能有个医生在身边，万一他在台上挨了枪子儿也好急救。不过比尔医生到我们这儿来主要是为了泡妞。他是个年轻英俊的医生，所以还勾搭上不少姑娘。

他的名片上就写着“比尔医生，滚石乐队医师”，我们上台前他会在观众场中转一圈，把二三十张名片发给最风骚漂亮的姑娘，哪怕她们身边有男人也照给不误。他在名片后面写上我们下榻的酒店名称和套间的电话号码。就算身边有男朋友的女人也会在回家后再过来，把名片交给保安。比尔医生知道最后总有六七个姑娘会来，只要答应对方把她介绍给我们，总有一两个会被他弄上床。他沉迷于此，每天晚上都要找姑娘睡。当然搞毒品他也很在行，杜冷丁之类，随便你点。他在任何城市都能开处方单。我们派姑娘到他房间去拿药袋子。他发杜冷丁的时候屋里排着队，边上有个装注射器的破口袋。

在芝加哥，酒店房间实在紧缺，加上我们又实在不受订房人员的待见。当时酒店里正举办机器设备交流会、麦当劳交流会以及家具交流会。大厅里各种标牌琳琅满目。于是休·赫夫纳[①]觉得请我们中的几个人到他的“花花公子”大厦去是项福利。不过我觉得他后来肯定后悔了。他真是个疯子。我们和各种皮条客，最低级到最高级的，都打过交道。赫夫纳是最高级的，绝对拉皮条的。他敞开大门接待“滚石”，我们在那儿待了一个星期。就是往桑拿浴室和花花公子兔女郎中扎，基本就是个妓院，我其实一点也不喜欢。不过那段记忆已经非常非常模糊了。我只知道我

① Hugh Hefner（1926－），美国杂志出版人，《花花公子》杂志创始人。

们在那儿确实是找了乐子，尽情享受了一番。赫夫纳在我们来之前不久曾遭枪击暗杀，那座大厦有点像加勒比地区独裁者的官邸，布满全副武装的保安。我和鲍比总是躲着他们，以及特意过来观看我们的游客，只顾自娱自乐。

我们把医生也带上了，找了个兔女郎款待他。这就是“只要让我们得到你包里的玩意儿，你就可以得到黛比”交易。我觉得既然剧本已经写好，那就努力演下去吧。不过我和鲍比在厕所里放火的行为确实有点过了。好吧，我们不是故意的，都是毒品惹的祸，不是我们的错。我们俩坐在厕所的地板上（厕所真是又舒服又漂亮），打开医生的包享用自助大餐。“这东西是干什么的？”砰！一下子……厕所里又是烟又是雾的，鲍比说：“这儿太烟了。”我盯着鲍比，可是看不见他。帘子烧毁了，一切好像都要彻底完蛋了。我根本就看不见他，他消失在烟雾中。“对，我觉得这儿确实有点烟。”这反应真是太慢了。突然门口一阵嘈杂，火警响了起来，“哔哔哔”。“什么声音那么吵，鲍勃？”“不知道，咱们把窗子打开吧？”有人在门口叫：“你们没事吧？”“是呀！我们他妈的好着呢，伙计。”于是外面那个人就走了，留下我们不知所措。是该安静地溜出去，还是立马掏一笔修厕所的钱？又过了一会儿，门口传来一阵巨响，侍者和一群穿黑西装的人拎着大桶大桶的水打开门冲进来，我们还坐在地上，瞳孔呆滞。我说：“我们本来自己能搞定，你们怎么胆敢管我们的私事？”这事不久后赫夫纳就匆匆搬去了洛杉矶。①

那些最疯狂的夜晚所做的事，我在事后看物证才能相信。我喜欢派对还真是出了名！最顶级的派对好就好在事后你根本不记得它了，只会听到别人对你行为只言片语的描述。“啊，你不记得你开枪了？把地毯拽过来，看看上面的枪眼，伙计。”我觉得丢脸和尴尬。“你真不记得了？你亮出鸡巴，拽着吊灯荡秋千，所有人都跳起来用五英镑的纸钞卷你的

①他在自传《小黑名单》（*Little Black Book*）里引了一段标着“1972年6月28日”的备忘录——下面是“滚石”访问期间损坏的物品清单：“红蓝浴室”里的白色地毯被烧毁，需要替换；马桶也被烧毁，需要替换；两块地垫和四条浴巾被烧毁；“红屋”的椅子和扶手椅弄脏，可能需要更换椅面；“红屋”的床罩弄得非常脏，希望还能洗得干净。——原注

鸡巴。”不，我真不记得这种事了。

要解释这些过分的派对真的很难。不是说，好吧，我们今晚要开个派对。这种事都是自然而然发生的。我觉得就像是在寻找一种被世界遗忘的状态，尽管不是刻意的。作为一支乐队，你经常被囚禁和束缚着，越是有名，就越感觉自己身在监牢。派对上的胡闹其实就是让你得以在几小时内用不着当自己。

我丧失意识的时候却可以即兴发挥。这显然是我了不起的小本事。我还能努力保持和那个我所认识的基思·理查兹之间的联系。但我偶尔也意识到自己体内还潜伏着另一个人。有些令人称道的关于我的段子都是在我灵魂出窍、至少是丧失意识的时候发生的。我的身体机能显然还在运转，这一点很多人都证实了，但我其实处于那种状态（特别是吃了可卡因几天以后），即明明精神上处于崩溃的境地，觉得自己完全垮了，要倒下去睡，事实上还可以做出非常疯狂的事情来。这就叫挑战极限。但是没人告诉我所谓的极限到底在哪儿。到了某个时刻，一切记忆都模糊了，因为你走得实在太远了。可是这里有太多乐趣，你能写歌，周围有几个骚娘们，你可以干那些挺“摇滚”的事儿，一撮人过来煽风点火，有那么一个时刻，意识已经关闭，身体还在运行。好像有另一个发动机在主宰你，但记忆和思想都不见了。我的朋友弗雷迪·塞斯勒记得不少这样的情况，愿上帝让他安息。

我确实记得一桩吊灯事件，真是死里逃生。我在本子上记过，标题叫“天上的短枪”。

> 我所招待的一位女士（名字不详）非常感激我，执意让我快活一下。她脱光衣服跳起来，抓住巨大的吊灯，像运动员一样表演了几个回旋，灯光便在屋子里晃来晃去。非常好玩。然后她像杂技演员一样松开手，敏捷地跳到沙发上我的身边。与此同时吊灯散了架，噼里啪啦掉下来，我们在一阵水晶大爆炸中缩成一团，歇斯底里地笑着，碎片像雨一样打在我们身上。然后就更好玩了。

我们和《冷血》的作者杜鲁门·卡波特玩过几次，他是米克在社交界的朋友。米克的这群朋友一直跟着我们的巡演，其中还有李·拉德西维尔公主，我们叫她“拉德什公主”，还管杜鲁门叫“杜比”。他接受了某家杂志的高薪聘请报道我们的巡演，所以表面上好像是来工作的。杜比写了很多后台的丑恶和牢骚，他真是个老浑蛋，其实就是在抱怨后台的噪音。无非就是些嘲讽和高高在上的评论，有时候我一点也不在乎，有时候却挺生气。一次演出之后，我有点飘飘然：要好好教训这个混账。喂，你那副傲慢自大的纽约嘴脸给谁看，你现在可是在达拉斯呢。回到酒店，我有点粗鲁地踢杜鲁门的房门，用从手推车上顺来的番茄酱在门上一通喷。出来，你个老女王，你跟着我们干什么？你想来点“冷血”？你可是在路上呢，杜比！出来走廊上，跟我们说说你的文章吧。听起来我有点“坏牙约翰尼”[①]的味道，但我当时肯定是被激怒了。

搞笑的是，杜鲁门不知道为什么对鲍比产生了好感。他在约翰尼·卡森秀上最后一次说起“滚石”，当约翰尼问到他对所报道的摇滚乐这种吵吵闹闹、乱七八糟的玩意儿怎么看时，他回答：对，没错，我和“滚石”一起巡演了。（当然，鲍比在电视上看到了。）约翰尼说：好吧，给我们讲讲你的经历，你都认识了什么人？——啊，我遇到一个得克萨斯来的小伙子，很讨人喜欢。鲍比在电视机前脱口而出：“不！别这样！”紧接着他的电话就响起来了，是得克萨斯州绅士联盟：哇，你和杜鲁门有一腿是不是？

我还记得一九七二年七月十九日的演出是出于两个原因。其一是波士顿警方派出车队送我们到体育馆，若换了他们在罗德岛的同行肯定会把我们关起来。我们从加拿大出发来到波士顿的普罗维登斯，接受他们搜行李时我正躺在一辆消防车的挡泥板上睡觉，是那种漂亮、有曲线的老式车子，车轮有很宽大的挡泥板。突然我觉得一股热浪迎面袭来，脸

---

① Johnny Rotten（1956－ ），原名约翰·约瑟夫·莱登（John Joseph Lydon），朋克乐队“性手枪”的主唱，因一口坏牙得此绰号。

照上了闪光灯，我跳起来抢过摄像机。妈的。我踢了那个摄影师，结果就被逮捕了。米克、鲍比·凯斯和马歇尔·切斯要求一同被捕。这件事上我必须夸夸米克。当天正好波士顿有波多黎各人在居住区发动骚乱，闹出不小的动静。波士顿市长说你们让这帮浑蛋快滚，我还得应付暴乱呢，今天别再给我搞出个“滚石暴乱”来。于是我们就被放了，还被护送着直达场地，窗外是摩托骑警开路和人群夹道欢迎。

当天的另一件事是弗雷迪·塞斯勒敲响我酒店房间的门。这是我们第一次碰面。我不知道他是怎么找上来的，但当时其实所有人都能到我房间来——后来就不会了，因为我受不了那么多人进进出出。但这一次我正好不忙，他也挺有趣的：一看就是最典型的犹太人，穿着滑稽的衣服。多棒的家伙啊。“我手上的东西你肯定会喜欢。”他说，然后就拿出满满一盎司原装没拆封最纯的默克牌可卡因。真正的好买卖。“这是送给你的。我喜欢你们的音乐。”这种东西一打开，就像把苍蝇从瓶子里放出来，气味“嗡”的就出来了。当时我对可卡因的瘾头还只是断断续续的，除了英国同好那儿的，能弄到的也就是街头的便宜货了；你根本不知道是不是安非他命假冒的。从那以后，弗雷迪每个月都给我弄来整一盎司最纯的可卡因。不用给钱，他从来不愿充当“供应商”角色。他不是生意人，你只需拿起电话说：“嘿，弗雷德，你手上有没有……”

还不止这样，我和弗雷迪一见如故。他真是个了不起的人物。比我大二十岁。他的个人经历和纳粹入侵波兰期间定居在那里的普通犹太人差不多，充满着恐怖和奇迹般的死里逃生。他在波兰本来有五十四个亲人，最后只有三个活了下来。他的遭遇和年轻的罗曼·波兰斯基相仿，亲人都进了集中营，他得保护自己，躲避纳粹。我起初没注意，但弗雷迪很快就成了巡演途中的人物。在未来的十到十五年里，他也许在不知不觉间充当着我第二个父亲的角色。我几乎是马上就辨认出了弗雷迪的特质。他是个海盗，冒险家和局外人，但又不妨碍他有一手好人脉。他为人风趣，像剃刀一样敏锐，有着丰富的阅历。他平生五次发大财，挥霍一空后又重新赚回来——其中第一次是靠卖铅笔。他说，什么东西是你越用它越短？所以他靠卖办公用品赚了大钱。然后又有了别的想法，他飞到纽约，让飞机在空中逗留了一个钟头，仔细观察纽约的建筑和灯火。这么多灯泡，卖灯泡的肯定他妈发大财了！两个星期以后他做上灯泡生意了。都是非常简单的点子。当然不是都这么简单这么成功的，比如用毒蛇的毒液治疗多发性硬化症之类，还花巨资投入水陆两用车，因为有一篇报道描述它是“可能引发渡水革命的汽车”。但这玩意从来就没成功过。丹·阿克罗伊德[①]有一辆，但是除了他谁过河会放着好好的桥不走，非要把汽车开下水不可？弗雷迪有点像达·芬奇之类的人，但论起做生意？还是别想了。他的创意但凡一盈利，他就开始觉得烦，然后扔一边去了。

米克当然不怎么喜欢弗雷迪，其他很多人也一样。他实在是个太危险的人。格兰姆给我和米克造成的隔阂可能比弗雷迪要大，或许是因为音乐的缘故。但米克看不起弗雷迪。他忍受着弗雷迪，只是为了招惹他生气，好让我也生气。我觉得弗雷迪和米克偶尔也合得来，但这样的时候太少了。弗雷迪会拼命讨好米克，帮他找这个那个姑娘，甚至都不让我知道。米克需要什么就会去找弗雷迪，而弗雷迪对他言听计从。

人们会抨击弗雷迪，说他为人粗鲁、出言不逊、低俗，为什么不呢？你们随便把他想成什么样，他都是我认识的最好的人之一。他很可怕，很反叛，非常极端，有时候有点傻气，但又十分坚强。我想不出有什么人比他更坚强了。那些日子里我也很极端，很傻气，我违背弗雷迪的意愿，挑唆他做出格的事，这是我的错，但我知道这男人很有种。他不在乎，什么都不怕。他觉得自己本来十五岁那年就该死了。“反正我早就死了，就算人还在。现在的一切都是意外之喜，就连狗屎都是。咱们就把狗屎混在意外之喜里尽情胡闹吧。”我觉得弗雷迪那种“操，去他的”的态度就是这样的。十五岁那年，他抱着魂飞魄散的祖母，亲眼看着自己最尊敬的祖父和叔叔在光天化日之下，在自己家乡的广场上被两个纳粹折磨、枪杀。他的祖父是当地犹太社区的领袖，所以被选出来处刑。后来弗雷迪被人救走，从此就再也没见过在波兰的亲人，他们都被关进集中营去了。

---

① Dan Aykroyd（1952－ ），加拿大歌手，演员。

弗雷迪留下一本自传手稿，上面写着献给我。这真有点尴尬，因为另一个被题献的人是雅克布·戈德斯坦，就是他那被害的祖父。他在书中描写了自己的恐怖遭遇，那同时也是一个关于生存的精彩故事。很像帕斯捷尔纳克作品的主题，解释了这个人何以成为我所熟悉的样子。比如，开篇是一九三九年他在华沙一个富裕的中产阶级犹太家庭的生活，那年夏天他们去郊区别墅度假，那里有马厩和谷仓、专门熏肉的房间和整洁的草坪。有个吉卜赛女人走过一大片罂粟田说：我能看出你未来的命运，给我一块银币，把你的手掌伸给我，等等。随后她预言了整个家族的厄运，只有三个人例外，其中两个人当时不在波兰，第三个就是弗雷迪。她还说他会到东方的西伯利亚去。

一九三九年九月德军入侵波兰，弗雷迪被送进劳役营，一个仓促建起来的监狱，弗雷迪逃了出去。一连几星期，他趁着夜晚逃命，在霜冻的森林里藏身，从农舍偷东西吃，一路向东逃往苏联占领区。一天夜里，他穿过一条结冰的河流，子弹在耳边呼啸。他一头冲进苏联红军的营地。当时已有《苏德互不侵犯条约》，但是不管落到什么人手里也总比在德国人手里强。弗雷迪被送进西伯利亚一个类似古拉格的地方，和那个算命女人说的一模一样。

弗雷迪那年十六岁。西伯利亚的生活充斥无休无止的惩罚与绝望，有点像《赣第德》里的描写，弗雷迪却活了下来。在后来的人生中，他经常惊叫着从噩梦中惊醒。

他和几个幸存的波兰囚徒在德国入侵俄国时被释放了。他和其他劳改营被释放的几千名囚犯一起徒步走向百英里以外的火车站，最后只有三百人活着抵达。弗雷迪参加了驻扎在塔什干的波兰军队，患上伤寒后退伍，一九四二年又参加了波兰海军。他的任务是长时间监控雷达。船上的医生给他吃处方可卡因。从那以后他状态好了很多。

弗雷迪家当时有七个孩子，活下来的只有他和哥哥西尔吉。德军入侵波兰时，西尔吉正在巴黎索邦大学上学，后来加入波兰军队，又来到了英国，战后和弗雷迪在伦敦重逢。西尔吉成了著名的俱乐部和饭馆老板，是大使餐厅的所有者之一，这里很快成了四星上将和赶来慰劳美国驻军的好莱坞明星的出没之地。一九五〇年，他在梅菲尔地区的查尔斯街开了“西尔吉俱乐部”，成了弗兰克·西纳特拉、罗纳德·里根和平·克劳斯贝[①]等人的密友。玛格丽特公主和阿迦汗也经常在那里流连。所以西尔吉和他的代理弗雷迪人脉非常广。弗雷迪还认识西纳特拉和玛丽莲·梦露。就我所知，这种人脉至少救了弗雷迪两次。一次是在纽约机场，他的手提箱藏毒，本来该被逮捕，但不知为什么被放了——整件事好像没发生过。还有一次是在很多年以后，一九九九年，在我们的“没有安全”巡演途中，他在拉斯维加斯因为藏毒被捕，进了牢房，和一帮人一起蹲。弗雷迪打了个电话——这一幕是我当时的保镖吉姆·卡拉罕亲眼看见的——三个小时以后他就从市长办公室得到一份道歉信，毒品和钱都一并交还至他手里。

我当年遇到弗雷迪的时候，他正在纽约经营一家植发中心，因为他自己的头发就是种上去的。可卡因和安眠酮是他最心爱的药品，他有门路，可以弄到最好的货。（在迈阿密，他计划用食欲抑制剂和安眠酮来治疗肥胖症，后来还开办了一家名叫“迈阿密毒蛇学会”的中心，专用毒蛇的毒汁治疗疾病，后来被美国食品药品管制局给关了。弗雷迪把它迁到了牙买加，成了当地政府的眼中钉。）弗雷迪其实拥有毒品商店，还控制着一些医生，让他们均衡地分布在纽约各地，为他的毒品店开立处方。他买下一家文具店，用来给这些老好医生开支票，而每个星期都会有价值两万美元的药品在弗雷迪的各种买卖里流进流出。他从来不卖那种“娱乐性”的毒品，但喜欢和朋友们分享自己的门路；他说自己乐意让他们摆脱街头的烂毒品。能让别人快乐，或者对摇滚乐做出点贡献，这让他觉得无比满足。

弗雷迪的衣着品味很差。他总是穿着休闲装，牛仔靴，裤腿扎在靴子里。“你怎么穿成这样，还觉得很酷，啊？”还有难看的丝绸外套和小低腰裤，一大截屁股露在外头。弗雷迪对时尚的理解真是让人大跌眼镜，

① Bing Crosby（1903－1977），美国超级影星，笑星，歌手。

还停留在波兰人那一套。他的几个女朋友故意把他打扮得很滑稽，还说“你看上去棒极了”。他上身穿夏威夷花衬衫，棕色努迪牌外套，底下套一双牛仔靴，还戴一顶女朋友弄的圆顶高帽。但弗雷迪根本不在乎，他知道接下来会发生什么事。他总在酒店大厅里搜寻年轻女孩和骨肉皮，有时候也让我觉得讨厌和恶心。他把三个一看就没成年的姑娘带进房里，我在外头喊：“弗雷迪，让她们出来。我们可不干这个，宝贝。”

有一次在芝加哥，大家在我房间开派对，屋里奶子横行，都是弗雷迪带来的骨肉皮。她们一待就是十二个钟头，我都厌倦了，一直催她们走，可她们不肯。我想让大家统统离开，可是没人听。滚出去！有那么五分钟我真的累了。所以就“砰”的一声向地板开了一枪。罗尼和第一任老婆克里茜当时也在。我确定楼下正对着的房间没人。这下人总算都走了，留下满屋子的灰尘硝烟和各种衬衫内衣。最搞笑的是后来我给手枪塞满弹药，等着保安或者警察来抓我，最后他妈的什么动静也没有！我在酒店房间开过几次枪，从没见保安或警察来，至少在美国不会有。我承认我开枪次数有点多，但当时确实是神志不清了。戒毒以后就不再这样了。

很多人不喜欢弗雷迪，连管理人员都恨他。“这小子对基思影响不好。”巡演经纪人彼得·拉奇和律师比尔·卡特都觉得弗雷迪是个极危险的人物。但弗雷迪不是那种只会吸毒、贪图享乐的人。他有种奇异而美好的态度：做自己，其他一切都无关紧要。弗雷迪在某种程度上是六十年代的产物，怀有打破一切界限的勇敢无畏。我们怎么能向那帮混账的警察点头哈腰，怎么能对那些被俗世认同的东西言听计从？（现在为社会所认同的东西更是每况愈下，弗雷迪如果活着一定会憎恨它们。）这些只是浮皮蹭痒，不如多去探索人们内心深处的东西。多数情况下，如果你观察他们，就会发现他们内心其实没有多少坚定的信仰，他们都很脆弱。

我和弗雷迪彼此提供所需。弗雷迪给我保护，筛选我身边的各色人。所以我能理解别人视他为威胁。首先，他和我非常亲近，所以不会被轻易控制。就是凭着这一点，他帮我竖起壁垒抵御他人。我经常听人说弗雷迪利用我，比如倒卖演出门票之类的。那他妈又能怎样？和精神支持与友谊相比这算得了什么？来吧伙计，你他妈的愿意倒卖多少就多少。

在接下来的四年里，瑞士成了我的活动基地。依法律裁决，我不能住在法国，而出于税务考虑又不能住英国。一九七二年，我们搬到日内瓦湖以东的维拉斯，从当地山上可以俯瞰蒙特勒，是个与世隔绝的小地方。后门出去就可以滑雪——我也的确滑了。这地方是我的朋友克劳德·诺布斯帮忙找的，他是蒙特勒爵士音乐节的创办人。我还结识了其他人：桑德罗·瑟索克，阿迦汗的教子，一个可爱的小伙子；蒂波，他父亲在捷克斯洛伐克大使馆工作，典型的斯拉夫人；小浑蛋兰迪，现在住在圣地亚哥，养了一堆狗，和桑德罗是好朋友，两人总在当地女子大学门口勾引姑娘。我们还飙车，我开的是 E 型捷豹。

那段时间，我在某次采访中做了一个声明，值得记一笔。“直到七十年代中期，我和米克仍然密不可分。乐队的每个决策都是我们合计的。我们携手让乐队走下去，携手写了我们所有的歌。但我们正走向分裂，我开始走自己的路，一条通往毒品王国的下坡路，米克却在平步青云。我们在克服许多由个性和六十年代的影响所导致的问题。”

米克偶尔会到瑞士来看我，谈“财务重组”方面的问题。我们碰面后有一半时间谈的都是税务律师的事！丹麦税务法、英国税务法和法国税务法之间微妙复杂的区别。那些征税的小偷都在狠狠咬住我们的脚踝。我尽量不去理会。米克则比我实际：“我们现在做的决定会影响到……”米克抓住金钱，我抓住海洛因。没巡演又不写歌的这段时期我没有坚持治疗。

安妮塔怀孕时戒了毒，但刚生完孩子就复吸了，越吸越猛，越吸越多。但至少我们还能带着孩子一起上路。一九七二年，我们出发去牙买加录专辑《羊头汤》。

我第一次牙买加之行是在一九六九年，去了那里一个叫“法国人海湾”的地方待了几天。那里到处充满了节奏，免费的雷鬼乐、洛克斯代迪和斯卡音乐[①]。在这个地区你没法和普通人太亲近，你是白人，没法融入当

① reggae, rock steady, ska。

地文化，除非你真正走出去四处寻找它。我遇到了几个好人。当时我听了很多奥蒂斯·雷丁的音乐，人们都走过来跟我说“真好听”。我发现在牙买加能收到两个美国电台，隔这么远信号还很清楚。一个是纳什维尔电台，放的显然都是乡村乐。还有一个是新奥尔良的电台。一九七二年年底我再来的时候，发现他们都在听这两个电台，还把两种音乐结合起来。听听《把你枕着做梦的枕头给我》吧，当时“水蛭”乐队推出了它的雷鬼版本。节奏部分是新奥尔良风格，人声歌唱部分是纳什维尔风格。山地摇滚、黑人与白人音乐以美妙的形式结合在一起。旋律是一种风格，节奏又是一种风格。这和摇滚乐把黑人和白人音乐相结合的原理是一样的。我当时就感叹：哎呀，我可算来对了！

那时的牙买加和现在可不一样。一九七二年，正在繁荣发展时期。“哭泣者”签了岛屿唱片公司，马利[①]其时刚刚一举成名，吉米·克利夫[②]主演的《不速之客》[③]开始在影院上映。在圣安妮湾，电影放到片尾字幕时观众们对着银幕开枪，这是一种我很熟悉的叛逆的喜悦。银幕留下了子弹孔，又或者是被风靡一时的意大利面弄脏。牙买加首都金斯敦有不少持枪人。城市里充斥着一种异国情调的能量，一种炽热的感觉，主要来自臭名昭著的拜伦·李[④]的“动感之声”录音室。它就像一座城堡，外面有白色的尖木桩栅栏，和电影里的一模一样。电影《不速之客》的同名主题歌就是吉米·克利夫在此所录，我们的《羊头汤》里也有几首歌是在这儿录的，录音工程师和《不速之客》的是同一个，叫米奇·钟。这是个很棒的四轨录音室。他们知道怎么正确地摆放鼓的位置，改进它的声音，“乒、乓”，他们坐在凳子上寸步不移地打！

我们都挤在塔拉诺瓦酒店，克里斯·布莱克威尔[⑤]一家也曾住过。我

---

① Bob Marley（1945－1981），牙买加雷鬼乐宗师，“哭泣者”即他的乐队。

② Jimmy Cliff（1948－），牙买加音乐人，著名雷鬼歌手。

③ *The Harder They Come*，一部于1972年首映的牙买加电影，讲述一个穷困潦倒的青年为音乐理想而走上犯罪暴力道路，但最终成为一名雷鬼乐歌手。此片1973年在美国上映，此后雷鬼乐开始走向世界。

④ Byron Lee（1935－2008），雷鬼音乐人，制作人。

⑤ Chris Blackwell（1937－ ），英国商人，唱片制作人，岛唱片公司的创始人。

和米克当时都没有美国签证，这也是我们留在牙买加的原因之一。我们去了金斯敦的美国使馆，大使是尼克松那边的人，显然得到了上头的指示，而且本身也挺讨厌我们这帮家伙。我们只是想得到签证而已。我们一走进去就知道铁定拿不到签证，但还是不得不听那家伙满嘴喷粪。“像你们这样的人……”我们被他教训了一通。我和米克互相对视着：这话我们不是听过吗？后来比尔·卡特出马跟他们谈判，我们才发现他们卷宗里的东西其实非常简单：几张小报剪报、几则惊悚的头条新闻、一篇关于我们当众冲墙撒尿的故事。大使还假装什么都知道，大谈海洛因，简直没完没了。

《羊头汤》的准备工作费了我们很大力气，尽管“动感之声”条件不错，当时的气氛又那么热烈。我觉得我和米克录完《流亡大街》都才思枯竭了。刚结束美国巡演，又要投身新专辑。《流亡大街》里收录了那么多动听的好歌，再回到那样的紧张状态实在太难。我们已经有一年没进过录音室，但出了些好创意，包括《再次堕落》、《安吉》、《追星的婊子》、《伤心人》。我很喜欢录它们。录音的时候我们的工作方式也在改变，我越来越牙买加，在某种程度上可以说我一直没有离开那里。其间也有些阴暗的时刻。当时吉米·米勒和安迪·约翰斯都开始吸毒，我眼睁睁地看着，我的天哪……你们本应该听我的指挥，吸取我的教训，而不是模仿我呀。当然，我自己也没断毒。关于《再次堕落》，不久前我还说过，没有海洛因我根本写不出这首歌来。我不知道它是不是关于毒品的。它只是一首悲伤的歌，你可以试着去体会那种忧郁的情绪。显然我一直在寻找美妙的节奏类型和乐段，一直在摇滚；但我也仍然想写类似《当眼泪流落》的作品。当时我从乡村乐领域里学到很多东西，特别是和格兰姆·帕森斯在一起的时候，乡村乐里那种极度孤独的忧伤非常动人。你忍不住想试试自己能不能写得更感人。

有些人觉得《再次堕落》写的是我偷安妮塔这件事，但当时我们俩早他妈的木已成舟了。一个人的心情总会有起伏，我多数时候都异常兴奋，但偶尔也会低落，非常低落。我能回忆起快乐、幸福与辛勤工作的时刻，但一倒霉人总会受到沉重打击。你筋疲力尽，还遭到逮捕。有很长一段时间里，我不是在上法庭就是在等着法庭宣判，要不就是在处理护照的问题。这些东西一直像布景一样跟着你。去录音室里彻底投入音乐，把一切都甩在脑后几个小时，这是一种纯粹的快乐。但你知道录完音又得面对这些无聊玩意儿。

录音结束以后，我和安妮塔、马龙、安吉决定留在牙买加，搬到东海岸的玛米湾，介于奥乔里奥斯和圣安妮湾之间。海洛因吸完了，就在这天堂一样的地方快速戒毒，也是合情合理。戒毒的地方可有比这糟得多的。（这次我们只是一点一点戒。）不管怎样，一切都会过去，不久以后我们就又恢复了人形，在海滩遇上了几个拉斯特法里教教友，其中就有考布斯，他身份证件上的名字是理查德·威廉姆斯，他胆大包天，毫不收敛，和你在海滩上经常能遇到的人一样。他卖椰子、朗姆酒，卖一切能卖的东西，还用自己的船带孩子出海。像往常一样，我们打了招呼："嘿，伙计，有什么好货吗？"交情就这么开始了。后来我又遇到了德里林、拜伦和斯波克西，后者未来在一次摩托车事故中丧生。他们大都住在斯蒂尔镇，在玛米湾为游客服务。渐渐地，他们开始聚拢在我们身边，一起谈论音乐。有沃林（原名沃林·威廉姆森）、"铁狮"·杰基（原名文森特·艾利斯）、奈维尔（原名米尔顿·贝克尔德）——奈维尔留着一头脏辫，到如今还住在我牙买加的房子里。还有托尼（全名温斯顿·"黑头"·托马斯）和洛克斯勒·惠特洛克，大家叫他洛西，他是头儿，即所谓的老大。"洛西"这称呼源自他对脏辫的迷恋。[①]洛克斯勒本来可以成为第一流的板球手，是个狡猾的击球手。我有一张他击球时的照片。牙买加的顶级球队请他去，但他拒绝了，因为不愿剪掉头发。他们当中唯一以音乐为职业的是贾斯汀·海因兹，斯卡之王，前不久刚去世。他是个帅气的歌手，长相和山姆·库克[②]一模一样。贾斯汀·海因兹最有名的专辑是《拿过去带过来》，曾在一九六三年和他当时的乐队"多米诺斯"在国内风靡一时。

---

①洛西的英文为 Locksie，意译"小辫子"，其中的 lock 既是脏辫（dreadlock）中表示"辫"的部分，而 Locks 又是洛克斯勒（Locksley）的前半部分，词尾 -ie 有"小"之意。

② Sam Cooke（1931－1964），美国黑人节奏布鲁斯和灵魂乐歌手。

二〇〇五年去世前几年，他还和乐队“牙买加全明星”录了好几张专辑。他也是斯蒂尔镇的好乡亲，那是个内陆可怕的镇子，认识他们之前我可不敢去那儿冒险，或者这么说吧，我在那里本来是不会受欢迎的。考布斯温和地安慰我，最后我被允许去他们的流动会“契约”看看。

“参加‘契约’吧，你会受欢迎的，兄弟。”我是说，我的天哪，真不知道这东西对他们来说有多重要，但既然请我去，那我何乐不为呢。老实说，我什么也没看见，整块地方都笼罩着烟雾。他们抽“高脚杯”，一种椰子壳，上面顶着个大陶罐，里面装着一磅大麻，底下伸出一根橡胶管子。怎么从里面比别人多抽一点，真是个问题。胆大的家伙会在椰子壳里装白色朗姆酒，像水烟袋一样，从朗姆酒里面吸大麻烟。你也可以把陶罐放在火上，大麻被引燃，冒出浓烟。“火烧起来了，上帝呀！”我怎么能拒绝当地风俗呢？好吧，我就试试，稍微玩一下。真是效力很强的大麻。非常有趣。我没一次抽到晕过去，想必让他们很震惊吧。我可是好多年前就抽大麻了，不过从没一下子抽这么多。有点像挑战。你知道，就是他们想看看这个白人鬼子到底什么时候会一头倒在地上。我对自己说：我才不会倒下，我才不会倒下。我得在他们中间，一直站着——告诉你们，我会倒下的，不过那是离开这儿之后的事了。

斯蒂尔镇的人好像全是音乐家，他们的音乐包括很多用人声和鼓重新改编的宗教赞美诗，非常优美。我感觉上了天堂。以前他们喜欢同声大合唱，没有和声的概念，除了鼓也不玩别的乐器（不过鼓点非常有力）。只有鼓和人的声音。歌词和曲调都是一个世纪以前的，也许更早，是他们依自己的品味重新编写的，但旋律其实搬自教堂，牙买加很多教堂也用鼓。他们常常一整夜都吟唱它，恍惚、缥缈、无休无止的节奏。他们一首接一首地唱着，有的还很前卫。鼓则属于洛克斯勒，低音鼓声音实在太大，就像一颗大威力手榴弹爆炸，简直能杀人。事实上，有很多人见证过一件事：有个警察不自量力地闯进斯蒂尔镇上的一栋房子，洛克斯勒看了他一眼（他们在一个小房间里），说“点火”，是在警告其他人，他要打鼓了，赶快捂住耳朵。警察不明就里，听见鼓声就晕了过去，被众人扒掉了制服，并且被告知永远也别再来。

斯蒂尔镇是一座拉斯特法里镇，现在已发展成一个较大的交通枢纽，但当时想过去还得要通行证。那地方是去往金斯敦的交通要道；有很多十字路口和简陋的棚屋，还有两个小酒馆。但你不能进去探头探脑，因为即便你说“我认识谁谁谁还有谁谁谁”，其他人也可能根本不知道你是谁，把你直接打出去。那是他们的地盘，他们根本不会为这样的暴力而羞愧。但他们也的确有理由害怕，所以才装出一副凶相，唬住警察。前不久警察本计划来这里搜捕两个拉斯特法里教教徒，一旦逮到，就会把一个枪毙另一个拖着回去。那帮人却站在枪杆子前阻挡。为此我永远崇敬他们。

拉斯特法里教是一种信仰，不过是一种大麻烟鬼的信仰，教义是“无视他们的世界”，脱离社会而生活。当然他们并没有，也根本做不到——拉斯特法里教只是一个渺茫的希望，渺茫而美好。社会上到处充斥着铁栏、紧闭的大门，牢笼越锁越死，拉斯特法里教徒就是要从中逃脱。这些人找到一条精神之路，并不再参与社会。他们拒绝被社会威胁，至死不屈。有时候他们确实会赔上性命。他们拒绝在经济体制里工作，不愿为巴比伦[①]卖命，也不愿为政府效劳。对他们来说这些都只意味着受奴役。他们只寻求自我的空间。如果你去深入了解他们的理论体系，就会有点觉得迷失。“我们是犹大遗失的后裔。”好吧，随便怎么说。但这帮牙买加黑人为什么觉得自己是犹大的后裔，就不得而知了。大概因为正好有个多出来的部族，就把名号给占了吧。我觉得就是这样。他们还找了一个没人认领的神，谣传于中世纪的人物，海尔·塞拉西，以及《圣经》中的头衔，“犹大之狮”。就有了塞拉西一世[②]。如果来个打雷闪电，所有人都会站起来说“耶和华！感谢你，赞美你”。雷电是上帝的征兆。他们能把《圣经》倒背如流，可以大段引用《旧约》里的句子。我喜欢他们表现的

①相传巴比伦城的人造巴别塔欲通天，“巴比伦”成为人类虚荣的象征。

②埃塞俄比亚国王，被拉斯特法里教徒视为犹大支族的后裔，奉若上帝。塞拉西一世加冕前就叫特法里，而拉斯有“首领”之意。雷鬼音乐深受此教影响。

热情，因为不管这一信仰来龙去脉如何，他们是真的生活在边缘。他们所拥有的只有骄傲，他们所关心的，说到底并不是宗教，他们是反抗巴比伦的最后立场。他们并不都严守教内戒律，而是伸缩自如，可以高高兴兴地打破所有规则。看他们讨论教义真是件好玩的事。没有参议院和众议院，也没有由年长者组成的法庭。拉斯特法里教的政治活动就是“讲讲最基本的道理”，有点像英国的下议院，不过是由一帮吸了大麻的人组成，屋子里烟雾缭绕。

最让我兴奋的是，他们不分你我，都是一体。他们可以打破“你”和“我”之间的界线。两个人本来可能不会谈心，但如果合二为一，就可以无话不说。我们是一个整体。太美好了。

当时拉斯特法里教发展得如火如荼。我刚觉得自己和这种不为人知的古怪教派混熟，鲍勃·马利和“哭泣者”就一夜火了，拉斯特法里教也开始在全球风靡。马利和拉斯特法里教一年之内就穿越了全球。信仰此教之前，他有加入“诱惑”的计划。和音乐圈的所有人一样，他入行也有年头了，在洛克斯代迪和斯卡领域泡了很久。但是有人说：“嘿，马利以前根本没留脏辫，你知道吗，他是拉斯特法里教流行后才入教的。”“哭泣者”第一次到英国不久，我在托特纳姆法院路遇见过他们，觉得他们的表现比我在斯蒂尔镇上听到的要弱。但他们确实迅速组织起来了，邀“住家男人”加入当贝斯手。鲍勃显然找齐了他想要的一切。

我本能地以中立态度去回报他们的善意。在斯蒂尔镇，我可以随意走进任何一扇门，我的任何需要都会得到满足。我被当成家人看待，我也欣然接受。不用在意什么！一切就像在家里一样，我是他们的家人了。我扫院子、砸椰子壳、做宗教仪式上抽的“高脚杯”。伙计们，我其实比他们更像拉斯特法里教徒。我和那帮人还有他们的老婆打成一片。这是另一次跨越界限的交流——我再度被一种完全陌生的文化接纳和认可。

我还学到了很多有用的牙买加技能，比如使用刺轮。这是一种刀子，可以用来削皮，切东西，也可以打架和自卫。“腰里别上把刺轮吧”，“骗子”乐队的德里克·克鲁克斯在《约翰尼太坏了》里这么唱道。我平时也总是携带着刀子，不过使用刺轮需要特殊技巧。为了引起重视，或者说让他们好好听我说话，我曾使过这玩意。刺轮上有一个环锁着刀锋，稍加用力就可以让刀锋弹出来。玩这个比的是速度。他们告诉我，如果真想用刀刃，能先划过对方额头的人就是赢家。鲜血会像喷泉一样涌出来，对方其实受伤不重，但会被血遮住视线，你就可以从容结束战斗，神不知鬼不觉地把刀收回兜里。用刀子打架有两大规则：第一，别在家里，第二也是最重要的，永远永远别用刀刃。刀刃的作用其实是让对手分心。趁他盯着明晃晃的钢刃时赶快用全力狠狠踢他的蛋，以后他就任你发落了。这是打架小技巧！

在神圣会议休会期间，他们终于把鼓搬进房子，不过我当时还不明白。我们开始就地录音，整晚演奏，就录在磁带上。我自然而然地拿起吉他拼命弹，尝试找适合他们音乐的和弦，他们呢，好像也打破了自己的规矩，转过来冲我说："伙计，这个弹得不错。"慢慢地我就加入他们的演奏队伍里去了。我觉得加点和声会比较合适，所以就弹起吉他。他们可以要求我别捣乱，也可以让我弹下去，由他们决定。等他们听了磁带录音机的回放后，一下子就喜欢上了。妈的，太好了，你可真棒。你们可真他妈的独一无二啊，真他妈的！

多年来我数次回到那里，就在那个屋子里录音。如果我有磁带和录音机，就录上，如果没有也没关系，磁带用完了也没事。我们不是去录音的，是去演奏着玩的。我觉得自己就像个唱诗班男孩一样，静静地跟在他们后面，希望没惹他们厌烦。如果他们谁皱皱眉，我就赶快闭嘴。但我基本上是被接纳了。他们还告诉我，我骨子里不是白人。对于牙买加人来说，至少是对于我认识的那些人来说，我本来是个黑人，后来变成了白人，为的是给他们当间谍，类似于"我们安插在北方的人"。我把这当成一种恭维。我的皮肤像百合一样白，却有一颗黑人的心，秘密又狂喜地跳动。我并不是唯一一个从白人变成黑人的人。看看麦兹·麦兹罗吧，他是活跃于二三十年代的爵士乐手，后来自然而然地变成了黑人。他写过《确实是布鲁斯》一书，它在同类书中是最优秀的。在某种程度上，我的使命就是给这些人录音。后来一九七五年我们再次相聚时，我叫上所有人来到“动感之声”录音室，但他们适应不了那里的环境，气场不相合。“你到这儿来，你到那儿去……”对他们来说，受人支使完全无法理解。最后录音以悲惨的失败告终，尽管录音室确实很不错。这时我才明白，如果你想给这些家伙录音，就得弄个隔音室，让他们觉得舒服，脑子里根本不想有人在给自己录音的事。后来我们等了二十年才等到这一天，录出了我们想要的样子，并让他们以“无翼天使”之名被世人所知。

为了巡演我戒了毒，但漫长的路上总有人给你这样那样的东西，引得我想要更多。我对自己说，好吧，现在就再吸点，等忙完这段才能腾出时间来再去戒。一路上有几个可爱的海洛因毒虫姑娘做伴，她们可真是救了我的命，叫我摆脱一切麻烦。她们多数不是过着悲惨生活的贱货，大都聪明漂亮，是自己要吸海洛因的。海洛因不是非得到贫民窟或者妓院才能搞到手的东西，随便到什么派对后台或者去拜访圈子里的人就能到手。我有好多都是她们主动给的，这些刚进门的雏女毒鬼，上帝保佑她们的心灵。

即便是在那个时候，我还是没法和并不真心喜欢的姑娘在一起，就算只相处一两个晚上，哪怕当成风暴里的港湾也不行。我们相互照顾，很多时候跟欲望没有丝毫关系。有很多次我跟女人上床后却什么也不做，只是抱着睡觉。她们当中的很多人我都喜欢，她们回报给我的爱也一直让我很感动。我记得休斯敦有个姑娘，也是我的毒友，大概是在一九七二年巡演间认识的。我当时在快速戒毒，结果在酒吧里晕了过去，一头栽在她身上。她给了我点毒品。有一周的时间里，我爱她，她也爱我，她照顾我度过了一段难忘的时光。我破了自己的规矩，被戒毒折腾得虚弱不堪，是这个好姑娘救了我，搬来和我同居。我都不知道是怎么遇到她的。天使是从哪儿来的？她们无所不知，还能一眼看穿你，看穿你眼睛里的虚伪，说：“你应该这么做。”你的建议，我会毫无保留地接受。谢谢你，妹妹。

另有个在澳大利亚墨尔本认识的姑娘。她有个孩子，为人羞涩、低调、甜美。她当时在卖淫；老情人抛弃了她和孩子。她能给我弄到纯的药用可卡因。她一直到酒店里来给我送货，我就说，嘿，我要不干脆住你家去。在墨尔本郊区，跟一对母子同居一周可真有点怪异。有那么四五天我觉得自己活像个澳大利亚老男人——女人，妈的我的早饭在哪儿呢？早饭来了，亲爱的——就像在这儿住了很久似的。这感觉很棒，伙计。我真能做得到，就是有点像"双拼"。我在家照顾宝宝，她出门上班。我当了她一周的老公，还给宝宝换尿布。如今这小子说不定还住在墨尔本郊区，根本不知道他小时候我给擦过屁股。

有一次在巡演途中休息的时候，我和鲍比带上姑娘去了阿德莱德。这两个漂亮妞儿把我们照顾得特别好。她们带了点迷幻药，我当时已经不那么迷恋迷幻药了，但人在阿德莱德待了几天，她们又那么美，那座在山上的嬉皮风格的小屋里都是帷幕、蜡烛、熏香和油灯。好吧，那就迷幻一回吧。我们住够了酒店，厌倦了没完没了的路途，离开巡演环境是很大的解脱。终于得走了，要去珀斯，一个在澳大利亚另一端的城市，我们问她们干吗不跟我们一块儿走，她们还真走了。我们还是吃着迷幻药，"飞"得像风筝那么高。我们上了去珀斯的飞机，我和鲍比坐在前排，半途中两个姑娘半裸着从厕所出来，她们嗑了药，磕磕绊绊地边跑边咯咯傻笑。真是了不起的澳洲姑娘。我们都笑了。"快，把她们赶下去。"我们听见身后整个机舱里的人都在这么叫着。我们忘了还有其他乘客，以为是在包机上呢。我们转过身去，看见两百多张大惊失色的面孔，都是商务男士和体面女士。他们倒抽着冷气，把机舱里的空气都快吸干了。有些人开始笑，有些人去找机长投诉，要求马上对我们采取行动。他们于是威胁说一到珀斯就逮捕我们。飞机着陆后我们被圈在一起看管了一会儿。形势非常危险，但我们终究说服他们把我们给放了。我和鲍比对他们说：我们俩和这事有什么关系？我们都没离开椅子。那两个姑娘则解释说她们在"互换连衣裙"。我都不知道她们最后是怎么逃过这一劫的。

她们随我们到了珀斯。演唱会结束后，我们坐自己的飞机离开，那是一架“超级星座”型的货机，有点漏油，没有隔音设备，一切都是我们自己带的，包括几块睡觉的垫子。从珀斯到悉尼共花了十五个小时。其间说话得提高嗓门，但其实也没有用处。感觉就像坐在二战时期的轰炸机上，没吃苯丙胺也嫌吵。不过我们尽量利用了这段时间。认识那两个姑娘有一周了，这在巡演路上经常发生。是一种来势汹涌的感情，然后她们就走了。就像闪电一样。“我和她真的很亲密，我真的很喜欢她，我差点就记住她的名字了。”

这并不是一种收集——我又不是比尔·怀曼和米克·贾格尔，睡过多少姑娘还要记数。我说的不是性交。我和女人上床从来不只是为了性，我对有性无爱没兴趣。我想拥抱你，吻你，让你感觉良好，保护你；第二天早上得到一张温馨的便条：保持联系。如果只要性，那还不如自己撸。我这辈子从来没花钱买过女人，不过倒是被买过。有时候会有点贿赂的成分：“我也喜欢你，我这儿有海洛因！”有时候只是因为好玩——能追到她吗，看看能不能，把花言巧语拿出来试试。我一般都对那种不愿言听计从，不会全心全意迷上我的姑娘更感兴趣。我会一直出去晃，说，去搞搞银行家的老婆吧……

记得在澳大利亚，有一次我住在比尔·怀曼对面，发现他和看门人做了交易。酒店外面有两千多个姑娘，他说：“把那个穿粉衣服的带来，不，不是这个穿粉衣服的，是那个。”那天他召了不少姑娘，没一个在他房里停留超过十分钟。我觉得她们在里面除了喝一杯比尔喜欢的那种没味道的淡茶之外干不了别的（比尔就喜欢这套，一杯热水，加点牛奶，再放个茶包），时间太短，什么都来不及做，脱衣服再穿上都不够。这么说吧，没有人是衣衫不整地出来的。但他会在本子里记下：搞定了这个！四个钟头搞九个。他没和她们做爱，估计就是“鉴定”了一番。“你是从哪儿来的？”比尔就是这么不要脸。奇怪的是，他和米克·贾格尔尽管看上去没一点相像，其实惊人的相似。我这么说可能会把米克气疯。但如果你在巡演途中见过他们俩，或者看过他们的日记，就会认同我的观点。当然米克的社会地位高一点，上台时站在前面当主唱。但下了舞台，看他们干的那点事，“你今天晚上搞了几个”，就会觉得他们完全是一类人。

除了在比尔·怀曼门口排队等候的来喝茶的十几岁少女和少妇，再有就是骨肉皮。我愿意作证，她们都是年轻漂亮的女人，知道自己想要什么，也知道自己该给什么。她们当中也有些无耻的机会主义者，比如“石膏雕塑者”，到处企图给摇滚乐手的鸡巴做模型。在我这儿可没得逞。我才不干这勾当。还有“黄油女王”，“石膏雕塑者”的竞争对手。我欣赏她们的胆量，但不喜欢她们专家般的架势，像掠食者一样到处寻觅，要睡他、他、他，还有他……像是女版的比尔·怀曼。我对此一向不是特别感兴趣。我会故意不上她们。让她们脱了衣服，然后“好了，你可以走了”。这样一来你的名字就会被记住。

但是总有那么多的骨肉皮，那么多好姑娘喜欢照顾男人。她们在某种程度上非常有母性。如果形势真到那一步了，好吧，那就上床干一把好了。但骨肉皮最主要的功能不在于此。她们是我们的朋友，本身大多并不是特别有魅力，主要是提供服务。你来到一个城市，比方辛辛那提、克利夫兰，总会有一两个认识的姑娘前来照顾你，保证你一切顺利，好好吃饭。她们狠狠敲门，你从门镜往外一看，哇，是雪莉。

骨肉皮就像一个大家庭，一个组织松散的机构。我最喜欢她们没有嫉妒心和独占欲。那阵子巡演有固定路线，在辛辛那提后是布朗斯维尔，接下来是俄克拉荷马。她们会把你移交给下一站的朋友。你一到就可以寻求帮助——宝贝，我快死了！我已经演了四场了，嗓子都哑了。她们就像护士一样，比红十字会还靠得住。她们给你洗衣服、洗澡、照顾你。你不禁要问，为什么对一个吉他手那么好？世上有上百万个吉他手呢。

前面提过的弗洛是我最喜欢的骨肉皮之一，她住在洛杉矶，她们是一群黑妞，她身边有三四个骨肉皮姑娘。如果我手上缺了大麻之类东西，她就派她的人去弄。我们同床过很多次，却好像从来没做过爱，或者是偶尔才做一次。我们只是打盹儿或者熬夜听音乐。做的事很多都和音乐有关。我有最好的音响，她们能给我弄来当地最新的好音乐。最后上床不上床其实关系不大，真的。

一九七三年初的远东巡演上，我和鲍比·凯斯又惹上了麻烦。鲍比捅了个大娄子，要不是突然天降贵人，他可能到现在还在蹲监狱呢。是菠萝救了他。

巡演第一站是在火奴鲁鲁。这里可以说是全球巡演中美国站的出入口，之后就是去往新西兰和澳大利亚。离开夏威夷的时候必须登记乐器，让海关人员核对清单，以防走私。

鲍比是这个故事的主角，所以还是让他自己来讲吧。

> 一九七三年年初，我和基思以及“滚石”去澳大利亚和远东巡演。自从比尔医生随我们同行起，我和基思就可以自己开药方，缓解压力。我们从远东回来，在夏威夷过海关。我带着自己所有的萨克斯，让人查验序列号，确保它们就是我当初带出去的那几支。因为号码是倒着印的，所以那些家伙就把萨克斯头朝下掉过来看，哪知一翻过来，就听见“咔哒”一声。天哪，我可清楚那是什么声音！砰！一个注射器掉出来，正落在那个海关官员面前的桌子上。所谓祸不单行。我和基思原本站在同一条线上。他们马上把我们分开，把我带走，搜遍全身，找到了那些装满海洛因的大胶囊之类的东西。全找出来了。那个登记员算是把他全年的指标一次完成了！他噼里啪啦地敲着打字机。“哦，小伙子，我们可钓到大鱼了，他还有同伙呢，伙计！这下大好，我们不愁菜单啦！”他们确实这么干了，对我拍了照片，采了指纹，还挺乐在其中——嘿嘿，这个，判十年！那个，判十年！巡演到了尾声，我们没有什么随行人员，一个个都被分开了。我被允许打一个电话。

与此同时，他们也搜了我，但什么也没找到。我旅行时身上什么也不带，不过被搜出一把细齿梳子。我估计鲍比肯定是进了班房了。连针头都自己飞出来，你可真逃不掉了。我要打个电话，因为我知道鲍比肯定需要律师。我费尽力气往旧金山和洛杉矶打电话，给他找个代言人。最后他们让我坐下一班机去旧金山。我排队上了飞机。妈的，我前面是谁！不就是该死的鲍比·凯斯嘛！我操，你怎么出来了，宝贝儿！我被折磨了一个够，你怎么反而还比我先出来了！鲍比说："我打了个电话。""打了个电话？给谁？"

"给道尔先生。"

道尔先生是菠萝出口巨头，夏威夷的菠萝大王。你如果吃过"道尔"菠萝罐头，就知道他是什么人了。他还拥有一支世界橄榄球联赛的职业橄榄球队。巡演头几场，我们在夏威夷演完，马上就要去澳大利亚的时候，我和基思偶然认识了他的女儿。她请我们去她家和朋友们待一个下午。她们都是可爱的女孩，皮肤晒得黑黑的，都很有钱。我们相处得美妙、友好。我们互换了电话号码，一起过了一晚，一整晚。我和道尔先生漂亮的女儿成了真正的朋友，肯定是喝了不少菠萝汁。我们没有禁忌，迷失在自己的世界里，所以肯定干了不少出格的事。我们在大厦里各种胡搞，清晨道尔先生回来，气氛非常尴尬。"啊，爸爸！"他看看自己宅邸里堪比狂欢节的糟乱场面，再看看我和基思·理查兹。他女儿说："给你介绍一下我的新朋友们。"基思像个影子一样从门口溜了出去，不过道尔先生没有放狗出来说"把那伙人给吃了"，而是说："很高兴遇到你们。"爸爸原来这么慷慨。这真让人难受，因为我睡的是一位菠萝公主。道尔先生给了我一张名片，说："好吧，显然你是我女儿的朋友，如果你在夏威夷期间有什么我能帮忙的，那就给我打电话。这是我的私人号码，能直接联系上我。"于是我收起了他的名片，放在钱包里，当时也没多想。

面临顶着得州的大太阳在牢里做多年苦役的威胁，我只能打一个电话。我不知道能找谁，一个人也联系不上。"滚石"其他的人根本不知道我们在哪儿。然后我在钱包里找到了道尔先生的电话，这是我手上唯一的名片和电话号码。我拨通了电话，惊奇地发现电话那头正是道尔先生本人。我说："道尔先生，你还记得那天你起居室里那个一丝不挂的小伙子和那个半死不活的英国佬吗？我是其中的一个。""啊，你好，鲍比，你怎么样了？"我说，我们在这边遇上点小麻烦，他们找到了这个那个，还有针头，还有……我们不知道该怎么办。他说："你们在哪儿，到底发生了什么？你们有什么麻烦了？"我一五一十地告诉了他，他说："好吧，那我看看能做点什么。"然后就把电话挂了。我不知道基思那边的状况，我都快吓死了。我觉得我们肯定会被送到利文沃斯监狱去。就等着人进来用铁链子把我们锁走吧。然后我坐下来，和做登记的小丑们隔着一道镀面玻璃。突然一个家伙桌前的电话响了起来，有人接了，显然说的是我们的事，而且你从他的手势可以看出有人在命令他。他回头看我，再扭头听电话。放下电话，他慢慢地摇着头，眼泪落在登记单上。他们把那些玩意还给了我们，送我们上飞机，说："别再干这种事了！"我们在日落时分高高兴兴坐着飞机离开啦。

不过这事还不算完。我们上了飞机，想，靠，伙计。最好打个电话，在旧金山搞点货，最好一到就能拿到手。你在旧金山认识什么人吗？我们该给谁打电话？后来不知道为什么，我拿出钱包，感觉到里面有两个陌生的鼓包。没错。钱包里有两个双环形胶囊，里面装满海洛因，他妈的是顶级的纯货。是阿德莱德的姑娘们给的。海关一直像狗皮膏药一样黏着我，搜查我，追在我屁股后头！如果这次被他们逮住，我就永远不能再来美国了。可是他们怎么会漏了这个？这下你可是了解了海关那帮人。如果你觉得自己一身干干净净，那就不会被怀疑、不会被他们查出来。我那时候百分百地相信自己身上没有这玩意。我们俩于是赶快去了厕所，终于可以得偿所愿：马上分了一个胶囊，用鼻子吸下去，因为没有针头了。这剂量可以让我们坚持下去，到了旧金山再买毒品。又是一次死里逃生，当晚平安无事。

我和鲍比在一起的时候，总是能化险为夷，特别是那几年过机场安检。有一次在纽约，鲍比负责照看行李，我去托运一个包，免去安检，因为里面有我的点三八口径手枪，还有五百发子弹（我总是喜欢一次带很多）。我的枪都是非法持有的。当时我被禁止使用火器，因为还是个被保释的重罪犯。如果托运，它就被当普通行李看待。可是鲍比把包弄错了，我看见那个装着枪的就要过X光检查了。操！不要！我大叫："鲍勃！"所有负责检查的人都把视线从屏幕移开，回过头来看我，于是包被放了过去。

巡演结束后我径直回到牙买加，安妮塔和孩子们一直住在那里。一九七三年春天，我们留在玛米湾。但生活开始变得不那么舒坦。安妮塔的行为变得难以预料，她患了妄想症，我去巡演期间，她找了一大堆人住在家里，这些人则一点都不客气——这实在是糟糕的组合。我回来后，家里还是闹哄哄的。邻居都吓坏了，我们自己还没意识到——一个白人，住着大房子，每天晚上都有拉斯特法里教徒出没，演奏音乐，录音。周末邻居也许还不介意，但周一周二可不行。我们每天晚上都这么奏乐录音，更别提从房子里传出去的臭气！那些家伙在"高脚杯"里点着整磅的大麻，烟味能飘出去一英里。邻居可不怎么喜欢。我后来才知道安妮塔曾凶悍地赶走过好几个上门抗议的人。她被警告过好几次，而且对前来劝阻的警察或民众过分粗暴，得了个外号"粗暴女孩"。更搞笑的绰号要属"墨索里尼"，因为她说意大利语。安妮塔确实可以很粗暴，嫁给我（现在已经离了）她算自找麻烦了。

我回了趟英格兰，牙买加警察有天晚上趁机袭击了我们的房子，下手时可能我还没在伦敦落地。这些警察都穿着便服，有人开枪，其中之一显然是个官儿。他在花园里，安妮塔把一磅大麻冲着他扔过去，他就开了枪。一番搏斗之后，他们带走了安妮塔，把她关进圣安妮监狱，留下孩子们在家里。当时马龙还不到四岁，安吉拉只有一岁，马龙什么都看到了，真是恐怖。我在伦敦听说后，第一反应是马上坐最快的航班飞回牙买加。但我说服自己，从伦敦施压会更有效。如果我回去，他们多半会把我也抓起来。我在那边的兄弟姐妹们帮忙照顾孩子，把他们紧急带到斯蒂尔镇，不让当局打他们的主意，“该怎么处理那两个孩子呢？”安妮塔在监狱期间，两个孩子就生活在斯蒂尔镇，由拉斯特法里教徒悉心照顾。这对我来说非常重要。知道他们平安，被好好保护着，没有被胡乱塞到寄养家庭去，是个巨大的安慰。孩子们在那儿有玩伴——那些小伙伴现如今长成了不起的大人，还记得他们俩呢。这样我就可以集中精力营救安妮塔。

关于安妮塔在监狱里的生活有种种谣言，大都是“西班牙人托尼”和给他捉刀的那个小报写手编出来的，他们出了一本关于我的传记，忠实地抄袭了不少其他作者的东西。他们说安妮塔在监狱里被强奸，我花了一大笔钱才把她捞出来，她会遭到逮捕是牙买加有钱白人的阴谋等。但这些都是胡诌。圣安妮监狱的牢房条件并不好，根本没地方睡觉，也难有机会洗澡，还到处是蟑螂。这对她的妄想症和幻觉症状当然没好处。他们还嘲笑她：“粗暴女孩，粗暴女孩。”但她没有被强奸。我也没有去贿赂。逮捕她纯粹是为了惩罚她无视警告。这些都和来救她的律师休·哈特解释过了，后者发现警察摆脱她后如释重负。他们不知道该拿她怎么办，迟迟没有以任何罪名起诉她。哈特把她带出监牢，保证她离开这个国家。于是她被人开车带回家，接上孩子飞往伦敦。安妮塔很少能在正确的时间里做正确的事。但与此同时，安妮塔就是安妮塔。你可不能小看她。那时我依然爱她，她是我们孩子的母亲。我不愿放手，我得拼命挽留她。只是从那时起我和安妮塔的相处就每况愈下了。

安妮塔被驱逐，但我在牙买加的根却是越来越深，虽然后来一连几年不能回去。在安妮塔被捕之前，我就发现我们完全暴露在玛米湾的海滩上，需要一点保护。我已经深深爱上了牙买加，想在那儿买栋好房子。我不想再租房子住了。所以我们就和当时的房东欧尼·斯玛特一起去找。他带我看了汤米·斯蒂尔[①]在当地的房产，它掩藏在奥乔里奥斯的小山之中，名叫“观点”，我买下了它，如今仍拥有它。这栋房子的地理位置得

① Tommy Steele（1936－），英国50年代流行偶像歌手，英国第一代偶像歌手和摇滚明星。

天独厚，它建在一个小小的悬崖上，面朝海湾，坐拥茂密的树林。据说地方是由一个名叫安德烈 · 玛菲桑迪的意大利战犯精心挑选的，他当年和一群战犯同胞一起坐船被送来牙买加。玛菲桑迪是个建筑师，虽然是囚犯，但一直在寻找盖房子的好地点。后来他要么是真的盖成了，要么就是把图纸卖出去了，因为当地的好多房子据说都是他设计的。他在这里待了两三年，研究风向和气候，所以这栋房子才呈“L”形。白天，临窗观海景，会有微风从海面吹来，傍晚六点，风向一变，又会从山坡吹下来。房子设计成L形，就是为了让厨房吹到来自陆地的凉风。真是建筑中的杰作。我花了八万美元买它。室内有点暗，原来安有空调机，不过都被我拆了。得益于设计，其实是可以实现天然空气调节的。我们只是多买了几把扇子，一直过得很舒适。

我买下了它，然后就把它扔在那儿。那时期非常繁忙，我还在吸毒。

一九七三年九月到十月，《羊头汤》推出后我们就去欧洲巡演。其间我们的乐手队伍中又添上了比利·普莱斯顿，他一直跟我们到一九七七年。比利弹键盘乐器，一般是风琴。他当时已有辉煌的履历，和小理查德以及“披头士”有过合作，差点就成了“披头士”的第五位成员，另外还有自己原创的头名金曲。他来自加利福尼亚，生在休斯敦，是灵魂乐与福音乐手，几乎和所有好乐手都合作过。我们这次巡演带的伴奏包括两个小号、两个萨克斯，以及两个键盘，即比利弹风琴，尼基 · 霍普金斯弹钢琴。

比利为我们注入了不一样的声音，如果你认真听我们和比利 · 普莱斯顿一起录的歌，比如《旋律》，就会发现他非常适合我们。但是和比利同台的时候，感觉这个人好像要把什么都打上自己的印记。他毕竟曾凭自己的实力成为明星。有一次在格拉斯哥，他键盘的声音太大，淹没了其他人的吹奏。我于是把他带到后台，冲他亮出刀子。“你知道这是什么，比尔？亲爱的威廉。你再不把那该死的玩意儿关小点，我就让你尝尝这东西的厉害。”我们不是“比利 · 普莱斯顿和滚石”，你只是“滚石”的键盘手而已。但大多数时候我对他没有意见。查理也喜欢他带来的爵士的影响，我们一起做了不少好东西。

二〇〇六年，比利因多种药物滥用引发的综合征去世。他不应该这么死去。他本可以越走越好。他那么有才华有天分。我觉得他可能是和药物接触得太久，年轻时就开始了。另外他是个同性恋者，而那年头没人会公开，这给生活带来了痛苦。比利大多数时候都很有趣，但偶尔也会抽风。有一次我在电梯里制止他殴打自己的男朋友。比利！住手，要不我就把你的假发揪下来！他总是戴着那顶可笑的非洲鬈发式假发。其实假发底下他那比利·艾克斯坦[①]式的长相，看着就挺不错的。

在因斯布鲁克，演出后我和鲍比·凯斯一起去小便，照常会一通插科打诨，但这回他却非常沉默。然后他说："唉，有个坏消息……格兰姆·帕森斯死了。"这话就像在我肚子上打了一拳。我看着他。格兰姆,死了？我还以为他戒了毒，我还以为他在康复。鲍比说，详情并不清楚，只是听说他死了。啊，我的天哪。你永远无法预料这样的事对你影响有多大；它绝不会只是一时半会儿的情绪波动。又一次要和好朋友说再见了。

后来我们听说，格兰姆出国前原本戒了毒，但又吸了一剂正常剂量的海洛因。"哦，就来一次……"但快速戒毒法会让身体失去对毒品的适应力，"砰"的一下完蛋了。对于吸毒者来说，戒了毒以后又让身体突然受到这样的震撼，是致命的错误。他们以为"我只吸一点儿，没事的"用的剂量虽和一星期前的一样，可耐药性哪能比，所以复吸时药效才这么强烈。身体会说，哎呀，我操，我要放弃了。如果真要复吸，那就想想第一次吸毒的时候用了多大剂量，取三分之一以下的量就可以。一点点就够。

为了挺过格兰姆的死讯，我说今晚不能留在因斯布鲁克，得去租辆车，去慕尼黑，干点疯狂的事。去找个女人。因为我认识她，见过她一两次，她也喜欢我。我知道这没什么意义，但反正迟早要去找她，那就今天晚

---

① Billy Eckstine（1914－1993），美国黑人爵士歌手，以整洁短发、西装革履的标准爵士乐手形象示众。

上去吧。让我们把一切都忘了，干点别的。我讨厌哭哭啼啼，郁郁寡欢那一套。什么也改变不了了。那个浑蛋已经死了，你只能在这儿发疯发泄。所以你得干点什么转移注意力。我要去找个世界上最漂亮的女人。我从来没有找到她，但这是我们的追求。要有个目标，有个对象。凌晨一点，我和鲍比租了一辆 BMW，向慕尼黑进发。

我们的目标是乌施·欧博梅尔。如果有谁能安抚我的灵魂，那就只有她了。她美艳动人，是德国享有盛名的模特、学生抗议运动中的偶像人物。当时德国的学生运动在两代人之间造成鸿沟，甚至可能导致国家分裂。她是左翼学生的海报女郎，照片到处都是。她又是个疯狂的摇滚歌迷，所以想法找上了米克。我也因此认识了她，不过只匆匆见过一面。米克曾请她去斯图加特，她应邀来了他下榻的酒店，却误闯进我的房间，还是我带她进了米克的门。我早前便见过她在海报和杂志上的照片，她身上散发着某种特别吸引我的东西。她的男朋友叫雷纳·朗罕，是德国著名的政治公社“一号公社”的创始人，为躲避核战争和专制政权的人提供住所。乌施自和雷纳恋爱后也成了“一号公社”的成员，但她更喜欢自己的另一个头衔，“巴伐利亚的野蛮女人”。她从来不严肃对待意识形态，总是公然喝被公社禁止的百事可乐，抽薄荷烟，破坏公社的各种规矩。《斯特恩》杂志曾拍下她卷着大麻烟的裸体照片；她一心想激怒德国的中产阶级。但渐渐的，公社这个小社会的气氛也紧张起来，分裂成两个阵营，一边是巴德尔－迈因霍夫式的恐怖派，一边是绿色阵营。乌施于是退出了这副烂摊子，至少是离开了雷纳，回到慕尼黑。她的身边充斥着企图让她驯服的男人。他们居然想驯服这么一个野性难驯的女人。她是我认识的最坏的姑娘。

不管怎么说，当晚我们住进了拜耶里切酒店，每个床头都挂着一幅伦勃朗的真迹。鲍勃说，那么，接下来我们该干什么，基思？我说，鲍勃，去施瓦宾区，到街上和酒吧里到处转转。就按格兰姆会玩的方式玩吧。我还说，咱们要去找乌施·欧博梅尔。我非得有个目标不可。没什么特别的理由，我只知道在慕尼黑她是唯一值得追求的。我都不知道她人在不在城里。转到第五六家夜店，听见播放着特别好的唱片，我便过去和DJ攀谈，就这么认识了“希腊人乔治”。最棒的是，他正好认识欧博梅尔。

但如果我找到她，又该干什么呢？我没什么资格向她求欢，而且时间也不充裕。好吧……我们找到了一个认识她的人，这已经是奇迹了。但我没有具体计划。乔治说他知道她的地址，但她是和男朋友住在一起。我说，乔治，咱们过去看看。我们把车停在那栋楼对面，我说，乔治，你能不能上去告诉她，基思·理查兹在找她？我决心好好利用格兰姆·帕森斯的死。乔治上去敲门，她趾高气扬地来到窗前，对我说，你是谁，为什么来找我？我说：我不知道为什么，我有个朋友刚死了，我很崩溃，只想过来对你问声好。你是目标，我们找到了你。然后她下来吻了我，又上楼去了。但是，嘿，我们做到了！任务完成了。

我第二次联系乌施是托弗雷迪·塞斯勒打的电话。他打给她的经纪公司，经纪人说：“我不能透露电话号码。”弗雷迪施展一番无人能敌的花言巧语。他可是能说好几门语言呢。而我和乌施其实语言不通。终于得到她的电话号码，拨通之后听见她说：“嗨，米克。”我说：“不，我是基思。”她当时人在汉堡，我便派了一辆车载她来到鹿特丹。她基本上是从男朋友身边逃跑的。他们吵了一架，她才上车来到鹿特丹。那天晚上，她在床上一把将我的耳环从耳洞上扯下来。我们住在鹿特丹一家日式酒店里，第二天早上，我才发现枕头被鲜血浸透。我的右耳垂永远畸形了。

和乌施·欧博梅尔在一起的日子，特别是在那段时间，是那么激情澎湃、纯粹又简单。后来她渐渐喜欢上了我，也走进了我的内心。我们靠画画和比手画脚交流，就算不能交谈也成了朋友。一切就这么简单。我深深地爱着她。整个七十年代我们都断断续续地在一起。后来她和新欢迪尔特·伯克霍恩去了阿富汗，从此离开了我的心，也被我忘了。再后来我听说她在土耳其死于流产。我差点信以为真，不过好在她没那么蠢。很多年后我在墨西哥的海滩上才得知真相，那是我人生中最重要的一天。

那阵子身边去世的人非常多。那年夏末，我的外祖父加斯去世；迈克尔·库珀，我的好朋友自杀，他精神一向很脆弱，我也总觉得他有自杀倾向。身边那么多好人一一离去。我能怎么办呢？只有多交新朋友，但也渐渐疏远了有些活着的人。我们耗尽了吉米·米勒的精力，他渐渐屈从于海洛因瘾，最后录《羊头汤》的时候竟然在调音台上刻纳粹符号，从此我们分道扬镳。安迪·约翰斯一直坚持到一九七三年年底。我们在慕尼黑录《只是摇滚乐》时因故炒了他——他吸硬毒品过猛了。（后来他活了下来，继续工作。）接下来就轮到我的鲍比·凯斯，当时他过着无药可救的摇滚生活，我也帮不了他。

鲍比用唐培里侬香槟王泡澡。据说他是世界上唯一一个知道几瓶酒能装满一个浴缸的人，因为他实践过。那是一九七三年欧洲巡演的倒数第二场演出之前，发生在比利时的事。鲍比不见了，最后有人来问我看没看见我的朋友——他们去他房间敲门，可是没人答应。于是我就赶过去，在门口叫：鲍勃，该走了，就现在。他出来，叼着根雪茄，浴缸里都是香槟，还有个法国妞陪着。他说：我操，那又怎么样。屋里的场面真是了不得，一切都乱七八糟。但你会后悔的，鲍勃。后来会计通知鲍比，这场香槟浴花掉了他整个巡演的所有报酬，事实上还不够抵的。我他妈的花了十年，也许更多时间才让他回到乐队，因为米克的愤怒久久无法平息，他的态度也是有道理的。一遇到这种情况，米克便冷酷无情。我也无法为鲍比的行为负责，唯一能做的就是帮他戒毒，我做到了。

至于我，则被媒体欢天喜地地列入死亡名单，先是从音乐报纸开始的。这可是个新角度。发生在一九七三年年初，他们对音乐不那么感兴趣了。《新音乐快报》列了一个“十大最有可能猝死的摇滚巨星”名单，把我排在第一位。我还成了黑暗王子，全世界最优雅的废人，诸如此类的头衔纷纷涌来，日后跟定了我。我总觉那阵子大家盼着我死，就算好心人也这么想。起先他们觉得你是个怪人，但后来发现整个摇滚圈都一样，六十年代就已是如此。然后他们就盼着你赶快崩溃。你要是没崩溃，他们就盼着你快死。

十年来我一直在那份名单上位列榜首！我曾经还自嘲过，说这是唯一一份十年来我一直雄踞头名的榜单。我为此深感骄傲呢。无人能及啊！后来终于被挤下头名的时候我真的很失望了一番。最后我落到第九名的位置。天哪，居然这样了。

有传言说我到瑞士去把全身的血换了一遍——可能正是这件事我才变得家喻户晓吧。基思可以呀，去换了血活下来了。感觉我好像和深藏在苏黎世石头底下的魔鬼做了交易，本来惨白如纸的脸色竟像吸血鬼吸了人血后变得红润起来。但是我从来就没换过血！这个故事的出处是，我去瑞士的诊所戒毒，在希思罗机场转机时一群“妓者”跟着我，“嘿，基斯”。我于是说：“他妈的闭嘴，快瞧。我要去换血啦。”砰，我扔完炸弹就搭飞机走了。从那以后，这句话就成了“圣经”。我本来只是想搪塞他们一下，结果至今甩都甩不开。

这些报道我自己又推波助澜了多少呢？我恐怕没法推脱。我指的是我的骷髅戒指、一口烂牙、浓重的眼影。我和媒体的责任是不是五五开呢？我觉得，人们对一个人的性格和形象所抱有的成见真像是沉重的枷锁。至今大众仍觉得我还是一个该死的海洛因毒鬼。可是我戒毒都三十年了！“公众形象”就像一条长长的阴影，就算太阳落山了，你还是能看到它。我想在某种程度上，如果你感受到四面八方对你的期待，那么在能够承受的范围内，你就真的会不负众望。你觉得自己是什么样的人，最后就会成为这一影子的拙劣模仿。

我心中有种东西渴望着激起他人的共鸣，我知道它藏在每个人的心里。我有心魔，每个人都有心魔。结果我得到了令人哭笑不得的回应——成卡车成卡车的骷髅饰品从四面八方向我飞来，都是人好意送的。大家喜欢这个形象。他们想象着我，同时也塑造了我。是民众塑造了民间英雄。保佑他们吧。我会尽最大努力去满足他们的需要。他们希望我做点他们做不到的事。他们得上班，得讨生活，得去努力卖保险……但与此同时，他们内心深处也有一个愤怒的基思·理查兹。他们写好了民间英雄的剧本，你最好照着演。我竭尽全力。毫不夸张地说，我确实是像个不法之徒那样活着，还全身心投入进去了！我知道自己在所有人的名单上。我只能屈服，我会没事的。但毕竟有些事我不能去做。

挥之不去的毒品和警察风波终于偃旗息鼓。但我从不觉得针对我的事在减少。我想我能应付。就是这样，我的麻烦一件接着一件，我能做的只有扛过去。我可能在这一面承受各种打击，但我知道是有很多人在那儿鼓动我，去啊，基思。有点像不记名选举。谁会是赢家呢？当局还是公众？我，或者是“滚石”，被夹在中间。那阵子，我有时候会想，这对大家来说是不是一种游戏？啊，基思又被抓了。妈的，一大早就被吵醒，身边是孩子们，你只睡了两个小时。如果他们彬彬有礼倒算了，至少懂礼数，但他们是像反恐特警一样冲进来，这实在让我生气。但在当时，你拿他们一点办法也没有；只能忍气吞声。你知道自己被陷害了。“理查兹先生说你把他推到门上，一副要揍他的架势，还踢了他的脚踝？”“啊，没有没有没有，我绝不会这么干。理查兹先生夸大其词了。”

在那个时代的英国，“非常住居民”意味着我们每年只能在英国的家里待三个月左右。我在国内都住“红土地”和我在伦敦切尼步行街的那栋房子。一九七三年，我家遭到二十四小时全天监视。不光是我，米克也被盯上了，并被逮捕过几回。那年夏天我没法回“红土地”。七月份那里失了火，当时我们和孩子都在场。有老鼠把电线咬断了，搞得它没法绝缘。四岁的马龙最先发现火情，拼命叫着：“火，火。”

要不是马龙，我还不会把警察没完没了的骚扰太当回事——安吉拉还太小，注意不到这些。马龙会说：“爸爸，你为什么从窗子往外看呀？”我说：“我在看那些没有牌照的汽车。”他问：“为什么，爸爸？”我不禁想，我操，我一个人陪你玩还可以，但这开始影响我的孩子了。“你为什么那么怕警察，爸爸？”“我不怕他们，只是提防着罢了。”但是每一天我都要查看他们有没有在屋子对面停车，简直成习惯了。基本上就像在打仗一样。其实我只要戒掉那玩意就行了。但当时我想，先打赢这场仗，再决定戒不戒。这可能是种很愚蠢的态度，但我就是想这么做。我可不愿意向那帮混账低头。

一九七三年六月，我们从牙买加回到英国后不久，就遭到了逮捕，当时马歇尔·切斯也在。他们找到了大麻、海洛因、镇静片和一把没登记的枪。这可能是我最著名的一次被捕，因为我被以多项罪名起诉。被搜出来的还有加热过的残留着毒品的勺子，针头，注射器，大麻。总之一共二十五项指控。

我有个很杰出的律师叫理查德·杜·坎恩。他长相令人生畏，瘦削而严肃。他最有名的事件是为D. H. 劳伦斯《查泰莱夫人的情人》的出版商进行辩护，他们被政府以传播淫秽制品罪起诉。虽然接了我的案子，但结案之后不久他就成了英国律师协会的主席。他告诉我，证据确凿，我们没什么能做的；你只能认罪以求减刑。“有罪，尊敬的大人，我有罪。”连说十五次后你嗓音都粗哑了。法官已经厌倦，因为他还等着杜·坎恩的陈词呢。但警方在最后一刻又加了第二十六项指控，说我持有一把截短了的枪，这项罪名会让我多蹲狱一年。我马上说：“我反对，尊敬的先生。”法官问：“什么？”他已经准备去吃午饭了；反正我无法逆转了。他说：“你为什么反对这项指控？”我说：“假如这把枪真是截短了的，尊敬的先生，那枪管末端怎么会有标尺呢？”那是一把微型古董枪，是十九世纪八十年代的法国贵族打鸟玩的猎枪。枪体上有美丽的镶嵌工艺，但绝不是一支被截短了的枪。法官看着警察，我可以看到他们的脸色越来越难看，他们发现自己做过头了。他们给我安了太多罪名。这真是我的美好时刻。重重在他们要害上给了一拳，怎么能不开心呢？法官瞟了他们一眼，说：“我们听见他说的了，你们这些白痴。”接着杜·坎恩就发表了他那通精彩的，莎士比亚式的陈词：对于艺术家的行为，让我们直面现实，被告席上这位绅士正受到迫害；这种迫害根本没有必要，他不过就是个吟游诗人，等等。法官显然同意他的辩护，因为他转过身来，说每项罪名判我十英镑罚款，一共二百五十英镑。我永远也忘不了那个法官对警察的轻蔑态度。他刻意轻判我，因为显然我是被警方陷害的。然后我和杜·坎恩就去吃午饭了。

午饭后我去了伦敦德里酒店庆祝。不幸的是，卧室着火了。走廊里烟雾弥漫，我们一家人都被赶出来，从此这家我最心爱的酒店就永远拒绝我们上门了。火是在我房间里起的，马龙正睡在床上，我跳过火焰，一把将他拉出来，等着骚动的发生和救援。失火原因不是小报上可能会写的那样，是我做了什么危险冒失的事，而只是房间里的电路系统出问题了。可是谁会相信呢？

罗尼·伍德是一九七三年年底出现的。我们本来就认识，但不算朋友。我知道他是“面孔”的吉他手，弹得不错。那天我正在那阵子最红的夜店“流浪汉”酒吧，有个金发姑娘冲我走过来说：嘿，我是克里茜·伍德，罗尼·伍德的老婆。我说：啊，很高兴遇到你。你好啊姑娘，罗尼最近怎么样？她说：他在里士满的家里录音呢，你想不想过去看看？我说：我挺想见见罗尼的，那就走吧。于是我跟着克里茜去了他们在里士满的家，那栋房子叫“灯芯”，我在那儿待了好几个星期。当时“滚石”正在休息，米克在给《只是摇滚乐》录人声，我好像只是在玩。我在那儿遇到了一帮最出色的乐手，弹贝斯的威利·威克斯，打鼓的安迪·纽马克，弹键盘的伊恩·麦克拉根，后者是罗尼在“面孔”期间的队友。我也开始加入他们。罗尼当时正在做他的第一张个人专辑《我有自己的专辑做啦》(多棒的专辑名字啊，罗尼)，我正好在录音时走进来，他们便给了我一把吉他。所以我和罗尼第一次合作就是两把棒极了的吉他。第二天罗尼说：咱们把这个录完吧。我说好，但是我得回一趟切尼步行街的家。不不，只是拿几件衣服过来。“灯芯”是罗尼从演员约翰·米尔斯手上买过来的，他在地下室里建了一个录音室。我还是头一次看到有人特意在家里辟录音室呢。（我可不建议像我在录《流亡大街》时那样，生活在一个录音工厂顶上。）他的房子很漂亮，花园建在一个斜坡上，一直通向河流。我住的房间以前是约翰·米尔斯的女儿哈莉住的，她也是演员，和老爸差不多齐名。等我适应这房间后，我发现自己已经看了不少埃德加·爱伦·坡的书。住在这里让我暂时摆脱了切尔西那边的盯梢和监视，虽说最后还是被发现了。安妮塔并不介意，也跟我过来了。

那段时间有很多非凡的乐手和天才都齐刷刷出现在伍德的录音室里。有天晚上乔治·哈里森[①]来了，洛德·斯图尔特[②]偶尔会来，米克来录了歌，米克·泰勒也弹了琴。我有几年没在伦敦摇滚圈混了，不用挪窝就能看到那么多人真是很开心。他们都上门来。这里永远有即兴演奏。我和罗尼一拍即合，日子一天天过去，欢声笑语不断。他说他的歌不够了，所以我就给他编了两首：《你肯定需要这个》和《我们得把屎拉一块儿》。

我第一次听《只是摇滚乐》还是在罗尼的录音室。是米克和鲍伊[③]混录的版本。创意来自米克。这首歌很惊艳。我操，米克，你为什么要和鲍伊玩这个？拜托，这么牛的音乐得我们拿回来自己偷偷做的啊。后来我们也的确做了，没费什么劲。歌名本身就简洁出色，就算它算不上一首伟大的歌曲。我的意思是，来吧，“这只是摇滚，但我喜欢”。

一九七四年十二月，在和罗尼录音的间隙，我们去了慕尼黑录制专辑《黑与蓝》，为《哭泣的傻瓜》和《切里，噢，宝贝》等几首歌录基础音轨。其间米克·泰勒抛下了重磅炸弹，说要离开乐队，去做别的事情。我们没人当真。当时大家还在策划七五年的美国巡演，他就这么半道走了，一顿饭吃一半就离开了。他从没解释过原因，他自己也不知道原因。我经常问他，你为什么要走？他回答“不知道”。他知道我的感受。我总是希望乐队团结在一起。你要离开，除非是躺在棺材里，或者真有事请长假，否则不能走。旧事已无法作猜测。也许是和他老婆罗丝有关系。但他的离开证明他没有真正融入乐队。我觉得他也不想融入。我本以为有了和“滚石”合作的资历，他可以去写歌、搞制作。但他什么也没干。

---

① George Harrison（1943－2001），英国音乐人，歌手，“披头士”吉他手。

② Rod Stewart（1945－），英国摇滚歌手，词曲作者。

③ David Bowie（1947－），英国著名摇滚歌手。

于是一九七五年年初，我们边寻找吉他手，边在鹿特丹为《黑与蓝》录歌，包括《嘿，小黑妞》、《疯狂女人》、《记忆旅店》，以及《让我开始》雷鬼版本的雏形。最后一首我们录了四五遍都不满意，两年后继续雕琢，四年后又再次修改——这首歌真是难产，后来回听某个完美的版本才发现它不属于雷鬼，我们当时却不知不觉，甚至根本忘了还录过这一版本。不过这是后话。

去鹿特丹录音之前，我、安妮塔和孩子们在罗尼的“灯芯”住了好一阵子。当时我们已经发现有警察拿着望远镜在树底下张望，有点像“继续”系列喜剧里的场面。这不是我的幻觉，它很荒诞，但也很严肃。我们随时处于监视包围之中。当时我正以正常剂量吸毒，于是对安妮塔说：咱们晚上就得溜走。但我得先给马歇尔·切斯打个电话，他已经到鹿特丹了。马歇尔也上了毒钩，我们在一条船上，一起去交接毒品。我对马歇尔说：你要确保拿到那倒霉东西。要是你没搞到，我不会过去。我到鹿特丹是去工作的，没有毒品就成了快速戒毒，还有什么意思？挂电话时他说：“耶，耶，我已经拿到了，就在这儿，就在我手里呢。”好。但是等我一到鹿特丹，发现马歇尔满脸郁闷——他拿到的是猫砂。他们卖给他的不是白粉，是猫砂。那年头有种棕色的海洛因，大都是墨西哥或者南美货。是棕色或淡棕色的结晶，看上去确实和某些猫砂差不多。我气得脸色发青。难道把领航员杀了吗？那帮该死的毒贩子把猫砂当白粉卖给他，还要了最高的价钱。

所以我无法一头钻进录音室，只能到处去找毒品。这至少能激发你男子汉的一面。那几天过得狼狈不堪，因为处在弱势，竟然沦落到要跑到苏里南酒吧找毒品。那是码头区的腹地，简直是狄更斯笔下的地方，像古老的绘画，净是窝棚和砖石建筑。我们望着吧台后面的人，马歇尔觉得卖假货给他的就是这个人。他打了个行内的手势：“明白了。对不起。”引得大家大笑起来。你还能怎么办呢？

别想了，快速戒毒吧，伙计。但我没有对“滚石”说抱歉。嘿，你们热身一下，找找音色，给我二十四小时时间。所有人都知道是怎么回事。如果我没有在最佳状态，是绝不会出现的。

罗尼和我们走得很近，但他成为我们的新吉他手并不是板上钉钉的事。他毕竟还是“面孔”的成员。在他之前，我们用过韦恩·珀金斯和哈维·曼德尔。他们俩都是好吉他手，参与了《黑与蓝》。我们很喜欢珀金斯，他是个优秀的乐手，和我们风格一致，和米克·泰勒的风格也很谐调，非常有旋律感，非常有技巧。而罗尼是个全面的乐手，他样样上手，可以弹各种不同风格。碍于他暂时有“面孔”，所以成了最后人选。其实这是一个两难的选择。鉴于我和罗尼已经合作了几个星期，就这么定了。最后的决定其实和琴技无关，主要原因其实在于罗尼是英国人！我们是一支英国乐队，尽管你们现在可能不这么想。我们当时觉得还是应该为乐队保留国籍身份。因为在巡演过程中在路上遇到什么，一问“你听说过这个吗”，会发现大家有同样的背景。我和罗尼都是在伦敦出生，所以两人之间有自然的亲近感，共通的密码。在压力之下我们可以一起保持冷静，像两个二等兵一样。罗尼成了乐队绝好的黏合剂，为我们带来一缕清新空气。我们知道他失去了“面孔”那边的位置。我们知道他弹得很好，但更重要的是他热情似火，能和大家默契相处。相较之下，米克·泰勒就显得郁郁寡欢，你从来不会看到他躺在地板上缩成一团捧腹大笑。而罗尼不光躺在地上笑，两条腿还在空中直踹。

如果能让罗尼坐下来心无杂念，沉浸在音乐里，他会是非常称心的乐手，有时候会让你一惊。我到现在还相当享受和他合奏。我们一起弹《你得到了银子》，我说，好吧，我来唱，但我不能边弹边唱，得你来弹我的部分。他心领神会，让人惊叹。他弹滑棒吉他很厉害，也真诚地热爱音乐。爱得纯粹无欲，不掺杂质，也不带丝毫立场。他知道比德贝克，从他的历史到大比尔·布伦奇都了如指掌。他的音乐造诣根基深厚。他非常适应那种古老的两人合奏模式——节奏吉他和主音吉他交织融合——由我和布莱恩摸索发扬起来，是“滚石”音乐的基础。我和米克·泰勒合作期间那种节奏和主音吉他的分工一下子消失不见。能实现这样的合作凭借的只能是直觉，我和罗尼就是这样的。《负担的野兽》就是我们俩心有灵犀的好例子。于是我们说，就这么搞吧。暂时先这样，到时看看效果。于是罗尼跟我们参加了一九七五年的美国巡演，虽然当时他还不是乐队的正式成员。

罗尼是我遇到过的最有可塑性的人，是真正的变色龙。他不知道自己的本色，倒不是他不真诚，他只是在寻找一个家。他是那种渴求兄弟情的人，需要归属感，需要一支乐队。他也是绝对的居家男人。他经历过痛不欲生，他的父母和两个哥哥在过去几年中相继去世。这的确很痛苦。你会说：嘿，罗，我很遗憾。他说：哦，那还能怎么样？所有人都会经历苦难。但罗尼有时候不会发泄出来，而是一直闷在心里。失去母亲后，罗尼非常失落，因为母亲最疼他这个小儿子。我知道我也一样的。罗尼把痛苦埋在心里。他是个坚强的小家伙，混账的流浪汉。他出生于一个船上吉卜赛家庭，据说是族人中最后才肯上岸生活的，这也算进化史中的奇异时刻，尽管有时候我觉得罗尼还保留着鳍呢。也许正因为如此，他总是旧瘾复发，喜欢湿漉漉的。

我和罗尼最大的区别在于，他夸张而放纵。无论什么他都从不控制。这么说吧，如果说我是个小酒徒，罗尼就是老酒鬼。我是起床以后喝一杯，罗尼早餐就要喝“白云”龙舌兰酒。给他真正的可卡因他还不爱，因为他一直都吃“极速”，不过都是用可卡因的大价钱买下来的。你得费点口舌，一点点向他灌输：你吃的这个其实不是真正的可卡因，是“极速”。他们开可卡因的价钱，给的其实是“极速”。而在“滚石”的新工作似乎也没有阻止他发展这些爱好。

一九七五年三月美国巡演之前，罗尼参加了一场难忘的启蒙仪式。当时我们在长岛的蒙托克排练，打算去看看弗雷迪·塞斯勒，他和鲍勃斯·弗雷一起住在曼哈顿哈德逊河沿岸。弗雷迪问我们敢不敢当场干掉一盎司毒品，感觉大概像人生被活活抹去三天。弗雷迪的笔记描绘了当时的情形，我是一点都记不得了。

凌晨五点，我睡得正香，被前门一阵猛烈的敲门声吵醒。我眯着眼睛去开门。迎面而来的是基思式的幽默，让我彻底清醒："我们他妈的工作累得都快毙了开车一百英里到你这儿来你他妈的怎么还好意思睡觉。""好吧好吧，"我说，"我醒了，让我洗把脸。"然后我给自己倒了一杯橙汁，给基思拿了一瓶杰克丹尼威士忌。他马上把一盘磁带放进立体声音响，雷鬼乐传出来，当然，携带着巨大的爆发力。派对时间开始了。没过一会儿，我就问基思和罗尼，要不要吃点起床药。我手头有个一盎司容量的默克牌药瓶。我走进卧室，在一幅镶框油画后面摸索，决定玩一把我自己设计的游戏。我的一大乐趣就是像举行仪式一样打开密封的可卡因瓶子。就是看着它，凝视着它，揭开封印，然后一股药味扑面而来，太棒了。这比真正吃下去的感觉还好。打开封印，往玻璃上倒了三分之二瓶分两堆各八克的量，给基思和我自己，给罗尼留四克。

一切就绪，我对基思说："基思，我想考验你，看你是不是男人。"我知道他准会站起来接受任何挑战。我画了两条线，拿起一支吸管，飞快吸掉了我那八克。"来吧，让我看看你敢不敢。"我这辈子还从没见识过有人一次吸这么多高纯度的可卡因。基思看了看，呆了呆，抓起吸管，毫不费力地效仿我。我把那四克给了罗尼，说："你是新手。就给你这么多，吸吧。"他就吸下去了。

医用可卡因和那些中、南美洲出产的玩意儿可不一样。它是纯的，不会导致抑郁或嗜睡的副作用，而是引发迥异的兴奋，充满创造力，一旦被神经中枢吸收就会生效。停用后也完全没有戒毒反应。

把毒品递给罗尼的时候，我已经快跳到天花板上去了，浑身是干劲。啊，妈的，这是什么感觉。无与伦比。我把东西给罗尼后六小时之内没再说一句话。后来我们就开车去了伍德斯托克。

纯可卡因。你是不是也想来点儿？然后我们就上了车一路开，不知道要去哪儿。有点像我和约翰·列侬的那次出行，漫无目的。我不知道我们怎么到处跑的。显然是我开的车，而且非常负责任，没翻车。我们闲扯瞎聊，无所顾忌，不过用的是另外一个脑子。好像有报道，说我们当晚在贝尔斯维尔和“乐队”[①]待了一夜，可能是和列文·赫尔姆混吧。我真不知道去那儿是要干吗。看望什么人吗？鲍勃·迪伦当时没住在那儿呀。最后我们终于回来找鲍勃斯·弗雷。不知为什么我总觉得当时比尔·普莱斯顿也在车上，但其实他没有同行。

一九七五年的巡演中，我们一路都带着默克牌可卡因。我们开始在舞台上的音箱后设立隐蔽点，方便在歌曲间隙吸上一点。唱一首吸一次，成了我和罗尼的规矩。以今天的标准看来，甚至在“滚石巡演派对”三年后的当时，这仍是铤而走险的举止。那我们是怎么回事？听听玛丽·贝丝·麦德雷的说法吧，她是本次巡演的协调者，协助和全美的演出承办人打交道。她当年二十七岁，受聘于彼得·拉奇，手下没有帮手。

> 一切都得靠三乘五英寸的名片完成。我把工作跟别人讲，他们看我的表情好像我说的是斯瓦西里语。只有一本兰德·麦克纳利公路里程指南，一张美国地图。没有传真，没有手机，没有联邦快递，没有电脑。只有一本名片簿，上面还只写有联系人的电话和欧洲办公室的传真。至于摇滚的生活方式，你本来觉得经历了福代斯事件，他们应该得到点教训了吧。哪知后来又出了乱子。那是一九七五年八月，巡演快结束的时候，据我所知，这事从来没人讲过。问题主要因基思引起，但所有人都卷了进来。我们当时在佛罗里达州的杰克逊维尔，要去弗吉尼亚州的汉普顿。在警方广布眼线的比尔·卡特听说我们的飞机一降落就要被搜查。我们在肯塔基州的路易斯维尔已受过这种惊吓，警察径直上了飞机。此后为了避免重蹈覆辙，我们把所有人带的私货都收上来了。枪支、刀、毒品，一切可能会不合法的物件，都塞进了两个行李箱，由我带着，坐私人飞机过去，

① The Band，加拿大摇滚乐队，因1965年为鲍勃·迪伦巡演担任伴奏乐队而成名。

下飞机后直接开车到酒店。我不担心飞机上的行程，因为在那个年代，坐私人飞机不用填行李清单，而且我是匿名。但从机场到酒店就让人费心了。我以五十英里的时速狂奔，我只有一个人。赶到酒店后我进了一个房间，把箱子塞在床底下。其实那不是我的房间。几小时后他们也到了，各自把东西拿回去。安妮·莱博维茨有一张照片，拍的就是这两个箱子里的宝贝。

简·罗斯 摄

为多伦多的出庭，特地在某个周日好不容易买来的西装，1978 年 10 月

亨利·迪尔兹 摄 / 莫里森酒店图库

“新野蛮人”乐队巡演，座驾为 Limo，1979 年

亨利·迪尔兹 摄 / 莫里森酒店图库

等着和罗恩·伍德及“新野蛮人”演奏，包括鼓手约瑟夫·“齐格布”·莫德里斯特（罗尼旁边）和贝斯手斯坦利·克拉克（我旁边），1979 年 5 月在洛杉矶

迈克尔·普特兰德 摄 / *Landov*

伊恩·斯图尔特，“斯图”，我们的创始人，“皮滕威姆的合法继承人”，在 1981 年巡演期间

丹尼斯·奥里根 摄

和“能让我安睡的床”查理·沃茨，1982 年

简·罗斯 摄

和帕蒂，1982 年

简·罗斯 摄

和帕蒂在巴巴多斯沙滩上，1982 年

简·罗斯 摄

（左起）我、伍迪、罗比·莎士比亚、斯莱·邓巴和约瑟夫·“齐格布”·莫德里斯特，1979 年

简·罗斯 摄

上马斯蒂克岛和米克谈，1980 年

迈克尔·普特兰德 摄 /Landov

和“泥水”在芝加哥跳棋盘酒廊上同台表演，1981 年 11 月 22 日

和多丽丝、比尔·理查兹、帕蒂以及安吉尔在达特福德多丽丝的住所，1982 年圣诞节

简·罗斯 摄

牙买加“无翼天使”。左起：我、洛克斯勒·惠特洛克、温斯顿·托马斯、贾斯汀·辛德斯·杰基·艾利斯、沃林·威廉姆森、莫琳·弗莱曼特尔

简·罗斯 摄

婚礼进行曲，1983 年 12 月 18 日在圣卢卡斯角

简·罗斯 摄

和女儿西奥多拉，1985 年

保罗·奈特金 摄 / *Photo Reserve, Inc.*

“昂贵酒鬼”巡演期间约翰·李·胡克过来了，1993 年在旧金山

保罗·奈特金 摄 / *Photo Reserve, Inc.*

查克·贝里空前的现场演奏：为电影 *Hail! Hail! Rock 'n' Roll* 在圣路易斯福克斯剧院举办的演奏会

“昂贵酒馆”的凯旋，1988 年在芝加哥阿拉贡歌舞厅

克劳德·加西亚 摄

“微光孪生子”，1990 年在西班牙和葡萄牙之间的某地

马克斯·瓦达库 摄

和父亲伯特，1997 年

安妮·莱博维茨 摄

和帕蒂以及一对女儿亚历山德拉（左）、西奥多拉，1992 年在康涅狄格州

帕蒂·汉森 摄

和亚历山德拉在爱尔兰罗尼·伍德的住所，1993 年

凯文·梅热 摄

驶过布鲁克林桥，赶着去参加“通向巴比伦之桥”巡演的发布会，1997年8月

简·罗斯 摄

“四十精选”巡演期间，和吉他技师兼后勤主管皮埃尔·德·博波尔，2003年1月28日在俄克拉荷马市福特中心

简·罗斯 摄

和布朗迪·查普林（左）、丽莎·费希尔在“四十精选”巡演中，2003年

凯文·梅热 摄

和查理、米克在录制《通向巴比伦之桥》，1997 年 7 月在好莱坞大洋路录音室

帕蒂·汉森 摄

和经纪人简·罗斯以及她的狗黛利拉见面

简·罗斯 摄

保罗·麦卡特尼那阵子天天来鹦鹉岩的海滩，2005 年 1 月

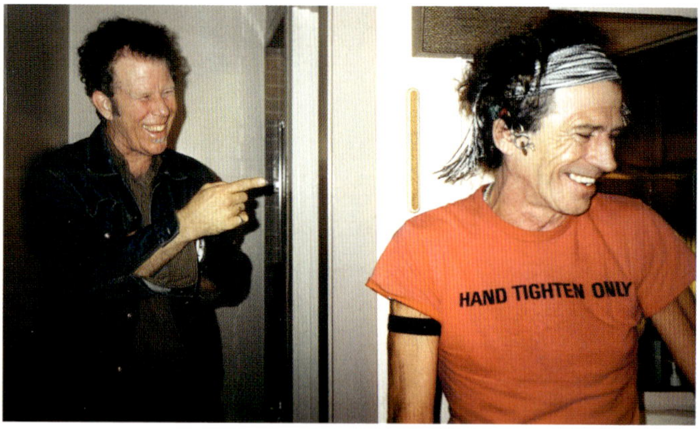

简·罗斯 摄

汤姆·维茨现身“滚石”巡演，2003 年

简·罗斯 摄

因《加勒比海盗》，马修·罗斯顿给我和约翰尼·德普拍照用在《滚石》杂志上，2006 年

简·罗斯 摄

简·罗斯 摄

（上）忠实的囚徒，左起：史蒂夫·克罗蒂、我和詹姆斯·福克斯，2008年在鹦鹉岩

（中）从莫斯科街上救来的杂种狗拉斯普京（拉兹），现居鹦鹉岩

（下）理查兹一家。沙发上左起：帕蒂、安吉拉、露西（马龙的妻子）、奥森（他们的儿子）、我、马龙、艾达（露西和马龙的女儿），以及埃拉（他们的大女儿）；坐在前面的：亚历山德拉和西奥多拉

克里斯托弗·塞克斯 摄

我在康涅狄格州的书房

10

马龙成了我巡演路上的伙伴。儿子塔拉夭折。我们搬进了约翰·菲利普斯在切尔西的家。我在多伦多被捕，以非法贩运毒品的罪名被起诉。我在一个黑匣子以及杰克丹尼威士忌的帮助下戒除海洛因。“滚石”在巴黎录制《有些姑娘》。我遇到丽尔·维吉利斯，在她的帮助下戒了毒。一九七八年我获判缓刑，条件是为盲人举办义演。安妮塔的男朋友在玩俄罗斯轮盘赌时开枪自杀，我们最终分手。

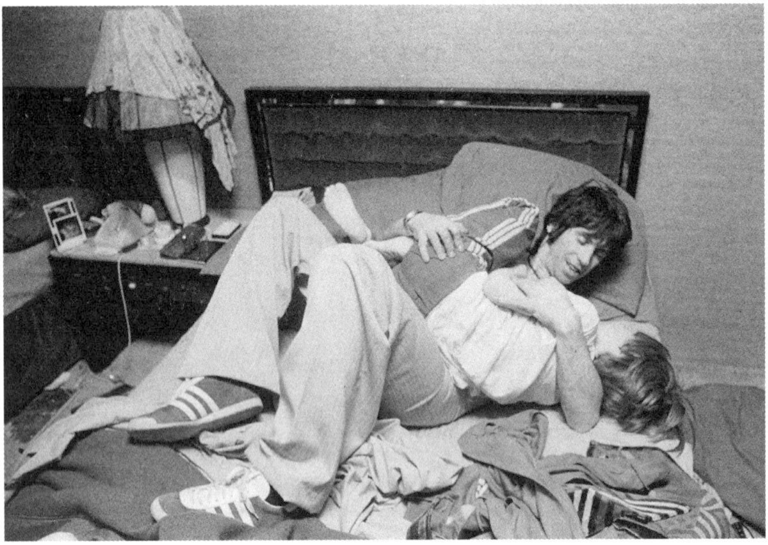

和马龙在路上，1975 年

安妮·莱博维茨 摄

死里逃生的状况发生了很多。一九七五年巡演到福代斯时被捕，可能是最要命的一回。我的九条命早用光了，再数也不会多。千钧一发的状况随时会来——逮捕、流弹、车子飞出公路。有几次逃脱全凭运气。但空气中弥漫着黑暗，好像暴雨将至。我又见到了乌施，她加入巡演队伍，在旧金山和我们待了一个星期，然后消失了很多年。那年秋天，“滚石”在瑞士暂留了一段时间，从那以后瑞士就成了我的家。我们接着制作专辑《黑与蓝》，它的海报是一个被捆绑的半裸女人，浑身青一块紫一块，结果遭到华纳传媒的抵制。我们又继续录制《切里，噢，宝贝》、《哭泣的傻瓜》、《好东西》等歌。一九七六年三月，安妮塔在日内瓦诞下我们的第三个孩子，取名塔拉。

塔拉还没满月，我就离家去做漫长的欧洲巡演，从四月一直到六月。我带上马龙做伴。他当时七岁。我和安妮塔已成了一对各过各的毒瘾伴侣，在一起只是为养育孩子。多数时候并不难处理，因为我总在巡演，马龙则经常跟着我。但家庭氛围确实很不愉快。你和老婆生活在同一个屋檐下，她也是个瘾君子，瘾头比你还大，这实在很难忍受。那时安妮塔最常对我说的话就是：“东西到了吗？”人生中最重要的东西就剩毒品。她开始变得失控，半夜情绪激动就会抄起树莓酱或红酒往墙上砸。这房子是租来的，我们才刚搬进去。“哦，你需要来点那个吗，亲爱的？”我不是不能理解她，但老是重新装修房子真让我他妈的接受不了。当时她已经不陪我们巡演，也不看我们录音。她越来越孤立。

我越是有麻烦，就越要把儿子带在身边。他是我的长子，看他长大成人感觉真是妙。这么说吧，我需要你的帮助，孩子。所以马龙和我成了一个团队。一九七六年，安吉拉还太小，不能跟我们上路。

我们俩坐着我那辆拉风的车子去演出。马龙是我的向导。那时候欧洲还有国与国之分，过边境不像现在这么轻松。我给了马龙一个职位，一份工作：这是地图，咱们要是到了边境就告诉我。要从瑞士到德国，需要穿过奥地利。所以我们得先过瑞士边境，嘣，到奥地利，砰，在奥地利开十五英里，砰，进入德国。得过几次边境才能到慕尼黑，所以可得小心翼翼，特别是在下雪、结冰天里。马龙很任胜角色，他会说“爸爸，还有十五秒到边境”。这时候该把车停在路边，检查一下，把带在身上的乱七八糟的玩意儿丢掉或者藏起来。有时候他会推我一把，说：“爸爸，该靠边停了。你累了，你快不行了。”他的表现超越同龄人。这在我被监视时可派大用场了。“嗯，爸爸？”“怎么？”他会把我叫醒，摇晃我：“穿蓝衣服的人在楼下呢。”

演出时我不经常迟到，也从来没错过任何一场。但万一迟到，就会万众瞩目。那通常会是一场绝妙的演出。以我的经验，观众不介意等待很久，他们会一直等到你登台亮相。这是半嬉皮式的迷雾，毒品般的迷雾。七十年代，我醒过来的时间就是演出时间。我可能会迟到三个小时，但是来看演出的人不怕晚。你来看演出，就会待整个晚上。没有人会说：到时间了，该开始了。如果我迟到了，对不起，但现在才是正点。没有人离开。但我不愿滥用运气，我尽可能把迟到的次数减少到最低。

一般来说，我迟到是因为睡得太死。我记得总得马龙来叫我起床。这成了一种习惯。吉姆·卡拉罕和保安人员知道我枕头底下有枪，可不愿意冒险。预定上台之前半个小时，他们会把马龙推进我的房间。“爸爸……”马龙很快掌握了要领。“爸爸，真的到时间了”之类的话。“还有两个小时呢，对不对？”“爸爸，这时间我已经算进去了。”他真是个了不起的保镖。

那阵子我的行为有点难以预料。或者说他们觉得如此。我从来没开枪打过谁，但他们总担心我被吵醒，脾气一大就拿枪打人，他们怕我被激怒。我心里确实有过这念头；要开枪很容易。但我从来不是有意对别人凶，巡演日程很紧，再加有个孩子要照顾，我确实非常累啊。

我通常都是一清醒就上台。下床是一回事，清醒又是另一回事。我得花三四个小时才能清醒过来，然后去整理设备。从下床到上台，在动作最快的情况下我也要迟到一小时。"我身上穿的是什么？""是睡衣，爸爸。""好吧，快点儿，妈的我那条裤子呢？"我一般都是穿上舞台装冲出去。半小时后，就能听见"女士们先生们，'滚石'乐队！"，这真是绝好的闹铃声。

让马龙来讲吧。

> 我跟着他们一九七六年的欧洲巡演全程，整个夏天都陪着他们，最后一站是八月份在奈布沃斯的演唱会，和"齐柏林飞艇"同台。他们派我去叫基思起床，因为他脾气确实很坏，厌恶被吵醒。所以米克或别人会过来跟我说：咱们再过几个小时就该出发了，你去叫爸爸起来吧。我是唯一可以去做这件事而不至于被他拧下脑袋的人。我说，爸爸，起床吧，咱们该上路了，你得走了，咱们去坐飞机。他会照做，表现得很体贴。我们去演出，然后回来。我其实不记得有什么纵酒狂欢的场面，真的。我们俩住一个房间，睡两张床。我叫他起床，给他在酒店订早餐。早饭吃冰淇淋或者蛋糕。女侍者总会对我降尊纡贵地说一句：哦，可怜的小孩。我会让她们滚蛋。我觉得这种态度真的很讨厌。我很快就学会了应付那些食客，还有想利用我接近基思的人。我也练就了摆脱他们的本领，只要说：听着，我不希望在这儿看到你，滚吧。基思会说"啊，我该哄马龙睡觉了"，也能赶走人。对某些姑娘或者危险人物，我会说，快滚，爸爸在睡觉，让我们清静清静。他们不能拿一个孩子怎么样，只好离开。
>
> 我还记得米克在这次巡演中非常贴心。在德国汉堡的时候，趁基思睡觉时，米克请我去他的房间。因为听说我从来没吃过汉堡包，他就给我点了一个。"你还从来没吃过汉堡包吧，马龙？在汉堡你就

得吃汉堡包。”于是我们就坐下吃了顿饭。他那时非常友好，有亲和力，也真的非常喜欢基思。他很有教养；总在照顾基思。这很明显，尤其是当时基思处在那么一种状态。

基思总会给我读故事。我们都很喜欢丁丁和阿斯泰克斯，但是这两部漫画都是法语连载的，他看不懂，所以就干脆胡编。过了好几年，我自己能读《丁丁历险记》的时候才发现，他根本就不知道这个故事说的是什么，给我讲的都是胡诌的。鉴于他吸了那么多毒，半睡半醒，精神恍惚，能做到这样真是了不起。我还记得我当时只有一双鞋，一条裤子。整个巡演期间我就一直穿着它们。

我们有保镖，鲍勃·本德尔和鲍勃·库沃斯基，两个鲍勃。他们都是身高六英尺的壮汉，就像两道墙，两座山。一个金发，一个黑发，活像书架上的一对书立。我经常和他们在走廊里下棋，因为他们就是这样打发时光。非常好玩。整个时期一点都不痛苦，好像就是到不同的城市，每天晚上笑着去演出。有时候我熬到早晨五点睡觉，下午三点才起床。总之一切都按基思的日程来。

我对毒品从来没好奇过。我觉得那些人都他妈的太可笑了；我只觉得他们在做的事情很傻。安妮塔说我四岁时在牙买加抽了不少二手大麻烟，但我根本不信；很像安妮塔编造的。我觉得毒品令人厌恶，也确实认识到要离它远远的，别去沾边，根本别让它在你周围出现。看到毒品，我就把它拿开。我拿起某本书或杂志，经常会发现上面沾着毒品粉末，一点点的到处都是。基思可真不该这么疯狂。

巡演尾声我们开车回奈布沃斯时出了车祸，所以基思被逮捕了。他开车时睡着了，撞到一棵树上。车里有七个人，没人受重伤，因为那是辆宾利，非常走运。这车的确不一般。直到五六年前我的血手印还留在它的后座上，仪表盘上有块凹痕，是我的鼻子磕上去的痕迹。能在仪表盘上磕出坑来让我引以为豪，后来去修它的时候我还挺舍不得的。

我是个好司机。我的意思是，没有人是完美的，对不对？我偶尔会失控，睡着了。我那时就是晕过去了。我们滑出道路，只听见弗雷迪·塞斯勒在后座上喊："耶稣基督我操啊！"但我总算成功开出道路，冲向路边的田野，这是唯一明智的做法。至少不会撞到人。我们没撞死任何人，连自己都没伤着。后来警察在我衣兜里发现了迷幻剂。这次可怎么脱身？我们刚结束一场演出。我身上的外套有点像乐队的制服，我们每人都有几件同款不同色的。我穿的这件可能是米克·贾格尔的，也可能是查理的，我就是随手拿过来穿上了。这不一定是谁的夹克。这就是我的辩护词。

我的确说过不少托词：这是我的生活，这是我们的生活方式，该发生的躲不掉。你的生活跟我可不一样。我只是做必须做的事。如果我是个浑蛋，那我很抱歉。我只是过着平和的生活，让我去演出吧。换句话说，"嘿，这就是摇滚嘛"。但你要怎么对一帮艾尔斯伯里管子工说这些。有报道说："他迷住了陪审员。"这很难让人相信，因为我的态度是，我的陪审团中至少有一半应该是摇滚乐吉他手，这样他们才能明白我他妈的在说什么。陪审团应该由吉米·佩奇这样和我同类的人组成，应该是一群乐手，他们去巡演过，知道巡演是怎么一回事。一群妇科医生和管子工可跟我风马牛不相及。但英国法律就是这样的，我也非常尊重它。但你们也帮帮我吧。于是他们基本听懂了我的话，他们好像没有人试图教训我，他们放了我，只罚了款，温和地惩罚了我一下。

巡演到巴黎时，我接到消息，我的小儿子，刚满两个月的塔拉被发现死在自己的小床上。接到电话时我刚准备出门演出，那头说："很遗憾地告诉你……"这就像挨了一枪。然后大伙儿说："如果你决定取消这次演出也没问题。"我想了几秒钟，回答说，当然不能取消，现在我要是没事干才最要命。不上台我要怎么做，开车回瑞士看看究竟？一切已经发生了，结束了。或者坐在这儿哭，发疯，不停地想，什么？为什么？当然，我给安妮塔打了电话，她在哭，讲不清楚任何细节。她得待在那儿安排火葬，应付瑞士验尸官的你一言我一语，这些都处理完后才能来巴黎。而我能做的就是保护马龙，别让消息传入他的耳朵。帮我挺过这一切的就只有马龙，还有一路上照顾七岁男孩的各种日常琐事。我没有时间去哭，我还得照顾眼前这个孩子呢。感谢上帝他在这里。他年纪太小，还无法理解一切。所以唯一的安慰是至少我和马龙无需直面悲伤。我当晚还得上台，之后得带着马龙挺过整次巡演，把那件事放到一边。不管怎么说，这让我和马龙更亲密。我已经失去了二儿子，不能连大儿子也失去了。

到底出了什么事？我对实际情况几乎一无所知。关于塔拉，我只记得他是个躺在摇篮里的漂亮小男孩。嘿，小家伙，等我巡演回来再见，好吗？他看上去很结实，就像迷你版的马龙。我不了解他，或者说几乎不了解。我想我给他换过两次尿布。他死于呼吸衰竭，是婴儿猝死症。安妮塔早晨发现他死了。那时我不想再问什么。一切只有安妮塔知道。至于我，原本不该离开他的。我觉得不是她的错；是婴儿猝死症。但我不能原谅自己竟然丢下新生的孩子离开。这像是对我的报应。

我和安妮塔至今都没有再提这件事。我放下了它，因为不想触碰旧伤疤。如果安妮塔想坐下来和我谈谈，我会愿意，但我不会主动提。这太痛苦了。我想，我们俩都是（我敢肯定她也是）好容易才恢复过来。但其实任谁也是没法恢复的。这件事肯定进一步破坏了我们之间的关系，安妮塔更深地陷入了恐惧和妄想症状。

失去孩子绝对是人生中最惨的事，所以听说艾里克·克莱普顿[①]的儿子去世后我给他写了信，因为我了解他的感受。事情发生时你先是感觉一阵麻木，接着你对那小家伙的爱就会慢慢涌上心头。你没法一下子接受。失去孩子的伤痛肯定会时不时出来困扰你。一切都有其自然规律。我也送走过父母，这合理。但送走孩子另当别论。会让你永远不得安宁。我的心里会永远有一块寒冷的地方。自私地说，如果这事避免不了，那我很庆幸是在那个时候发生了。那时他还太小，没有和我们建立起更亲密的关系。现在我差不多每星期还会想起他。我失去了一个孩子。也许还会是个风云人物呢。写这本书期间我在笔记本上写道："塔拉时时袭上心头。我的儿子。他如果活着，现在也有三十多了。"塔拉活在我心里。但

① Eric Clapton（1945－ ），英国传奇吉他手，丧子后创了一曲 *Tears in Heaven*。

我都不知道这个小家伙到底埋在哪儿，连到底有没有被埋葬都不知道。

塔拉去世当月，我见了安妮塔。我们觉得安吉拉只有一个地方可去，就是我妈妈那里。当时她已被安置在达特福德和多丽丝同住，我们本以为她可以回到我们身边，现在觉得最好还是让她留在我妈妈那里。她可以过安定的生活，不受这些疯狂事件的影响，像个正常的孩子那样成长。她也确实做到了，而且做得很好。多丽丝当时五十多岁，有能力帮我带孩子。鉴于当时的情况，她承担了这个责任，和比尔一起照顾安吉拉。我知道今后我还会一次又一次地被逮捕，知道警察随时会上门，那要怎么养大一个女儿？至少我知道在我疯狂的世界里，安吉拉还有一个庇护所。她和多丽丝一起生活了二十年。马龙继续跟着我上路，直到八月巡演结束。

一九七六年，罗尼·伍德因为税务原因要移民美国，我也收拾起了在“灯芯”的所有行李。我们不能回切尼步行街，因为那里还有警察二十四小时监视，跟你打招呼：“你好啊基思。”要是住那儿，就必须时刻关紧窗子，拉上窗帘，像隐士一样。一座名副其实的围城，困住的是我们自己。

我们只想活下来，而且总要走在法律前头。我们总在路上，不忘给下一站打电话，你那边能搞到针头吗？这都是毒瘾者生活里最平常的烂事。是我自己画地为牢。我们在伦敦的丽兹酒店住了一段后被迫搬走，因为房间被安妮塔毁得不成样子，必须重新装修。马龙上了希尔豪斯小学，学生们穿橙色制服，好像一天到晚都排着队在伦敦街上走。此校的男孩都是伦敦名流之后，比如在切尔西领年金的人。不用说，马龙受到很大冲击，回忆起来，他说是“可怕的噩梦”。

这段时间约翰·菲利普斯住在伦敦，他的“妈妈和爸爸”乐队[①]已经解散，他和又一任新老婆，演员热纳维耶芙·维特以及孩子帖木尔在切

① Mamas & Papas，美国加州民谣、摇滚乐队。

尔西区的格里布有一套房子。我们搬进去避了一段时间。我们有合作计划，让滚石唱片给约翰制作一张个人专辑，罗尼、米克、米克·泰勒和我都会在其中出演。阿麦特·厄特根则从大西洋唱片给我们筹资。这在理论上是个好主意。约翰是个好人，很风趣，和他共事很有意思（虽说他是个疯子）。“妈妈和爸爸”的所有歌差不多都是他写的，有些歌定义了那个时代，比如他和前妻米歇尔·菲利普斯合作的《加利福尼亚之梦》、《星期一、星期一》，还有《旧金山（头发上一定要戴鲜花）》。

菲利普斯是个神人。我从没见过谁像他那样迅速迷上毒品的。我对此也负有一定责任。罗尼离开“灯芯”那天晚上，约翰打电话过来说：我这儿有瓶叫“默克”的东西，有人想要吗，我不沾这玩意的。我说我正从罗尼家搬出来，可以顺便来取一下。我离开“灯芯”，径直去了约翰家。我们一起演奏玩闹，他给了我那瓶东西。两三个小时后，我说：约翰，我能用一下你家厕所吗？我要去爽一回。于是我进了厕所，注射了药。我的意思是，我不愿当着他们全家干这种事。等我一出来，约翰说：你去干吗了？我说：约翰，这玩意叫可卡因。我以前从来没怂恿人吸毒，或者说几乎没怂恿过，我想这应该是唯一的一次。你不应该拖别人下水，自娱自乐就够了。但既然他给了我这瓶可卡因，我就想：好吧，你不是想知道我在干什么吗，那就来吧。所以我就给他注射了一回。

我一直都觉得自己亏欠约翰，因为是我把他引上毒品之路。一个星期之内，他就搞定了药品的来源，还成了毒贩子。我从来没见过一个人上瘾那么快。一般来说深陷进去需要几个月，有的人是几年。但是他呢，十天以后就无法自拔了。这改变了他的人生。第二年他搬回纽约，我也去了纽约，更疯狂的事发生了。但这是后话。我们和米克以及其他人一起做的专辑最后在二〇〇一年约翰去世后发行，名叫“付钱，打包与前进”。

我和安妮塔、马龙居无定所。我们搬进布莱克斯酒店，但也没住多久，又到了切尔西老教堂街租了套房子，是唐纳德·萨瑟兰[①]刚腾出来的。就

① Donald Sutherland（1935－ ），出生于加拿大、成名于英国的影星。

是在那里，在那栋房子里，我和安妮塔之间彻底完了。她已是一个偏执的妄想狂。那是她人生最黑暗的时期，吸毒又加剧了症状。不管走到哪儿，她总觉得有人藏了东西，为了找出这玩意儿，她会把整个地方都拆了。在丽兹酒店，她破坏了浴室、沙发、墙纸、墙面的嵌板。我记得有一次我把她拖上车子，让她集中注意力看仪表盘，这种平常的事可以帮她平静下来回到现实中。在她的要求下，我们订了一个协议：我永远不能把她送到疯人院去。

我喜欢活泼的女人。和安妮塔在一起，你会觉得自己爱上的是瓦尔基里神，在战斗中决定生死的人。但她精神脱轨后，变得非常危险。不管有没有毒品，安妮塔都会很暴躁，但如果没有毒品，她会变得疯狂。我和马龙一度提心吊胆，怕她对自己做出什么事来，更别提会怎么对我们。我经常带着马龙到楼下的厨房里，蹲坐在那儿说：等妈妈发作过去。她乱扔东西，可能会砸伤孩子。你回到家，看见墙上溅的不是血就是酒。你不知道接下来会发生什么。我们只希望她能睡着，而且不会在阵阵尖叫中醒来，在楼梯顶端像贝蒂·戴维斯[①]一样发怒，冲你扔玻璃制品。她真是个强悍的婊子。没错，七十年代中期有段时间，和她在一起可真不怎么好过。她变得让人难以忍受。她对我非常恶劣，对马龙也很糟，对她自己也不好。她知道这一点，我现在就写在这儿。当时我基本上是在想怎么才能摆脱这一切，又不至于伤害孩子们。我深深地爱过她。如果我不爱一个女人，就不会这样纠缠。如果有什么不对，如果出了状况，如果没法同心，我总会觉得是我的错。但和安妮塔在一起，我无力扭转状况。她无法停止自毁。她就像希特勒，想带着一切同归于尽。

我有很多次尝试戒毒，但安妮塔不愿意。她想走另一条道路，逆着任何关于戒毒的建议，后果无非就是越吸越多。在当时，家庭责任她不大乐意去承担。我自问：我他妈的到底在干什么啊？是，她是我孩子的母亲。接受吧。我爱这个女人；我愿意为她做一切。她有问题？我来扛，

① Bette Davis（1908－1989），美国演员，两度获封奥斯卡影后。此处应该是指她在电影《人生的枷锁》中饰演的经典泼妇角色。

我来帮助她。

“肆无忌惮”形容她算中肯。我现在已经不在乎直接这么评价她了，她也明白，虽然能不能接受是她的事。我做了必须去做的。至今安妮塔仍需思考自己是怎么把一切搞砸的，要不然我现在肯定还和她在一起！我不是朝三暮四的人，尤其我们还有孩子。如今，我和安妮塔可以在圣诞节见面，和我们的孙辈相聚，交换一个困惑的笑；嘿，你这个老傻瓜，最近还好吗？她现在精神不错，变得平心静气。是个好祖母。她活下来了。但事情本应该更好的，宝贝。

那阵子我躲着安妮塔，她也不愿意到顶层的录音室来。她大部分时间都在唐纳德·萨瑟兰的纪念卧室里度过，那里有很多粗大的链子从墙壁垂下来，纯粹是装饰，但带来一种虐恋的感觉。我们的常客有斯塔什和罗伯特·弗雷泽。当时我和“巨蟒”①走得很近，特别是艾里克·艾德尔，他常常过来和我混。

就是在教堂街的这一时期，我在可卡因帮助下创造了平生最长的清醒纪录——史诗般没合眼的九天。第九天的时候我仍然很清醒。其间可能打了几个小盹，但都不到二十分钟。我在忙着做音乐、录东西、做笔记、写歌，我变得狂躁，几乎成了个隐士。但九天里有很多人来我的巢穴拜访。伦敦所有我认识的人轮流来串门，但对我来说，那都只是漫长的一天。他们过来做随便什么该做的事。他们睡觉、刷牙、拉屎，而我就在那儿写歌，重新组织声音，复制各种东西。那时一切都录在磁带上。我还会很艺术地装饰磁带的标签，比如录着雷鬼乐的磁带标签上就画着犹大之狮。

到了第九天，我觉得自己状态还很好。我记得要把一盘磁带转录到另一盘磁带上。我都准备好了，注明了是哪个音轨，砰，按下“播放”键。我回过头去，站着睡着了零点三秒，然后向前栽倒，一头撞在 JBL 音箱上，猛地清醒过来，但糟糕的是什么也看不见了。眼前一片血幕。前面有三级台阶，我到现在还记得，三级我都踩空了，我滚下来，倒在地上睡着了。

① Monty Python，70 年代风靡一时的英国喜剧团体。

醒来时脸上全是血块，也许是一天以后了。八天整，到第九天，他倒下了。

一九七七年年初，乐队在多伦多等我。我迟到了好几天。他们给我发电报："你在哪儿？"我们在艾尔蒙坎波俱乐部有场演出，专辑《爱你，现场》里的很多歌就是取自这次演唱会。我们需要几天时间排练。但我显然没法从老教堂街脱身，还得带着安妮塔一起上路，可真是难事。但最后我们还是在二月二十四日赶到了。演出是十天后，要在那个俱乐部里演两场。我在飞机上吸了一次毒，用的勺子落在安妮塔的衣兜里。在机场，他们没在我身上发现什么东西，但在安妮塔身上发现了那个勺子，于是逮住了她，然后他们就等待时机。他们精心策划，在港湾城堡酒店对我展开了大搜捕。他们知道，只要跟着瘾君子，迟早有收获。他们也真截住了我提前订的毒品。为"滚石"服务时间最长的艾伦·达恩，我们后勤和运输的掌门人，后来调查出，当时的酒店工作人员突然发现身边冒出几个外人，他们以电话和电视维护工程师为名被雇用。都是警方所为：调动巨大的资源，不过要对付一个吉他手。酒店经理肯定知道内幕，但当然不会走漏风声。而我们的巡演经理彼得·拉奇为了省钱，让所有工作人员都去休假了。所以警察直接来到了我的房间。马龙原本不会让警察进来，但他们竟穿着侍者的衣服。他们叫不醒我。根据法律规定，逮捕只有在嫌犯清醒时才能进行。他们花了四十五分钟才把我叫醒——我一连五天没睡，给自己注射了很大剂量，睡得死沉。这是排练的最后一天，我才睡了两个小时。我刚刚醒过来，就听见掌掴声，两个加拿大皇家骑警在房间里拽着我，拍我，想让我"清醒"。啪啪啪啪啪。你是谁？你叫什么名字？你知道自己在哪里，我们又为什么在这儿？"我叫基思·理查兹，我在港湾城堡酒店。我不知道你们在这儿干什么。"这时他们发现了我的私藏。大概有一盎司。很不少。不过也就是一个人需要的量。我的意思是，这可不够满城的人吸。但显然他们了解这倒霉东西，正如我了解这倒霉东西。它显然不是加拿大土产，是从英国来的，是我坐飞机带过来的。

于是他们逮捕了我，把我带到警察局。这天可是倒霉。他们带着我办了手续等事。鉴于所发现毒品的数量，他们决定以非法贩运毒品的罪名起诉我，这在加拿大会自动被判刑很长一段时间。我说好，没问题，但还给我一克吧。“哦，我们不能这么干。”我说，那接下来你们打算怎么办？你们知道我需要它，我必须得再去弄一点。你们的算盘就是跟着我，再逮捕我一次？这就是你们的伎俩？你们想怎么玩？先还给我一点，我才能想明白。“哦，不行，不行。”这时比尔·怀曼来了，他是第一个赶过来问候关心的人。我坦诚地说，我要断顿儿了，我需要点那玩意。当然，这不是比尔的强项，但他说，我看看我能做点什么。然后就去找人帮忙。我们曾经在艾尔蒙坎波演出过，所以在本地有一些熟人。比尔总算找到一点货，帮我挺了过去，摆脱了圈套。我当时被盯得那么紧，所以比尔真是冒了很大风险。这是记忆中我和比尔感情最铁的一件事。

皇家骑警没有再次逮捕我。我的话被媒体引用：“审判都大同小异。不过是‘他们和我们’的老一套。我觉得这些令人厌倦。我已经在该死的被告席上完成我的那份工作。他们怎么不去抓‘性手枪’呢？”然而这次又有人认真地追在我屁股后头：当时的加拿大总理皮埃尔·特鲁多的夫人玛格丽特·特鲁多以“滚石”歌迷的身份住进酒店，这无疑让局面更加复杂，为小报提供了双份大礼——年轻的首相夫人和“滚石”在一起，再加上毒品的话题，之后三个月的八卦不愁了。最后整件事可能对我有利，但在当时却好像最坏的情况都赶在一起。玛格丽特·特鲁多结婚那年二十二岁，特鲁多总理五十一岁。有点像西纳特拉和米亚·法罗——权力与花样少女的联姻。而现在，特鲁多总理的新娘（当时他们结婚已经六年）被人发现只裹着一件浴衣出现在我们下榻的酒店房间走廊里。于是有报道说她已离开他。事实上，她住进了罗尼隔壁的房间，他们俩相处得确实非常好，或者像罗尼在回忆录里写的：“在那段短暂的时间里，我们分享了特别的东西。”她后来飞往纽约躲避媒体，米克也正好去了纽约，所以有人猜测他们俩也有染。局面越来越混乱。其实她就是个骨肉皮，就这么简单。这本没什么大不了。但你如果想当骨肉皮，就不该当总理夫人。

我花了不少钱才被保释出狱，但护照被扣留，而且不能出酒店。所以我被困住了。我还等着看他们什么时候把我关进大牢。这就像瓮中捉鳖一样。在另一次听证会上，他们又加上一条“持有可卡因”的指控，想撤销保释，但我们靠技术性细节逃过了这一关。我倒是想看看他们敢不敢把我关进监狱，简直是狗屁。他们没这个胆量。他们没有胜券在握。为防万一，乐队其他人离开了加拿大，这样做非常明智。是我第一个站出来说：你们这帮浑蛋快走吧；他们只会把你们也扯进来。让我来承受，这是我的压力。

监狱近在眼前。律师说我可能会被判入狱两年。斯图建议我利用等待时间做点音乐——做出点东西来，好让人们记住你。他租下一个录音室，里面有漂亮的钢琴和麦克风，后来的成果以《KR 的多伦多私录专辑》亮相并流传。我们录的都是乡村歌曲，和我平日晚上唱的一样，只是多了一份辛酸的感觉，因为当时一切都是那么让人沮丧。我翻唱了乔治·琼斯、豪吉·卡迈克尔和胖子多米诺的歌，都是我和格兰姆一起唱过的。梅勒·哈格德的《用歌声送我回家》唱起来真是有切肤之痛。是关于监狱看守送囚犯走过长廊执行死刑。

> 给我唱首我曾听过的歌送我回家……
>
> 在我死前用歌声送我回家。

这次又是比尔·卡特救了我。让卡特觉得棘手的是，一九七五年他曾经向负责发放签证的当局保证我们不会卷入毒品问题，可现在我在多伦多因为非法贩运毒品被捕。卡特直接飞到华盛顿，不是去见他在国务院或者移民局的那些朋友——他们早就告诉他，我是再也不可能被允许踏进美国了——他去了白宫。在这之前给我交保证金的时候他说服加拿大法庭相信我有健康问题，而且需要治疗海洛因毒瘾。然后他对在白宫的熟人说了同样的话，当时的总统是吉米·卡特。比尔动用了自己所有的政治资源，和卡特总统的专事毒品政策研究的法律顾问进行了交谈，幸运的是，他们找到了比惩罚更有效的解决方案。比尔告诉他们，有客户旧瘾复发，本身有健康问题，请他们发发慈悲，给他一张入美的特别签证。为什么我非要来美国而不是婆罗洲？因为世界上只有一个女人能救我，她叫梅格·帕特森，擅长用辅以电击震颤的“黑匣子疗法”帮人戒毒。她当时在香港，要在美国找一个保荐医生。这一串就是比尔·卡特列出的理由。它起到了作用。他在白宫的熟人奇迹般地说服移民局给了我一张签证，又从加拿大法庭帮我拿到离境入美许可。我们被允许在费城租一栋房子，由梅格·帕特森每天前来给我做治疗，为期三周。治疗结束后，我们又去了新泽西州的樱桃山。他们不许我离开费城方圆二十五英里以内的地方，樱桃山符合要求。这是医生、律师和移民局共同达成的协议。但马龙可不怎么开心：

> 他们让他戒毒，我们就来了新泽西。我住在医生家里，那是个虔诚信教的家庭。从酒店里搬出来，和“滚石”分开，住进这栋有白色篱笆和滑板的新泽西房子，和一个右翼基督教美国家庭在同一个屋檐下，这才是我最创痛的经历。我上了一所美国学校，学校里每天都得念祷词。真叫人震惊。每隔几天可以去看望基思和安妮塔，他们就住在路的那头。我迫不及待地想离开这儿。我觉得我就是个专门给右派捣蛋的。这家人觉得我很野。我留长头发，不穿鞋，甚至很少穿衣服，满口都是正常七岁孩子绝对说不出来的脏话，我觉得他们很可怜我。真够悲惨的。我一点都不喜欢那个家，他们却努力把我改造成乖男孩。我之前没来过美国，还以为美国到处都是印第安人，成群的水牛到处跑来跑去。突然就在新泽西了。我还想，上帝呀，我出门会不会被剥掉头皮呀。

我在梅格·帕特森的治疗下戒了毒，但有关权威认为这种治疗不能保证戒除精神依赖。梅格的方法应该是没有痛苦的。有电极连在耳朵上释放内啡肽，理论上可以减轻痛苦。梅格还相信酒精可以作为替代物，换句话说，可以转移注意力。我治疗时喝的是杰克丹尼威士忌，酒劲可不小。我就遵从梅格慈母般的指导喝了个痛快。我对帕特森的方法很感兴趣，它确实有效，但仍然有点乏味。两周后治疗结束，移民局宣布要再监管我一个月。我已经戒毒了不是吗？被困在这美丽的郊区，我变得焦躁不安，坐立不宁。我觉得自己好像在蹲监狱，实在厌倦透了。梅格·帕特森向国务院和移民局递交了报告，说我正在接受医疗，后来呢？长话短说吧，我的权利被恢复了：移民局觉得可以既往不咎。我的记录中没有不良行为。时代不一样了，那时候的人比较相信"改过自新"。我的护照（本是医疗护照）是最大的问题。最后它从三个月被延长到六个月，从单次往返改成多次往返。他们还签发了对我巡演和工作活动的各种赦免书，条件是我必须确保戒毒和接受治疗。只要坚持戒毒，权利就可以一点点取回，直到彻底戒干净。美国政府允许我入境并接受戒毒帮助，对此我一直都心怀感激。

我们接上马龙离开新泽西，住进纽约州南塞勒姆名叫"蛙洞"的出租房里，它是一栋典型的殖民风格木结构建筑，不过精神恍惚的安妮塔说这里闹鬼，说看见小山上有莫希干印第安人的鬼魂在游荡。乔治·C. 斯科特[①]也住在这条街上。他常常脑子一热就以九十英里的时速开车撞进我家的白色木栅栏。但我们住下来了——韦斯特切斯特县，基斯克山附近。

那段时间，我现在的经纪人简·罗斯开始非正式地照顾我。简主要是为米克工作，但在大家离开多伦多时，米克让她留下协助我。她至今还在我身边，是这三十年来我的秘密武器。我得说，在多伦多或者所有我被捕的事件上，米克都非常善意亲密地照顾我，从来没埋怨过什么。他四处奔忙，解决问题，寻找各种力量营救我。米克曾像兄弟那样照顾我。

简说那段时间的她就像三明治里的肉一样夹在我和米克之间。当我从毒瘾的迷雾和精神的迷雾中走出来后，开始关注乐队事务，至少是音乐方面的事务，简见证了我和米克之间最初的分歧。米克会到樱桃山来

---

① George C. Scott（1927－1999），美国影星，导演，制作人。

征求我对《爱你，现场》选歌的意见，我们像一直以来那样断断续续合作着。他回去后冲简埋怨，把我选的歌贬得一钱不值。合作变成了争斗和分歧。那是一张双唱片，结果发行时我和米克选的歌各为一张。我开始和他谈，包括生意和我们必须解决的事项等等，现在想来，我觉得米克感觉很陌生，很震惊。好像是我刚读完遗嘱又起死回生了。但这只是小冲突，只是后面几年的序曲。

一九七八年十月，审判终于下来，距离一九七七年三月在多伦多被捕已经过去十九个月。但至少我生活在他们眼皮底下的纽约。签证当然是有条件的。我得在纽约和多伦多之间往返参加各种听证会。我得证明我已经戒毒，在接受固定的康复治疗。我还不得不在纽约接受心理评估和心理治疗。纽约的这位心理医生会对我说："啊，谢天谢地你来了。我应付别人的脑子已经一整天了。"她会打开抽屉，拿出一瓶伏特加说："坐半个小时，喝一杯吧，你看起来挺好的。"我说："我感觉棒极了。"但她也确实帮了我。她做了她的工作，确保程序完成。

我在南塞勒姆的时候，有一天，约翰·菲利普斯给我打电话说："我逮到了。给我滚过来，我给你看，证据确凿，我逮到了！"我想他肯定是跟可卡因贩子纠缠呢，我得开车过去，如果朋友真逮到什么了，那就帮帮他的忙。几个星期以来，大家都在说他疯了，因为他觉得自己被虫子感染了。于是我就过去了，他拿出一块舒洁面巾纸，上面有个该死的破洞。"看见没，我逮到了。"约翰，你是认真的吗？你得想清楚，宝贝。我可是开了一个半小时的车赶来看你的。他当时正在收拾残局，我的意思是，他全身都是疤痕。可这回他非说自己逮到了。他望着那块面巾纸说："我操，它又跑了！"约翰盘了一家药店。那些日子谁没有过呢？弗雷迪·塞斯勒就有好几家呢。约翰陷入混乱的情绪。他卧室里有一张病床，是那种上半截能立起来的床。他厕所里的镜子都用强力布面防水胶贴着。怎么看都是一幅支离破碎的画面。墙上到处都扎着针头，因为他拿来当飞镖。但我们还是和其他乐手一起演奏音乐，都是在午夜之后，甚至凌晨两点才开始。我没吃可卡因也挺过来了。约翰的独奏项目被阿麦特·厄特根叫停，因为以他的状态无法继续了。

我们在巴黎奇形怪状的百代－马可尼录音室录制《有些姑娘》，从排练时就一切顺利。虽然当时正是黑暗期，我有可能进监狱，“滚石”也有可能就这么散了，但我们却意外地焕发出青春。这些挫折或许也是个激将，逼我们在出事之前做点东西出来。它有点像《乞丐盛宴》：一段长久的沉寂之后重磅归来，奏响新的声音。七百万的销售量是无可争辩的数字，还有两首头名单曲：《想念你》和《负担的野兽》。

我们到那里之前什么前期准备都没做。一切都是在录音室里一天天写成的。就像乐队早期，六十年代中期在洛杉矶的RCA录音室时那样——歌曲源源不绝地涌出来。它和我们之前几张专辑相比还有一个很大的不同，就是没请其他乐手加入——没有管乐手，没有比利·普莱斯顿。其他东西都是后来叠录上去的。七十年代伴奏乐手的加入让我们的音乐焕然一新，但有时候也偏离了自己的最佳直觉。所以这次录音只有我们自己，这也是罗尼·伍德和我们合作的第一张专辑，并且在《负担的野兽》这样的歌里他和我有很多吉他合奏。我们更专注，也更勤奋。

我们做出的声音效果和录音工程师兼制作人克里斯·基姆斯有很大关系，这是我们第一次合作。他在奥林匹克录音室当学徒时我们就认识，他了解我们的风格。鉴于这一经验，他后来继续为我们担任工程师并联合制作，一直合作了八张专辑。这次我们得出点新意，不能再做得不痛不痒了。他想把现场的声音收入专辑，远离我们之前塞进去的那些过于干净冷静的录音。百代－马可尼录音室属于百代唱片，我们刚和百代签了大合同。它坐落在郊区的布洛涅－比扬古，离雷诺汽车的工厂不远；附近没有饭馆和酒吧。我每天都得开车往返，还记得一路上听的是杰克逊·布朗的《在空虚上奔跑》。我们租这个庞大的排练录音室的初衷，是想当声音的舞台来用，它的控制室很小，只能勉强挤进两个人，里面有个六十年代的十六音轨老控制台。它的格局很奇怪，控制台对着窗子和挂着音箱的墙，但这堵墙还是斜斜地延伸出去，在听回放时，会有个音箱离得比其他音箱都远。其实隔壁录音室有稍大的控制台和更精密的设备，但我们就愿意在这个仓库里，围坐成半圆形演奏，用隔板区隔空间。最初几天我们根本不进控制室，因为地方太小。

基姆斯很快发现这个录音室的声音效果无与伦比。它其实是个排练室，租金非常便宜。这真是幸运，因为这次录音花了很长时间，而且到底也没搬进隔壁那个看似更合适的录音室里去。我们发现那个古老的调音台和百代唱片给艾比路录音室[①]配置的一样——朴素简洁，只有一个高音钮和一个低音钮，但音效非凡，基姆斯一下就爱上了它。显然只有资深音响发烧友才想把这些控制台彻底消灭。调着台收到的声音清晰真实，有放克乐和俱乐部的感觉，符合我们的想法。

这是个强大的录音室。只有米克还一如既往念叨“得换个恰当的录音室”。但我们已经在对的地方了，因为在录音，特别是在录我们这种音乐时，感觉最重要。又不是大麻哈鱼，要去力争上游。我们追求的是顺畅，如果对录音室不满意，就会对麦克风捕捉到的东西失去信心，就会开始抓狂。如果整个乐队都在微笑，那么录音室一定很棒。《有些姑娘》里的很多效果都出自我的绿色小盒——MXR 踏板，混响回声效果器。我在多数歌里都有用到，它鼓舞了乐队的情绪，注入一种不同的声音。在某种程度上，技术也发挥了功劳。比方说《满足》，多一个效果器就不一样了。在《有些姑娘》专辑里，我找到了利用它的方法，至少在快歌里很合适。我得说查理和比尔·怀曼都叫好。我们有重生的感觉，觉得自己比朋克还朋克。因为他们都不玩了，而我们还能接着做专辑。他们现在就只是有朋克这一身份而已。没错，可能就是肉中刺。“坏牙约翰尼”，“那群该死的小孩子”。我喜欢他们每一支乐队。所以我才写这书鼓励大家都去玩乐器，组乐队。但他们不弹奏的时候就冲台下吐痰，拜托，我们的表现可比他们好，当然也出于不得已的动力：我们还得面对前方不祥的审判，还有见识了各色奉承、逮捕、喧嚣和戒毒之后，我需要证明一切自有意义，证明忍受一切痛苦并非无缘无故。所有因素合在一起，效果非常好。

① “披头士”多数专辑的录制地。

我们已经有一段时间没合奏了，需要找回写歌与合作的旧有模式——一切都在当天做，根据草稿和半草稿作曲。我们一头扎入工作，回到老路，拿出了不俗的成果。《在他们让我奔跑之前》和《负担的野兽》基本上是我和米克合作完成。《当鞭子落下来》里的乐段是我写的，词曲则出自米克，当时我一听，说：操，他终于靠自己的本事写出一首摇滚歌来了嘛！《有些姑娘》是米克写的，《谎言》也是。基本上就是他说“我有了首歌”，我说“那我们这么弹或者那么弹，怎么样？”。

《想念你》没费太大劲，基本就是“啊，米克去了一趟迪斯科舞厅，回来就哼着这么一首歌”。米克在“54 俱乐部”[①]待了几晚，就记住了这种节拍，千真万确。他说，给这节奏加上旋律吧。我们当时想既然米克想做点迪斯科的破玩意，我们不妨参一脚，让他高兴高兴。但等真做的时候，发现这个很有意思。我们意识到，没准可以做首经典的迪斯科曲子来。结果它还真成了一首大金曲。专辑里别的歌都和它大不一样。

专辑封面出了问题。那么多人里，只有露西尔·波尔不愿意上封面，和我们打了不少官司。原始封面下面有印着头像的卡片，可以移动，拉动卡片就可以给头像换发型。头像都是很有名的女人，是我们喜欢的人。露西尔·波尔，你不喜欢，没问题！女权主义者也不喜欢这个封面。我们总是对她们嗤之以鼻。你们没了我们男人会怎样？《有些姑娘》这首标题曲里有“黑姑娘只想整晚被操”的歌词。好吧，我们这么多年在路上睡过不少黑人妞，确实有不少这样的姑娘。换成“黄姑娘”“白姑娘”也一样。

一九七七年，在黑匣子和梅格·帕特森等人、物的帮助下，我非常成功地戒了一回毒，但只维持短暂的时间，之后又坚持不下来了。录《有些姑娘》的时候，我一次又一次到厕所去注射。但这也是有条理的。我会在那段时间想想自己到底要干吗。我会在厕所里思考正在录的歌：它很棒，可是只完成了一半，它能发展成什么样子，到底有什么毛病，为什么我们录了二十五遍还是总在同一个地方出问题？一出去我会说：“听着，

① 70 年代纽约传奇俱乐部，美国俱乐部及夜生活文化的代表。

咱们加快点速度。把中间的键盘去掉。”我的建议有时候对有时候错，但是，嘿，这只花了四十五分钟。总比所有人唧唧喳喳四十五分钟有效——“对，不过要是这么做会怎么样？”——这对我来说真是要命的。我偶尔会在大家演奏时陷入恍惚，人仍然站着，但注意力没法集中，得过几个小节才能缓过神来。这确实浪费了时间，因为这样一来这一版录音就得作废了。

活了这么多年（时间真不短），我还是觉得《在他们让我奔跑之前》独一无二。收录在专辑中的版本是我唱的，好像一声发自内心的哭泣。但它也是所有歌里最累人的。录制期间我在录音室里一连待了五天。

> 昼夜交替时在酒吧和次舞台演出
> 一群人就让你感到如此孤独
> 等你真的回到家里
> 只有烈酒、片剂和粉末可以当药医
> 又要跟一个好朋友说再见了。
> 说了那么多，做了那么多
> 趁着还有乐趣，向前进
> 让我走吧，在他们让我奔跑之前

这首歌唱的是我一直以来和加拿大人打交道的经历。我以此告诉他们应该怎么做。让我走出这该死的案子吧。等你得到了轻判，人们就会说，啊，他们让他“走”了。

“你干吗一直纠结在这首歌上，没人喜欢它。”“等录完再说！”我五天五夜都没合眼。录音室里有个叫戴夫·乔丹的工程师，还有另一个工程师，他们轮流待在调音台前，隔几小时去睡一觉。录完以后我们都有黑眼圈了。我不知道这首歌为什么这么难，一直都不太对头。但你又得让大家都跟着你。你站在那儿，脖子上挎着吉他，其他人都倒在地上。啊，不要，别再录了，求你了，基思。有人带来吃的，法式巧克力面包。昼夜更替，但你就是不能离开。就快好了，你尝着东西，但它不在你嘴里。

好像是熏肉洋葱之类的，你根本就没吃，只是闻上去不错。

到第四天，戴夫的两只眼睛好像各挨了一拳。他只好离开。“我们明白，戴夫。”有人给他叫了出租车，他消失了。终于录完的时候，我倒在控制台底下，就在一堆机器下面睡着了。清醒过来后，不知时间，只听到有支巴黎警察乐队在演奏，是支吵得要命的铜管乐队。就是他们把我吵醒了。他们听着回放，不知道我在控制台底下。而我看着他们带红条纹的裤子，听着《马赛曲》，不知自己该什么时候爬起来。我想尿尿，憋得要命，随身还带着针头和毒品，陷在警察的包围之中，对方还不知道我在这儿。我就地等了一会儿，想，我就表现得非常英国好了，于是站起来说：“啊我的天！我非常非常抱歉。”然后不等他们明白过来就出去了，听见后头他们一个劲儿地骂：“见鬼的！”我想他们大概有七十六个人，他们和我们是一样的！太想录好专辑，没顾上抓我。

太过投入时就可能失去方向，但你要是知道它在那儿，它就在那儿。它很令人狂躁，但它是圣杯。你一旦投入，就必定会去追寻它。因为没有回头路。你必须有所收获。最后你终于抵达了。这首歌也许是我耗费时间最长的。耗时多的歌并不少，比如《不能被看到》，但《在他们让我奔跑之前》是马拉松。

下面有请克里斯·基姆斯来对《有些姑娘》的录音过程作个补充说明：

> 《想念你》和《让我开始》其实是在同一天录制的。说是这么说，但《想念你》之前已经花了十天，是这天才得到最后的经典版本，之后就开始录《让我开始》。它最初是他们三年前在鹿特丹录的一首雷鬼歌，这次则改变了风格，成了我们如今听到的那首很棒的《让我开始》。这是基思的歌，他改变了它。也许在录完迪斯科曲风的《想念你》之后，他想在这首歌里也有新的尝试。一次就录下两首杰作，这在我的录音生涯中是唯一一次。并没花太长时间，录完以后所有人都觉得：啊，真不错。基思进来听回放，说：没问题，听起来就像广播放的东西，它本来应该是首雷鬼歌的。抹掉它。他还在把玩和

掂量这首歌，但又不太喜欢它。我记得基思有一次说过，等歌曲做出来并且发行以后，他就想把所有母带抹掉，以免日后有人乱改乱动。所以我当然没有像他说的那样抹去这首歌。三年后，它成了专辑《给你文身》中的金曲。

我的生活再次围绕毒品打转。不先想好下一拨毒品的来源，我就什么也干不成，什么也组织不起来。情势越来越危险，必须精心安排，个别方案特别可笑。我找到一个叫詹姆斯·W.的人，我要从伦敦赶往纽约时就会给他打电话。我会住进广场酒店。詹姆斯是个年轻可爱的中国人，他会到酒店套间来找我（我的房间最好是全酒店最大的），然后我们一手交钱，一手交货。我们俩一直彬彬有礼。替我向你老爸问个好。在七十年代的美国，要想随时皮下注射还很困难。所以我上路后总是戴着帽子，用一支针头把一根小羽毛别在帽子的缎带上。所以针头就是帽子上的装饰。我会在软檐帽的帽身上别满红色、绿色和金色的羽毛，詹姆斯一出现，我就可以吸毒。但我还需要注射筒。我的解决方案就是先点上一杯咖啡，因为需要小勺加热毒品，然后下楼到 FAO 施瓦兹玩具店，它就在第五大道广场酒店对面。三楼卖扮演医生护士的成套玩具，一个带红十字的塑料小箱子。里面有针筒，正好可以安我的针头。然后我转过身来："我要三个泰迪熊，还有这辆遥控汽车，哦，再给我来两套医生护士玩具吧！我侄女相当喜欢，我得鼓励她呀。"我对这家玩具店熟门熟路，支付完就一头冲进厕所，把针头装好注射起来。

叫完咖啡，我就有了小匙子。装一匙子毒品，在底下用打火机加热，看着它清澈起来，变成糖浆状。它不该变成黑色，否则就是掺了太多杂质。这一点上詹姆斯从来没让我失望；他给的一直是纯货。我不追求数量，只要基本的食粮。我筋疲力尽，必须来点儿毒品，但从没追求过巨大的数量。四分之一盎司就够。也是因为毒品一个多星期就会变质，弄一口袋变了质的废海洛因也没用。得关注市场，这由詹姆斯·W.替我盯着。"你看，这是最近能弄到的最好的货。我建议你先别买多了。下星期能弄点好货。”詹姆斯完全可靠。为人幽默、正直，是个诚实的生意人，价格也公道。我们之间唯一的笑料是：“你去过玩具店了吗？”

一旦成为瘾君子，毒品就是每天的面包。你再也不能离开它。所需剂量总在上升，所以才会有毒品过量这回事。对我来说，它已是维生的必需品，能定下一整天的基调。一旦出现海洛因荒痛苦就接踵而至，然后你老婆又过来了，说：我想吸点！我也想啊宝贝，但是咱们得等着。等待那个男人。海洛因荒期间确实很难熬。他们真的时不时控制数量。购买毒品的地方会有很多身陷绝境的人在呕吐。你得踩着人的身体过去。有时候根本没有什么荒，只是他们想提价。你能赚多少钱都没用。我可不会去说：“你们知道我是谁吗？”我只是一个普通的毒瘾者罢了。

真是一丁点货都没有的时候，你就得跳进火坑了，明知道它像一个布满食人鱼的水池。在纽约东区和洛杉矶的时候我遭遇过几次。我们知道有圈套——你在楼上拿货，楼下就有一群人等着抢过去。多数时候你等着拿货时就可以听见动静。关键就是要悄悄离开，如果看见外面有人——你永远无法预测这种事——通常就得狠狠干上一架。但是有那么几次，我操，好吧，豁出去了。你来掩护我。你留在那儿，我带着那东西，一下楼就开枪，他们也会开枪，然后你再开枪。我们打碎灯泡，向四周开几枪就跑，火花四溅。运气不错，我们跑出去了。如果你一直保持移动，中弹的几率就小得多。大概千分之一吧。你得身手敏捷，眼力也好，得打中灯泡。四周一片黑暗。火光，枪声，一阵猛跑冲出去。我真爱这个。就像OK畜栏枪战一样。我只经历过两次。

这事非常浪费时间。我早晨醒来，第一件事就是到卫生间，不等刷牙就去拿针头。然后，操，还得到厨房去拿勺子呢。你得完成这些愚蠢的仪式。妈的，昨晚就该把勺子拿上楼。想吸个痛快越来越难。戒完毒想复吸的欲望越来越强烈。啊，就一次，我不是都戒毒了嘛。就最后一次，就当庆祝了。这真能杀人。最糟糕的是，你戒毒了，摆脱了这东西，可身边的朋友都还是毒瘾者。谁如果要戒毒，必须摆脱这个圈子。喜欢你爱你也好，恨你也罢，他们最想做的莫过于把你拖回来。“这次的东西真不错，给。”如果毒鬼王国里有人戒了毒，还能保持不碰那玩意儿，其他人肯定会感到压力，好像在某种程度上失败了。这算哪门子失败，我不明白。你能受得住几回快速戒毒？这很可笑，但吸毒的时候你可不会这么想。我在快速戒毒的时候，几次都觉得墙壁后面有个保险柜，里面装的都是毒品，还有勺子之类工具，总之应有尽有。最后我会晕过去，醒来时发现墙上都是血，是我用指甲抠的，就是去够那个保险柜。这一切真的值得吗？事实上我当时的断定是：值得。

我也可以像米克一样高傲自大，反复无常，但吸毒成瘾时做不成那样。种种现实因素让你陷在臭水沟里，让你有不应该的卑微。你都不是走在人行道上，是走在臭水沟里。那段时间我和米克显然走上了截然相反的道路。他没时间管我，没时间理会我那似乎是恼人的处境。记得有一回在巴黎，我本计划在迪斯科舞厅和毒贩见面，我很不舒服。大伙儿都在围着亮闪闪的小球跳舞，我却倒在长椅底下，躲起来呕吐，因为那个人还没来。我怕他没发现我躲在这儿。如果他来了，可能会四处看看，然后就他妈的回去了。这么说吧，我当时非常沮丧。幸运的是他找到了我。但作为享有世界声誉的人物，同时又陷于这种处境，你会清楚自己到底低贱到了什么田地。你会自我厌恶，厌恶自己竟然沦落到这步田地，这种感觉久久不能平复。你这个浑蛋，不惜一切代价就是为了这破玩意。我得承认自己是个我行我素的人，不听别人的指手画脚，但又觉得落到任凭毒贩摆布的地步实在恶心。等着那个王八蛋，然后哀求他？一想到这儿我就厌恶自己。不管你怎么想，瘾君子就是苦苦等着毒贩子的人。你的世界缩小到唯有毒品。只有它是你的全部世界。

多数瘾君子最后成了白痴。正是这一点才促使我最终下定决心。我们脑子里只有毒品。我能不能比他们聪明点？我和这帮人渣厮混有什么好处？他们都是些无聊的人。更糟糕的是，他们当中有不少人其实是聪明人，我们知道自己被骗，但是……那又怎么样？所有人都被这样那样哄骗着，至少我们知道自己是在自欺欺人。没有人只凭吸毒就成为英雄，戒毒的才没准是英雄。我爱毒品这玩意儿。但够了就是够了。而且毒品会缩小人的眼界，到最后你认识的人就只剩瘾君子。我得走向更广阔的世界。当然，这些都是走出毒品世界后才明白过来的。这东西对人的影响就有这么大。它真是全世界最诱人的婊子。

加拿大的案子没完没了。我几乎每周都得往返于纽约和多伦多。但就连这样也没能阻止我吸毒。我从多伦多回纽约时坐的是私人包机，从一个小机场起飞。有一次在这儿，飞机还没起飞我就去了厕所吸毒。在小隔间里加热勺子时我从门缝底下看到了不祥之兆：靴子上的马刺。是他妈的皇家骑警制服。他想撒尿。他肯定能闻见毒品的味儿，它正烧着呢……靴子咔哒咔哒响，我快完蛋了。咔哒，咔哒，咔哒，声音慢慢小了。这样的幸运我今日还能赶上几次？心弦绷得太久，心头总有乌云，担心自己终归会倒大霉。当时我正面临三项指控：非法交易、持有和进口毒品。今后肯定会有异常艰苦的时候，我得作好准备。

这是我下定决心戒毒的一个原因。我不想在监狱里快速戒毒。我想让指甲好好长在手上，进监狱后它们可是你唯一的武器。另外，依赖毒品到了这种地步，身体迟早会被摧毁，无法巡演也无法工作。而再过一个月，也就是一九七八年六月，“滚石”为宣传《有些姑娘》的巡演就要开始。我知道为了巡演必须戒毒。简·罗斯一直问我：“你打算什么时候戒毒？”我始终回答：“明天吧。”一年前我刚戒过一次，结果复吸了。这是最后一次了。我不想再做什么毒品交易了。够了。你已经吸了十年，你得停止了，拿了勋章退休去吧。简一直支持着我，保佑她坚强的心吧。老好“罐子”（她的外号）跟我一起挺过来了。这对她来说一定很恐怖，当然对我来说更糟。但是亲眼看着我抠墙、糟践自己，真够让她发疯的。她是怎么挨过来的？当时“滚石”正在纽约伍德斯托克的贝尔斯维尔录音室为巡演彩排。我和安妮塔留在家里。简可以讲讲我戒除海洛因的情形：

我基本上成了一个信使——从纽约往韦斯特切斯特县给基思捎

钱或者毒品。他还是做不到彻底戒毒，而且每况愈下。虽然他自己当时不肯承认。我再也受不了他从韦斯特切斯特打来的电话了，于是赶过去，看见安东尼奥和安娜·马利也在。他们是安妮塔的朋友，以前住在基思位于巴黎圣奥诺里街的房子里，安东尼奥后来变性成了安东尼娅。他们都在家，基思等着钱或毒品。安妮塔也在，我一进屋，他们就问："钱呢？"我说："我没有钱，钱在纽约呢。"他们一听都疯了，安妮塔冲进车子，大发雷霆。我说："基思，今天就是'明天'了。"因为当时他总说"明天我就戒"。已经五月，马上就要巡演了。后来基思和安妮塔大打出手，之后怒气冲冲地上楼去了。安娜·马利和安东尼奥看着我这个从纽约来的犹太丫头说：这姑娘死定了，她怎么能空着手来呢？之后是一片寂静，我上楼到卧室去，他在那张四柱大床上，我说：喂。他脱了鞋，说："好吧，我会戒的。我有工具；这就开始。"我说："你想去伍德斯托克吗？他们要在那儿彩排。离开这儿，去吧，我会陪着你的。"三个小时后，他说好。我们赶在安妮塔回来之前作好准备离开，因为我深知非这样不可，结果她先回来了。又是大吵一架，还有人从楼梯上滚了下去。最后基思还是坐上了车，和我去了伍德斯托克。安妮塔则得到了毒品或者钱。基思在伍德斯托克用工具作了快速戒毒，米克和杰里·霍尔[①]过来陪我待了两天。我就在房间里，和他二十四小时形影不离。我不知道过了多少天，也不知道有没有和别人说过话。我坚信他一定会走出去，我就是相信他。

如果你想对谁严刑逼供，不妨先让他染上毒瘾，过一两个月再让他戒，那么他肯定全招。简陪我度过了七十二小时，亲眼看着我往墙上爬（所以后来我就讨厌上了墙纸）。你没法控制自己肌肉的痉挛，你真心自惭。你必须这么做。我没再复吸，因为出来后就把自己锁在一个房间里，由简做伴。简帮我戒了毒。这是最后一次。我后来再也没去吸。

① Jerry Hall（1956－ ），美国模特，演员，米克·贾格尔的前女友。

而安妮塔却很无助。她不愿戒毒。但如果我们还要在一起，就得统一行动。可她不戒。我们快失控了。但我再也不能和吸毒者住在一栋屋子里。它会引起自身体内的化学反应，也会引起和他人关系的化学反应。这是最困难之处。我本来愿意和安妮塔走到老，但在这关键时刻，在毒品就要从我的生活中永远消失的时刻，她却不愿戒，事实上从来就没戒。一九七七年我们俩戒过几个月的毒，她却暗自去搞毒品。这我知道，从她的眼睛里就能看出来。所以现在我甚至无法过去看她。于是我觉得：好吧……安妮塔就是这样的。这是最致命的一击。

我戒了毒，“滚石”在纽约伍德斯托克的贝尔斯维尔录音室为一九七八年巡演排练。有一天，一架直升机从云层降落，丽尔从飞机里走了下来。同来的还有她的朋友，即将和罗尼结婚的约·伍德，她们来给伍迪过生日。再过十天我们就该上路了，能交上这么一个新朋友真是奇迹。她本名丽尔·维吉利斯，不过姓氏经常被她自己写成“温格拉斯”或者丈夫的“格林”。她是瑞典人，不过更像十年前的伦敦姑娘，说话都是“啊，真他妈无聊”之类的。她是个绝色的金发女郎，正当最好的年华。我第一次遇到她的时候她简直媲美玛丽莲·梦露，美得令人目眩。粉色卢瑞克斯紧身裤，金发，聪慧，坚强。一个可爱的女孩，美丽的情人。在我戒毒期间，是丽尔陪着我，为我带来欢笑。她的笑声让我摆脱戒毒的痛苦，她带我走出了深渊。吸毒十年，中间有五六次快速戒毒，要戒可真不像我装出来的那么容易。不再碰那东西是另一回事，但真是丽尔把我的心思彻底从毒品上引开了，上帝保佑她。我们缠绵了一年左右，度过了愉快的时光。丽尔就像一缕新鲜空气，轻松活泼，大胆有趣。什么都愿意尝试。她风趣伶俐，在床上也很棒。她充满活力，样样上手，比如做早饭，帮我按时起床。这些我都非常需要。米克不喜欢这样的女孩；丽尔和你那“54俱乐部”的姑娘可不一样。米克根本没想到我会和丽尔好上。我们俩的婚姻当时都面临危机，比安卡已经起诉离婚。他现在有了杰里·霍尔，我和杰里相处得也不错。

我带着丽尔一起巡演，她陪我渡过了又一次生死攸关、命运设局的时刻——这样的时刻于我数不胜数。这一次是我们在洛杉矶月桂谷的租住处起火了。当时我们俩已经上了床，后来丽尔说她听见远处有“砰”的一声，起来把窗帘拉开一条缝，看到外面亮得奇怪。有些不对头。她打开卫生间的门，火一下窜进了屋子。我们在几秒内跳窗而逃。我身上只穿了一件T恤，丽尔则赤身裸体。人们闻声赶来，吓得不轻，想把火扑灭。我们露点了，这可是大新闻，媒体马上来了。开来一辆车子，我们满心感激地坐了上去。令人诧异的是，那人竟是安妮塔的表姐妹！我们惊魂未定，就去了她的酒店，借了几件衣服，又去了另一家酒店住下。第二天有人过去看，失火现场烧焦的草坪上竖了一块大标牌，上头写着：多谢了，基思。

一九七八年十月，我的终审在多伦多开庭。我们知道最终结果可能让我们全体沉没。但事到临头，还是有人抱着乐观态度。“我不相信会那么糟糕，”米克说，“就按最坏的打算，基思和特鲁多夫人双双被判在开放式监狱监禁终身，我也还能继续巡演。也许我们还可以在加拿大各监狱里巡回演出呢，哈哈哈。”

审判中，加拿大政府的态度越来越清晰，他们就是想设法脱身。而皇家骑警和他们的盟友觉得：“啊，太棒了！干得好！我们把他活捉来交给加拿大政府了。”特鲁多总理却想：“啊啊，伙计们，我们最不想要的就是这个。”每次我出庭都有五六百人聚集在外面，唱着“放了基思，放了基思”。我们知道敌方阵营（如果你愿意把当时的加拿大政府称作我们的敌人的话），也就是我们的起诉方，其立足点摇摆不定。不过我不在乎，我发现他们越是凶狠地攻击我，我到最后就越容易脱身。皇家骑警，或者至少是起诉方，不想罢手。但正如比尔·卡特发现的，在所有针对我们的案子里，执法者都不那么干净。他们明知我没贩运毒品，但想对陪审团施压，判我一个史无前例的超长刑期。但他们的算盘可打错了。看看基思·理查兹，他没有贩运毒品。他有的是钱。指控这一罪名就是为了重判他，这太荒唐了。他是个绝望的瘾君子，他有健康问题。我的律师们写了一份报告，证明根据所有外地、本地先例，如果我不是基思·理查兹，顶多得到缓期的判决。直到最后一刻，起诉方才把“非法交易”改成“非法藏毒”，保留“持有可卡因”一项。但这个举动削弱了他们，也揭露了他们，和我相比，加拿大政府才暴露了更多丑事。“啊，你猜怎么，基思·理查兹吸毒。”这有什么新鲜的？怎么不看看总理的老婆在酒店里转，想跟“滚石”的人睡。这么说吧，一件事压过了另一件事。我觉得不管结果怎样，这桩事都让我难以理解，也无所谓了。谁知道到底怎么回事。这就是政治，世上最卑劣的游戏。

我们知道自己无能为力了，就看他们乐意何时让我摆脱。他们把局面搅成这样，现在是骑虎难下了。我们就等着加拿大政府的态度软下来。

最后是加拿大民众让我逃过这一劫。但其实关键在于：这件事就不该和玛格丽特·特鲁多的失态扯在一起。如果起诉方强硬迅速地直接攻击我，我可能已被判下“进口毒品”的罪名。但是一上法庭，新法官清清楚楚地说：赶快结束这件事吧。我们不想再牵涉更多；这让我们陷于尴尬，而且耗费太多钱，不值得。宣判日我到了法庭，庭上透着五十年代英国的气氛，墙上奇怪地挂着一幅女王肖像。我以前上《周六夜现场》节目认识的演员丹·阿克罗伊德作为加拿大人和名人证人在一边待命。那档节目的制作人和策划，加拿大人洛恩·迈克尔斯当庭发言，讨论我在文化大厨房里扮演的服务员角色，相当精彩（他如今仍然担任那档节目的制作人）。我在法庭上一点都不害怕，因为我那个时候已经知道有麻烦的是他们。我根据以往的经验明白，多数政府其实都脱离了它的被统治者，而我大可以利用这一点。有时候，就算所有大炮都对准你，你仍然可以嗅到胜利的气息。现在就是如此。

陪审团裁决我有罪，但法官总结道：“我不会因为他有毒瘾又富有，便判他入狱。”他又说：他必须被释放，去接受治疗，但有一个条件，他必须为盲人开一场义演。我觉得这一所罗门式的判决非常英明，也被传诵了很多年。它其实和一个追随“滚石”巡演的盲人女孩有关。她叫丽塔，我的盲人天使，虽然双眼失明，但一路搭便车看我们的演唱会。这姑娘真的很勇敢，我在后台听说了她，想着她在黑暗中摸索的样子，真于心不忍。我帮她和卡车司机联系，替她安排了安全的搭车路线，让她不会饿着肚子。听说我被捕以后，她摸到法官家讲了这个故事，所以他才想到给盲人举办演唱会。像丽塔这样的人付出的爱与忠诚，直到今天仍感动我。所以，哈！解决了。

自从一九七九年在《周六夜现场》亮相以来，我和丽尔经常跟节目组的丹·阿克罗伊德、比尔·穆雷以及约翰·布鲁希混迹于他们在纽约开的“布鲁斯酒吧”。布鲁希是个了不起的男人，到现在还可以这么说。我有一次对约翰引用过我爸的话：抓耳挠腮和绞尽脑汁不一样。约翰是个很搞笑的疯子，和他相处总很欢乐。连我都觉得他见多识广。下面就举个例子。

我小时候常到米克家串门。打开大冰箱找喝的，也许只见到半个西红柿。三十年后再去他家，冰箱可大多了，打开一看，你猜有什么？半个西红柿和一瓶啤酒。我们和约翰·布鲁希一起在纽约混的那段时间，有天晚上我们整夜的演出后，我、罗尼和米克去了米克家。后来有人敲门，是布鲁希，他穿着搬运工的制服，推着辆手推车，里面有他妈的十二箱盖菲勒泰鱼丸。他看都没看我们，径直推着手推车到冰箱前，把鱼丸都塞进冰箱里，说道：“总算装满了。”

《有些姑娘》取得了巨大成功，我的案子也顺利解决，我们乘兴去了巴哈马首都拿骚的罗经点录音室。我和米克之间出了点小摩擦，最终大吵一架，但在当时尚未爆发。我们开始为专辑《感情营救》写歌排练。其间教皇保罗二世为了给飞机加油突然降临拿骚。巴哈马人普遍信仰天主教，教皇驾临，就要在足球场举办公开祝福仪式。我们的巡演经纪人艾伦·达恩是天主教徒，渴望到现场领福——他可以顺便把我们录的磁带带去，一同领受祝福。为什么不呢？你永远无法预测会发生什么。艾伦从当地学校得到一张票，带着我们新鲜出炉的磁带——两英寸的大磁带，分量不轻，他说比他穷困潦倒时扛过的稻草筐还沉。艾伦把它们抱在胸前，教皇挥手祝福了它们，也祝福了他。结果这个祝福真的应验了。

几天后，他奇迹般地在海上死里逃生。他和女友坐着小艇在深水区触了礁，船舷破了，没有船桨。他们本来死定了，但恰好经过一艘船救了他们。艾伦的母亲深信这是仰赖教皇，所以上帝赐福了。

后来我和丽尔去了牙买加，我和斯莱·邓巴、罗比·莎士比亚成了好朋友，他们正在制作“黑人自由”乐队[①]的专辑。我们一起录过音，是我所参与的最棒的录音之一。斯莱和罗比是首屈一指的节奏组合。我们花一个晚上录了七首歌，其中《眼睛亮亮的妞》成了金曲和经典。还有一首叫《肮脏哈里》的器乐曲被收进斯莱的专辑《斯莱，聪明又淘气》。其他几首我还保留着。它们都是在金斯敦的“第一频道”录音室用一台四轨机录的。我们随心所欲地演奏，歌曲大都由乐段发展而来。但我们的确是一支超级乐队：斯莱和罗比，以及斯莱的打击乐手斯蒂基和斯库利，他们还玩了很多精巧的小乐器；安塞尔·科林斯弹风琴和钢琴；我弹吉他；另有一个吉他手，可能是米奇·钟。那真是难忘的一夜。当时，我们说，把这些歌分了吧，我三首你三首，但他们把《眼睛亮亮的妞》打造成了金曲。接下来的几年里他们都和我们一起巡演。

一九七九年，米克不想巡演，但我想。我的热情受到打击，很是沮丧。但这意味着我得主动出击了。罗尼当时在巡演，组了一支叫“新野蛮人”的乐队，堪称一流，约瑟夫·“齐格布”·莫德里斯特[②]打鼓，技艺超群。所以我马上就加入进去了。齐基是来自新奥尔良的卓越鼓手之一，他们善于阅读一首歌，掌握它的走向，去感受它，无需等你解释。“滚石”曾和“仪表”巡演几次，他们的贝斯手是乔治·波特，从那时起我就认识齐基了。“仪表”使我喜欢上了放克乐。他们的节奏以及对时间和空间的运用在新奥尔良是独一无二的。新奥尔良是美国最有特色的城市，尤其体现在音乐上。我还曾和乔治·里塞尔合作，他已经是鲍勃·迪伦的鼓手，也是新奥尔良人。鲍比·凯斯也加入了“新野蛮人”，此外伊恩·麦克拉根弹键盘，贝斯手则是伟大的爵士乐手斯坦利·克拉克。那是一次

① Black Uhuru，牙买加雷鬼乐队，1985 年获格莱美奖。

② Joseph “Zigaboo” Modeliste（1948－），美国鼓手，创造了一种“second-line funk”的节奏风格，对后来的鼓手影响深远。

饶富趣味的巡演，欢笑不断。我用不着像以前那样担心这个那个；用不着承担什么责任，就像办一次舞会，一次骚动。我基本上只是受雇的伴奏乐手而已。我现在甚至记不得具体情况，只知道乐趣太多。对于我来说，最重要的莫过于快乐。操，我努力避免过得太辛苦，同时又能做自己喜欢的事，身边还有丽尔陪着。她是个无忧无虑的姑娘。后来她的妈妈病了，她回了瑞典。她不在时我有点小小的出格行为，从洛杉矶一个叫凯西·史密斯的姑娘那儿买了点“波斯棕”。当时我形容自己是“经历摇滚乐的第二童年”。约翰·布鲁希也是通过凯西·史密斯吸上毒的。毒品对他来说太强劲了。布鲁希是个强大的男人，但做过头了，最后也变得不成人形。他通过加热吸食精炼可卡因，罗尼也学他。《周六夜现场》节目里的演员现在有很多已不在人世，约翰最后死在洛杉矶的夏特蒙特酒店，因为他总是不分白天夜晚拼命吸毒。太多个晚上都吸毒，身体会吃不消。

我不知道是不是因为戒毒的关系，深埋着的冲动或情感慢慢浮出水面。后来我回到巴黎，在百代－马可尼完成《感情营救》，和丽尔重新聚头。但这时，我已处在一触即发的境地。反应更敏锐，脾气也更急。我觉得热血贲张，总是怒气冲冲，好像有一层红色帷幕蒙在眼睛上。我得做点什么。这太可怕了。我总会憎恨那个挑起我的冲动、让我落入这种处境的人。比起站在对面的那个人，你其实更害怕你自己。因为你知道自己没有回头路，什么都干得出来，杀人都在所不惜，等清醒过来又问：“出什么事了？”“你把他的喉咙割了。”出现这种状态时我都很害怕我自己，这可能跟我小时候是班里最小的孩子又总挨打有关。那当然是旧账了。

在巴黎，我的保安兼朋友加里·舒尔茨有一次陪我去夜店。这个法国小混球可真讨厌。他有点过分了。那天我和丽尔在一起，上帝保佑她。他想调戏丽尔。我说：“你刚才说什么？”“什么？”我手上有个玻璃高脚杯，我把杯身磕掉，手里握着杯脚，把他打倒在地，让他跪着，用杯脚指着他的咽喉。我真希望自己不会把杯子砸碎，因为当时我占着上风。他带了一帮朋友，我要对付的远不止他，所以我只能表现得戏剧化一点。“带他走。”他的朋友们照做了；要不他们会把我们灭了。

刀刃要留到关键时刻亮相。出枪有时是为了表达立场，但你必须有证据。举个例子，我记得在巴黎打出租车的经历。二十辆出租车无所事事地在那儿排队。你这个外国佬就走到第一辆车那儿，他让你坐后头那辆，后头的又让你坐前头那辆。你这才明白，原来赚钱根本不是重点，他们就是想欺负人。你就开始厌恶地咆哮，用脚踢地上的沙子。他们就是这么耍弄外国人的，我看见他们对几个老太太也这么干。我受够了，便用刀子指着一个人说："你来载我。"后来我发现他们对外省同胞其实更坏。

在巴黎，我发现自己终于可以告别海洛因了。一年后，我和"神奇女郎"琳达·卡特、米克等人吃晚饭。米克表情怪怪的对我说："跟我到布洛涅森林去一趟，我要去见个人。"米克以为自己买的是可卡因。于是我们就去那个公园，收货后回到家，发现包里装的是海洛因，不是可卡因。典型的米克·贾格尔作风，稀里糊涂。米克，伙计，这不是可卡因。我看着它，这一大包诱人的海洛因啊。最后我把它撒在圣奥诺里街的住所外了。我承认自己留了一克，装在一个小包里，其他的都撒到了街上。就在那时，我发现自己真的不再是一个海洛因瘾君子。尽管我已经两三年没碰这东西，我的举动还是让我觉得自己真的摆脱了它的魔力。

安妮塔的小男朋友在我们家的床上把自己的脑袋轰开了花，这样我再也不可能回到她身边了。当时我在巴黎录专辑，离事发地点三千英里。但马龙在场，他听见安妮塔尖叫，然后看见她浑身是血地跑下楼梯。那个男孩玩俄罗斯轮盘赌，对着自己的脸来了一枪。我见过他。一个疯狂的孩子，才十七岁。我曾对她说，听着，宝贝，我要走了，咱们俩完了，分手了。但这个家伙不适合你。他自己也证明了这一点。我觉得她和这个小浑蛋在一起只是为了触怒我。当时我根本就没和她同居，过去也只是去拿东西或者看马龙。有一次我看见那家伙和马龙在玩，就警告他滚远点。他肯定怀恨在心。我也对安妮塔说过，把这个浑蛋轰走。但我没想到结果会是这样。

当时电影《猎鹿人》刚上映，里面有俄罗斯轮盘赌的镜头，他就是那样做的。他在玩俄罗斯轮盘赌。非常黑暗。他十七岁左右，只是个讨人厌的孩子，经常跟我说要开枪打死基思，这让我很害怕。所以他打死自己后我还稍微松了口气。

我记得那天是一九七九年七月二十日，正好是美国登月十周年纪念日。我记得他认识安妮塔有几个月了，但她那时候自暴自弃。那段时间基思正和丽尔好，所以安妮塔就想，好吧，我也让他看看，就是所谓的报复心理。于是她就公然挑衅他；基思其实见过他。我当时正在看登月纪念节目，听见"砰"的一声，不怎么像枪声，就是"砰"的一声。后来安妮塔尖叫着，浑身是血地跑下楼。

我想，我的上帝，我的天哪，我得过去看看。于是我上楼，看见脑浆之类的东西溅得满墙都是。警察还他妈的来得挺快。塞斯勒的儿子拉里·塞斯勒过来帮忙打点。第二天早上我就飞去巴黎找基思了。可怜的安妮塔得留下应付一切。当时媒体上说什么的都有，说她是个巫婆，说他们在过"黑色安息日"。散布五花八门的谣言。

这事其实只是噩运而已。我觉得他无意自杀，他只是个嗑了药又很冲动的十七岁白痴，玩着一把手枪。安妮塔起先没觉得是枪响，她说只听见了漱口一样的响动，然后过去看到鲜血从他的嘴里流出来。她的第一反应是捡起枪放到桌上，于是枪上就落了她的指纹。枪膛里有一颗子弹，他嘴里也有一颗，就是这样；那支枪并没装满子弹。不过我们得尽快搬出去。安妮塔那阵子天天见报，不得不躲进纽约一家酒店。

（马龙）

警察发现这件事后，最先想到盘问的对象是我，但我当时人在巴黎。嘿，要是我能从巴黎用一把史密斯威森手枪打中他就怪了。那安妮塔怎么办？他们一对我失去兴趣，我就得去救她，以免她蹲监牢。这案子能不了了之真是奇迹。我觉得主要是因为追溯凶器源头竟然追到警方那里，它是在警察局停车场的黑市买到的。这件事突然就不成问题了，案件被定性为自杀。男孩的父母试图以诱惑未成年人之罪起诉立案，但没能成功。安妮塔搬进纽约的阿尔雷酒店，从此过上不同的人生。这是我和她之间最后一道帷幕，后来只是去看望孩子们时才有联系。一切都结束了。感谢所有的回忆，姑娘。

11

遇到帕蒂·汉森，与她相爱。第一次见她父母是场灾难，我总算挺过来了。开始和米克不合。和罗尼·伍德打架，时隔二十年后找到爸爸。马龙讲述长岛上盖茨比大宅里的故事。我在墨西哥结婚。

简·罗斯 摄

新恋情。和帕蒂·汉森在纽约，1980 年

米克经常在纽约的“54俱乐部”流连。但那里不合我的胃口，就是个廉价花哨的迪斯科俱乐部，里面还满是同性恋，他们穿着平角短裤，拿着香槟酒瓶冲你晃。门口总是围着一大群人，拦着小丝绒绳告诉你不能进入。我知道老板们肯定是在做倒卖海洛因的勾当，好像还没赚够似的，所以后来他们才统统被捕了。但他们也享受过好时候，他们其实就是在开男孩派对。奇怪的是，我和帕蒂·汉森初次相遇就是在“54俱乐部”。那天我和约翰·菲利普斯跑到这儿避布里特·埃克兰德[①]的追逐。她迷恋我。嘿，布里特，我喜欢你，你是个好姑娘，漂亮，羞涩又没架子，但我的日程表排满了，你明白我意思吗？但她不肯罢休，妈的追着我跑遍了整个纽约。我们想到的最好的藏身之处就是“54俱乐部”，那儿似乎是我最不可能去的地方。那是一九七九年三月十七日，圣帕特里克节，帕蒂的生日。

我们躲进俱乐部，觉得肯定不会被布里特找到。这时帕蒂的朋友莎恩过来说：今天是我朋友的生日。我问：是哪个？她指了指一个正在跳舞、金发飞扬的美女。我说：“快给我来一瓶唐培里侬香槟王！”我给她送去一瓶香槟致意。后来有一段时间我没再看见她，但她的身影一直留在我脑海里。

之后的十二月我过三十六岁生日，赶时髦在纽约洛克希滚轴溜冰场开了个派对。简·罗斯在我和帕蒂见第一面时就觉察到我们之间的火花，几个月来一直在替我留意，这次便邀请了她。所以我又看到了帕蒂，她

① Britt Ekland（1942－），瑞典女演员，歌手，长期在英国发展。

也注意到了我的眼神。几天后我给她打电话，我们开始交往。不久后，就在一九八〇年一月，我在笔记本上写着：

> 太棒了，我找到一个女人。奇迹！我手头有的是姑娘，但这次遇到了一个女人。真是难以置信，她是全世界美貌的典范。不止这样！当然还有心灵，对生活的热爱，而且她竟然视我这个遍体鳞伤的瘾君子为爱人（真是奇迹）。我好像登上了月亮，乐得快尿裤子。她喜欢灵魂乐和雷鬼乐，其实任何音乐都喜欢。我给她录音乐磁带，感觉和陪着她一般美妙。我把它们当作情书送给她。我快四十了，还是不可自拔地坠入情网。

她愿意陪我出去玩，这让我惊喜。因为我总是和一群男人厮混，去布朗克斯和布鲁克林的唱片店，还有奇怪的西印度群岛人的地盘。这些地方对超级模特儿来说可没什么意思。一块儿玩的有朋友布拉德 · 克莱因，弗雷迪的儿子拉里·塞斯勒，我的保镖加里·舒尔茨（人称“康科德”，这个外号取自喜剧片《巨蟒与圣杯》中的对话：“勇敢的，勇敢的康科德！你不会白白死去的。”“我还没死呢，先生。”），跟随我多年的吉米 · 卡拉罕，雷鬼歌星马克斯 · 罗密欧，还有几个乐手。很高兴遇到你，很高兴认识你，你想和这帮混球待一起吗？随便你无所谓，懂吗？但她每天都随我在一起。我知道肯定有什么事在发生，但为什么会发生，又是从谁开始的？我们就这样一天天泡在一起。我从没操之过急，没采取什么攻势。我不主动向女人求欢。我找不到合适的话，或者说找不到新鲜的词来说甜言蜜语，宁愿默默的，就像查理 · 卓别林的默片。轻抚、注视、肢体语言。明白我的意思吗？现在一切都看你了。“嘿，宝贝”可不是我诱惑女人的方式，我得后退一步，让两人间的张力绷到一定程度，然后静观其变。如果她们能挺过这种张力，那我们就毫无瓜葛了。他们管这种泡妞法叫 RMV，“逆分子形式”。最后，惊人的几天过去，她终于躺在床上说：来吧。

当时我还和丽尔同居。我突然消失了十天，住进卡莱尔酒店。丽尔起初不知道我的行踪，但很快得到了消息。当时我和她交往已经十八个月，一直舒服惬意地住在一栋漂亮的公寓里。她是个好女孩，我就这么甩了她……我得补偿丽尔。

我得听听帕蒂对这久远的事是怎么看的。

我根本没关注过基思。我对他的音乐不怎么热衷，当然开广播就会知道“滚石”的大名，但我不听他们的音乐。一九七九年我到“54 俱乐部”去过生日，那一阵我刚和交往了几年的男友分手。我正和女友莎恩·凯西跳舞，她看见基思进来坐在一张小桌前。当时酒吧已经卖过最后一轮酒，她过去对基思说：我最好的朋友过生日，你能给她点支香槟吗，因为酒吧不肯卖了。她还说：哦，对了，我是比尔·怀曼的好朋友。后来她简单介绍我和基思认识了一下，我仍对他没什么印象。后来我回到舞池，当时大概是凌晨三点。我记得他之前没来过“54 俱乐部”，后来也没再来过；但这里是我的地盘。他就是这么撞上我的。

那年十二月，我和杰里·霍尔在阿维顿的工作室，她说基思·理查兹要开个大派对，希望我也过去。我和杰里并不熟，只是模特儿同行。我也并不认识她和米克。我和一个朋友喝了几杯伏特加，然后说咱们去洛克希参加那个派对，顺便看看那家伙。我有很多男性朋友，但不少是同性恋，所以去见对我有意思的男人还挺紧张的。而且那是个圈套，颇有厚颜无耻拉皮条的意思。但那是七十年代末，我又才二十三岁，所以过去了，和他坐在一起，让他看着我，所有人都围绕在周围，真是个美妙笨拙的尴尬时刻。天亮后，我和朋友比利走回家了。我想当天晚上我应该是把电话留给基思了，几天后他在凌晨两点打来电话，说，你还好吗？又说，嘿，能在“流浪汉”酒吧见面吗，有乐队演出。我一个男同性恋朋友说：别这样！别去，别去帕蒂。我说：我要去，很棒呀。

从“流浪汉”出来我就和他待了五天。我们开车去串门，还去了哈莱姆区的唱片店。我记得到第五天我真有点头晕眼花了，我们去了米克家，他正在举办大派对。当时我的事业正处在顶峰期，上过很多次 *Vogue* 封面，但还是不喜欢社交。米克家大人物云集。我对基思说，我想回家了，这里不适合我。我以为从此他就应该回到自己的生活里去了，我也一样。

接下来我记得的事就是回斯坦顿岛和家人过新年前夜。午夜过后就一头钻进车子，飞奔回我在纽约城的公寓，结果却发现有血从门口的台阶上流下。他正靠在我家门口等我。我不知道他是怎么搞的，是把脚划破了还是怎么了。我的公寓在第五大道和第十一街交叉处，当时他在第八街工作。我们肯定是约好在我家见面，真是太美好了。

他决定把我们安顿在卡莱尔酒店。我记得他把一切都安排得妥妥当当，在房间里点上灯，拉上窗帘，灯罩很漂亮。房间里有两张单人床。性不算什么问题，它就在那儿，但进展很慢。另外，从认识他的那天起我就开始收到他的大堆情书。让他用自己的血画画都行。到现在我还渴望着收到那样的便条，它们非常非常机智可爱。

最初的时刻很美妙。渐渐地，我开始收到大家的警告。基思在两头跑，有时半夜离开我回长岛。你有家吗？你在长岛有个家，还有孩子？这真让人崩溃。我不知道他曾和安妮塔好过，更不知道他当时有个叫丽尔·维吉利斯的女友。有男人请我去派对，我当然以为他是单身的。我不知道他有这么复杂的感情和历史，只是觉得这个男人需要一个港湾。但我陆续被告知我错了，我说的一切都是错的。我曾说：啊，别把基思形容成浑蛋，别这么说他，别伤害他。真是令人匪夷所思。我的家人接到若干攻击基思的信件。他们开始担心我，好在又一向信任我的判断。我把家里钥匙给了基思，然后出差去了巴黎几周。我也好奇事情会如何演变。我确实很想和他在一起，我真的很喜欢他。后来在巴黎接到他的电话我很欣喜。他问：你什么时候回家来？一九八〇年三月前后，我去加州和彼得·博格丹诺维奇拍电影，但是一边和基思谈恋爱，一边又是第一次专业拍电影，这真太疯狂了。就连博格丹诺维奇都给我家人写了一封信警告他们当心基思。我想他现在后悔这么干了。

如果说我不怎么了解基思，那么我那住在斯坦顿岛的路德教会家庭对他所知就更少。我的兄弟姐妹在六十年代的成长之路很传统，他们听的是多丽丝·戴[①]。姐姐们都留法国范儿的蜂巢头，她们错过了嬉皮年代。兄弟们应该尝试过大麻，但没什么人沾过毒品。他们也有自己的问题：我家的人喝酒都很凶。一九八〇年秋天的感恩节，基思上我家拜访，结果酿出了一场灾难。

我第一次去斯坦顿岛见帕蒂的家人时准备了好几天，带了一瓶伏特加还是杰克丹尼。我以为只要进屋说上“啦啦啦，不骗你们，我就要当你们的女婿啦”就万事大吉。我太自大了。我还带上了“克罗索夫斯基王子”，也就是斯塔什。他可不是什么有力后援，但我需要给自己增添魅力，不知怎的觉得带一个王子去能给我打个完美掩护。他可是个正儿八经的王子啊，虽说本质上不过是个到处闲逛的混混。反正我就是需要一个朋友做伴。我知道帕蒂最终会和我在一起，问题就是要获得她家人的祝福，这会让帕蒂过得轻松些。

我拿出吉他，给他们弹了一小段《马拉加舞曲》。《马拉加舞曲》！这曲子真是无与伦比，能让你到哪儿都吃得开。一弹它，别人就觉得你他妈的是个天才。于是我就好好弹了一曲，觉得至少赢得了女人们的好印象。他们准备了丰盛的晚餐，我们入座，彼此彬彬有礼。但帕蒂的爸爸比格·艾尔觉得我是个怪人。他是斯坦顿岛上的公共汽车司机，我呢，是个“国际流行巨星”。后来他们聊起我的“流行巨星”生涯。我说：啊，那只是表面现象罢了。当时的情形斯塔什还记得，记得比我清楚，因为我已经满脑子混沌。他记得帕蒂的一个哥哥说：“这就是你唬人的把戏，是不是？”我听了就觉得自己是在受审。斯塔什还记得一个姐姐说：“我

① Doris Day（1922－），美国流行歌手，影星，以邻家女孩形象著称。

觉得你喝多了，没法弹琴了。”砰！我火冒三丈，说了句“我受够了”，把吉他砸在桌子上。那气势，还真没客气。结果自然不堪设想，比方说我被永远拒之门外。但好玩的是，这家人没有生气。他们可能吃了一惊，但当时所有人都喝了点烈酒。第二天我的道歉别提有多蹩脚了。不过她爸爸比格·艾尔是个了不起的老好人，我觉得他至少看出我愿意抓住机会，这一点他还算喜欢。他是海军修建营成员，二战中赴阿留申群岛参与战时建筑，修建飞机跑道，完工后留在那儿打日本人，因为那里已经不剩什么人了。后来我总算把比格·艾尔带进了当地他最心爱的酒吧，还让他觉得是他把我喝趴下了。“我赢了，小子！”“没错先生，您赢了。”但帕蒂的妈妈碧翠斯才是我最终被接受的关键。她总是支持我，我们相处得一直很愉快。

下面是帕蒂回忆把我介绍给家人的情景：

> 我只记得在那个倒霉时刻，我跑上楼大哭起来。这之前肯定出了点状况，因为我记得事发时我没在桌边和他们坐着。我看出他已经失控，要钻牛角尖了。那本是一顿节日晚餐。他们胡说了什么，基思当着我爸妈的面把吉他砸在了桌上。我不知道他是怎么了，突然摇身变成了那个摇滚巨星，那种陌生的人。我妈妈说：有点不对头，帕蒂，有点不对头。我知道他们都吓坏了，还担心我。我爸爸是个公交车司机，个性安静，而且不久前心脏病发作才康复。这是他第一次见基思，基思还穿着皮夹克和瘦腿裤呢。我是他们的宝贝女儿，七个孩子里最小的一个。谁知道基思到底怎么回事，但肯定有镇静剂和酒精的关系。我记得自己跑上楼去哭，而他竟倒在我怀里哭，全家人都看着。他们从来没见过这场面，但应付得相当好。那天在场的还有我姐姐的家人，也有邻居。家里总是有很多人。然后妈妈就过来抱着我，说基思会照顾我的，没问题，他是个好孩子。基思听后愧疚不安，后来给我妈妈写了一张漂亮的便条，说他对自己的行为感到非常抱歉。我不明白发生了这种事她为什么还会信任

他。我不能再待在这儿了，跟着他一起上了车子。我居然跟着暴力的疯子上路，又把他们吓坏了。当天晚上我另外两个哥哥都在加州，基思后来也和他们有冲突。他会对着我，胸口一起一伏地说："帕蒂，你要么选择我要么选择他们。"我说：我选择你！他总是放心不下，时不时跟我来确定一下。

说到帕蒂的三个哥哥，最难对付的要算小比格·艾尔，他当时一丁点也不喜欢我。他想跟我打架，想来"OK 畜栏"那一套。于是有一天在他洛杉矶的家里，我说：废话少说，艾尔，咱们出去了了，现在就动手。你有六英尺多高，我才五英尺多，你说不定能杀了我，但也别想好到哪儿去，因为我出手快。你要是杀了我，你跟妹妹也完蛋了，她会永远恨你的。结果他承认自己不战而败。我知道这件事是个转折点。这些大男子主义的做派其实毫无意义，只是在考验我。

让葛瑞格接受我花的时间稍微长一点。他是个好人，有八个孩子，所以总在辛勤工作，养家，再生孩子。我要联姻的这家人笃信宗教；他们去教堂，还建立祈祷小组。我们对宗教的态度完全不同。我从来不觉得天堂有什么魅力，事实上，我觉得上帝要是有无限的智慧，就不会费力划分天堂和地狱。它们应该是同一个地方，但在天堂里你可以如愿获取一切，可以遇到双亲和好友，你们拥抱、接吻、弹竖琴，而地狱没有火焰也没有硫磺，不过你遇到的全是路人，他们对你视而不见。没人认识你。哪怕你拼命挥着手说"是我呀，我是你爸爸"，也没人看到。你就坐在一片云上，抱着竖琴，但不能同别人合奏，因为他们看不见你。那就是地狱。

我认识帕蒂时，她的三哥罗德尼在海军军队当牧师。我就靠神学赢得了他的好感。到底是谁写了《圣经》，罗德尼？它到底是上帝亲口说的，还是人编纂的？它有没有被篡改过？对于这些问题，他当然也没有答案，我们到现在还喜欢争论。这对他来说非常重要，他也喜欢这种挑战。下周他会带来另一个话题"噢，上帝说……"，"啊，他说的吗，是他说的吗？"我得拼命融入帕蒂的家庭，一旦和他们打成一片，他们就愿意为你献出生命。

那阵子有这件事让我分心倒也好，因为我和米克之间的不合如暗流般开始涌动。最初非常突然，让我大吃一惊。但事实上从我彻底戒掉海洛因之后就初露端倪了。我写了一首歌叫《全是关于你》，收录在一九八〇年的专辑《感情营救》里，由我演唱，我当时还很少开金口呢。喜欢琢磨歌词的人都觉得这首歌唱的是我和安妮塔分手的事，它也确实像一首苦涩的情歌，唱的是男女间的怒意和不再有的爱情：

如果演出必须继续
那么没有你也要继续
我已经厌倦又疲惫
不想和你这样的怪人在一起。

一首歌不可能仅仅关于某件事，但这首确实有所指，主要是针对米克，说了些带刺的话。当时我非常受伤。我觉得我吸毒上瘾这一事实在某种程度上让米克很高兴，因为这样我就无心去插手乐队的日常事务。现在我戒毒了，态度转变为：不错，多谢。我来帮你分担吧。谢谢你这几年扛下重担，现在我回来了。我会尽快补偿的。我写了几首很棒的歌让他唱，我从来没把乐队的事搞砸过，就算搞砸了我自己。“米克，我可真是死里逃生啊。”他也经历过几次死里逃生，我以为我的重生会让他感恩：感谢上帝，我的队友啊。

但我得到的回应是：不，全都我来管。轻蔑的拒绝。我问他发生了什么，我们到底在做什么？没有回答。我明白米克把所有线头牢牢握在自己手里，一根也不愿放开。我理解得对吗？我不知道权力和控制对他来说竟那么重要。我一直以为大家都在为了共同的利益而努力。我是个理想主义的傻瓜，对不对？米克爱上了权力，而我就忙着……文艺。但是我们只有彼此，内斗有什么意思？看看我们之间的阶级有多分明吧：米克是一级，我和查理是一级，比尔是一级。

那阵子我经常听到的一句话多年后还一直回响在我耳边："啊，闭嘴吧，基思。"这话他说了无数次，总不等我讲完，就来一句"啊，闭嘴吧，基思。别傻了"。他都没意识到自己在这么说，实在太他妈的粗鲁了。我们认识那么久，他竟然可以丢下如此有杀伤力的话就走开。而你也开始琢磨这句话，是因为它太伤人了。

我在录《全是关于你》时，带着滚石唱片公司名义上的经营者厄尔·麦克格拉斯，到电子女士录音室的屋顶看纽约美丽的景致。我说：你得做点什么，看到那边的小路了吗？那就是你的角色。我是有意找他出来的，告诉他：你得在我和米克之间调停。到底哪儿出问题了？你没法控制局面了。厄尔是个好人，我明白他没法在这样一个不愉快的夜晚挺身而出，没法调解我和米克。但我想让他知道我的感受。我总不能把米克带到这儿来然后扔下去，但我怎么也得做点什么。

与此同时我也在失去罗尼，不过只是暂时的，而且有原因。罗尼当时正在迷失，沉迷于吸食加热精炼可卡因。一九八〇年左右，他和妻子约瑟芬住在曼德维尔谷，周围有一群"同好"。强效纯可卡因可比海洛因还糟。我从来没吸过它，从来没有，不喜欢它的气味，也不喜欢它的效果。有一次我在罗尼家，他和妻子约瑟芬等一堆人吸食加热的可卡因，全神贯注，仿佛全世界只剩下这一件事。他被一群阿谀奉承的人围着，他们戴着缀羽毛的宽边草帽，全是蠢家伙。我进他家厕所时，见他也在里面，身边是一群食客，还有卑鄙的毒贩子。全在厕所里打电话，拼命弄货。嘿，罗！他没理我，好像没我这个人。就是这样，他迷失了。我知道从今后起得换种方式对待这个人。我问罗尼吸这个到底是为什么。啊，你不会理解的。啊，真的吗？我多年前吸毒的时候就听说过这东西了。后来我想，好吧，不管理解不理解，我反正下定决心不碰它。

所有人都不希望罗尼参加"滚石"一九八一年的巡演，他闹得实在太出格了。但我说，不，我来替他担保。这意味着我要以个人名义确保这次巡演顺利完成，也要保证罗尼不犯事。只要能让"滚石"全体巡演，怎么样都行。我觉得我可以管住他。一九八一年十月，我们巡演到旧金山，同行的还有J. 盖尔斯乐队，我们住进费尔蒙特酒店，它有点像白金汉宫，有东西两翼。我在一头，罗尼在另外一头。我听说他房间里有个盛大的精炼可卡因派对，这可真是不负责任到了极点。他对我保证过巡演过程中绝不碰这玩意儿的。我怒不可遏，下了楼走过连接两翼的中央大厅。帕蒂劝我别生气，别这么干。当时她已经将我穿好的衣服脱下来了。我说：操，他让我和乐队冒生命危险，万一出什么事会让我损失几百万，还会把一切都搞砸。我到了他房间，他一开门我就直接狠狠揍他。你这个傻×！砰，他向后倒在沙发上，我跨到他身上接着打，沙发翻了过去，我们俩差点从窗子飞出去，吓得魂飞魄散。我们看着窗子：我们差点就摔下去了！后来的事我不太记得了，反正我的意思已经传达了。

后来罗尼在戒毒康复中心进进出出数次。不久后的巡演路上，我在他更衣室里放了一张纸条："戒毒中心是给半途而废的人预备的"。随便你怎么理解吧。我的意思是去那样的地方其实于事无补，不过交一大笔钱，出来以后是怎样还怎样。罗尼去的那家康复中心其实是给赌徒开的，他过去也只是想逃避压力。最近我又找到一家小康复中心，是个挺平静的地方——他这么跟我说——我在爱尔兰找到一个很棒的地方。啊，好啊，干什么的？相当棒，什么也不做。我走进去说：好吧，你们有什么规章制度？"伍德先生，我们没有规章制度。"唯一的规矩就是不能打电话，不允许有人探访。太完美了！你是说我根本用不着做什么事吗？——不是。其实还允许他每天晚上去酒吧待三个小时。罗尼就和那些要戒赌的人待在一起。一个个都是去逃避的，想把现实生活忘在脑后。

他从康复中心回来，我心想：现在他没事了。他曾经因为吸毒坏了脑子，现在诚实又清醒了。老实说吸毒多少有点影响，但现在他能集中点精神了。我基本上就是这么认为的，但仔细一想又觉得怪了。他耗钱费力地去弄可卡因，然后又费钱耗力地去摆脱它，可折腾完对他好像他妈的一点影响也没有，也许只是盯着你的眼睛看的时间更久一点。换句话说，这和吸毒其实无关，是有别的什么事。"你不会了解的，伙计。"

我风雨无阻地陪在罗尼身边，终于有了成果。那次打架后一年，他终于少见地放下可卡因烟斗，洗心革面，希望恢复正常。他迈出了正确的一步，而且做得很好。我请他和我一起去“红土地”，去见时隔二十年后第一次相见的父亲。

我很怕见伯特。在我心目中他还是二十年前的样子，那时我才十几岁。通过一些亲戚的口信，我知道他过得还不错，听说他住在当地的酒吧里。我怕见他也是因为这些年来我自己的所作所为，以至于二十几年都躲着他。我觉得在他看来我是个恶棍——持有枪支、吸毒、被捕，我肯定让他蒙羞了，让他脸上无光，让他失望。报纸上每一条耸人听闻的大标题诸如“理查兹再次被捕”，都让我更不想联系他。我觉得他最好还是别见我。

能降住我的人可真不多。自童年时，让父亲失望对我来说就是毁灭性的打击。我很害怕他的反对。我在前面写过，一想到自己不能照他的期望去生活仍然会让我流下眼泪。因为在小时候，他对我的不赞同会让我彻底处于孤立无援的境地，让我觉得自己差点消失。这种感觉冻结在时间里。加里·舒尔茨告诉我他很遗憾没能在他父亲去世前同他和好。是他说服了我去找父亲，尽管我其实一直知道自己必须这么去做。

通过亲戚，我很快找到他。这么多年来他一直住在贝克斯利一家酒吧的里屋，从来不提要我做什么，或者说肯定从来没这么要求过。于是我给他写了信。

记得那是在一九八一年十二月离我生日不远的一天，我在华盛顿特区一家酒店床上坐着，不敢相信收到了他的回信。我们得等几个月在“滚石”欧洲巡演期间见面，约在“红土地”。我给他回信：

> 这么多年过去了我真的非常想念你那张丑巴巴的脸！！我打赌见面以后你一定还会吓得我屁滚尿流。爱你，你的儿子基思。
>
> 附：我会带你的孙子孙女来见你。
>
> 回头见
>
> K

我带上罗尼，让他做一个幽默的缓冲者，一个小丑、伙伴、朋友。光我自己应付不了。我派了辆车到贝克斯利的酒吧去接伯特。加里·舒尔茨当时也在“红土地”，他记得我非常紧张，还倒计时——再过两小时他就到了；再过一个半小时……后来他真的来了。一个小老头出现在我面前。我们彼此对视，他说：“你好，儿子。”他完全变了，模样让我震惊——在战争中受伤的罗圈腿有点跛，看上去就像个老流氓，像个退休的海盗。二十年能让一个人变化那么大！鬈发变成了银色，一大把花白的连鬓胡和山羊胡。他一直都留山羊胡。

这不是我的老爸。我没指望他能和当年离开时一模一样，还是那么结实健壮、肌肉发达，但他怎么能完全变了个人。“你好，儿子。”“爸爸。”我感觉坚冰被打破了。伯特一度有点退却，加里·舒尔茨记得我当时对他说：“你不知道吧，我是大力水手的儿子，对不对？”等于在说：“进来吧，爸爸。”一旦让他进来就赶也赶不走了。他还是那么爱抽烟斗，圣布鲁诺牌的，还是我童年记忆中那种深色的烟草。

奇怪的是，父亲成了个醉鬼。我小时候他可不是这样，顶多每天晚上喝瓶啤酒或者周末出去社交时喝酒。现在倒成了我见过的最大酒鬼，我的天哪，伯特！到现在几家酒吧，特别是贝克斯利的那些，还有人记得他是常客。他喜欢喝朗姆酒，黑海军朗姆酒。

关于那些头条新闻，他只说了一句：“你可有点坏啊，是不是？”现在我们可以像成年人那样交谈了。我突然多了个朋友。我又有爸爸了，我本来已经放弃了。严父的形象再也不会介入我们的关系。这是一个完整的循环。我们变得友好、一拍即合，我们发现彼此挺喜欢对方。我们开始一起混，讨论起他应该去旅行。我想让他站在世界顶点眺望。可能是我在炫耀吧。让他贪婪地看着这个星球，不是敬畏地远观，而是纵身投入。我们开始享受过去无暇享受的乐趣。环球旅行者伯特·理查兹没坐过飞机，除了诺曼底哪儿也没去过。他第一次坐飞机是去哥本哈根，这是我唯一一次看到他害怕。发动机开始旋转时他指关节都发白。他攥着烟斗，快把它折断了。但他很勇敢，飞机升天后终于放松下来。任谁第一次坐飞机都觉得可怕。后来他就开始对空姐品头论足了。

此后他一直旅行。我们有一次开车去布里斯托尔，我的朋友，作家詹姆斯·福克斯坐后座，保镖斯维·霍洛维茨和伯特坐前座。斯维问伯特：想喝酒吗，理查兹先生？伯特说：喝点低度啤酒吧，谢谢你，斯维。我摇下驾驶室的隔板说：什么？在安息日喝酒，爸爸？然后忍不住因为语气中的讽刺意味大笑起来。后来在马提尼克岛，波姬·小丝一屁股坐在他膝盖上，我在旁边看傻眼了。三四个一线年轻女明星全围着我爸爸。我爸爸呢？你猜后来他去哪儿了？酒吧，还有美女左右环绕。他还挺有活力。我记得他和我们五六个人整晚玩多米诺骨牌，大家都趴到桌子底下去了，他还在猛喝朗姆酒呢。他从来喝不醉，总是清醒的。这点我们父子可真像，也真成问题。对于我们这种酒量大的人，喝那么点酒根本没什么作用，就像睡醒过来或者呼吸一样自然。

这时候，安妮塔因为"男孩自杀事件"躲避媒体已有一段时间，她和马龙住在纽约第六十八街的阿尔雷酒店。弗雷迪的儿子拉里·塞斯勒在照顾他们。马龙无法正常上学，他的生活都得绕着安妮塔的新朋友打转——纽约白街的玛德俱乐部，那个反"54 俱乐部"的后朋克世界。她经常和布莱恩·伊诺[①]、"死亡男孩"[②]结伴出没于"马克斯的堪萨斯城"。当然，没什么能改变安妮塔，如今她可能会觉得那段时间是她最黑暗的日子，或者会庆幸自己活了下来。因为当时的纽约非常危险，不只有艾滋病，在下东区的旅馆被开枪打死也不是什么稀罕事。切尔西酒店四层更不是好地方，专营"天使粉"和海洛因。

为了让他们有个定所，我租下了长岛原先被米克·泰勒租住过的"沙点"大厦。那段时间他们在长岛上住过不少这种疯狂得像电影布景一样的大房子，这是其中第一栋。他们在这里住了一段时间。我有空就过去

① Brian Eno（1948－），实验音乐、电子音乐艺术家。

② Dead Boys，早期朋克乐队。

看马龙。一九八〇年，我过去给安妮塔过生日，看见罗伊·“队长”·马丁在那儿，安妮塔那阵子会从玛德俱乐部带人回家，他是其中之一。他在玛德做晚间表演，单人滑稽喜剧。那天他在屋里做大餐，烤羊腿、约克郡布丁、苹果派和蛋奶糊。我问他这是真正的蛋奶糊吗？他说是。我说不，肯定不是，你是从罐头里拿出来的。他说靠，这是我亲手做的，我把从“鸟儿”牌纸盒里拿出来的香草奶油跟牛奶混在一起。于是我们争了起来，我冲着他往餐桌上扔了个玻璃杯。

我常常能一眼分辨出谁能和我成为挚友，彼此信任。类似一种契约。罗伊就是其中之一，我们真可谓不打不相识。一旦和别人交上朋友，我就会觉得让对方失望罪大恶极，意味着你不理解友谊和兄弟情谊，而这些是世界上最珍贵的东西。后文还会提到罗伊，因为他不仅是我的好朋友，还住进我在康涅狄格州的房子经营他的事业。我找不到更好的形容，只能说自我们第一次见面一年后，他就成了我家的一员。

没了朋友我就没有今天。比尔·博尔顿是我以前巡演中的保镖，结实得像茅坑里的石头；托尼·罗素也是多年的保镖；还有吉他技师和音乐顾问皮埃尔·德·博波尔。真朋友间唯一的麻烦就是老得跑来跑去互相营救。救我？不，不是救我，我是支援方。真朋友是天底下最难寻的东西，但你也用不着主动去找，他们自会找到你；你们慢慢嵌入彼此的生命。要是没有这么坚实的后援，我真是什么也不是。过去还有吉姆·卡拉罕和乔·希布鲁克，可惜在我开始写这本书的前几年乔就挂掉了。比尔·博尔顿娶了乔的姐妹，所以我们是一家人。这些和我共患难的人对我来说非常重要。

不知道为什么，我的密友都曾经坐过一两回牢。我起初还没注意，直到有一次看见他们被放在同一个列表里的履历。这说明什么？什么也不能说明，每个人的情况都不一样。鲍比·凯斯是唯一一个几次出入监狱的人，他说不知道自己犯了什么罪。我总和我的坏人死党待在一起，只想不被打搅地随性干点事情。我们都爱“基思·理查兹历险记”。我绝不怀疑结局肯定是棘手的，就像《只是威廉》[①]。你看，罗伊十五岁那年

①一个男孩系列冒险故事，作者里克马尔·克朗普顿。——原注

就从伦敦东区的斯坦普尼逃家出海，便很能说明问题。六十年代初他走私过黄金。真是个无法无天的人。他在瑞士买了四十公斤黄金，都是约翰森·马特塞出品的999足金金条，全藏在一件特制的夹克和灯笼裤里，坐着飞机去往远东的香港和曼谷。有一次他飞了二十四小时，下了飞机又坐出租车，下车后因为东西太沉站不起身来，整个人跪在出租车门边，是酒店门卫跑出来扶他走的。罗伊蹲过孟买著名的阿瑟路监狱，这地方在《项塔兰》里出现过。没有罪名，没有审判，只说他违反了印度法规。后来他逃出去了。他本想当演员，在一个非主流剧院里混过一阵子，所以后来才会在玛德俱乐部演喜剧。他是我认识的最搞笑的人之一，有时候疯劲儿一上来会失控，那可真是疯——你们都不敢？我来给你们看看。有一次我们在五月花酒店看演出，散场后在人堆里，我突然听见有谁在外面敲窗子，那是十六层楼，就是罗伊趴在窗台外面，叫着“救命，救命”。警车呼啸而来，底下的人都在喊：“嘿，快瞧，有人要跳楼啦。”这可不好玩，罗伊，给我滚进来。他脚下只有一条窄窄的砖砌窗台，他得踮着脚尖站在那儿。真是不知死活。

一九八一年巡演后我说服罗伊全天照顾马龙和安妮塔。他的主要任务包括确保马龙每天上学校。一九八二年巡演后伯特也过去和他们住了。多奇妙的三人组啊。伯特、马龙和罗伊住在那栋盖茨比的大宅邸，安妮塔不时来去。伯特一直觉得她是疯子。当时她是有点恍惚；她只是活着，一如既往地不走脑子。他们有点像一队领着半薪的船员，搁浅在一栋荒凉的大宅子里。哈罗德·品特与斯科特·菲茨杰拉德的结合[①]。罗伊是水手，伯特和马龙不是，但他们都漂浮在陌生的异国他乡，虽说马龙已经习惯了国外的生活，不介意身在哪个国家。罗伊自那时起就和伯特共同生活，直到伯特去世。我去巡演时就让他们住在那儿，不时过去看望，冲进去问声好。所以还是让马龙来描述他们在长岛海滩所经历的哥特式冒险岁月吧。

---

①哈罗德·品特是英国著名剧作家、剧场导演，2005年诺贝尔文学奖得主。菲茨杰拉德是前文所提《了不起的盖茨比》的原著作者。

在纽约长大是最糟糕的事，七十年代末那里真是可怕。一九八〇年整年我都没去上学。我们住在曼哈顿中部的阿尔雷酒店，那里还不算糟，有点像儿童片《埃洛伊塞在普拉扎》[①]。我们不时去看电影。安妮塔还带我去见过安迪·沃霍尔和威廉·巴勒斯。我怀疑巴勒斯是住在切尔西酒店的男浴室里，那里铺着瓷砖，淋浴器上挂着用过的避孕套。真是个怪人。

后来我们搬入长岛的“沙点”，就是米克·泰勒住过的房子，住了六个月。《了不起的盖茨比》第一版在这儿取景，电影里的“东卵”就是“沙点”，它有广阔的草坪，占地几英亩，有一大片海滩，还有海水游泳池，但一切都在衰败。我们在露台上听二十年代的爵士乐，感觉晚餐会、觥筹交错和欢笑总在你一走近就烟消云散。这栋房子当然和不少名流有关。我在阁楼上见过西纳特拉和迪安·马丁五十年代的家庭照片挂件，都是“鼠帮”成员。罗伊就是在这栋房子里现身的，此后他一直和我们生活在一起。这个疯狂的英国人是安妮塔从玛德俱乐部里带回来的，他的强项就是在舞台上喝下一整瓶科纳克白兰地，然后信口开河，讲笑话、念诵谢尔·希尔弗斯坦的诗《完美高度》——讲的是一个叫“‘给我一点’的罗伊”的男孩，一边念一边脱衣服，折腾半天只能挣到两百美元和一瓶白兰地。安妮塔把他带回我们的大房子，先是让他睡阁楼，但他发酒疯时会把整个屋子都毁了。他很可怕，不宜留在屋里。他会一早晨就喝整瓶白兰地，然后唱歌。我们只好把他挪进狗窝，就是一个棚子。他喜欢那条拉布拉多狗，会一连几个钟头跟它唱歌。那是个温暖的春天，所以情况还不算糟糕。

安妮塔也带别的边缘艺术家回家。有个叫梅夫·霍夫伯格的作家兼垮掉派诗人经常来投宿。他是个犹太小侏儒，喜欢赤身裸体坐

① *Eloise at the Plaza*，系列童书，曾被改编成动画片，讲述一个充满好奇心的六岁小姑娘埃洛伊塞在纽约普拉扎酒店里的奇遇故事。

在花园里，冲着开车经过的人啐痰，把这儿当成展示裸体主义的舞台，这在长岛可吓到人了。我们管他叫花园侏儒。那年夏天他在我们这儿待了很久。

罗伊是一九八一年年底开始在我家长住的，之前他跟着基思巡演，在我们搬进老威斯伯里后就成了正式保镖。那是另一栋大宅子，我们从一九八一年一直住到一九八五年。地方非常大，只有我们四个人住。它几乎在被抛弃状态，没有家具和供暖，倒有个漂亮的舞厅，我就用来玩旱冰。墙上挂着二十年代的手绘油画，色彩完全没有脱落。这栋房子左右两翼各有一座大楼梯，在我们临走时它已活像郝维辛小姐[①]的家。

唯一的家具是一架白色贝森朵夫大钢琴。罗伊经常弹它，是圣咏的固定曲调。我有一套鼓，放在舞厅另一头，所以我们还可以即兴演奏。我们有很好的音响，还有那么多基思的唱片，放上一张，然后跟着胡乱演奏，晚饭就开个罐头了事。今天想吃什么罐头，火腿还是其他？后来我成了素食者。不，我再也不想吃火腿了，多谢你罗伊。

安妮塔那阵子自毁倾向严重，她完全陷于黑暗。她如果去了纽约，肯定会大喝，回家来醒酒，不时发酒疯。不过她带回来的人倒是都挺有意思，巴斯奎特[②]和罗伯特·弗雷泽都来过，还有那些朋克朋友，比如“死亡男孩”和“纽约娃娃”的人。真是非常疯狂。我觉得安妮塔对朋克运动的贡献该得到更大的认可。好多朋克，至少是纽约的那些人，经常来我家过周末。安妮塔经常从玛德或 CBGB 俱乐部满载着粉红头发的疯子回来。他们大都是好人，虽说都是有点古怪的犹太孩子。

罗伊会不时到“滚石”在纽约的办公室去，拿收据换回一个装满百元大钞的大信封，这就是一个月的开销。每次都让我雀跃，拿

①狄更斯小说《远大前程》中的角色，家宅荒凉诡异。

② Jean-Michel Basquiat（1960－1988），纽约涂鸦艺术家。

到零用钱后就想琢磨拿这堆簇新的百元钞票干什么。买点漫画书，然后见什么就买。

长岛人可得努力习惯我们。罗伊经常把车开到时速九十英里到处跑，还尖叫。他开的是庞大的林肯大陆老爷车，这种豪华车都是租的。他每隔两个月就毁一辆，然后再租新的。他总会消失两天，先说我要离开两天，别来烦我，然后就去喝酒胡闹，回来时满身青肿或伤痕。有一次，他在长岛的酒吧和人吵起来，随后回到家，十分钟后又出门，开着车回酒吧往窗子里冲，撞坏了外面的三辆车和一堆摩托车。然后他下车，回到被自己毁得一团糟的酒吧打电话。第二天他被逮捕，关进监牢，由我们去保释。对此伯特很有耐心。哦，罗伊又闯祸了？幸运的是，这里都是私营警察在管，所以每次见罗伊出车祸，就把他拖回家来而已。伯特有一次夜里去了威斯伯里火车站一家“地狱天使”酒吧，和地狱天使们坐在一起，那些人都戴着棒球帽，穿着皮衣。他是和罗伊一起去的，一待就是几个小时，罗伊唱歌、尖叫，娱乐大家。

不过伯特的生活也很有规律。他一起来就游泳，然后独自吃早饭。他有固定的饮食，都是罗伊做的。他经常晚七点吃一杯哈维·布里斯托冰淇淋，因为《幸运转轮》节目七点半开始。他喜欢里面的瓦娜·怀特，为她叫好，谁说她坏话就冲谁尖叫。八点吃晚饭，然后看电视一直到午夜，喝贝斯牌和黑海军朗姆酒。

谢天谢地，房子够大，我不想见人的时候就可以消失。差不多每个人占据宅子的一翼，而且我也不想知道他们一连几个星期在忙什么。大家会问我：哇，你还记得让－米歇尔·巴斯奎特在你家待了一星期吗？不记得了！也许我当时待在房子的东翼。我们每隔几个月就换卧室，纯粹为了好玩。我可能会有两个星期见不到罗伊，连他的卧室在哪儿都不知道。

房东从不维修这房子，所以它的状况越来越糟。卧室一旦破得没法住了，我就换一间，幸运的是总共有十五间。不过最后我还是只能住到阁楼里去了。只剩那么一间了！阁楼和教堂一样宽敞，能放下床、电视和桌子，我可以锁起门不让任何人进来。终于我们说再也不能住在这儿了，房子快塌了，或者被我们毁了。所以我们搬去了牡蛎湾边上的"米尔巢"，这是在长岛最后的一个家。

一九八三年前后，安妮塔因为签证问题回到英国，此后一直留在那儿，只是偶尔过来看我们。新搬的房子有十二还是十三个卧室，而她却不在了。冬天屋里非常冷。有个起居室设了壁炉，罗伊和伯特的房间都有供暖。我们有时候在厨房见面，去走廊里冷得都要把领子竖起来。室内有一架电梯通向我们住的房间。有一次电梯坏了，我们就两星期没下楼。后来发现房子大门一直开着，整个一层都结了冰，冻成一座冰舞场，冰棱从吊灯上挂下来，有点像《纳尼亚》或者《歌门鬼城》。我们当宠物养的非洲青蛙都被冻在水箱里，比达米恩·赫斯特[①]的作品早了好几年。

那阵子我问基思我能不能再学吉他。"我儿子绝不能去当吉他手，"他说，"绝对不行。我希望你当律师或会计。"他当然是在开玩笑，但语气一本正经，让我很受伤。

有意思的是，罗伊还开车送我去蝗虫谷的伯特莱奇学校上学，那是当地的贵族学校。不过这么说吧，我的出勤记录不佳，三天打鱼两天晒网的。我不怎么介意独立地生活，很高兴没人围着，而和安妮塔、基思一起生活实在累人。我只想好好上学，做好分内的事情，过正常生活，我觉得我一个人只会做得更好。至少和罗伊住比和他们俩好。最后我还是因为出勤和作业问题被踢出了校门，于是干脆放弃了上学。有个亲戚对基思说我是个堕落青年，应该去军校。基思甚至一度打算送我去上西点军校。其实要真的去了我也不反对。但基思问我：那你到底想干什么？还问：你是不是彻底不打算上学了？我说不是，我还想受教育；我想回国，因为在美国没法上学。

① Damien Hirst（1965－），英国当代艺术家。1988 年以学生身份策划主题为"冰冻"的艺术展，从而一举成名。

于是一九八八年我去了英国，住进切尔西泰特街一处公寓，就在安妮塔家对面。强调一下，那年我得了四个A。

对于我和马龙来说，当时都是关键时刻。是他自己决定回国。他告诉我，他在长岛只能得到狗屎。为此我要向马龙脱帽致敬，他有能力自己作出选择了，他本可以留下当个长岛混混，但感谢上帝他很聪明，摆脱了那里，做得还不错。也许伯特是第一条铁锚，成了那种稳定的力量。所谓实践出真知。我敢肯定很多事情我们本来可以做得更好，只是都在尝试的过程中。马龙的成长环境很独特，很不正常。也许正因为此，他现在用非常保守的方式抚养着孩子，整天陪着他们。因为他不曾拥有这些。现在他理解了，是时间和环境致使他的成长那么艰难。边搞“滚石”边照顾孩子可是有难度的。

至于安妮塔，她也活下来了，成了马龙三个孩子和善的祖母。她投身时尚界，成了业内的资深人士和偶像符号，被人视为灵感源。后来她涉足园艺，我也懂一点，可没她懂的多。她替我照顾“红土地”的树木，把常春藤清理掉，它们快要缠死其中的几棵树了。我送了她一把大砍刀。常春藤一除，树木又枝繁叶茂起来。她内行着呢。她在伦敦某处拥有一片地，常常骑着自行车去栽培花花草草。

到一九八三年十二月，我和帕蒂交往四年了。我爱着她的灵魂，由衷地想让我们的关系合法化。我也快满四十岁了。还有更合适的时机吗？我们在墨西哥城为《夜色掩盖之下》拍了音乐录像，由那阵子常与我们合作的朱利安·坦普尔所摄。一共在墨西哥拍了三四个影片。最后我决定，好吧，操，终于忙完了，我们就去卡波圣卢卡斯吧。当时它还只是小镇，仅两座海滩旅馆，其中之一叫“双子海豚”。

我和在全球各地的朋友随时都会召开“会议”。小组会议，大家都坐下来的那种，有点像主教会议。在美国有东部大会和西部大会，这好理解，但这一回开的是美国西南部疯子大会，通常在新墨西哥州召开。会议成员有："红狗"、加里·阿什利（已经离世）和"安抚者"（原名迪基·约翰逊）。和他们一起只能开西南部大会，因为你绝不可能在密西西比河东边见到他们。他们关系很铁，所有人无一例外是疯子，绝不能容忍一丝理智存在，保佑他们吧。我和这些人颇有交情。这次我在卡波圣卢卡斯不到一周就遇上了格里高利·阿扎尔，他在当地有栋房子。他的父亲拥有"阿扎尔坚果公司"，是西南部最大的坚果企业。他当时还不认识我，但熟悉来参加西南部大会的其他所有人，听说我要投宿"双子海豚"，这家伙就适时出现了。你是加里·阿什利和"红狗"的朋友？太棒了，进来吧。我们开始厮混，他也被"会议"吸收了。

就在卡波圣卢卡斯，我在格里高利家的房顶上向帕蒂求婚。求你了，我生日那天咱们结婚吧。她说你是认真的吗？我说当然。她立马跳到我的背上。我还没什么感觉，但听见什么东西啪的一声，低头一看，两行漂亮的血从我脚指甲底下冒出来。过了五秒钟我才说：当然啦，我是认真的。她踩断了我的脚趾。下次就该打碎我的心了，对不对？半小时后我的脚趾抽痛起来，之后两周不得不拄着拐。婚礼前几天，我发现自己穿着黑色外套，拄着拐追在帕蒂后头。我们因为婚前准备吵了一架，我都不知道怎么就跑到沙漠里来追她，一瘸一拐地穿梭在仙人掌之间："回来，你这婊子！"活像"高个子约翰"[①]。

我结婚前一天，格里高利对我说：对了，你听说过附近有个德国妞儿开着辆奔驰大巴还带顶帐篷的事吗？我浑身打了个冷战。德国人？奔驰大巴？得去瞧瞧。那辆车停在卡波圣卢卡斯一处海滩上。我早就从杂志上看到过，乌施·欧博梅尔曾开着这么辆有皮毛装饰，带桑拿浴室的大车在阿富汗、土耳其和印度做嬉皮之旅，丈夫迪尔特·伯克霍恩同行。我在"双子海豚"的房间正对着海滩，门外立着插满鲜花的小花瓶，我打开门，确信她来到了卡波圣卢卡斯。再没有比这更离奇诡异的巧合了——乌施本该在阿富汗在德国，或其他任何她去过的地方，可在我婚礼前夕，我们竟然在遥远的墨西哥重逢。她来这儿干吗？这时乌施和迪尔特走了

①斯蒂文森所著小说《金银岛》中的独脚海盗。

过来，我告诉她我要结婚了，我很爱帕蒂。我们谈起分别后的岁月，还有她已死的谣言，真相是她开着这辆车周游世界，去了印度、土耳其和天知道的各个地方。几天后，在新年前夜，迪尔特开摩托车出了车祸，头颅连着头盔掉在路边，身体摔下大桥。我去看望乌施。门口有只大黑狗冲我狂吠。外面是谁？我说是那个英国人。门打开了。我说都已听说了，有什么能帮忙的吗？她说谢谢你，不用了，我有朋友，一切都能应付。于是我在怪诞悲惨的气氛下离开了乌施。我们这一次的相会显得如此不真实，我结婚她不幸。大惊又大悲。

多丽丝和伯特赶来出席了婚礼，这是他们时隔二十年再次相见。安吉拉把两人锁进一个房间，逼着他们交谈。马龙也来了，米克是伴郎。我和帕蒂相恋四年，一起经历了巡演路上的考验。我的精子遍布全球，但还是没有孩子。我没指望帕蒂生孩子，她说过“我不想要小孩”。好吧，我知道你不想！我也不是为了孩子才娶你的。可是把那个小破戒指套在她手指上以后，你猜怎么着？过了六个月，“我怀孕了”。我们本来打算把房子装修成地穴，这下得弄成育儿室了。好吧，一切都刷成粉红的，弄张婴儿床，拆下墙上的链条，镜子放低点。我当时觉得有了马龙和安吉拉，算是尽完了当父亲的义务。他们长大成人，我们任务完成，干得还不错。我可不能再换尿布了。可是不行！又来一个。名叫西奥多拉；一年后再来一个亚历山德拉——这不是《小 T 和小 A》吗。[①]我写这首歌的时候她们俩可是还没影子呢。

---

①西奥多拉和亚历山德拉英文分别为 Theodora 和 Alexandra。

12

密谋个人发展协定与欺骗。第三次世界大战在“微光孪生子”之间爆发。我和史蒂夫·乔丹结盟，与查克·贝里艰难地拍了一部电影，然后冲破阻力组成“昂贵酒鬼”乐队。和米克在巴巴多斯重聚；获救的猫“巫毒”和它的客厅；“滚石”重生，开始《钢铁之轮》的大规模巡演。《通向巴比伦之桥》，四首歌的平行叙述。

简·罗斯 摄

和获救的猫“巫毒”在巴巴多斯它的客厅中，1994 年自八十年代初，米克变得令人难以忍受。他成了“布伦达”、“女王殿下”、“夫人”。一九八二年十一月到十二月，我们回到巴黎百代－马可尼录音室，录制《掩盖之下》。我去里沃利路上的英文书店“WH 史密斯”买了本书，忘了书名了，只记得内容很可怕，作者叫布伦达·贾格尔。有了，伙计！不管你听没听说过、喜不喜欢，以后我就管你叫布伦达了。他当然不喜欢，不过是过了几年才发现的。他在场时，我们会说“那个贱人布伦达”怎样怎样，他都不知道是在说他。不过可怕的事也这么开始了，就像从前我和米克对待布莱恩。一旦释放酸水，关系就慢慢腐蚀。

这种局面是几年来逐渐积累的，只是在这个时候达到顶峰。近在眼前的问题是米克毫无顾忌地想控制一切。对他来说乐队是“米克·贾格尔和他们”，这种态度我们心知肚明。他拼命想成为乐队头号人物，至少他自认是头号人物。他有米克的世界，只跟上流社会人士打交道；而我们的是另一个世界。这可要影响乐队的团结和大家的心情。我的天哪，这几年来，他自我膨胀起来，门都不够他过了。整个乐队包括我在内都快成了他的雇员。以前他对外人就是这个态度，现在轮到对付我们了，就是这样。

一个自我膨胀的人难以融入乐队，特别是我们这种维系持久、一直团结、至少成员之间彼此依赖的乐队。我们是一个团队，在某种程度上很民主。一切大家商量着来，这对我们来说就像左腿或者两个蛋那么重要。任何想骑在别人头上的人都是自寻死路，我和查理肯定会把白眼翻到天花板上去，信不信由你。米克努力操控一切的时候，我们一度也忍了，想想看，出这破事之前你们都一路走了二十五年了。我们以为这种事注定会发生，所有乐队走到后来都难免如此，现在正是考验我们的时刻——乐队能团结下去吗？

录《掩盖之下》时，工作人员肯定都很不好过，总有恶毒、不和谐的气氛笼罩着。我们之间很少交谈沟通，一张口就是争吵。米克骂罗尼，我就帮着罗尼。终于，我们开始在巴黎的百代－马可尼录音室录专辑。米克一般中午过来待到下午五点，我则半夜出现，待到凌晨五点。这只是小冲突和虚张声势的争斗。不过没耽误工作，专辑做得还不错。

米克野心勃勃，所有主唱都不免这样。这是一种叫“主唱综合征”的病，先前还只是初期症状，现在是病入膏肓了。“滚石”在亚利桑那州滕比市一个体育场办的一场演出，由哈尔·阿什比帮忙拍摄的现场录像《让我们一起过夜》中有“米克·贾格尔与‘滚石’乐队”字样。这是从什么时候开始的？一切细节都由米克控制，这不是录像制作者的疏忽。录像只是试探。

如果你先天就患有主唱综合征，多年来又是从一睁眼就受到没完没了的奉承轰炸，结果当然不难预料。就算那些逢迎没说到点子上，或者你讨厌这一套，到最后也免不了耳濡目染。就算他们是信口开河，你也早晚会对自己说：好吧，既然所有人都这么说，那就是了吧。但你忘了这只是你工作的一部分。就连米克·贾格尔这么理智的人都会被冲昏了头脑，真是有意思。他们还真的相信自己与众不同。我十九岁的时候就有人跟我说“你真是了不得”，我听了就觉得不自在，你知道自己没那么厉害。这会让你堕落的，孩子。我能看到其他人是怎么轻易落进这陷阱。在这方面我就像个清教徒，绝不会走上这条路。我总在丑化自己的形象，比如弄掉几颗牙什么的。我不玩这种游戏，不参与作秀。做音乐才是我最擅长的事，而且我知道自己的东西值得一听。

米克变得反复无常，开始怀疑自己的才能，讽刺的是，这怀疑好像源自自我膨胀。六十年代，米克曾是那么迷人、幽默。他有天赋，无论作为歌手还是舞者，在舞台狭小的空间里他总是电力四射；他旋转、起舞，不论是观赏者还是共事者都觉得心旷神怡。这些那些精彩的表演其实他从来没去刻意琢磨，完全是自然而然。虽然我觉得大舞台略微分散了他的魅力，但他仍然很棒。人们想看的是大场面，虽然他未必最擅长此道。

但后来，他开始变得做作。他忘了自己曾在狭小的空间里有多精彩，他忘了自己最自然的节奏。我知道他不会赞同我的看法。他变得更关注别人，而不是自己。他甚至表现得好像更愿意成为别人，而不是做自己。很有竞争意识的他开始拿"滚石"和其他乐队比较、比拼。看大卫·鲍伊做什么他就想学什么。鲍伊确实影响力惊人。是他让米克穿上了华丽的演出服，打扮得稀奇古怪。但米克其实只要穿T恤衫牛仔裤唱《我是个男人》，就比鲍伊好上十倍。你是米克·贾格尔啊，为什么还想当别人？你已经是演艺界最伟大的艺人了，这还不够？他忘了那么多年来，他自己才是那个最别出心裁、不断创造、引领潮流的人。这真是奇妙。我想不明白。感觉好像米克正拼命想成为"米克·贾格尔"，正追逐着自己的幽灵，为此还去求助于形象设计顾问。以前没人教他跳舞，后来他居然去上舞蹈课了。看着米克跳一个显然是老师教给他的蹩脚动作，我和查理、罗尼都忍不住打响指。我们能看出他的不自然。妈的，我和查理看这老傻瓜有四十年了；我们知道这个捞钱工具什么时候是在随心所欲地扭，什么时候是在做别人让他做的事。他还去上声乐课，不过可能是为了保护嗓音。

和米克分开几个月又重聚，我发现他对音乐的品味经常发生大变。他会逼着我听迪斯科舞厅放的最新金曲。但是我们做过迪斯科了，伙计。一九八三年我们录《掩盖之下》的时候，他想让所有人都来搞迪斯科，我感觉无非就是他晚上在俱乐部听到的那些大路货。五年前在《有些女孩》中我们已经做了迪斯科曲风的《想念你》，它已经是史上最好的迪斯科歌曲之一。但米克在音乐上总要随大溜，我真的非常受不了他总去迎合大众。

对，他们今年是喜欢这个，那明年呢，伙计？这么猜来猜去的让你显得和路人没两样。不管怎么说，这不是我们一贯的工作方式。咱们还是照老样子吧，不是一向挺中意那样的吗？这首歌能不能过我们自己这一关？我和米克当年在厨房写第一首歌的时候，过自己这关才是天大的事。要是一早想着公众会怎么反应，那我们一张专辑也做不出来。不过我也理解米克，身为主唱，总会拿自己去和别人比：洛德在干吗？埃尔顿在干吗？大卫·鲍伊呢，他最近有什么动作吗？

在音乐方面，攀比让米克产生海绵般的心态。他要是在俱乐部听到一首什么歌，一星期以后就会觉得这旋律是他写的。我会说：不行，这段完全是剽窃来的。还得帮他核查。我给他弹自己写的歌，我的一些动机……他听了说挺好的。然后我们摸索一阵子把它暂时放到一边。一星期后他回来说：看看，我写了这个。我知道他肯定不是故意的，只因为他不是聋子，当时就是听见了那首歌而且记住了。比如《有人见过我的宝贝吗》把 K. D. 朗也列为合作作曲者。这事是这样的：那天我女儿安吉拉和朋友们在“红土地”玩，我给她们放那张专辑，她们却开始跟着唱起另外一首来，她们以为自己听的是 K. D. 朗的《永久的渴望》。是安吉拉和她的朋友抓到了米克。当时专辑还有一星期就要上市了。我操，他又抄袭了。我觉得他肯定不是故意的；他只是像海绵。我赶快打电话给鲁本特等各位可靠的律师，说：快核实一下，要不我们得吃官司了。二十四小时之内他们就给我回复说：你是对的，我们把 K. D. 朗也列为合作作曲者了。

我曾经很喜欢和米克泡着，但我已经有大概二十年没进过他的更衣室了。有时候我也很想念这个朋友。妈的，他到底去哪儿了？我知道如果我遇到什么倒霉事，他肯定会帮我，反之也一样，因为这是超越任何分歧的。我想这么多年来米克肯定是变得越来越孤立。某种程度上我可以理解。我尽量避免自己变得孤立，但有时候你确实需要把自己隔绝起来。最近几年我每次看米克的访谈，都觉得他最想说的其实是：你们到底想从我这儿得到什么？这是一种防御的姿态。他们到底想从你这儿得到什么？显然，他们是想要某些问题的答案。而你又在害怕给出去什么？或者说只是不想免费给？可以想象一下，如果你是最春风得意时期的米克，每个人都想从你那儿得到点什么时，你会有多辛苦。但他应付的办法却是慢慢防备所有人，不光陌生人，也开始防最好的朋友。每次事态发展到我会跟他说点儿什么时，我都能从他眼睛里看出他在盘算：基思又想得到什么好处？我什么也没得到！他那画地为牢的心态就是这么建立的。你盖了高墙，可你能走出来吗？

面对这些状况时，我真不知道自己该在什么时间地点插手干预。他原本要热情得多，但那已经是很多年以前的事了。后来他把自己关进了冰箱，先是觉得他们想从我这儿得到什么，然后开始封闭自己，最后连我也被排挤。

我非常痛苦，因为他至今仍是我的朋友。天哪，他给我的生活带来了太多痛苦，但他仍然是我的伙伴。没能让他走出来，脚踏实地，享受友情的快乐，这其实也是我个人的失败。

我们曾携手蹚过那么多困难。我深深爱着这个男人，但我们的亲密早已不复存在。我想如今我们的友谊根深蒂固，变得更加深厚，并且彼此尊敬。你认识米克·贾格尔吗？嗯，哪一个？他可有多重人格。你遇到的是哪个则取决于他。每天他都会选择是要表现得冷漠、轻浮还是像个“好伙伴”，虽说“伙伴”这一角色不怎么成功。

我觉得最近这几年他也发现自己被孤立了。他开始偶尔跟工作人员聊天了！过去数年里他根本就不过问他们的名字，也懒得去记。巡演登机时，工作人员会问候他，他绝不搭理，对我、罗尼和查理也一样。他这作风是出了名的。但为你打造舞台上的声音和演出效果的正是这些人，如果他们愿意，大可以让你难堪。所以米克徒添了一些困难，但要是他不制造麻烦，你倒会觉得他肯定是出问题了呢。

就在他让人忍无可忍的时候，一颗重磅炸弹砸中了我们。一九八三年我们乐队备受关注，形势大好。“滚石”和 CBS 及其总裁沃尔特·耶特尼科夫签了一份包含多张唱片的合约，价值两千多万美元。合同签下后很久我才得知另一件事，米克和CBS私下另签了一份合同：CBS为他发行三张个人专辑，付他几百万美元。这件事他没跟队友透露一个字。

我不管你是谁，不许你背着“滚石”在合同上做手脚。米克觉得无所谓。但这完全是无视乐队的行为。我真希望能在签约之前就发现这回事。我被激怒了。我们组乐队可不是为了在对方背后捅刀子。

显然他们早早就制订了这项计划。米克是超级巨星，耶特尼科夫等人都极力支持他发展个人演艺事业——他们让米克觉得受用，进一步鼓励了他制订独揽大权的方案。事实上，耶特尼科夫后来透露，当时CBS上下所有人都觉得有了他们的积极运作，米克能像迈克尔·杰克逊一样红，米克欣然接受。所以“滚石”的合同其实是为了给米克的飞黄腾达铺路。

我觉得这真是一招臭棋。他没意识到这么一来其实是破坏了自己的公众形象，而公众的心态是很容易动摇的。作为“滚石”的主唱，米克的地位独一无二，无可替代，他真该好好想想这意味着什么。所有人都不免会有自我膨胀的时候，觉得没了那个老破乐队老子照样干。但米克显然证明了这行不通。我能理解有些人抹掉自己过去轨迹的想法。我也喜欢和其他乐手合作，干点别的。但他呢，他就只想甩掉“滚石”，当他的米克·贾格尔。

整件事办得非常拙劣。如果“滚石”是支烂乐队，那我也能理解，就像沉船的时候老鼠四散逃生。可是“滚石”发展得不错，我们只要保持下去，而不是荒废四五年再重组。所有人都觉得被米克背叛了，我们的友谊呢？他难道不应该事先告诉我们他有别的打算吗？

那段时间最让我生气的要属米克死乞白赖地和那些CEO（比如这次是耶特尼科夫）套交情。他没完没了地给他们打电话，花言巧语地让他们觉得他是所谓的头号艺人，其实哪儿来的“头号”。他还时不时地去干涉别人工作，让所有人厌烦，因为人家是拿大笔工资干事的，比他内行。

我们唯一的强项就是跟人保持距离，内部统一阵线。和迪卡签约时就是如此。我们站在暗处威胁他们，最后签了一份对我们最为有利的唱片合同。我跟唱片公司合作的原则是：除了社交场合，不再和他们有私交。你绝不要跟他们亲近，绝不要卷进日常事务——这种事付钱请人来干。

“嘿，沃尔特，那笔钱在哪儿……”你以为去关心广告预算之类的事就会让共事的人觉得你和蔼可亲？你是在自贬身价，削弱自己的力量，同时也是削弱乐队的力量。“贾格尔又打电话过来了。”“哦，告诉他我一会儿给他回电话。”——就是这种感觉。我非常喜欢沃尔特，觉得他人很棒。但米克和他混得太熟，其实是在拆乐队的台。

一九八四年年底，查理少见地打了人——我见过几次他动手，简直能要人命；他有极好的平衡性和反应能力。他肯定是被气坏了。他打的是米克。当时我们在阿姆斯特丹开会。我和米克闹了点别扭，但我说：好吧，咱们出去吧。我还把我婚礼上穿的外套借给他穿。凌晨五点我们回到酒店，米克给查理打电话。我说别打，别在这个时候。但他不听，对着电话说：“我的鼓手在哪儿？”没人回答。他放下电话。我们俩就那么醉醺醺地坐着，他再有两杯肯定倒了。过了二十分钟左右，有人敲门。是查理·沃茨，他穿得漂漂亮亮，萨维尔街定制的西装，打着领带，胡子刮得干干净净，人模狗样的。我能闻见他身上的古龙水味儿！我去开的门，他看都没看我，径直进屋，一把拎起米克说：“永远别再管我叫你的鼓手。”然后一手揪着我那外套上的标签，一手给了他一记右勾拳。米克倒下去，正跌在桌上用银盘子盛的烟熏三文鱼上，身子向敞开的窗口滑过去，窗外是运河。我先是想，这一拳打得漂亮，再转念一想，这可是我的婚服啊！我抓住它，正好也阻止了米克掉进阿姆斯特丹运河。后来我花了整整二十四小时才让查理消气。我把他送回房间，以为这事就算完了，但十二小时后，他又说：“我操，我要下去再打他一拳。”我费了好大劲才让这个男人平静下来。“你干吗要救他？”我的外套，查理，不是别的！

一九八五年，我们在巴黎录《肮脏的工作》，气氛非常糟糕。这次录音本来就因为米克忙个人专辑而一再拖延，好容易可以录了，他又去忙着宣传个人专辑。米克几乎从不拿出什么作品。他的创作都用在自己专辑里了。他平时根本不来录音室。

于是在《肮脏的工作》里，我就得多写几首歌，都是不同类型的。录音室的恐怖气氛影响着每一个人。比尔·怀曼基本不来了；查理坐飞机回了家。回忆起来，我发现那些歌里充满暴力和威胁——《受不了你》、《一拳（打在身上）》和《打架》。我们拍了《一拳（打在身上）》的音乐录像，多少展示了当时的情况——我们不顾当前的责任，就快打起来了。《打架》则反映了“微光孪生子”在那个关键时刻的兄弟情。

要把你打得鼻青脸肿
因为都是你自找的
要把你鼻子剁下
再把你一脚踢出门
要跟你打一架
没法摆脱这念头
要跟你打一架。

还有《受不了你》：

我爱你，肮脏的浑蛋
姐妹和兄弟
在月光下呻吟
为你的晚餐高歌
因为我受不了受不了受不了你
我受不了受不了受不了你
看着美好的爱情死去
有多么伤悲
我已经走到这里，宝贝
我要说再见了
因为我受不了受不了受不了你
我受不了受不了受不了你

这就是我当时的情绪。《受不了你》是在伦敦奇西克区罗尼家的前屋写的，窗口正对着泰晤士河岸。我们要去巴黎，但因为天气原因被困在家里，等着丹佛码头重新放行。彼得·库克[①]和伯特也在。那天屋里没有供暖，能发热的只有大音响。我觉得除了《全是关于你》，我写的歌里只有这首是有意针对米克的。

米克的新专辑叫《她是老板》，这名字就说明了一切。我从来没把这张专辑听完过。难道有人从头到尾听了吗？有点像希特勒的《我的奋斗》——所有人都有一本，但不会有谁去看它。他后来的专辑名都是费心起的：《原始的冷酷》，《门口的女神》，你忍不住嗤之以鼻，想叫它“门口的狗屎”。我就说这点吧。他总说我没礼貌，嘴巴不干不净，甚至还以此为主题写了首歌。但在唱片合约这件事上，米克实在太无礼，言语都不足以形容。

我觉得米克在给专辑选歌的时候就已经不在状态了。这真让人难过。他没想到自己的东西没有冲击力。他很不安。我不知道他为什么还会觉得这张专辑会成功。所以我觉得他脱离现实了。

不管米克在做什么、有什么目的，我都不愿意继续坐在那儿酝酿仇恨了。一九八五年十二月，我被迫将注意力转移到那个突发的毁灭性的消息上：伊恩·斯图尔特去世了。

他死于心脏病，年仅四十七岁。那天下午，我在富勒姆路上的布莱克斯酒店等他看完病来见我。我一直待到早晨，突然接到查理的电话。“你还在等斯图吗？”我说是的。“啊，他不会来了。”查理就是这样宣布了噩耗。守灵仪式在萨里的利泽海德，即斯图的高尔夫球场举行，他总喜欢开玩笑说，只有他的死讯才能让我们统统赶到他的高尔夫球场去。我们在“100俱乐部”为他举办了纪念演唱会，这是四年来乐队第一次同台。斯图的去世对我的打击仅次于那次丧子之痛。一开始你会有点麻木，总觉得他还在那里。他也的确如此，在很长一段时间里以这样那样的方式出现，甚至现在也一样。一想起他那探着下巴的说话方式，大家就会大笑，

---

① Peter Cook（1937－1995），英国喜剧演员，讽刺作家。

就更亲密。

他挖苦杰里·李·刘易斯时的表情仿佛在我眼前。我一开始喜欢“杀手”[①]的音乐，被斯图打心里看不起。“该死的娘娘腔乱哄哄”，这是我记忆里典型的斯图式评价。十年后，有天晚上斯图对我说：“我得承认杰里·李·刘易斯还有点可取之处。”真是出人意料！他是在录音间隙这么说的。到现在这事还让我念念不忘。

他从不谈论生死，除非有人没命了，才说一句“这傻小子真是自找”。我们第一次去苏格兰巡演的时候，斯图把车停在路边，用当地方言问路人：“能告诉我去剧场怎么走吗？”他来自肯特郡，是个骄傲的苏格兰人，执著地穿毛衣和马球衫。后来“滚石”发展到在巨型体育场演出，有卫星直播，有成千上万观众捧场，他还是穿着暇步士休闲鞋上台，弹琴时把咖啡和奶酪三明治放在钢琴上。

他的离去让我生气。每当朋友或心爱的人意外去世，我的反应都是这样。斯图为我们留下了不少遗产，比如来自佐治亚州“干河汉”的查克·里维尔。他曾经在“奥尔曼兄弟”待过，是斯图的门徒和指定传人，从一九八二年起就在我们的巡演里弹键盘，后来成了巡演的固定一员。斯图去世时，查克已经和“滚石”共事了好几年。斯图说过：如果我死了，但愿不会，那就让里维尔来吧。也许他说这话时已经意识到自己病了。他还说：别忘了约翰尼·约翰逊还活着，还在圣路易斯弹琴。这些话都是在他去世当年说的，也许医生告诉过他：你只能活这么久了。

《肮脏的工作》于一九八六年初发行，我想很为它做巡演。乐队其他成员当然也一样，大家都想开工。但米克给我们写了一封信，说他不想巡演，要继续个人事业。收到信后不久，我就看到英国一份小报上写着，米克说“滚石”是他的负担。他终于说了，接受现实吧，浑蛋。我毫不怀疑他偶尔真心这么想，但要说出口又是另外一回事了。这等于宣告第三次世界大战爆发。

---

①刘易斯的外号。

既然巡演作罢，我思忖起斯图对约翰尼·约翰逊的评价。约翰逊原来是查克·贝里的钢琴手，如果查克没说谎的话，他有不少金曲是和约翰逊合写的。但约翰逊不经常在圣路易斯演出。自从十年前查克让他趁早滚，他就不怎么登台了。他当上了巴士司机到处拉载乘客，几乎被彻底遗忘。约翰尼·约翰逊之所以杰出，并不是因为他和贝里合作过，而是因为他是顶尖的布鲁斯钢琴手。

我们在巴黎录《肮脏的工作》时，鼓手史蒂夫·乔丹到录音室串门，代替查理打了几回鼓，因为查理当时状况不稳定，要吃各种麻醉剂，得暂时离开。史蒂夫当时三十来岁，是个天分极高的全能乐手兼歌手。他的正职是大卫·莱特曼[①]秀乐队的鼓手，这次来巴黎也是为录音。之前他曾在《周六夜现场》的现场乐队当差，和布鲁希、阿克罗伊德组建的“布鲁斯兄弟”一起巡演过。一九七八年，查理看到他在《周六夜现场》打鼓，就记住了他。

阿瑞莎·富兰克林打来电话，说她想和乌比·哥德堡拍一部名叫“跳跃的杰克闪电”的电影，希望我能帮她制作同名曲。我记得当时查理·沃茨建议：如果你想脱离“滚石”的框架，不妨去找史蒂夫·乔丹打鼓。我想，好吧，如果我要给阿瑞莎录《跳跃的杰克闪电》，就给自己组个乐队从头开始。我以前就认识史蒂夫，所以这次做阿瑞莎的歌时叫上了他。那是非常棒的一次录音，还让我确定了一件事：如果我想在“滚石”以外搞点名堂，肯定是跟史蒂夫一起做。

一九八六年，我引荐查克·贝里以摇滚乐先驱的身份进入摇滚名人堂，后来查克的临时伴奏乐队开始演奏，其他人围在他身边玩即兴，给他伴奏的正是大卫·莱特曼的乐队，鼓手是史蒂夫·乔丹。后来泰勒·汉克福德计划为查克·贝里的六十大寿拍一部影片[②]，请我去做音乐指导。突然间斯图的声音在我耳边回响：约翰尼·约翰逊还活着。我会在那一刻想起这一点，想必是我发现查克·贝里长久以来一直和临时拼凑的乐队

① David Letterman（1947－），电视节目主持人，喜剧演员。

②即音乐纪录片 *Hail! Hail! Rock 'n' Roll*。

演出，已经忘了该如何与一流乐手同台。特别是和约翰尼·约翰逊，两个人分道扬镳还是七十年代初的事。当时查克转过身去，用他那别人学不来的样子说：约翰尼，滚吧——他其实等于切断了自己的左右手。

查克觉得自己能一直做出金曲。虽说他弹吉他，可会不会也有“主唱综合征”啊？事实上，自从解散当初那支乐队以后，除了卖得最好的那张《我的叮铃》，他就再也没出过金曲唱片。拜托了查克！约翰尼·约翰逊才是你的最佳搭档。这是上天的旨意和安排。查克却说：啊，不对，关键只在我，我可以另找钢琴手，不管怎么说，可以少给点报酬——原来省钱才是他最在乎的。

我到泰勒·汉克福德在圣路易斯郊外温兹维尔的家去见查克。一直等到第二天才顺口说起这事。他们一直在讨论照明，我趁机对查克说：我有个问题，但不知道问得合适不合适，因为我不了解你的人际关系，你和约翰尼·约翰逊还有来往吗？他说：我觉得他应该住在城里。我说：更重要的问题是，你们俩还能一起演奏吗？是，他说，妈的，是。这是个非常尴尬的时刻。我冷不防地把约翰尼·约翰逊拖过来放在他面前。后面是无数种可能性。查克选择了接受，这是正确的，因为最后他得到了一部伟大的电影和一支伟大的乐队。

后来出了桩哭笑不得的事，是我闹的笑话。我想让查理在乐队里打鼓，史蒂夫·乔丹也想来，但我觉得他对这种音乐的理解不够透彻——我的认识是错的，但当时我真不知道史蒂夫的本事。于是我对史蒂夫说：谢谢你了，伙计，但是查理先你一步了。后来我又去见查克，他说有东西着急给我看。他打开上次在名人堂即兴演出时的录像，史蒂夫在用力打鼓，虽然摄像机没拍到他的头，但仍然可以看出他很摇滚。查克说：伙计，我喜欢这个鼓手，他是谁？电影里我想用他。所以我只好回头给史蒂夫打电话说：啊，哦，也许有个空缺职位吧。史蒂夫当然很开心，但也闹了个乌龙，还是让他自己来讲吧。

查克坐飞机来牙买加见我们，要住奥乔里奥斯的房子。我们到机场去接他。那天天气很热，大概有九十华氏度，非常炎热。所有下飞机的人穿的不是短裤就是比基尼，因为知道这地方闷热。查克却穿着运动衫、涤纶喇叭裤，手里拎着皮箱。真是疯狂。后来我们坐在起居室里，鼓已经摆好了，我们打算一起玩一把。有两个小的查普牌音箱，还有几把吉他。准备就绪后，查克说：鼓手在哪儿呢？我那时留了脏辫，看上去有点像斯莱·邓巴。基思说：这就是鼓手，叫史蒂夫，他是鼓手。查克问，他就是我的鼓手？他看着我的脏辫说：他才不是我的鼓手！因为录像里没拍到我的头，其实我一直都留脏辫，但他还以为我是个雷鬼鼓手呢，所以不愿意跟我合作，等我们玩起来才觉得我没问题。

我问约翰尼·约翰逊，《甜蜜十六岁》和《小奎妮》是怎么写出来的。他说：这个嘛，查克写歌词，然后我们就弹一段布鲁斯曲式，我把和弦序列写出来。我说：约翰尼，这就叫“写歌”。你本来至少能得到一半的版权。我的意思是，你应该跟他签合同，拿百分之四十的版税，这些歌是你和他合作的。他说：我从来没想过；我就是做会的事情。我和史蒂夫就这个话题讨论了很多，我们发现查克的东西不是降 E 调就是升 C 调——这是钢琴的定调，不是吉他的。这可真是大破绽。这些定调并不适合吉他，显然多数歌一开始都是钢琴的动机，查克那双大手在吉他上按出的和弦是后来加上去的。我感觉他是跟着约翰尼·约翰逊的左手在弹！

查克的手真的非常大，所有封闭和弦[①]他都能弹，真是纤长灵巧。我的手比他的小，花了好几年才琢磨出怎么跟他弹得一样。我是跟着纪录片《夏日里的爵士》学的，查克弹《甜蜜十六岁》的时候我就盯着他的手，看它们的位置和手指的动作。后来我发现，如果变成吉他的定调，换一个根音，就可以弹出我自己的版本。查克就是这么弹的。查克·贝里弹琴时最让人佩服的就是看似根本不费力，他从不汗流浃背、咬牙切齿、怪相百出，只是纯粹轻松地摇摆，像狮子一样。

---

① barre chord。

光是让查克和约翰尼重聚就够激动人心了，他们俩互动起来更有看头。因为太久没一起演奏了，开始后，约翰尼一直提醒着查克，查克则得跟上他的提示，他毕竟跟拙劣的乐手弹了很多年，那些都是全市最廉价的乐队，带着一个皮箱就能到处跑场。对于乐手来说，和比自己水准低的人合奏最毁灵魂，而这些年来他一直在这么干，可以说是对音乐完全不恭。约翰尼弹到精彩处，查克会说：嘿，还记得这个吗，然后弹上一段不知哪儿来的东西。看着查克拼命跟约翰尼和乐队，真是又奇怪又好笑，而且现在给他打鼓的是史蒂夫·乔丹，从一九五八年起他就没遇过这么棒的鼓手。我尽最大努力组了一支能配上查克·贝里的乐队给他伴奏，它和他原来的乐队不相上下。我觉得我们以自己的方式办成功了，虽说他是个性格难以捉摸的浑蛋，但我早就习惯了跟这样的人合作。

这部电影促成一件真正的好事：我让约翰尼·约翰逊获得了新生。他总算有机会当众弹漂亮的钢琴。他的余生都在世界各地巡演，也被全世界热爱。他开始演出，获得了认可。更重要的是，他拾回了自尊，重新被视为优秀的乐手。查克那些精彩绝伦的唱片中是他在演奏，他从来没想过大家会知道这一点。作为曲作者，他的贡献一直没有得到认可，也没有得到创作版权。也许这不是查克的错，是切斯唱片公司的错。从一开始就不该这样。约翰尼从来没有要求过这些东西，所以也没人给他。后来他继续弹琴十五年，为世人所倾听。他重获热情和动力，做着该做的事，没有碌碌无为，死在方向盘后面。

除了亲近的小圈子，我不想对人品头论足，但是我得说查克·贝里实在让我失望。他本来是我的头号英雄。妈的，我觉得这家伙牛气冲天，应该一直这么弹琴、写歌、唱歌、拼命才对。他是个伟大的乐手。拍电影时我们把他的设备和我们的放在一起，后来我才发现他管音箱生产公司收钱，因为他用了他们的产品。在圣路易斯的福克斯剧场，从演出第一晚的第一个音符开始，查克就把我们精心制订的计划一股脑抛到九霄云外，用另一套定调弹完全不同的编配。没关系，它是查克·贝里最棒的演出。我在引荐他进入摇滚名人堂时就说过，我偷学过他所有的吉他乐句。所以我欠查克，对他在恼怒不堪时的反戈一击，我也只能吞下苦果。他对我真是咄咄逼人，你可以在电影里看到。要让我容忍别人的欺负可真不是件容易事，但查克就是这么欺负包括我和其他人的。

但是有一天，当我从收音机里第一百万次听到他的歌声，我还是给他发了一封传真，真挚地写下心里话：

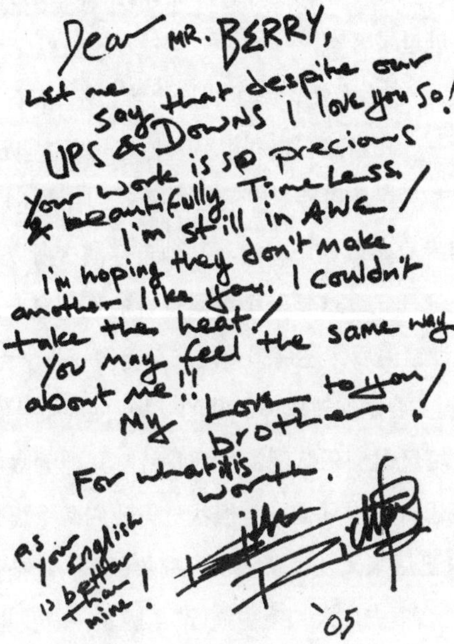

Dear MR. BERRY,
Let me say that despite our UPS & DOWNS I love you so!
Your work is so precious & beautifully TimeLess. / I'm still in AWE!
I'm hoping they don't make another like you. I couldn't take the heat!
You may feel the same way about me!!
My Love to you brother!
For what it's worth.

'05

P.S. your English is better than mine!

亲爱的贝里先生：

不管我们的关系有什么起起伏伏，我还是非常爱你！你的作品是那么珍贵而且超越了时间，我依然充满敬畏！我希望再也别造出你这样的人来了。我受不了那样的激情！你对我可能也有同感吧！！

不管怎么说，

爱你，兄弟！

附：你的英语比我好！

基思·理查兹

05 年

米克的背叛让我难以原谅，一九八七年他宣布要为第二张个人专辑《原始的冷酷》举办巡演，这简直就是有意解散“滚石”。我本来指望我们能在一九八六年巡演，结果被米克的拖延政策糊弄过去。现在一切都清楚了。正如查理所说，他把在“滚石”的这二十五年都抛弃了。事实确实如此。“滚石”从一九八二年到一九八九年都没巡演，从一九八五年到一九八九年没进过录音室。

米克说：“过了这么多年，到了我这个年纪，‘滚石’再也不可能是我人生中的唯一……我当然有权利用另一种方式表达自己。”他是说到做到。他的另一种方式就是和另一支乐队去巡演，唱的还是“滚石”的歌。

我本来相信米克不敢抛下“滚石”独自巡演。所以他这举动无异于狠狠甩了我们一记耳光。这是一个等候上诉的死刑宣判。为什么？我在知道自己对他估计错误后，还是感到愤怒又受伤——米克去巡演了。

我开始报复，主要是通过媒体。我的开场白是：如果他不想和“滚石”巡演，却和什么垃圾白痴乐队巡演，那我就割开他的喉咙。米克傲慢地回应道：“我爱基思，我崇拜他……但我觉得我们两个再也不能共事下去了。”我记不得自己后来又发表了多少冷嘲热讽——迪斯科男孩，米克的抽筋小乐队，他怎么不去加入“空中铁匠”[①]呢？——我也是口不择言了，叫小报感激得要命。我们吵得真是很凶。有一次我被记者问：“你们俩什么时候才能停止对骂呀？”“去问那个贱货。”我这么回答。

后来我想，就让那家伙耍去吧，让他去自取其辱好了。他早就证明了自己缺少友谊，缺少同伴情谊，缺少一切能让乐队凝聚的品质。那是一片垃圾场。我觉得查理对他的看法比我还糟糕。

我看过一段米克个人演出的剪辑，他找来几个和我长得差不多的吉他手站成一排，做点“吉他英雄”的动作。他巡演时，有记者问我的看法，我说他的演出曲目里有太多“滚石”的歌，真是悲哀；如果你真想自己干，那就唱你那两张个人专辑里的歌。别一边声称单飞，一边又找两个妞蹦

① Aerosmith，美国著名硬摇滚乐队。

蹦跳跳，唱《滚动的骰子》。“滚石”花了多久才在音乐界建立起一个整体形象，而米克对个人发展的经营方式损害了这一切！这让我气得不轻。

米克对某些事情的判断和事实相差悬殊。他想当然地以为是好乐手就能跟他默契合作，就像“滚石”那样。但他的声音都不像自己的了。他有很棒的乐手，但和世界杯同理——英格兰不等于切尔西或者阿森纳。两者不可混为一谈，你得跟不同的团队闯。现在你雇来最好的乐手，就得跟他们建立起关系。这可不是米克的强项。他尽可以趾高气扬，在更衣室摆架子，对待成员就像对雇员，但这样是做不出好音乐的。

后来我决定，操，我也要组个乐队。我决定没有米克也要做音乐。我写了很多歌，开始用新的方式唱，比如在《今晚睡觉》里的表现。我开始用比较深沉的声音，以前从没这样试过，倒和我当时在写的抒情歌还挺相称。我给那些我一直都想合作的乐手打电话，我知道该从谁开始。自从在巴黎录《肮脏的工作》，我和史蒂夫·乔丹就在合作了。他总是鼓励我；听了我唱歌，觉得可以做专辑。我一写出还不错的旋律，我就叫他来唱。我渴望合作，我需要别人的回应，让我觉得在做的事是值得的。回到纽约后，我们开始一起混，合作写了很多歌。他的朋友兼合作者查理·德雷顿主要弹贝斯，但同时也是颇有天分的鼓手。我们开始在伍迪家里玩即兴。后来我和史蒂夫去牙买加待了一段时间，他成了我的朋友。我们俩发现，嘿，我们也可以写歌！他是唯一的一个。除了贾格尔/理查兹，就是乔丹/理查兹。

让史蒂夫来讲讲我们是怎么搞在一起的。

> 我和基思开始写歌，我们俩变得非常亲近。当时还只有我们两个人，没开始组乐队。我们去了纽约一个叫“录音室900”的录音室，就在他家门口的那条街上，离我家也只要拐个弯。我们就上那里坐着写歌，第一趟一连演奏了十二小时。基思连泡尿都没去撒！真让人难以相信。是对音乐纯粹的爱把我们绑在一起。但对他来说这确

实是一种释放。他有太多想法。不过要流露感情，敞开心扉也让他觉得不安，至少在写歌的时候是这样。他有很多歌主题明确，是关于他的老搭档的。《你没让我动摇》就是其中的经典，后来成了他第一张个人专辑《说话太廉价》的结束曲。

一开始我只想出了歌名“你再也不能让我动摇”，但不知道要怎么继续；是一个男人对一个姑娘说的话，还是一个姑娘对一个小伙儿说的话？但写完第一段，我才意识到自己在想什么，突然找到了主题——米克。我尽量彬彬有礼，不过是以我的方式。

让你贪婪的东西
准会让你声名狼藉。

我和史蒂夫觉得我们可以做张专辑，于是开始寻找核心成员组建“昂贵酒鬼”——这个名字是后来起的，因为有人推荐我拿拉菲庄葡萄酒当录音室里的放松饮料。好吧，这名字对于一支由几个哥们组成的好乐队来说不是很好吗？史蒂夫问我都想找谁，我最先想到的吉他手就是沃迪·瓦赫特尔。史蒂夫说：你可得说话算话，兄弟。我从七十年代起就认识沃迪，一直希望和他一起弹，他是我认识的最有品位、最讨人喜欢的乐手，极富音乐才华。对音乐理解、投入，不用别人解释。他有个一流的超音波耳机，经历了那么多年的户外演唱会音质还是很好。他在琳达·朗斯黛以及史蒂薇·尼克斯的乐队里待过——都是姑娘的乐队，但我知道这小子想摇滚。于是我给他打电话，只说：“我在组乐队呢，把你算上了啊。”史蒂夫赞同让查理·德雷顿弹贝斯，大家一致认可请伊凡·奈维尔弹钢琴，他是新奥尔良的阿隆·奈维尔[①]之子。人员就这么敲定，没任何试听。

“酒鬼”的组合很灵活。几乎每个成员都会玩点别的乐器，大家经常

① Aaron Neville（1941－），美国著名节奏布鲁斯和灵魂乐歌手。

换角色，也都能唱歌。史蒂夫可以唱，伊凡歌喉也不赖。这支精英乐队从最初的几个小节开始就已像火箭一样直线上升。我一直都很幸运，搭档都是好乐手。往“酒鬼”这样的团队前面一站，你肯定能成功。它绝对所向披靡，好到让人不敢相信。是它让我活过来了。我觉得自己好像逃出了监狱。我们的音响工程师是史蒂夫找来的唐·史密斯。他的音乐生涯就在孟菲斯的斯塔克斯公司起步，曾和写了《向下》的唐·尼克斯①共事，也和我的早期偶像约翰尼·泰勒②合作。他很爱自己的音乐。

下面由沃迪来讲述我们的巡演，他恭维我唱歌的水平总算比当年失败的达特福德合唱团童声高音有长进。

> 我们在加拿大做了第一张专辑《说话太廉价》。我记得录的第二首歌是《要接受太难》，写得非常好。我想：我是要弹这首歌吗？开始吧。我们弹了几次，大概就是所谓的彩排吧。其中有一次特别棒，好得没法说。那是当天晚上第二首歌，就是这个牛得要命的版本成了专辑里最好的歌。回家以后我想：我们是征服珠穆朗玛峰了吗？最高峰都翻过去了，其他山肯定不在话下。基思却不相信；他说：我不想让这些家伙太得意了。他让大家再录一遍。我不理解。因为这一版就好像在那儿喊：嘿，伙计们，我就是无法超越的呀。不过基思可能是为了让大家保持专注。但这次果然不如上次的。最好的版本得到了就是得到了。大家一起给收入专辑的歌定顺序时，我坚持把《足够大》排在第一首。因为这是大家第一次听基思这么唱歌，第一句非常棒，声音很美，唱得毫不吃力。我说：人们应该听听这个，他们肯定不敢相信这他妈的竟然是基思·理查兹唱的，然后咱们再用《要接受太难》来个轰炸。

其实《说话太廉价》里不止乐队成员。我们到处找人，去了孟菲斯，

① Don Nix（1941－），美国作曲家和制作人，斯塔克斯唱片的创始人之一。

② Johnnie Taylor（1934－2000），美国节奏布鲁斯、布鲁斯、福音歌手。

在《别犯错》里加入“孟菲斯管乐队”[①]的演奏，还邀请了威利·米歇尔。威利·米歇尔！一手包办艾尔·格林作品的人，包括音响工程师、编曲、制作人和词曲创作，他跟艾尔·杰克逊也合作，有时就跟两个艾尔一起干。我们去那个制作了艾尔·格林所有专辑的录音室找他，请他写管乐的编曲。所有想到要合作的人我们都去找过，多数人愿意加盟：马塞奥·帕克、米克·泰勒、威廉·“布特西”·科林斯、乔伊·斯帕皮纳托、查克·里维尔、约翰尼·约翰逊、伯尼·沃雷尔、斯坦利·“荞麦”·杜拉尔、鲍比·凯斯和莎拉·达什。巡演时我们还找来贝比·弗洛伊德一起唱歌，他翻唱了《心痛》，效仿了奥蒂斯的整套舞台动作，双膝跪地。“酒鬼”巡演的最后一夜，我们不得不把他的活动限制在麦克风周围，因为他动作太夸张了。怎么才能既去限制还不让他发现？这可得有点技巧。

先前除了米克，我没跟别人长期合作写歌，跟米克其实后来合作太多了，就各写各的。直到携手史蒂夫·乔丹，我才发现自己有多怀念合作写歌的感觉，才发现那有多重要。我经常等乐队在录音室里集合后现场作曲，站在那儿大叫大喊，怎么管用怎么来。沃迪一开始不适应。

> 说来搞笑。基思对写歌的概念是：架几个麦克风。“什么？好吧。”他说：“好，咱们唱吧。”“唱什么？”他说：“就唱这个。”“你说什么，唱什么？现在还什么都没有呢。”他说：“对，没错，咱们就编点什么出来唱。”就是这样。这是写歌的常规。于是我和史蒂夫就跟他一块儿站着，听他唱到“真他妈的……感觉真棒”，我们也努力编出几句来。就像碰运气。基本就是这样的状况。非常惊人。我们也真诌出了几句。

我确实开始以不同的方式写歌、唱歌。首先，我不是在给米克写歌，不再需要适合舞台演绎。我眼下还在学习唱歌，得定低一点的调子，好让声音降下来，不至于像滚石的《快活》那么高。旋律也得和“滚石”

① The Memphis Horns，美国管乐乐队，被誉为“最伟大的灵魂乐管乐队”。

的不一样。我学着对麦克风唱歌，而不是像我以前在舞台上那样边唱边上蹿下跳，还空手比画弹吉他。唐·史密斯装配麦克风和压缩器的方式让我在耳机里听到的声音特别大，所以我不能像过去那样一味尖叫和高声。我得写些安静的歌，情歌。从心底唱出来。

我们继续巡演。我忽然就成了主唱。好吧，就这么干吧。这让我对米克的一些疯狂举动有了更多同情。每首该死的歌你都得唱，必须练好肺活量。每天都有一个多小时的演出，不光唱，还得跳，还得弹吉他，这可是锻炼了我的嗓音。我的声音很有个性，有人讨厌，有人喜欢。反正肯定不是帕瓦罗蒂的路数，不过我也不喜欢他的声音。当主唱可真是累人，需要控制气息。一首接一首能让大多数人唱趴下，然后拼命吸氧。所以一下台我就上床睡觉！当然，有时候两场演出中间没法睡，但大多数时候都是：去他的，非休息不可。我们“酒鬼”有一辈子的时间可以巡演呢。我们在小型剧场演出，门票销售一空，几乎每场都受到热烈欢迎，最后不赔不赚。乐手阵容惊人。每晚都是精彩纷呈，音乐疯狂地流淌。我们就像在飞翔。真的非常神奇。

我和米克的个人专辑最后都卖得不怎么样，因为人们还是想要那个该死的“滚石”，对不对？不过至少我做出了两张口碑相当好的摇滚乐专辑。米克呢，他就是打算独自混个流行巨星当当。他出去把大旗一挂，最后只落得灰溜溜地撤下来。我不是幸灾乐祸，但确实早就料到了。折腾半天，他还是得回到“滚石”重新认同自己，赎回自己。

所以兄弟，你要救自己上岸，这担子可不轻啊。我不会率先去试探，我已经过了这个阶段。当时我对“滚石”已经不怎么感兴趣了，我手上有一张好专辑，自己做乐队也很开心。我还想再做一张“酒鬼”的专辑。可那头一会儿电话一会儿外交往来。接下来的会面可不是那么容易组织的。伤疤还在那儿，我们得找个中间点。那是一九八九年一月初，我在牙买加，米克不愿意来。他在马斯蒂克岛，我也不愿意去。巴巴多斯是个合适的地方，艾迪·格兰特的“蓝波”录音室就在那儿。

我们见面第一件事就是说，一切必须叫停了。我并没有刻意利用《每日镜报》当喉舌，可他们就是爱报道，他们在活活吞噬我们。我们稍微吵了几句，但聊起彼此在媒体上的怒骂就开始大笑。这也许就是治愈的时刻。我骂你是什么？然后开始活络起来。

我和米克可能不是朋友——我们经受了太多损耗——但我们是最亲的兄弟，无法割裂。这么久远的感情，你要怎么去描述？好朋友是好朋友。而兄弟是会打架的。我确实觉得遭米克背叛了。他知道我的感受，尽管可能不明白那伤害有多深。不过此时我写的都是过去的事；这一出过去好久了。我可以说出这些话，它们都发自我的内心。但与此同时，可别让我听见谁在说米克的坏话，否则我非割了他喉咙不可。

不管发生了什么，我和米克之间的感情还在。近五十年过去（以我写下这句话的时间算），我们还能一起上路吗？（不过考虑到实际因素，我们俩在后台的更衣室还是离了老远，他受不了我这边的动静，我受不了他连续一小时吊嗓子。）我们热爱我们所做的事情。重逢后彼此的敌意转瞬消失，我们放下对立，开始讨论未来。我们俩独处时总能想出点新鲜东西，碰出点火花。一直都是这样。这正是我们吸引人的地方，我们期待未来也还如此。

这就是在巴巴多斯的会面。八十年代以来我们俩的紧张关系终于趋于缓和。过去就让它过去。我也许不是个宽容的人，但也无法长期怀着怨恨去工作。只要我们有事可忙，别的都不重要。我们是一个乐队，我们了解彼此。我们最好重塑彼此的关系，因为说到底“滚石”在我们俩之上。你和我在一起能不能搞点好音乐出来？这才是我们的正事。和以前一样，关键在于不能有他人介入。如果我们边上有别人（随便谁），感觉就和两人独处大不一样，哪怕那个人是女佣、厨子。一切全变样。而我们单独在一起时，可以聊点新鲜事，“哦，老婆把我从家里踢出来了”，我们会突然想出这么一句，然后围绕它写歌。很快一首首歌就会出现在键盘或琴弦上。魔力回来了。我们彼此激发了对方心里的东西。他可以用出其不意的方式写歌，很自然地去写。

过节儿很快就被遗忘了。第一次会面不到两周，我们就去了蒙特塞拉特岛的“独立录音联盟”录音室录制五年以来的首张新专辑《钢铁之轮》，由克里斯·基姆斯担任联合制作人。“钢铁之轮”巡演计划在一九八九年八月开始，这将是“滚石”有史以来规模最大的巡演。“滚石”差点永久解散，如今我和米克又要继续未来二十年在路上的生涯了。

我知道一切都要从头开始。要么活过来；要么全盘皆输，所有轮子都掉下来。所有人都得忘掉旧怨一致向前，否则无从重新开始。虽然伤痕未愈，前不久的过去也要一笔勾销。

我们小心翼翼地做着准备，彩排了整整两个月。这可是大规模的新行动。舞台由马克·费希尔设计，其规模创下历史。会有两个舞台在空中交错。巡演所需的一切都被拖车载着上路，像一座移动村庄，从活动排练室到我和罗尼热身用的台球桌，应有尽有。我们不再是路上的小小海盗王国，风格与特色都从比尔·格雷姆式转变成迈克尔·科尔式。科尔曾是我们在加拿大的演出承办人。这时我才明白这是多么大的场面，盛大、隆重，全新的经营。

“滚石”直到八十年代才开始从巡演里赚钱，一九八一年至一九八二年的巡演才开始进入大型体育场，打破了摇滚演唱会的票房纪录。那次巡演的承办人是比尔·格雷姆。他是那个时代的摇滚演唱会之王，是反主流文化运动、无名艺术家以及各公益事业的赞助者，对“感恩之死”和“杰弗逊飞机”等乐队也是关照有加。“滚石”的上次巡演非常不靠谱，我们损失了一大笔钱，对不上账。简单说吧，一九八一年至一九八二年的巡演我们需要重新掌握控制权。于是鲁本特·洛伊文斯坦帮我们制定了财政方案，防止我们被骗走八成的收入。这之前每卖出一张五十美元的票，我们只能拿到三美元。鲁本特制订了合作伙伴计划，追回了销售规划协议，清除了旧合同里的多数花招和欺诈，终于让我们可以盈利了。我深爱着比尔，他是个好人，但他的想法变了，头脑开始发热。在这个行当干久了都会这样。除了比尔，他的商业伙伴也从我们这儿骗钱，还公开吹嘘，其中有个说用从我们这儿刮的钱买了套房子。这些内部操作和我无关。我的目的是上台演出，所以才花钱雇人。我只在乎有地方实现我想做的事，所以才跟比尔·格雷姆或者迈克尔·科尔合作。他们帮你分担重任，你就得跟他们分配利益。我只需要再找鲁本特或者简这样的人帮我盯着，保证钱没去错地方。我们在某个小岛上开了一次大会，最后决定找迈克尔·科尔碰运气。后来他承办了我们的所有巡演，直到二〇〇六年“更大的爆炸”。

米克在发掘人才方面独具慧眼，但可能很快就会丢弃他们，或者置之不理。“米克发现人才，基思留住人才”成了我们团队的座右铭，并被事实证明。比如有两个人是米克当初为单飞特别找的，结果他不知不觉把他们介绍给了我——一旦见到这么好的人，我绝不会再放走。其中一个就是皮埃尔·德·博波尔，米克来巴巴多斯和我见面时带着他当私人助理。他当时刚大学毕业，在纽约打暑期工，学习制作专辑，米克个人巡演时带上了他。皮埃尔什么都会修理，从网球拍到渔网，更是修理吉他和音箱的天才。我当时身边有个旧的芬达斜纹格音箱，声音已经没法听。皮埃尔是米克的人，当然被警告过别跨越冷战边界线——就是南北朝鲜和东西柏林之间的那种。有一天皮埃尔不管不顾地拿过我的斜纹格音箱，打开修理，把它彻底修好了。他得到了我的拥抱。不久后我就知道他是我要的人。因为他还能弹一手牛气的吉他，比我都强，这本事他藏了好久。对吉他的迷恋让我们走到一起。后来他就成了在后台把吉他递给我的人。他是吉他的管理者和调试者，也是我的音乐伙伴，如果我觉得自己写了一首好歌，第一个肯定拿给他听。

皮埃尔手下的吉他都有名字和个性，他熟知它们的音色与特点。它们都是一九五四年到一九五六年间出产的，制造它们的人大都已经作古——这些琴都四五十岁了，琴师如果在世也过百岁了——但你仍然可以看到质检者的名字，他们盖的合格章就在吉他里头，我们就用这些名字作为吉他的名号。弹《满足》时我一般都用“马尔科姆”，一把特莱卡斯塔琴；弹《跳跃的杰克闪电》用的是“德怀特”，也是特莱卡斯塔琴；“米考博”则是名副其实的全能型选手。“马尔科姆”低音动听，“米考博”高音出色，

“德怀特”则在两者之间。

我要向皮埃尔和他带领的后勤团队脱帽致敬。在舞台上，设备偶尔会突然出故障。他们得时刻准备着抢修断弦的吉他，重新给它装弦，还得事先多备把音色相仿的琴，十秒钟之内就得让它挂在吉他手的脖子上。要是在过去，琴坏了你只能走下去，让台上的人撑着，直到你自己把琴修好为止。现在演出要拍录像上镜头，一切都被众目睽睽地审视着，可不能这么干了。罗尼特别容易把琴弦弄断，米克最糟，时常用拨片把琴弦弄折。

第二个新来的是伯纳德·福勒，他和丽莎·费希尔一直是乐队的和声歌手，几年后布隆迪·卓别林也加入进来。伯纳德一开始也是米克单飞时的人，后来开始在我的个人专辑里唱歌，我写的每首歌里都有他的和声。伯纳德来录音室录和声的时候，我对他说的第一句话就是：“你知道，我可不愿意喜欢上你。”“为什么？”“你是他的人。”伯纳德松了口气，我们之间的坚冰被打破了。我觉得我好像是偷了米克的人，但当时我想摆脱这种两军对垒的感觉。我和伯纳德一起唱歌感觉很好。所以这些破事就算解决了。

我把鲍比·凯斯“偷运”回来参加一九八九年的“钢铁之轮”巡演，这可真不容易。他已经十年没回来了，只是偶尔会参加一场演出，演完就走。我费了点时间才把他弄回来。一开始都没告诉别人。当时我们在拿骚大剧场彩排，就快到带妆正规彩排了，我对管乐部分不怎么满意，于是给鲍比打电话，让他偷偷坐飞机过来，一下飞机就藏起来。我们快要演《红糖》时鲍比进来了，但米克还不知道。我告诉鲍比，等到《红糖》的时候，你就加进来吹一段独奏。到他独奏的时候，米克转过头来看着我说：“妈的，这是……”我说：“明白我的意思吗？”一曲结束，米克看着我，好像在说：好吧，这个没法跟你争。我的意思是，宝贝，这就是摇滚乐呀。但我可是花了些年头才慢慢让鲍比回到乐队。我说过，有些朋友确实会犯浑，我也会，米克也会，人人都难免。不犯浑你又哪儿来的光环呢？我的生命里就充满了残破的光环。整个巡演途中，米克没跟鲍比说过一句话，但鲍比总算留下来了。

我也让史蒂夫·克罗蒂加入了我的“基思帮”,他也是那种主动找到我、然后我们一见如故的人。史蒂夫来自兰开夏郡的普雷斯顿，爸爸是个粗鲁的屠夫。史蒂夫十五岁就离家独立生活，开始艰难的冒险生涯。我是在安提瓜岛遇到他的，他开着一家叫“天堂里的比萨”的名餐厅，是乐手与游艇主出没的好地方。所有到乔治·马丁在蒙特塞拉特岛的“独立录音联盟”录音室录音的人都会来安提瓜岛，所以史蒂夫认识音乐圈的所有人。我们经常待在离餐厅不远的“尼尔逊的造船厂”酒吧。

我很快就喜欢上了史蒂夫,觉得他和我气质相投。他当然也蹲过大牢。我的朋友们进过的都是名监狱。史蒂夫前不久刚被从澳大利亚悉尼郊外博塔尼湾的监狱放出来，那儿就是当年库克船长登陆的地方。他被判服八年劳役，其中有三年半是全天被铐着的。史蒂夫之所以能在那么残酷的环境中活下来，部分原因是大家都知道他为两个潜逃的朋友守口如瓶，并且替他们受过。他就是这样的人。脾气好,人又坚强,可是挨了不少打。有一次，几个西班牙水手凌晨三点没头没脑地跑进他的酒吧，他告诉他们打烊了，结果差点被杀。他昏迷了好几天，动脉瘤破裂，掉了九颗牙，失明了两个星期。他们为什么下那么狠的手？因为史蒂夫说：“明天再来吧，我请你们喝酒。”转过身去就听见那几个水手说：“我操你妈。”史蒂夫说：“对，有人是能这么干，你想让我怎么做，给你爸打电话？”结果就挨了打。

史蒂夫伤好以后，我请他去牙买加照看我的地盘，如今他已经成了我们“加勒比海地区会议”的头儿。我刚开始写这本书的时候，有人持枪入室抢劫我那房子，史蒂夫用一把电吉他把他打倒在地，不想那人的胳膊肘撞在地板上时使枪走火了。子弹射中史蒂夫的鸡巴，穿过去一英寸又飞出来，避开了所有大动脉。真是万幸。入室者被警察开枪打死了。

在蒙特塞拉特岛排练期间，有一次我还动了刀子，当时我们在录一首叫“复杂的感情”的歌。有个工程师目睹了一切,这个故事最好让他来讲。我可不想吹自己刀子扔得有多准（虽说有点运气的成分），但得说明白到底为什么差点引发流血事件——有个什么乐器都不玩的家伙闯进录音室，明明屁也不懂，还想指挥我怎么改歌。哼。下面是目击者的回忆：

> 有个米克请来的音乐界大人物在蒙特塞拉特讨论巡演相关的合同。他显然臆想自己有制作音乐的才能。我们在录音室里回放《复杂的感情》，这首歌要作为专辑的第一首单曲发行。基思挎着吉他站在这边，米克站在那边，我们就这么听着。歌放完后那家伙说：基思，很棒的歌，伙计，但是我告诉你，我觉得你改改编曲会更好。基思从他的医药包里掏出一把刀子扔过去，梆！正好扎在那家伙两腿之间的地板上。好个威廉·退尔[①]，太厉害了。基思说：听着孩子，老子写歌的时候你还是你爹蛋里的精子呢，别来指点我怎么写歌。然后转身出去了。后来是米克费了好大劲把事态平息下来，但这事实在有意思，我永远忘不了。

盛大的“钢铁之轮”巡演一切准备就绪，鲁本特·洛伊文斯坦却来找我谈话——本来应该米克来的——他说如果简·罗斯继续插手，米克就要退出巡演。简·罗斯直到今天仍是我的经纪人，她头一次在这本书里出现是一九七七年我在多伦多被捕之后，她英勇地陪我挺过我最后一次戒毒，在加拿大的案子里也始终陪在我身边。虽说书中很少出现她的身影，可她一直都在。当时是一九八九年夏天，离那些事已经有十几年了，但简显然仍是米克的眼中钉——尽管这钉子完全是无中生有。简曾经同时为我和米克工作过相当长的一段时间，从多伦多审判一直到一九八三年，现在看起来简直是不可思议。其实有段时间她为我办事是非正式的，是应米克的安排来帮我。一九八三年，米克决定开除她，把她从“滚石”赶出去。他没告诉我，否则我不会让这事发生。不会的，伙计，我才不会抛弃简·罗斯。我信任她，在多伦多的时候是她一直陪着我，一起经历了风风雨雨，一直是我事实上的经纪人。发现这事当天我就重新聘用

①瑞士传说中的神箭手，民间英雄。

了她。

简顿时成了值得注意的力量。一九八六年米克拒绝巡演后，简就开始为我安排各种项目，先是和杰里·李·刘易斯在ABC电视台制作一档特别节目，然后和阿瑞莎·富兰克林合作拍摄《跳跃的杰克闪电》，后来又和刚进入美国市场的维京唱片公司签订合约，发行“酒鬼”的专辑。这些都是我和简一起搞的，她非常努力。所以现在米克不想让她参与巡演，问题还是那一个——有些人和我过于亲近，会让我变得难以控制，会一再阻挠米克掌控全局的大计。简非常顽强，她是我的看门狗。她从不放弃，而且总会胜利。这次和米克合作，她只是让我在重要的事情上保证发言权，这正是米克一直竭力避免出现的情况。所以她是米克达成控制欲的直接障碍。还有一件事恶化了局面，给她加大工作难度——她是女性。

但是简为我做了好几件大事，从“酒鬼”的合约到我在《加勒比海盗》里的露面，都要感谢她纯粹的坚韧。她帮我签了维京唱片后，鲁本特问她“滚石”能不能也改签维京，一九九一年我们果然就和维京签下了大合同。简确实有让人讨厌的时候，上帝保佑她。她也受了不少伤害，基本来自那些拼命排挤她、指望她让道、觉得她碍事的人。但她内心有一只猛虎，而且对我忠心耿耿。一九八九年米克对我下最后通牒要我放弃她之前，我刚把鲍比·凯斯偷偷弄回来，让他火冒三丈——他以为自己独揽大权，我却违反他的禁令召回鲍比。所以简的事可能是他在向我报复，但我的回答可想而知：如果巡演不带上简·罗斯，那就干脆别巡演了。于是简到底参加了巡演，我觉得在某种程度上，米克没有谅解这件事。但一开始他就没有选对立场。

所有这些事也有喜剧性的一面，其中之一是米克在实行他那些“大计划”前没来征求我的意见，这简直是种病态的无能。他总觉得舞台上需要更多道具和特效，需要堆砌小把戏。充气鸡巴是很不错。但是就因为偶尔使用确实会很成功，导致后来每次巡演我都得送一大堆演员回家。我觉得没有道具会更好，或者说尽量少。我有好多次缩减了道具和人员的数量。有一次他想放上踩高跷的演员。谢天谢地，正式彩排时天下雨了，高跷演员都摔了跟头。还有一次我解雇了三十五个就会在《小酒馆女人》里亮相三十秒的舞者。我悄悄打发了她们。对不起，姑娘们，到别处跳去吧。为这类事浪费了数以十万计的钱。在七十年代，米克无论计划什么，到最后都会实施，他已经习惯了这样，觉得他作任何决定我都不会觉察。其实我都知道，就连那时候也是，尤其涉及跟音乐有关的问题。我会给他发去传真表达厌烦，一般是这么写的：

> 米克，如果“滚石”歌曲的混音和发行没有征求你的意见会怎样？我连这么说说都觉得很奇怪。不管怎么样，混音糟透了。如果你到现在还没醒悟……它是作为一个既成事实抛给我的。你怎么能这么不自重？这些歌都是谁选的？谁混的音？你为什么竟然把它当作你的决定？你是不是永远也不会明白，没了我你什么也干不成？

“钢铁之轮”、“巫毒客厅”、“通向巴比伦之桥”、“四十精选”[①]、“更大的爆炸”这些大型巡演让我们从一九八九年到二〇〇六年马不停蹄，但这些巡演并非米克或我们任何人所设计，而是应公众的需求才扩大到如此规模。有人说：你们干吗一直演啊，到底想捞多少钱啊？是的，所有人都喜欢钱，但我们只想做演出。我们的演出是一种不为人知的新媒介。人们像飞蛾扑火一样被吸引，是因为它在那儿，而他们需要它。你还能怎么说呢？存在就是合理。你要它，最后得到它。我更喜欢在剧场演出，但怎么装下那么多人呢？我们从没意识到演唱会能变成这么大的规模。其实我们做的和一九六三年在“龙虾俱乐部”做的没太大差别，可结果怎么就这么不一样呢？一般来说，我们演出曲目的三分之二是“滚石”经典金曲。唯一的区别就是观众人数多了，演出时间长了。我们当年刚组乐队时，最顶尖的乐手一场演出也不过二十分钟时间，“艾弗利兄弟”可能会演上半小时。所谓“巡演”其实是一组冷酷的数字：上座率，演出成本——这是一道方程式。是迈克尔·科尔把演出扩大到这种规模，

① *Forty Licks*，“滚石”40周年纪念专辑。“Lick”意指乐队的大舌头标志，也有“精选”之意。

当然是估算过市场需求后的决定（“滚石”已经八年没巡演了），而且担了风险。我们无法确信需求是不是真有那么大，不过当费城的门票在头一天就销售一空时，我们知道科尔显然是对的——就算票量再增加三倍也能卖完。

巡演是乐队唯一可以生存下去的方式。唱片版税还不够乐队运营经费的；你不可能像过去那样靠发行专辑赚的钱去巡演了，相反要靠大型巡演提供乐队体系运行所需的面包和黄油。如果规模缩小，我们便不能保证收支持平。在演出市场上，像“滚石”这样仅靠音乐就让体育场满座的乐队已经很少见了，几乎绝无仅有。我们的演出没有大堆舞蹈或者放录音假唱，你们买票进来，看到、听到的就是货真价实的“滚石”。

巡演中有些新兴的东西放在七十年代是不可想象的。为此我们也招来了议论，说签了那么多赞助，都成公司和广告媒介了。但这些是面包黄油的一部分，方程式的一部分。否则巡演的资金从哪儿来？他们要考虑的，是既要对观众公平，又对乐队自身公平。巡演里还有赞助商的“见面会”环节——那些人进来跟我们握手、拍照——这也是合同的一部分。事实上还挺逗的。他们不过是一群醉醺醺的家伙，进来就问：“嘿，你们好吗，宝贝？”“啊，我爱你们。”“嘿，兄弟。”只是讨好性的握手，全都来自赞助方。他们多半打完台球来参加这个“见面会”，在某种程度上这还挺让人安慰的，因为它意味着再过两个小时就可以上台了，所以你知道进展到哪一步了。所有人都喜欢时间安排能有规律可循，特别是每天都得换一个城市的时候。

在大型体育场和露天场所演出，我们面临的最大问题就是音效。怎么才能把体育场变成酒吧呢？一个完美的摇滚剧场应该像个由红砖砌成的巨型车库，尽头还应该有个吧台。当然，世上没有摇滚乐剧场，没有专为这种音乐而修建的理想场地。你得努力去适应各种用于其他目的的场馆。我们喜欢可以自主控制的环境。有些好舞厅，像阿斯托利亚、纽约的罗斯兰德，还有阿姆斯特丹的帕拉迪斯科都不错。芝加哥有个叫“跳棋盘”的场馆很好，空间大小恰到好处。而登上户外的大型舞台时，你永远不知道下一秒会是什么。

在户外舞台演出时乐队里就会多一个关键人物——上帝。他也许心情很好，让你一切顺利，也许会送来一阵狂风，把音乐吹到场外，让两里外的人也能以最佳效果听到——人家未必乐意听。幸运的是我拥有魔法棒。演出开始前我们去检查音响设备，我就手拿一根小棒，对着天空和舞台画几个神秘的符号。好了，这下天气不会出问题啦。这是迷信，但如果露天演出我不带着它，他们会觉得我病了。演出时多半会变天。

有时候条件极其恶劣，我们反而献上最棒的演出。我们在印度的首场演出是在班加罗尔，第一首歌唱到一半就下起了强季雨，一直持续整场演出。瓢泼大雨倾盆而下，你都看不见手里的吉他指板。我们后来都管这次演出叫“班加罗尔的季雨”，它都出了名啦。但它精彩绝伦。无论下雨、下雪、下雨夹雪或者其他什么，观众都会留在那儿。如果你顶着世上最糟糕的天气留下来，和他们在一起，他们也会跟着你疯狂摇滚，把天气忘在脑后。最糟的就是大冷天，你的手指都冻僵了，很难活动开。这种情况确实遇到过——我们总是尽量避免——皮埃尔就会让后台的人趁歌曲间隙的几分钟给我们递暖手包。

有一次，上台弹第一首歌的时候我就把手烧伤了，伤口见了骨头，留下一道疤。这都是我的疏忽。我当时告诉所有人：退后，开场时要放点火，自己却把它忘了。我一上场，烟花就升起来，一大团白色磷火落在我的手指上，冒着热气烧着了。我还不能去碰它，否则会蔓延开来。当时正弹着《让我开始》，我就这么让手指烧着，一直到看见骨头。接下来的两个小时里我都不得不看着自己惨白的骨头弹琴。

记得七十年代有场演出我是真的昏倒了。那是在意大利，我快站不住了，根本没法呼吸，空气太差，天又很热，我能感觉到自己不行了。米克勉强站着，查理一直都脸色苍白。但是我，在污染严重的米兰，毒辣的太阳之下，在炎热和化学气味中，昏了过去。好像有一两场演出出现这样的状况。有时候我醒过来，还得拖着三十九点四摄氏度的身体上台表演。我能应付；在台上一发汗，烧可能就退了。多数时候都是这样。

我有时候发着高烧上台，演出一结束就好了，可能是因为工作性质的关系。有时候我本该取消演出卧床休息，但如果我能摇摇晃晃地上台，那就一定要上。出一点汗就能好起来。也有时候在台上我确实觉得不舒服，数次躲到音箱后面去吐。说出来你都不信！米克、罗尼都在后台吐过。空气不好或者太热就容易这样。能吐出来是好事，会觉得舒服点。“米克哪儿去了？”“在后台吐呢。”“那好，他吐完换我。”

在大型场馆演出，你会期望声音能充满整个空间，千万别小得像蝙蝠哼哼。有时候，你前一天刚在小型排练室排练过，声音非常好，等到把设备搬上大舞台，感觉就像三只老鼠掉进了陷阱。在“更大的爆炸”巡演时我们找来了戴夫·纳塔莱，他是我合作过的最好的现场演出音响师。但就算有了这样的高人，在大场子里，人不满座你就别想试出音效，所以第一晚的演出总是不可控。等米克远离乐队，走到舞台前面的什么坡路时，你永远没法保证他监听耳机里的声音和我们听到的声音同步。可能只有一秒钟的延迟，但节奏就全乱了。然后他就像在演绎日式唱法，直到我们调整一秒钟。这可是真正的艺术，得是真正的好乐手才能那么默契，知道怎么让整个节奏保持一致，最后双方合上拍子。乐队得从弱拍换到强拍两次才能做到这一点。但观众看不出来。我得等着查理，他会看着米克，根据他的身体动作调整拍子，不能听声音，因为有回音，靠不住。查理会延迟一点，抓住米克下台的时机，然后敲强拍，我再跟进去。

你会需要乐手从斜坡上跑下去，但这一行为对音乐没一点帮助，因为没法边跑边弹得很好，而且好容易跑下去了还得跑回来。你会想，我干吗要这么干？我们也是慢慢明白，不管场馆有多大，只要让乐队集中在一个地方，就可以假装空间很小。现在有了大屏幕，观众可以清楚地看到台上的四五个人凑在一起。这比分散在舞台各处瞎跑要有力量得多。我们上台越久，就越会意识到台下的人其实看的是大屏幕。我只有五英尺十英寸高，直接看舞台的话，我就是根火柴棍，再怎么看我也没法变得更大。

一旦上路，累人的巡演便把你变成一架机器；你的整个生活都围绕着它进行。一睁眼就得为演出作准备，心思整天就在这一件事上，哪怕清楚自己到时候该做什么。演出结果后，如果你愿意，可以有几个小时的自由时间，前提是你还没累趴下。巡演中我通常得花两三场演出才找到状态，找到理想的节奏，然后保持下去。我和米克找状态的方式很不一样。虽然我要多背一把五六磅重的吉他，但他更耗费体力，所以我们的精力集中在不同方面。他做各种锻炼，而我用以保持精力的方式就是一直呼吸。人在旅途最艰苦，要适应酒店的食物等，有时候真让人难以忍受。但一登上舞台，所有这些困难都奇迹般地不见了。表演于我从来都不是苦差，我可以年复一年，一次又一次地弹同一首曲子。《跳跃的杰克闪电》在历次表演中从不重复，总有变化。总有。如果我认为一首曲子已经死了，那绝不会再去碰它了。我们不能敷衍了事。登上舞台是真正的放松，那上面只有纯粹的乐趣和愉悦。当然，长途旅行考验耐力，其间我唯一的动力就是观众们带来的能量。这是我的燃料。我得到的是燃烧般的力量，特别是把吉他握在手里的时候。看到观众情不自禁地从椅子上站起来，我心里就会一阵狂喜。好，来吧，开始。给我一点力量，我会双倍奉还。简直就像发电机，妙不可言。我开始依赖这种力量，靠着它运行下去。如果台下空空荡荡的，我就泄气了。每场演出米克得跑十英里，我挎着吉他跑五英里。没了大家的能量我们做不到这样，连做梦都不敢想。是大家激励我们去做到最好。我们本来不必那么努力，但还是拼命精益求精。每个晚上都这样。前一分钟我们还在闲聊着，啊，第一首歌是什么？再抽根烟吧。转眼在舞台上了。这不足为奇，因为这就是我们登上舞台的全部意义。我仿佛也高大了几分。“女士们先生们，‘滚石’乐队”，这句话我听了四十年，但是每当在台上听到这句话，就感觉开着的塔特桑突然换成了法拉利。我弹下第一个和弦，听着查理的鼓声和达里尔的贝斯，犹如坐着火箭升天。

“巫毒客厅”巡演于一九九四年开始，和“钢铁之轮”隔了四年。其间我和其他人就都有时间搞点别的音乐，做做个人专辑，当当客座乐手，发点致敬专辑，或者折腾各种各样的偶像崇拜。到最后我几乎和童年时所有的英雄都合作过了——只要他们还活着。比如詹姆斯·伯顿、艾弗利兄弟、“蟋蟀”、梅勒·哈格德、约翰·李·胡克和乔治·琼斯。我和乔治·琼斯一起录制了《说那不是你》。一九九三年，我和米克入选歌曲创作者名人堂，这是我一生最值得骄傲的荣誉，因为它是萨米·卡恩[①]在临终前不久授予的。我花了很多年才懂得欣赏“锡锅街”的伟大创作——我一度看不起它，或者听完就忘。但等我自己开始写歌后才懂得欣赏那些歌的结构和技巧。我对豪吉·卡迈克尔也有同样的敬意，永远不会忘记他去世前六个月给我打的那通电话。

当时我和帕蒂已在巴巴多斯隐居了几周，有天晚上女房东来了：“基思先生，迈克尔先生给你打电话。”我乍一听还以为是米克。后来她说：我想可能是卡迈克尔。我说：卡迈克尔？我不认识叫卡迈克尔的。然后全身一阵颤抖。我说：问他全名叫什么。她回来告诉我：是豪吉。我看着帕蒂。这简直就像被神祇召见一样，感觉真诡异。豪吉·卡迈克尔给我打电话？肯定是有人在恶作剧。于是我去接了电话，真的是豪吉·卡迈克尔。他听了我对他的作品《你的靠近》的翻唱，那是我献给我们的律师彼得·帕切的。彼得喜欢我的录音和我在里面弹的钢琴，所以就送了一份给豪吉。我把那首歌演绎成小酒馆爵士乐的风格，和原曲大相径庭。我钢琴弹得并不好，只好将就着即兴来了一下。卡迈克尔的声音从那头传来：“嘿，伙计，我听了你翻唱的版本了，操，我写这首歌的时候就是想这样的。”我总觉得卡迈克尔是个保守的人，怀疑过他甚至不会同意我翻唱、改动他的歌。所以他打来电话说喜欢我的版本，真让我不敢相信。能接到他的电话……哇！我简直上天堂了，对不对？多么美好的时刻。他还说：“你现在在巴巴多斯？你去酒吧一定要喝‘玉米油’。”那是一种混合深色葡萄酒和法勒诺姆利口酒的饮品，再加上蔗糖制成的糖浆。后来有两个星期我除了“玉米油”什么也没喝。

① Sammy Cahn（1913－1993），美国词曲作者，创作有大量电影音乐和百老汇歌曲。

“钢铁之轮”巡演末期，我们成功进入布拉格，或者至少是感觉如此。那里原本可是斯大林的重地。我们在那儿演出前不久，当地刚刚政权更迭，走出捷克共产党的统治。当时的新闻标题都是“‘滚石’来，坦克滚”。这是政治家瓦茨拉夫·哈维尔的壮举，我们到来的几个月前他刚刚通过不流血的革命接手了捷克斯洛伐克政权，重要的一步。坦克滚出去了，“滚石”走进来了。我们很高兴能参与其中。哈维尔可能是唯一一个发表演讲，讨论摇滚乐在导致东欧政变的一系列政治活动中，所扮演的角色的国家领导人，也是唯一敢想象这一幕的领导人。我很荣幸能遇到这么一位政治家。一个可爱的人。他的官邸里有一架巨大的黄铜望远镜，当上总统后他把望远镜对着那座他曾在里头蹲了六年的监狱。“每一天我都看着那里，努力想通一些事。”我们帮他安装了总统府里的灯，因为政府没钱。我们让巡演团队里的灯光大师帕特里克·伍德洛夫点亮这座大城堡。装好了照明系统后，这里简直变成了泰姬陵。我们送了瓦茨拉夫一个白色的灯光遥控器，上面还有“滚石”的大舌头。他在官邸里边走边开灯，这地方突然活过来了。他像个孩子一样按着按钮直叫：哇！和总统这么相处的机会可不多见，你要说：天哪，我喜欢这家伙。

在任何乐队里，你都要随时随地学习怎样配合演奏。你总会觉得大家在更团结、更优秀，就像一个亲密的家庭。任何人的离开都会带来伤痛。一九九一年比尔·怀曼走的时候，我气得要命，着实把他痛骂了一顿，表现得不是很大度。他说他不想坐飞机了，现在都是开车去演出，因为开始害怕飞行。这哪是借口——别放屁了！我没法相信。我曾和这个男人一起坐过世上最破烂的飞机，那时他连眼睛都没眨一下。但现在我再想想，这种病是会慢慢养成的。也许他是用计算机做了什么分析，他沉迷于此，是我们当中最先有电脑的，我觉得它可能满足了他那缜密的心思。他大概是从电脑上看到了什么，比如飞行多少里程就会有多大出事概率之类。我不明白他为什么这么怕死。死亡是躲不开的，只是地点和方式的问题。

但后来他干什么去了呢？当年凭着才华幸运地加入“滚石”，好容易才挣脱社会的束缚，这可是千万分之一的机会，如今却又跑回去开酒吧，把全副精力放在小买卖上。你为什么要离开全世界最棒的乐队去开个卖炸鱼薯片的店，还给它起名叫“偷窃的手指”？我们专辑名也多，就让他拿一个用吧。那酒吧似乎开得还不错。

罗尼也突然开始对服务行业感兴趣，不过没有那么成功。有内贼真是噩梦。他老婆约瑟芬梦想有个水疗店，于是开了一家，结果又是场灾难，最后以倒闭告终，还落入破产的地狱。

我们直到一九九三年才把比尔离队的事昭告天下，费了一番工夫找到替代人。谢天谢地，是个令人满意的家伙。其实近在眼前——达里尔·琼斯，和“酒鬼”关系密切，是查理·德雷顿和史蒂夫·乔丹的好朋友，所以他其实是圈子边缘的人。以我的标准来看，达里尔是个巨人，相貌堂堂，多才多艺。当然，他和迈尔斯·戴维斯合作五年的经历绝对不会再让查理·沃茨挑剔不开心，因为查理本人就是从模仿那些伟大的爵士乐鼓手起步的。达里尔迅速融入了乐队。我很享受和他一起弹琴，总能被他激发出情绪。我们在舞台上兴高采烈。你想这么弹？没问题，玩得再狠一点吧，查理会支持我们的。就尽情表现吧，玩点额外的花样！达里尔从来没让我失望过。

“昂贵酒鬼”虽然松散，但也在流行文化里留下了灼热的印记，比如在电视剧《黑道家族》原声带里演唱的《别犯错》（其中也收录了“滚石”的《从始至终》）。“酒鬼”准备好回归，我们打算在纽约登台。五年前响应我号召聚头的那伙青涩乐手，现在都多了几分沧桑，最心爱的饮品早已从红酒换成了威士忌。当年我们去加拿大录第一张专辑期间在农村和森林里，不到一星期，方圆五十英里以内的杰克丹尼威士忌就被我们喝光了！我们搜遍了周围所有的商店，最后只好到蒙特利尔再买点。这次我们集合起来录制第二张专辑，杰克丹尼之类产生的影响一一冒出来。这导致了一点混乱，延长了录音时间。于是我，基思·理查兹要求大家录音时戒掉杰克丹尼。从那以后我就从威士忌改喝伏特加了，不过在当时禁酒令确实有用。乐队有两三个人从那以后就戒了酒，往后也没再沾一滴。

我让他们戒酒之前，有一次多丽丝隔着录音室的玻璃看到我们消极怠工，不禁大发雷霆。她当时上纽约玩，顺便来看我们。唐·史密斯请她进来了。我写这本书期间，唐去世了，让人深深悲痛。他留下了多丽丝那次访问的回忆：

> 基思等人在录音室里录和声，但没在工作，闲聊了有二十分钟。多丽丝问我他们在干什么，然后又问怎么才能跟他们说话。我把对讲按钮指给她看。她按下按钮呵斥道：你们别再胡闹了，赶快工作……租录音室是花钱的，你们竟然站在那儿闲扯。我大老远从英国飞过来，可没时间整晚坐在这儿听你们胡说八道。其实她当时的原话还要长些激动些。有那么一分钟，他们吓坏了，接着大笑起来。但后来确实加快了工作速度。

多亏了多丽丝，我们又鼓足了干劲。后来就开始筋疲力尽的苦差，对此沃迪有话要说：

> 我们一开始是夜里七点开工，至少干十二小时。后来慢慢就变成：啊，八点来吧，九点吧，十一点再来吧。所以我发誓，我们进录音室的时间都没个谱，最后直到凌晨一点甚至三点才来。有天早晨，我们在车上，基思拿着酒坐在那儿，戴着墨镜遮明媚的阳光。他说，等一下，现在几点了？我们说：早晨八点。他说：回去！我可不想早八点干活。他当时已经彻底昼夜颠倒了。
>
> 为了录这张专辑，我们已经在那儿待了好几周了。那是夏天，我们在纽约，几周来我从来没见过一次太阳。都是大清早才出录音室，天还蒙蒙亮，然后回家睡一整个白天，晚上起床回录音室。我可以举个例子说明录音到底耗了多长时间：我总是不停抽烟，有个

迷你别克牌打火机。简·罗斯说我们应该在一个半月之内录完这张唱片。我就对基思说："这个……" 我点燃一支烟，"你知道，这打火机正好能用一个半月。所以等它用完，咱们的专辑也录完了。" 他说："没问题，伙计，酷啊，咱们就看着这个打火机吧。" 一个半月过去了，我又买了个同样的打火机，不过什么也没说。然后两个月过去了。每次他要抽烟，我就用那个打火机给他点火，他就看着它说：我们还有时间呢，对吗？于是后来我买了第三个。我老婆安妮来看我。我说：宝贝，有个差事给你。去把所有能找到的粉红色迷你别克打火机都给我买回来，因为我们快要开始混音了。后来我们总算混完了最后一首歌《魔鬼》，它非常不错。到最后三四天，我带上一大口袋粉红色打火机，至少有十二个，把衣兜塞得满满的。我们混完《魔鬼》，基思高高兴兴进了屋说：哦，我要抽支烟。我说：好啊，我给你点上。然后伸手把那些打火机全拿出来。他说："你这个浑蛋！我就知道你一肚子坏水！"

录音本身就是一种严峻的考验。我和唐在去录音室的路上进了一家酒吧，结果还闹了点误会。经常有些浑蛋因为我的名气前来奉承，不过这次遇上的却非常愚蠢，就是想激怒我。唐目睹了一切。

我经常去基思的公寓找他，然后我们俩走路去录音室，路上会去个酒吧喝一杯。有一次酒吧的DJ见我们进去，马上就放起了"滚石"的歌。放完第二首，基思走过去礼貌地说：能别再放了吗？我们要去工作，来这儿只是喝杯酒。结果那家伙又放了一首接一首。基思走过去，跳了起来，一把抓住那个男人，用膝盖顶着他，差点把他推倒在地。我们赶快说：嘿，基思，我们该走啦。哦，好吧，他说。

"酒鬼"又做了一次欢乐的巡演，还去了阿根廷。我们自从六十年代起就没见过那么疯狂混乱的欢迎场面了。"滚石"可从来没到过阿根廷，所以我们简直像见识了全盛时期的“披头士狂热”，仿佛当年的狂热场面被时光封锁，在我们到来时破冰而出。第一场演出是在体育场，台下有四万名观众，那种喧闹与活力真是让人难以置信。我后来说服“滚石”：阿根廷绝对是个大市场，有很多人真心喜欢我们。我带伯特去那里玩，住在布宜诺斯艾利斯一家叫“大厦”的大酒店，这里是全世界我最喜欢的地方之一，有漂亮的套房和可爱的侍者。伯特每天早上醒来都会咯咯笑，因为能听见服务员唱：“噢，噢，噢，理查兹，理查兹……”平生头一次有人叫着他的姓，打着鼓喊他起床吃早饭。他说：“我就当他们是唱给我的。”

我和米克学会了尽量容忍彼此的分歧，但在一九九四年，若要把我们拖到一起还是需要一点外交手段。巴巴多斯再次成了我们会面的折中地点，我们得看一下双方是不是能够和睦相处，再做出一张专辑。当我们俩单独相处的时候，一切都和以前一样顺利。我只带来了皮埃尔，他已是我的工作人员。我们住在一栋环绕着柠檬树的大庄园里，我在这儿找到一个小伙伴，它的名字后来成了新专辑和巡演的名字——巫毒客厅。

那天下了一场暴雨，是那种热带的倾盆大雨，我跑到院子里拿烟抽。突然听见什么声音，觉得可能是那种巴巴多斯特有的大蛤蟆，它的叫声有点儿像猫。我扫了一圈，发现院子里步行道旁的下水管尽头有一只浑身湿透的小猫，只有我的巴掌大。我知道这儿有一大群猫。啊，你是从下水道爬过来的，你妈妈在哪儿呢？我把它推回下水道，一回头它又窜了出来。换句话说，它不受欢迎。我又试了一次，说：拜托，去找你自己的小伙伴吧。可是这个小不点又窜出来，眼巴巴地看着我。我说：操，好吧，那你就来吧。然后把它装进兜里跑回屋。这时我已经像只落水的耗子了。我打开门，屋里的人见我穿着齐脚踝的豹纹睡衣，全身湿透，活像被消防水带浇过的巫师，手里还抱着一只小猫——“皮埃尔，我们刚短途旅行回来”。显然，如果我们不管这只猫，它当天早晨就会没命。于是我和皮埃尔找来了最基本的猫食，一碟牛奶，把它的脑袋按进去，它就喝了起来。它其实是个强壮的家伙，我们只要喂饱它就行了。我们让它好好生长，给它起名叫“巫毒”，因为我们是在巴巴多斯，而他是战胜了噩运才活下来的——这是巫毒带来的幸运与魔力。我们的阳台也就成了“巫毒的客厅”——我还在阳台边上挂了标志牌。这只小猫总是到处跟着我，不是蹲在我肩上就是待在我身边。一连几周我都得保护它不被附近的公猫伤害。那些公猫想干掉它，它们可不想又来一只公猫抢地盘。我冲那些公猫扔石头，惹得它们就像私刑队一样聚拢过来冲我喵喵叫：“把那个小浑蛋交出来！”巫毒后来跟我去了康涅狄格州的家。我们分不开了，直到二〇〇七年它消失为止。它一直都是只野猫。

我们一行人去爱尔兰的基尔代尔郡罗尼家录制《巫毒客厅》，一切都很顺利。有一天，我们发现杰里·李·刘易斯就住在附近，可能是为了在美国逃税之便吧。他住的地方离我们只有一两个小时车程，于是我们问他想不想过来玩玩。杰里当时的意思或者想法显然是：他来做一张专辑，请“滚石”给他伴奏。而我们只是邀他过来玩玩，就像即兴演奏，一切都很随意。我们把录音室准备妥当，便于大家摇滚。我们唱了不少歌，首首精彩，都录在磁带上了。听回放的时候杰里说：嘿，那个鼓手有点慢了，他让乐队松散下来。嘿，那个吉他……我看着他说：杰里，我们只是在听回放，你知道我的意思，我们不是在制作，只是玩玩而已。气氛陡然紧张起来。我说：你是不是想搞垮我的乐队啊，你姓刘易斯，是不是？你是威尔士人。告诉你，我姓理查兹，咱们祖籍都是威尔士。我要好好看看你的小蓝眼睛，你也得他妈的好好看着我这双黑眼珠，你要是想打一架，那咱们就去，别他妈在这儿骂我的乐队！我冲出门去看着外面的篝火。《火星会四溅》就是根据这件事写出来的。我们的资深人事主管查克·马基描述说，留在屋里的杰里转过身去说：“嗯，这一招总是有用的。”但我们当天晚上和他录的东西确实很棒。能在这种情况下弹琴对我而言其实是种荣耀——我们可以对杰里说：杰里，你有什么想法？好吧，咱们来弹《蓝光之屋》。太棒了。我和杰里这样的人一相遇就是要出点名堂，后来他就成了我的兄弟。

唐·瓦斯作为这张专辑的制作人，也成了我和米克之间新的三明治夹心。他很聪明，没有被我们俩吃掉。唐既精于外交，也有出色的音乐才华，鉴赏力从不受时尚左右。如果哪段音乐做得不好，他会说：我觉得这个不好。敢这样直说的大概没有第二人，大家总是会让我们继续做下去，或者委婉地说：先把这个放一边吧，做点别的，然后回家。唐以这样的能力和我们合作了四张专辑，其中包括《巫毒客厅》。他在业内被誉为天才制作人，曾和众多一流乐手合作，而他本身的乐手身份，让工作变得更为得心应手。最重要的是，他自己的乐队也出过感情上的矛盾和斗争——在这方面我和米克可以算是老行家了。唐的乐队叫"瓦斯（不是瓦斯）"，是他和打小的玩伴组的；他们俩先前从没有过口角，结果在乐队成功后六年没互相说话，直到最后以暴风雨般的激烈争吵崩塌。听着耳熟？后来唐的乐队和两人之间的友谊还是延续下来了。他觉得所有乐队的两个主心骨最后总会言归于好，这就是乐队的DNA。因为总有一个会明白，要想保持最佳状态，两个人必须合作，要想功成名就甚至只是为人所知，他们就非得依靠对方不可。这会让你暗暗憎恨对方。但我没这样，我希望我和米克能相信着对方走下去。

让唐来讲讲我们在洛杉矶混音的情况吧。

> 做《巫毒客厅》的时候，基思和米克可能会先开心地聊会儿球赛，大概也就三十秒吧，然后分别走到屋子的两头去。他们确实在一起演奏，但互动仅限于乐队人员都在的时候。制作专辑期间，我本以为他们肯定会早晨五点通电话，讨论新一天的安排之类。结果直到专辑做完我才发现他们俩根本就不说话。米克告诉我，两人只通过一次电话。那时基思住在落日侯爵酒店，米克在外面山坡上租房子住，基思想打给酒店客服，结果拨错号打给了米克，让他送点冰块。

不过，一桩突发事件还是打破了录音室的平静，也让唐见识到了厉害。我和米克维持了表面上的和睦，但终究在都柏林的温德米尔巷录音室突如其来地交了次火。原因在于缺乏沟通，怨气日渐积累终于激化。我们之间积怨不浅，但我觉得最主要的还是我实在受不了他那病态的控制欲。那天我和罗尼回到录音室，米克正用一把新的特莱卡斯塔琴模仿我们的即兴乐段。那是他写的歌，叫“我要撒野”，他就坐在那儿胡乱弹着。后来有人提到，我当时对他说：“乐队里有两个吉他手，你可不是任何一个。”我可能是在开玩笑，但显然没对上米克的笑点，他误会了又往心里去了，觉得我是在攻击他。根据目击者描述，接下来我们就开始对骂，从安妮塔到合同再到各种背叛等陈年旧账。我们失去理智，一句句地炮轰对方。“这是怎么回事？”“那又是怎么回事？”助理、罗尼、达里尔、查理等人一溜烟进了控制室。我不知道他们有没有戴上耳机旁听，但有些人听到了我们俩互骂脏话。唐·瓦斯决定扮演仲裁人角色，施展远程外交才华，因为我和米克已跑到排练室另一头去了。“但是你们俩说的都是一模一样的话。”他说过这么一句。老花招。后来唐告诉我，他当时觉得我们俩只要再多吵一个字，所有人就都得坐飞机各回各家，乐队也就永远散了。但他其实小看了我们，这样的骂战我们打了三十年。吵了大概一个半小时后，我们俩最终拥抱了一下，接着工作。

一开始其实是米克把唐·瓦斯拉来的。他一直都想和唐合作，因为唐是舞曲制作人，就是那种舞厅音乐。录完《巫毒客厅》后，米克却说他不想再和唐合作了，因为他雇唐来是录舞曲的，唐却想做《流亡大街》。米克想做“王子”的《黑色专辑》之类的东西——还是从夜店里听来的那一套。

米克那段时间最怕的就是被人限定在《流亡大街》的框框里，他也一直对媒体这么说。但唐对传承“滚石”的优秀遗产更感兴趣；他不想做出亚于六七十年代水准的东西。米克为什么避讳《流亡大街》？因为它实在难以超越！每当我听见他说：“啊，我们不想重复《流亡大街》的老一套。”我就想，你他妈的也得有本事重复啊，伙计。

所以到一九九七年录《通往巴比伦之桥》的时候，米克试图说服我们做点最新潮的东西。尽管米克不乐意，制作人仍是唐·瓦斯，因为他实在太优秀，而且能在我们俩之间斡旋。但米克又有了个点子，说每首歌都另找一个制作人，在唐手下工作。乍一听还不坏，但等我到洛杉矶着手工作时，却发现他都是依自己喜好找的人，没征求我们意见。那些人都是格莱美奖得主，做的都是最时兴的音乐。但关键是这一套不管用。我确实努力着和其中一人好好合作。如果他们要求重录，我就重录，不管先前录的那遍有多好，就是反反复复地录，到最后我发现他们根本就没领会这首歌。他们不知道自己想要什么，就是这么回事。后来米克也意识到了自己的错误，说：还是算了吧。最让人丧气的是其中有个制作人给查理·沃茨做鼓循环[①]，就是用鼓机做循环，听上去一点都不像“滚石”了。有人听见罗尼·伍德躺在沙发上呻吟着说：“只剩下查理左脚的幽灵了。”

米克留下了三四个制作人。他的计划完全没有连贯性。动用了那么多制作人和乐手（包括八个贝斯手），专辑总算做出来，但其实是我们头一遭搞出这么张分裂的专辑——我的专辑和米克的专辑。每个人都在专辑里演奏了一半的时间，而非“滚石”整体出演。当我和米克剑拔弩张的时候，是唐·瓦斯维系着某种程度上的合作，去和米克一起打磨歌词。他就像我的律师，代表我。我临时编些歌词，对着麦克风胡乱唱，有个加拿大姑娘帮我笔录。这些记录唐全看过，然后在和米克找韵脚或者琢磨句子时就会把我这些东西用上。这和当年安德鲁·奥尔德姆的厨房可无法相提并论，现在我和米克“合作”时根本不见面。米克雇的是他中意的人，我也想找制作人罗布·弗拉伯尼。当时录音室没人清楚其余人在忙什么，罗布的恼人毛病就来了，到处说：“喂，你知道吗，用M35麦克风录这个一点用处也没有。”事实上那些人根本不懂。

不管怎么说，我仍旧很喜欢《通向巴比伦之桥》，里面收了几首很有意思的歌。我到现在还喜欢《夜间的贼》、《你用不着真心真意》和《拧开开关》。在康涅狄格州给《无翼天使》混音时，罗布·弗拉伯尼把布隆迪介绍给了我，他原名特伦斯·卓别林，是到录音室来兼点差。他来自

---

① loop。

南非的德班，父亲哈里·卓别林是南非首屈一指的班卓琴手，曾经在往返于约翰内斯堡和开普敦间的蓝色列车上工作。布隆迪有支乐队叫“火焰”，鼓手是曾和邦妮·瑞特长期合作的里奇·法塔尔，里奇的兄弟也是乐队成员之一。他们是南非最大的乐队，法塔尔兄弟是白人，布隆迪是黑人，但在某些方面又被当作白人对待。种族隔离制度就是这样的。他们赴美后，被“沙滩男孩”收入，便搬到洛杉矶定居了。布隆迪成了布莱恩·威尔逊[①]的替身，唱着“沙滩男孩”的金曲《扬帆吧，水手》，里奇则是鼓手。弗拉伯尼制作了“沙滩男孩”的专辑《荷兰》，又一个摇滚家族开枝散叶了。在我的邀请下，布隆迪在《通向巴比伦之桥》彩排阶段加盟我们，此后我们就很亲近。我写的歌很大程度都是建立在我与布隆迪、伯纳德合作的基础上，他们的和声在作曲阶段就发挥了很大作用。如今我还和布隆迪共事，他是我认识的最好的人之一。

歌曲本身和写歌的过程往往构成一种平行叙事，是故事之外的故事。下面就是一些写歌时发生的故事。

《通向巴比伦之桥》中的《拧开开关》，我几乎是当个笑话写的，哪知竟成了让人毛骨悚然的预言：

我有钱和票，所有这些狗屎
我还给自己搞来刮脸工具
把我埋葬需要什么？
我等不及，等不及想看。

我有牙刷和漱口水，所有这些狗屎
我在肮脏的深坑里往下看
我有火鸡和馅饼

① Brian Wilson（1942－ ），美国音乐人，“沙滩男孩”的贝斯手、主唱和核心人物。一度因健康和毒瘾问题退出乐队。

我还给你留了一点。

选择我吧——宝贝，我已经准备好走
耶，带上我——宝贝，我已经准备好打
打开我的开关——宝贝，如果你准备好走，宝贝。

我已经没处可去——宝贝，我准备好走
让我受寒，让我挨冻
冻到骨子里
啊，拧开开关。

写完这首歌大概三天后，圣迭戈九十英里开外发生了一场大规模群体自杀事件，一个叫“天堂之门”的UFO邪教组织的三十九名成员自杀身亡，他们深信地球就要被彗星撞毁，之后会有UFO降临，他们得去联系外星人。自杀工具是安眠药、苹果酱和伏特加，大家轮流吃下去，然后穿着制服躺好，等着被传输到外星。这些家伙居然这么干了。我第二天起床后听说他们自杀时，还干干净净地躺好，等着去往另一个星球。这么怪诞的场面我可不乐意去描述。那个邪教组织头目长得就有点像外星人，他名叫马歇尔·阿波怀特。

我没心没肺地写道：

致命的注射是一种奢侈
我也想给陪审团
打一针
我正在死去
再给我来一枪就行。

我在牙买加的房子位于奥乔里奥斯，那儿有家“阴影”妓院，老板是个保镖，我们在托特纳姆法院路认识。它是一栋臭名在外的古典风格建筑，有阳台、拱门和舞厅，里面有本地美女大跳铁笼舞和钢管舞。人影晃动，到处都是镜子，还有人在舞厅里口交。有天晚上我在那儿租了个房间，因为不想待在家里。我和“无翼天使”吵了一架，他们玩得不对，音乐里那种电火花不见了。所以我让他们留在家把问题找出来，我则带着拉里·塞斯勒和罗伊来了“阴影”。我想写首歌，于是让老板给我找两个最漂亮的妞儿来。我不想对她们做什么，只想找个地方舒舒服服待着。我会给你找我这儿最好的，他说。于是我就窝在一个房间里，里面有铺红色床罩的仿桃花心木大床，塑料壁灯，金雀木橱柜，一桌一椅，一张红绿金三色沙发，低垂的红色吊灯。我带了吉他、一瓶伏特加和一点吃的，我对那两个姑娘说：你们想象一下，假如我们要永远一起待在这儿，你们打算怎么布置这个地方？豹纹？侏罗纪公园？你们会对来这儿玩的加拿大人说什么？她们说：那些人两秒钟就能完事。可你们得跟他们说点什么，说你爱他们，我说。她们说：用不着真心真意。后来她们俩睡着了，穿着比基尼，安静地躺着。我这样的客人对她们来说可不寻常，所以她们累坏了。我如果想不出歌词，肯定还会把她们叫醒接着聊。我喜欢问她们问题——这你们是怎么想的？好吧，你们去睡吧。于是我写下了《你用不着真心真意》：

你用不着真心真意
你只是要说这些话
我只需要听到这些话。
你不用说太多
宝贝，我都不能触摸你
我只想听你的声音。
甜蜜的谎言
宝贝，宝贝
从你唇边滑落

甜蜜的叹息

对我说

来玩吧

和我一起玩吧，宝贝。

情歌总比唱一顿热饭的歌卖得好，这是“锡锅街”教给我的。尽管这取决于听众是否懂得爱。但爱情真的是一个俗套的主题，你有什么关于爱情的新鲜想法或全新表达吗？想写情歌必须精心构思。它只能发自心底。如此人们听了才会想：这唱的是她吗，这唱的是我吗？是的，有一点是关于你的，最后一段的第二句。这首歌唱的基本是想象中的爱，歌中的女人每个人身边都有。

你献给我

全部的爱与同情

甜蜜的柔情，宝贝

它在杀死我。

因为宝贝，宝贝

你看不出来吗

我一旦开始

怎能停止，宝贝。

录《我怎能停止》是在洛杉矶的“大洋路”录音室。唐·瓦斯除了担任制作，还弹键盘。他提了很多建议，帮了不少忙。这首歌变得越来越复杂，最后我们都不知道怎么录完它。于是唐找来了韦恩·肖特，他可能是在世的爵士作曲家中最伟大的一个，更别提还是杰出的萨克斯手，从小就在阿尔特·布拉基和迈尔斯·戴维斯的乐队里演奏。唐和各种风格、类型、肤色的乐手都保持着良好的关系。他给很多人制作过唱片，作品几乎都很出色。多年来，他在洛杉矶扎了根。韦恩·肖特是爵士乐手，他说如果他过来帮忙，演奏这种被他们爵士乐手称为“过场音乐”的东西的话，是会留下笑柄的。但最后他还是为我们吹了一段精彩的独奏。他说：本来以为我就是来吹段过场音乐的，结果却掏心掏肺了。我说：你吹的是歌曲的收尾，所以随便点，爱怎么吹就怎么吹。他表现得无可挑剔。查理 · 沃茨算得上是上世纪数一数二的爵士鼓手，他和韦恩合奏。那是一次非凡的录音。《我怎能停止》这首歌是发自心底的。也许我们所有人都在变老。和我们早期的作品不一样，这首歌开始把感情袒露出来，溢于言表。

我总是在思考歌曲的深意；你总不可能把自己想隐藏的东西唱出来。我的声音变得更好听、更有力量后，我就可以去表达更质朴的情感，于是写了很多温柔的歌曲。好吧，如果你愿意，叫情歌也行。我本该十五年前就这么写的。对着麦克风创作这样的歌，感觉就像握着一个朋友的手。你来指引着我，兄弟，我跟在你身后，我们慢慢从这一团乱麻里走出来。仿佛闭着眼睛被人带着走。我可能会遇到那样的情况：有了一个乐段，一个动机，一个和弦序列，但不知道要怎么唱，这时我不会好几天挣扎着琢磨诗歌之类的玩意儿。我惊喜地发现，如果对着麦克风说“好吧，咱们唱唱看”，总会有些你做梦都没想到过的东西从嘴里冒出来，然后再花个一毫秒时间就可以把其他空缺也补上。有点像和自己格斗。你突然得到了什么值得一试的东西，得到了一个可以继续下去的框架。一旦如此，你就会花下很多时间作尝试。你会试着直接对着麦克风创作，看看如泉涌的思绪能带来什么。

《夜间的贼》的混音做得极富戏剧性，几乎踩着专辑发行的最后期限。这歌名源自《圣经》；我常读《圣经》，里面有很多优美的词句。这首歌是关于几个我十几岁时就认识的女人——我知道她们住在什么地方，也知道她们男友住在什么地方，我会站在达特福德一栋半独立式房子外面。这首歌唱的就是这个故事。另外也是关于罗尼 · 斯佩克托的，也是关于帕蒂和安妮塔的。

我知道你住在哪里

没有和他在一起……

就像夜间的贼

我要偷回我的东西。

米克唱了这首歌，但没有体会到其中的感情，他无法领会它，录下来的版本惨不忍听。罗布没法给他的声音混音，所以有天晚上，我们和布隆迪与伯纳德一起试着修改。但我们当时精疲力竭了，几乎站不住，只好轮流睡觉。后来又发现录好的磁带被人动了手脚，各种阴谋真是猝不及防。最后我和罗布从"大洋路"录音室(《夜间的贼》初版录制的地方)把这首歌的两英寸母带半成品偷了出来，再坐飞机回到东海岸，带回我在康涅狄格州的家。皮埃尔在长岛东岸找了个录音室，我们在那儿花了两天两夜以我的喜好制作了一版，由我主唱。混音期间某个晚上，传来了比尔·巴勒斯的死讯，为了表示敬意，我给夹在中间的唐·瓦斯发去了一个巴勒斯风格的气冲冲的恶作剧——你这耗子，我要用自己的路子做完它，别人的路子都不行，要像震撼的头条和无头躯干一样惊世。亮出斧头来吧，咱们干一架——我当时发牢骚，和唐吵了架。我爱这个男人，后来也马上和好了，但是那会儿我向他发出了这么骇人的信息。专辑收尾的时候，任何想妨碍你的人都是敌人。当时已经临近发行期限，要把磁带送回洛杉矶，最快的办法就是坐高速游艇从长岛的杰弗逊码头出发驶向西码头，也就是离我在康涅狄格住所最近的港口。我们午夜坐游艇出发，顶着一轮美丽的月亮，在长岛海岸呼啸而过，左绕右拐，大叫大嚷，躲避着海上捕龙虾的船。第二天罗布带着磁带去了纽约，从那儿飞回洛杉矶，在母带制作室里把这首歌塞进专辑。

皮埃尔·德·博波尔与我和米克共同被列为此歌作者，这在"滚石"的作品中很少见。

现在最大的问题就是，我在这张专辑里好像唱了三首歌，这可是前所未有的。米克接受不了。

我坚信基思有权利在专辑里唱三首歌，但米克不愿接受。我相信基思完全没意识到为了把《夜间的贼》收入专辑，到底要付出多大代价。他们俩之间完全僵了，没人愿意让步，而再这样下去我们会耽误新专辑发行时间，巡演也没法带上它了。截止日期前一天，我做了个梦，于是我给米克打电话说：关于他唱三首歌的事，我明白你的想法，但假如我们把他唱的其中两首放在最后，搞得两首歌好像一首混成曲，两首歌之间不留很长时间的空隙，这样听者就会觉得，这是专辑末尾基思的一首长歌。那些你在意而又不喜欢基思唱歌的人，在听完你唱的最后一首歌就不会再听下去，而那些喜欢基思唱歌的人就会一直听完。所以你别觉得专辑里收了三首基思的歌，这两首其实是混成曲。我们延长这两首歌前的空当，而缩短它们之间的空当。就这么办，我相信基思不会发现的，简也不会，没人会察觉真相。这样米克有了台阶下，因为当时局面实在太僵了。两首歌就这么变成了一首。不过，被捆绑的其中一首是《我怎能停止》，它其实是“滚石”最好的歌之一。

这首歌很惊艳……基思在最佳状态，再加韦恩 · 肖特，多奇怪的组合。韦恩 · 肖特也是好样的，将歌的末尾变成了柯川[①]式的，变成了《至高无上的爱》。蕴含着动人心魂的东西，好像有十个人在同时演奏。那次录音堪称神奇。我们后来都没做叠录，一次成型。还有一件事：录这最后一首歌的时候查理要走，而乐器第二天就要撤出录音室。查理的车子等在录音室外面的巷子里，他就打出了这么一大段华丽的鼓收尾，敲下最终版本，就像一声澎湃的欢呼，这也是专辑结束时给人的唯一感觉。于是我把《我怎能停止》定作压轴曲。我觉得这是他们录的最后一首曲子，一个伟大的终结。我一旦开始怎能停止？那么，就停止吧。

（唐 · 瓦斯）

---

① John Coltrane（1926 – 1967），著名爵士乐小号手，《至高无上的爱》是他的代表作之一。

13

在牙买加给“无翼天使”录音。我们在我那康涅狄格州的住所建了录音室，我在自家图书室里摔断几根肋骨。香肠土豆泥小菜单。在非洲的宿醉狩猎旅行。贾格尔获封爵位；我们重新携手写歌。保罗·麦卡特尼来到海滩。我从树上掉下来砸到头。在新西兰动脑部手术。《加勒比海盗》，我父亲的骨灰，与多丽丝永别。

彼得·帕克维斯 摄

阿姆斯特丹竞技场，2006 年 7 月 31 日

一九九五年，我和帕蒂回牙买加过感恩节，那时我和当地的拉斯特法里乐手玩了也有二十多年。我邀请罗布·弗拉伯尼携妻子与我们同行，住在我家。一九七三年我刚认识牙买加这帮人的时候，罗布也见过他们。弗拉伯尼的假期从抵达的头一天就取消了，因为这群牙买加乐手还幸存于世的已经非常少；其余的或死亡，或遭遇变故、逮捕。要想给他们录音，只剩这一次机会。弗拉伯尼从牙买加文化部弄来一些录音设备，马上提议给他们录音。这真是天赐的礼物！

说是天赐的礼物，是因为罗布·弗拉伯尼是打破录音常规的天才。他对于非正常环境下录音的知识与能力令人瞠目结舌。他是《最后的华尔兹》[①]的制作人之一，混录过鲍勃·马利的所有作品，同时又是顶级的音响工程师。他也住在康涅狄格州，离我家不远，我们在我家的录音室里录过不少东西，我在后面还会写到。和所有天才一样，他不好相处，但和他打交道是值得的。

那年我给这支乐队起名叫“无翼天使”，是源自我经常信手乱涂的一个形象，后来被放在专辑封面上，有点像一个飞翔的拉斯特法里教徒。有人问我这是什么，我不假思索地回答：这是个无翼天使。乐队里新来了个叫莫琳·弗莱曼特尔的成员，是拉斯特法里教徒中罕见的女歌手，有一把好嗓子。让她来讲讲我们是怎么遇上的。

①著名乐队 The Band 解散时告别音乐会的现场纪录片。

> 一天晚上，基思和洛西去了斯蒂尔镇的“芒果树”酒吧，洛西说：莫琳姐，进来喝一杯。我就过去了，遇到了基思。他拥抱了我，说：这个姐姐像个好姐姐。然后我们一起喝酒，我喝的是朗姆酒加牛奶。后来就……我不知道，是耶和华的力量。我开始唱歌，对，就是唱歌。基思说，这位女士得跟我来。我跟着他就没再回头。我开始唱歌，感到一阵晕眩。我开始歌唱爱、和平、欢乐与幸福，它们合而为一。它是另一样东西。

弗拉伯尼在花园里支起一个麦克风，打一开始，就能从录音里听到蟋蟀与青蛙的叫声，还有露台外的海涛声。房子没玻璃窗，只有木质百叶窗，因而后院玩多米诺骨牌的动静也传过来。所有这些汇聚成一种有力的感觉，而感觉就意味着一切。我们录完音，带着磁带回到美国，开始思考制作时怎样保留音乐里那种核心的本质。就是在那时我认识了布隆迪·卓别林，当时他带着乔治·里塞尔来录音。里塞尔后来成了鲍勃·迪伦的鼓手，他来自人种混杂的新奥尔良，拥有意大利、黑人和克里奥尔人的血统，真是齐全。最惊人的是那双蓝眼睛，让他得以摆脱种族困扰，畅行于各种边界间。

我想让“无翼天使”更全球化，于是有从四面八方赶来的小伙子们聚集到康涅狄格，参加专辑制作。其中包括伟大的小提琴手、爱尔兰民谣乐队“德·丹南”的创始人弗兰基·加文，他的爱尔兰式幽默真了得，我们之间显露了真正的默契。专辑在商业上显然成就一般，但它必须被完成，至今仍让我引以为豪。我写这本书时已经酝酿着再给“无翼天使”录一张。

《流亡大街》发行后不久，录音技术日益革新，就连世界上最聪明的录音师也没法完全跟进。为什么我当年只用一个麦克风就能在丹麦街头录到完美的鼓声，而后来用十五个麦克风就只能收到在铁皮房顶上拉屎般的声音呢？所有人都曾被技术大潮裹挟，现在又开始慢慢游回来了。

在古典音乐界，八十年代、九十年代的数码录音作品都在被重录，因为数码手段达不到预期标准。我一直都觉得自己在和新技术对抗，觉得它们一无是处，而且更费时间。这一切弗拉伯尼都经历过，就是那种“不围着鼓摆十五个麦克风就别想出彩”的观念。但这会导致贝斯手的声音被压缩，所以录音时乐手只能在不同小隔间各自为营。录音室空间那么大，却一点也利用不上。这种分开录音的方式和摇滚乐完全对立，摇滚乐就该是一群人在一个房间里合奏，捕捉其中的东西。音乐应该是大家一起弄出声音来，而不是分开录再合并。立体声、高科技和杜比系统之类的神秘玩意儿，根本就是要破坏音乐的原貌。

没有人胆敢废除这些东西。我开始思考，能让我兴奋的东西该怎么录呢？是让大家在同一个房间里，只设三杆麦克风。无需把鼓和贝斯的所有细节都录下来，重要的是整体气氛。它是一种难以定义的东西，一旦割裂就会消失。可能是热情、精神、灵魂，随便你怎么叫。有没有能录下这些东西的麦克风呢？要是早点领悟这一点，不被技术牵着鼻子走，我们在八十年代的专辑应该好很多。

罗布·弗拉伯尼将我在康涅狄格家里的地下室设计成录音室——我的“L字之屋”，因为房间呈“L”形。二〇〇〇年到二〇〇一年间我有一年赋闲，就和弗拉伯尼动手建起这个录音室。我们让一个麦克风冲着墙，而不是冲着乐器或音响。我们想录下从天花板和墙壁反弹回来的声音，而不是把乐器一一割裂。其实你用不着录音室，一个房间放一支麦克风足够了。我们弄来一台出色的“史蒂芬”八轨录音机，它是世上最漂亮、最不可思议的录音机。有点像库布里克的电影《2001：太空漫游》里的巨石。

迄今为止，我从“L”里拿出的唯一作品是《你又赢了》，收录在向汉克·威廉姆斯致敬的纪念专辑《永恒》中，这张专辑还获了格莱美奖。这首歌有卢·帕罗的吉他演奏，他是莱斯·保罗[①]的第二吉他手，两人合作好像有几年，搞不好几百年了，卢被誉为“会弹一百万个和弦的人”，

① Les Paul（1915－2009），美国爵士乐吉他手，实心琴体的电吉他的发明者。吉普森有一款著名的吉他即以他的名字命名。

真是出类拔萃。他定居在新泽西。“你住哪儿，卢？”“摇钱树路，”他说，“真是名不副实。”乔治·里塞尔则在其中打鼓，我们有了一支室内乐队的要素，所有过来串门的也都可以加入演奏。“嚎狼”的吉他手休伯特·萨姆林也来过，后来弗拉伯尼给他做了一张很棒的唱片叫《关于那些鞋子》。多好的专辑名啊。二〇〇一年九月十一日，我正和老情人罗尼·斯佩克托在那儿录一首叫《情事》的歌，录音被打断了。

如果只和“滚石”合作，你就会变成泡沫。就算只跟“酒鬼”在一起也会这样。我觉得做音乐，时不时地跳出自己的圈子非常重要。和诺拉·琼斯[①]、杰克·怀特[②]、图茨·希伯特[③]等人合作总能启发灵感，我和希伯特录了两三个版本的《压力下降》。如果不去跟其他人合作，你就会困在自己的窠臼里。故步自封早晚会被淘汰。

八十年代中期，我曾和汤姆·维茨[④]合作过。很久以后我才发现，他先前除了和妻子凯瑟琳以外从没跟人合作写歌。他是个独一无二的可爱家伙，也是最有个性的创作者。我一直都深深地觉得，要是能跟他合作肯定挺有意思的。让我们看看汤姆·维茨怎么说的，他还小恭维了一把呢。真是美好的回忆。

> 当时我们正在录专辑《雨狗》，我住在纽约，有人问我有没有什么特别想要合作的人。我就说，基思·理查兹怎么样？我其实是随便一说，这就跟提贝西伯爵或者艾灵顿公爵一样，不可能实现，明白吗？当时我在“岛屿”唱片公司，克里斯·布莱克威尔在牙买加认识了基思。所以有人去给基思打电话，我忙说：不，不，不要！但已经晚了。后来我们得到回信：“等待结束，咱们干吧。”于是他来到RCA录音室，那是个很大的录音室，天花板又高。他还带来了艾伦·罗根，他那些吉他的男仆，以及大约一百五十把吉他。

① Norah Jones（1979－），美国创作型流行、爵士女歌手，钢琴手。

② Jack White（1975－），美国摇滚乐吉他手。

③ Toots Hibbert（1945－），牙买加斯卡和雷鬼乐歌手。

④ Tom Waits（1949－），美国摇滚歌手，作曲家，演员。

人人都爱音乐，而我们要的是让音乐也爱我们。我觉得基思就是在这样做。写歌过程中需要对歌曲怀着一定敬意。不是你在写它，是它在写你。你就是传达它的长笛与小号，是它的琴弦，这种认识在基思的一言一行中流露。他就像一只用整块金属打造的煎锅，处理歌的火候恰到好处，绝不会夹生或者烧焦，只是里面的东西变了颜色。

听了一个人的数张专辑，你就会对他产生先入之见，如果理想的话，真正接触后你会发现他本人更好。我和基思就是这样的。我们像鬣狗一样围成圆形，看着地板、大笑，然后弹点东西，像往游泳池里加水。他有着完美的直觉与本能，像只狩猎动物。他在《联合广场》里弹了琴，在《盲目的爱》里与我合唱，在《大黑玛利亚》里弹节奏吉他。一共三首歌，大大提升了专辑的质量。我不在乎专辑卖出去多少，反正对我来说它已经卖出去了。

几年后我们又在加利福尼亚相聚。我们每天都在一个叫“棕色声音”的小地方玩，那是个老旧的放克乐排练室，墙上没有窗子和吸音的毯子，屋里一股柴油味。我们开始写歌。面对一个随时可能抛出变态点子来考验你的思维、让你迈出安全地带的人，那感觉可真是相当轻松。记得去录音室路上，我录了一段广播放送的浸礼会牧师星期日的晨祷福音，讲道的题目竟然是“木匠的工具”！从头到尾都是关于木匠工具的，怎么把手伸进包里拿出所有工具……为此我们笑了很久。后来基思给我放了一段他录的阿隆·奈维尔演唱的《耶稣爱我》，是排练时的版本，也就是无伴奏合唱。基思喜欢那种未经打磨的钻石，比如祖鲁族音乐、俾格米音乐，那些神秘、不为人知、难以归类的音乐。我们写了不少歌，有《汽车旅馆女孩》，《美丽的山茱萸》。其中《那种感觉》后来收入了我的专辑《骨头机器》。

他最让我欣赏的作品包括专辑《无翼天使》。它真让我感动死了。因为一放专辑先出来蟋蟀的鸣叫，你都感觉自己置身室外。基思为录制这张专辑做的努力真符合他的风格，也许比和我一起玩时更真性格。他有很多普通工人的品质，像一个水兵，一个水手。我感觉有时候人们用来形容音乐的词汇也可以用在基思身上。你懂吗，以前人们说吉他的声音可以治愈痛风、癫痫、坐骨神经痛和偏头痛。我想，如今的世界缺乏惊奇，但基思仍对音乐这东西感到惊奇。他会停下来，抱着吉他凝视一会儿，仿佛被迷住了，仿佛正面对世上所有伟大的事物：女人、信仰与天空……你好奇，也就永远不会停止惊叹。

一九八〇年，我和鲍比·凯斯、帕蒂、简去纳什维尔看望尚在人世的“蟋蟀”成员。此行一定有特殊意义，因为我们是雇了一架里尔喷射机过去的。我们看望了别名“摇摆伊凡”的杰里 · 埃里森，“蟋蟀”的鼓手，和佩吉·苏[①]有一段短暂的婚姻。他就住在田纳西州纳什维尔附近的迪克逊，喊自己的住所叫“穷白人农场”。我们还去拜访了乔 · B. 莫尔丁，巴迪 · 霍利的贝斯手。唐 · 艾弗利也住在附近，我们到了后和他一起演奏，坐下来写歌……这些老乐手我二十年前在收音机里就开始听了。他们的音乐永远让我激动，能上门拜访他们本身就是一种荣誉。

和乔治 · 琼斯在他的专辑《布拉德利仓库录音》里合作二重唱也是奇妙的冒险。合作曲目是《说那不是你》，我喜欢它是受格兰姆 · 帕森斯的影响。和乔治共事很愉快，特别是看他的发型。他真是个了不起的歌手。弗兰克 · 西纳特拉曾经说过：“乔治 · 琼斯是国内歌手第二强。”那第一强是谁呢，弗兰克自己吗？我记得第一次见面我们等了乔治好几个钟头。我在吧台里自己调酒，忘了乔治正在戒酒，也不知道他为什么迟到这么久。我也迟到过好多次，所以无所谓。后来他出现了，顶着蓬皮杜发型，简直完美。非常好看，我的视线都没法从他头发上移开。那天的风速是每小时五十英里，他的发型还能保持完美。我后来才发现他之前是在开车乱转，因为觉得和我工作有点紧张。他看过一些报道，不知道见了我会怎么样。

① Peggy Sue（1947－），美国乡村乐女歌手，词曲作者。

在乡村音乐领域，我和威利·纳尔逊走得非常亲近，此外还有梅勒·哈格德。我们三人一起上过三四次电视节目。威利人很棒。他就像个飞盘一样，总在向前滚啊滚。漂亮的大麻烟鬼，是形容威利的，他一起床就开始抽，我是至少也得过个十分钟才抽。好一个歌曲创作者，第一流的！他也是得州人。我们俩一见如故。我知道他非常关心美国农业和小农场主，我们合作的很多歌都是这个题材的。联合大企业要拿走一切，那无异于一场战争，他打了漂亮的一仗。威利有一颗忠诚的心，无忧无虑、不屈不挠、坚持原则。我慢慢才发现自己其实从小就在听他的音乐，因为他在唱《疯狂》和《奇怪时间怎么溜走的》之前就写下了很多歌。其实每次被这种我一直很膜拜的人问到“嘿，你愿意跟我一块儿弹弹琴吗？”时，我都觉得有点敬畏——你是在开玩笑吗？

举个例子。一九九六年在纽约的伍德斯托克，我们去列文·赫尔姆的家里给电影《国王班底》录音。那是一次伟大的录音，参与者有埃尔维斯·普莱斯利的吉他手斯科蒂·摩尔，还有他在太阳唱片公司早期时的鼓手 D. J. 方塔纳。这是盛事。“滚石”当然不错，但和这些曾经激发你的人一起演奏又是另外一回事。这些乐手可没必要容忍谁，他们都期待和最优秀的人合作，他们也必须跟最优秀的人合作——你可不能去扫兴。和乔治·琼斯以及杰里·李·刘易斯合作的乐队都是顶尖的，你也得做好本分。我喜欢这样。我不常涉足乡村乐领域，但它已经成了我的另一面，我兼有布鲁斯与乡村乐的两面。让我们面对它吧，布鲁斯和乡村乐不就是摇滚乐的两个必不可少的成分吗？

另一个我心仪的伟大歌手，一个女人，我摇滚“婚姻”里的新娘，是埃塔·詹姆斯。她从五十年代初就开始录专辑，当时还是个嘟－喔普歌手呢，之后风格发展到多个领域。你听到电台里她的声音飘出，或者在店里一看到她的唱片，就马上想买回来。她非常畅销。一九七八年六月十四日，我们同台演出过。“滚石”在新泽西州帕萨伊克国会剧场的演唱会由埃塔暖场。埃塔也曾经是海洛因毒瘾者，所以我们很快就有了共同语言。我觉得当时她已经戒毒了。但这没关系，只要彼此对视一眼就能明白。埃塔非常强大，她的声音能带你下地狱也能带你上天堂。我们在更衣室里拥抱，然后像两个曾经的毒瘾者那样，聊毒品和我们为什么要吸毒，就是互相裸呈灵魂。我们的感情最终发展到举行了“后台婚礼”，这是演艺界的行话，意思是：你们俩结了婚但没联姻。你们要在后台楼梯的顶端交换誓言和信物。她给了我一个戒指，我也给了她一个，我决定喊她“埃塔·理查兹”。她会明白我的意思。

西奥多拉和亚历山德拉出生时，我和帕蒂住在纽约第四街的一处公寓，我们觉得此地实在不是养育孩子的好地方，于是去了康涅狄格，在属于我的一片土地上自己盖房子。这里的地形可不像纽约中央公园，泥土中有巨岩、灰蓝色的卵石和花岗岩冒出来，四周是繁茂的林地。为了打地基炸掉了成吨的岩石，于是我给房子取名叫“来之不易的卡米洛特宫”。我们直到一九九一年才搬进去。屋旁有一块自然保护区，是古老的印第安人坟场，经常有易洛魁人的鬼魂欢快地游荡。森林中弥漫着原始的庄严气氛，最适宜祖先的魂灵。花园的一扇大门直通林子，我们常出去漫游。

林中有座深湖，带一道瀑布。二〇〇一年前后，我常和乔治·里塞尔合作。有一天我们俩到那儿去散步，并且像汤姆·索亚和哈克贝利·芬那样违禁偷钓。我们想逮“地图鱼”，大而肥美。乔治是个有经验的渔夫，他说这种鱼在北佐治亚可不常见。我说：咱们再下一竿！突然我觉得钓竿上传来一阵扯动，是一只巨大的乌龟，足有一头牛大，油绿湿滑，嘴里叼着我的鱼饵趴在那儿！感觉就像钓住一条恐龙。我和乔治一脸惊恐，可惜没带相机。这家伙眼看要跳起来折腾了，它的脖子能伸出壳外三四英寸，真是大家伙；起码有三百岁。我和乔治立马成了原始人。我的天哪，这大王八是来真的！我扔掉鱼竿，捡起一块石头冲着它的壳扔过去：“妈的，不是你死就是我活，伙计。”这些乌龟很歹毒的，它们能把你的脚咬下来。后来它慢慢下退。深水里潜藏着不少古老庞大的动物，非常吓人，简直让人毛骨悚然。这只大乌龟一定在水里待了很久，上一次见到的说不定还是易洛魁人呢。

除了偷钓（那天之后就洗手不干了），我过的完全是体面的绅士生活：听莫扎特、读大量书。我兴趣广泛，什么都看，遇到不喜欢的就直接扔了。小说里我最喜欢乔治·麦克唐纳·弗雷泽的“弗拉施曼”系列小说，以及帕特里克·奥布莱恩，自打看到《船长与指挥官》后就喜欢上了他的风格。他的小说多设置在纳尔逊与拿破仑时期，但历史背景不是重点，主要呈现人与人之间的关系。书中被隔绝在大海之中的人物无疑让人大开眼界。总之就是人物塑造非常精彩，我到现在还是很喜欢。它们描述了友谊和同伙情谊。书里的主人公杰克·奥布雷和斯坦芬·马图林总让我联想到米克和我。我对历史，特别是那段时期的英国海军史相当感兴趣，陆军史就一般了。那时的海军是被抓壮丁进去的，是被迫拧在一股绳上的人。为了让体系运转，你得把一群不情不愿的人凝聚成一股精锐部队，这也让我想起“滚石”。我经常看历史方面的书，对纳尔逊时代和二战时期最感兴趣，此外我也喜欢古罗马历史，看过不少英国殖民时期的作品，《大博弈》之类。我家有个漂亮的图书馆，深色木书架一直顶到天花板，塞满了书。我经常躲在这里，有一天也是在这里倒了大霉。

没人相信当时我是在找一本莱昂纳多·达·芬奇的解剖学著作。那是一本大书，依例放在书架顶层，我蹬着梯子去拿。书架隔板都是用小钉子固定住的，上面摞放着很重很重的书。我一碰书架，有个钉子松脱了，一本该死的书正好砸中我的脸。砰！我栽下来，一头跌在桌子上昏了过去。不知道过了多久才醒来，也许有半个钟头吧，真疼啊。我在一堆大部头书的包围中叫了起来。我本想自嘲地笑，可是疼得实在笑不出来。我边念叨着“本想找本解剖学的书”，边爬下楼去透口气，心想先去找老婆，等早晨再看伤势。结果转天感觉更糟了。帕蒂问：“你怎么了？”“啊，摔了一跤，没事。”我还在硬撑。过了三天我才对她说：“亲爱的，我得去医院看看。”结果很糟，肋骨刺穿了一侧肺叶。那是一九九八年，我们原计划五月去巡演，第一站是柏林，结果拖了一个月。这是唯一一次因为我的缘故推迟巡演。

一年后，我又出了一次事故，刺穿了另一侧肺叶。我们去了维京群岛的圣托马斯，我在身上涂了点防晒油，开开心心地跳上一个大陶罐，看看篱笆外有什么，结果防晒油让我脚底一滑，身子摔倒在地——哗啦，砰。女房东有复方羟可酮，我就吃了不少这种止痛片。直到一个月后在巡演前夕做体检，我才知道自己摔断了三根肋骨，刺穿了另一侧的肺叶。你得在医院那个无聊的地方做各种检查，烦事没完没了。然后他们给你一照X光："哦，顺便告诉你，你断了三根肋骨，右边的肺刺穿了。但是现在已经愈合，所以没事了。"

在家的时候我自己做饭，一般都是香肠土豆泥（菜单稍候），有时候会有点花样，但是不常见；也偶尔做点英式小吃。我的饮食习惯非常独特，用餐时间也很奇怪，因为巡演时你的饭点和正常人相反。我都是想吃时才吃，这在我们的文化里可算奇闻。上台之前你不想吃东西，下台后得过一两个小时肾上腺素才能恢复正常水平，才有胃口，那时通常是凌晨三点了。

你应该饿了就去吃。我们从小就被训练每天吃三顿，这完全是工业革命时期形成的进食习惯。早先的人可不是这样，他们每小时都会吃点。但工业革命时期一切规范化了。"好啦，午饭时间到。"这是学校爱使的一套。别去想什么历史、地理和数学，他们是在训练你日后适应工厂工作。汽笛一响你就去吃饭。坐办公室也好，就算当上首相也罢，全都一个样。这种烂规矩其实伤身子。最好隔一两小时吃一口，绝对好过一个钟头内吃饱。

我做了一辈子香肠，最近才从电视上看到有位女士说香肠只能放冷盘，不能预先加热，否则会坏了味道，不叫"香肠"了。应该任它自己一点点变温，其间你可以喝点东西等一下。这样它们不会蔫，能保留鲜润口感。重要的是要有耐心。烹饪是一门耐心的艺术。比如"滚石"的《羊头汤》就是我慢火炖出来的。

香肠土豆泥食谱

找个卖新鲜香肠的肉贩子。

洋葱、培根加调料煎熟备用。

土豆加少量醋、洋葱粒和盐（按个人口味调整），煮熟；再加点豌豆（如果你愿意还可以加点切碎的胡萝卜）。下面才是关键。

现在你面临选择，是打算把香肠烤熟或煨熟，还是油炸。然后加入煎熟的培根和洋葱低温加热（或者像那位女士说的，盛在冷盘里再加入洋葱和培根），让这堆东西慢慢变熟，隔几分钟翻一下。

把土豆捣成泥倒进去。

现在你的香肠里基本不含脂肪了。

如果愿意就加点肉汁。

按喜好加 HP 酱。

我的外祖父加斯会做世界上最可口的鸡蛋和薯片，我仍在琢磨里面的诀窍，此外还有牧羊人派，这真是一门不断发展的艺术。其实没有人能做出绝对正宗的牧羊人派，它们总有不同味道。多年来就连我自己的做法也有变化。基本就是将上好的碎肉铺在下面，加入豌豆和胡萝卜。但我以前的保镖，大个子乔·希布鲁克（他已经去世了，上帝保佑他）还教给我一招：铺土豆泥之前多放点洋葱，因为平时吃肉总是伴着洋葱。这绝对是高招，出来一种妙不可言的滋味……只是个小建议，伙计们。

托尼·金自从六十年代起就断断续续给“滚石”和米克做宣传，他记下了有人偷吃我的牧羊人派的情形。

“钢铁之轮”巡演到多伦多的时候，有人送了份牧羊人派到剧院大厅，保镖们都从里面挖馅吃。基思回来后发现有人抢先把脆皮切开了，于是想知道所有偷吃者的名字。所以约·伍德跑来跑去到处问：“你吃了那份牧羊人派了吗？”所有人都说什么也没看见，当然，那几个保镖承认了，他们吃了太多，实在抵赖不了。我也说自己什么都不知道，其实我也吃了一点。基思说："不再吃一份，我就不上台。"他们赶快又去叫了一份牧羊人派。我只好告诉米克："演出往后拖，是因为基思说不吃牧羊人派就不上台。"米克说："你开玩笑吧。"我说："我倒想呢。"于是后台出现了这么一幕——有人拿着步话机说："牧羊人派已进入剧场！"有人护送它穿过大厅进了基思的化妆室，当然，上面还浇着HP酱。他只是拿刀子插进去，一口没吃就直奔舞台。他就是想把脆皮切开。后来他点的东西都会直接送到他的化妆室，免得他担心。

我巡演中有个规矩早已出名——我不在场，谁也不能碰我的牧羊人派。别动我的脆皮，宝贝。这可是写进了合同的。如果你上基思的化妆室，看到微波炉里有个牧羊人派在冒泡，如果它是没动过的，那么能切开脆皮的人只有我。那群贪婪的小子，要不防着点，他们肯定会进来把好东西都用勺子挖走。

其实我干这种浑事只是因为好玩，我上台之前几乎不吃东西。这做法最要不得，至少对我来说如此。在台上你的胃根本不能消化东西，刚弹《让我开始》就会觉得头晕，而接下来还有两个多钟头呢。除非整天没吃东西，实在需要点燃料。这是我特殊的新陈代谢规律，我得有足够燃料。

一九九八年，我女儿安吉拉嫁给达特福德人多米尼克，我们在"红土地"开了场派对，盛大美好。多米尼克专程到多伦多请求我允许把安吉拉嫁给他，被我捉弄忐忑了两周。可怜的小子，我知道他想求我把女儿嫁给他，但他可不知道我知道。他根本没机会开口，不是我把话题岔开，就是他自己不敢提。后来我就去巡演了。每天早晨，就算多米尼克熬了夜凌晨才睡，安吉拉也要催着他问：你跟他提了吗？他总说：还没呢。最后，有个早晨，看着时间一点点过去，我终于开口说：妈的，你当然能娶她啦。我还送他一个骷髅手镯作纪念。

我们在花园里支了一座天棚，围了个小围场，它们实在太可爱了，我整整一星期没舍得拆。宾客是最疯狂的混搭：安吉拉在达特福德的所有朋友、“滚石”巡演中的艺人、工作人员，以及多丽丝的家人，我有很多年没见过他们了。一开始是钢鼓乐队演奏，当安吉拉从通道走来时，由从小就认识的鲍比·凯斯吹响一曲《安吉》，丽莎和布隆迪演唱，查克·里维尔弹钢琴。结婚誓词由伯纳德·福勒朗读，很奇怪居然没人让他唱出来，但安吉说喜欢他说话的声音。布隆迪唱了《你的靠近》，我们——罗尼、伯纳德、丽莎、布隆迪和我，都弹着琴合唱起来。

然后就发生了“小葱事件”——宴席上有小葱，专为我做给自己的香肠土豆泥准备的，结果被人从鼻子底下偷走了。有很多目击证人，包括凯特·摩斯[①]，让她来讲讲大搜捕事件吧。

> 基思人生中的慰藉为数不多，其中包括没法在商店买到的食物。他因为作息很不规律，经常自己下厨。安吉拉婚礼当天也是这样。当时是凌晨三点，美好的夜晚，所有人都在享受派对，喝酒、跳舞。婚礼场面盛大，让人意犹未尽。我和帕蒂在厨房，基思在做他的香肠土豆泥，还准备了小葱。香肠出锅了，土豆也煮熟了，我正站在安吉身边和帕蒂聊天，他过来问：我的小葱哪儿去了？我们问：什么？他说：我刚拿出来，就放在这儿，它们跑哪儿去了？我们想：上帝呀，肯定是他自己用完了。但他简直火冒三丈，于是我们开始翻垃圾箱。他一直念叨着“它们就在这儿”，我们到处找，连桌子底下都不放过……“我敢肯定它们就在这儿。”他真的生气了。我们说：你是不是没放这儿，放在别处了？不，我他妈的就放这儿了。所有人都认定他疯了。这时马龙的一个朋友走到门口问：基思，怎么了？基思说：我在找该死的小葱呢。他发疯了似的翻着垃圾，我一抬头，眼前像在放一组慢镜头，心想：不！！！！！千万不要！——小葱就别在那个男孩耳朵后面呢。我想：你干吗要这么做？显然是想受到关注，不料却是不该有的关注。这时基思一抬头，也看见小葱了。

① Kate Moss（1974－ ），英国超级名模。

大爆炸来了！他抄起壁炉旁的两把军刀，冲进夜色里追那个孩子。天哪，他会杀了他的！帕蒂一直提心吊胆。我们都追在他身后喊：基思，基思。他终于怒气冲冲地回头了。那小子整个晚上差不多都藏在树丛里，后来穿了件帽衫顶着帽子回来了，这样基思就认不出他了。

很奇怪的是，我虽然身在演艺圈，但从一九六四年就开始养狗了。有只叫“梅毒”的狼狗，是马龙出生前养的。还有只“怪人”，被我装在口袋里从美国偷运回国，路上它一直闭着嘴没叫。我把它送给了妈妈，它陪了她好多年。我总是一离家就几个月，但和狗一起生活的时光会永远让你牵挂。我现在有好几群狗，彼此远隔重洋，但我觉得它们可以凭我衣服上的气味感觉到同伴的存在。痛苦的时候，我清楚狗总会陪在身边，只有狗做伴的时候，我总是和它们没完没了地说话，它们是极好的倾听者。我知道自己愿意为某只狗而死。

在康涅狄格州的住所，我们养着各种狗：一只叫“南瓜”的金色老拉布拉多，曾跟着我在特克斯和凯科斯群岛的大海里游泳；两只年轻的法国斗牛犬，其中之一是幼仔时便被亚历山德拉从宠物店买回来，起名埃塔——向埃塔·詹姆斯致敬。帕蒂也喜欢上了它，于是我们把它的另一个妹妹也买了回来，起名“糖块”，因为埃塔·詹姆斯有张超棒的专辑叫“地上的糖块”；还有因为“滚石”而出名的“拉兹”，是拉斯普京[①]的缩写，一只独具魅力和领袖气质的杂种狗，我对它很了解。它的身世是个谜，不过肯定是俄罗斯狗，当年曾经和三四百只流浪狗一起在莫斯科迪纳摩足球场的垃圾堆里出没。一九九八年，我们巡演去俄罗斯，当时那儿正经历严重的经济衰退，满城弃狗。这就是狗的命！我们的工作人员布置舞台时，它就在那儿用各种花招吸人注意。他们放它进来了，于是它就充当了短短一段时间的吉祥物。此后它一路努力进军厨房，又打入服装和化妆部门。因为每天要讨口饭吃，看上去状态不佳（我了解这

①俄国尼古拉二世时期的神秘主义者，沙皇的宠臣。

种感受)，但它能打动铁石心肠。

“滚石”调音时，服装部门的克里茜·金斯顿和我闲聊，滔滔不绝地说起那只神奇的杂种狗。工作人员见它挨踢挨打还是要跑回来，赞赏它不屈不挠的勇气而收留了它。“你一定得瞧瞧他。”克里茜说。那是我们第一回在俄罗斯巡演，看狗可不在行程里头。但我了解克里茜，知道她热情、性子急，泪花就在眼眶里打转，她在将我的军。既然都是专业人士，得重视她的意见。克里茜总是直来直去。当时西奥多拉和亚历山德拉也在，难免要喊“啊，爸爸，爸爸，去看看吧，求你了”，这样的声音连铁心石肠都能融化。我嗅到一丝阴谋的气息，但没有反抗。“好吧，带它过来看看。”不过几秒克里茜就带着一只我见过的最脏的黑色小猎狗进来了。它满身虱子，坐在我面前，双眼紧盯着我。我回望它，它丝毫没有退缩。于是我说：“把它留下吧，看看能为它做点什么。”几分钟后一个工作人员代表团冲进我的“X光收容所”，他们都是留胡子有文身的大块头，一进来就眼泪汪汪地感谢我。“它是只最牛的杂种狗，基思。”“谢谢你，伙计，我们都喜欢它。”我不知所措，但演出总得继续呀。这只狗好像感觉到了自己的胜利，舔了舔我的手。我就这么被出卖了。帕蒂含情脉脉又绝望地凝视着我，我耸了耸肩。给它打疫苗、办证件、护照等事费了不少工夫，最后它终于飞到美国来了，真是幸运。它现在就像康涅狄格州的沙皇一样，和“南瓜”、两只斗牛犬还有叫“烤面包机”的猫相处和睦。

我还养过八哥，不过那并非愉快的经历。一放音乐，它就冲我大叫。感觉就像和脾气暴躁的老阿姨生活在一起。这家伙从来不知感恩，它是我唯一转送掉的宠物。也许它是吸了二手大麻，当时家里有不少人在干这行当。我觉得和它相处就像和米克一起被关在笼子里似的，永远没法让它闭上那张鸟嘴。我接触过不少笼中鸟，但相处的都不怎么好。我曾无意弄死了罗尼养的长尾小鹦鹉，误以为它是个坏玩具闹钟呢。它就待在笼子里，坐在那儿，对什么都没反应，只是咯咯傻叫。结果我就把它弄死了。反正等我意识到它是活物的时候已经晚了。对此罗尼的反应是：真是谢天谢地。他讨厌它。我觉得罗尼虽然养着很多动物，但根本就不喜欢它们。他迷恋马，在爱尔兰家里有个马厩，养了四五匹马，但你要跟他说“去骑马呀，罗”，他不光不去，连碰都不愿意碰它们！他的喜欢只保持在一定距离之外，特别是当他下注的马在赛马场上赢了的时候。

那你又为什么要养，喜欢和屎啊尿啊交配啊之类的破事打交道？他说这是吉卜赛风俗。在阿根廷的时候，我和鲍比·凯斯去骑马，也拉上罗尼。我们骑的是那种跑四分之一英里赛的赛马，不好好骑屁股肯定不舒服。我们在大草原上没驰骋多久，罗尼就不行了。“可你自己养马呀，罗尼！我还以为你爱马呢。”我和鲍比尽情调侃。“杰罗尼莫[①]来啦。马儿，把腿抬高点。”

西奥和亚历克斯[②]在康涅狄格长大，尽可能过着正常的生活，在本地中学上学。帕蒂在附近也有很多亲戚朋友，比如侄女梅丽娜和乔·索利纳夫妇。我们在他们家车库酿葡萄酒，大家都脱了袜子站在大盆里，用脚踩葡萄，还说：“肯定是佳酿。”非常有意思。我在法国有两回用脚趾踩葡萄的经历，很有快感。我们偶尔甚至也过“正常”的假期。我那个没用过的网球场外停着的装备齐全、久经考验的温尼贝戈房车可以作证。汉森一家擅长组织家族聚会和野营，经常挑选诸如俄克拉荷马这样有意思的地方远足。我参与过两三次，没什么难的，只要开车出纽约，然后……直奔俄克拉荷马。谢天谢地，其中一次幸亏我跟去了，要不他们准会被水淹，而且还生不了火。那次我们遇到瓢泼大雨，人都差点被冲走，换句话说，就是野营时常遇到的类似事件。我从不大惊小怪，因为我总是被雨淋。我的童子军训练可派上了用场。砍树！支帐篷！我可是生火专家，虽然不至于是个纵火犯，但放火成瘾啦。

二〇〇六年，我在笔记本上写道：

> 我娶了世界上最美丽的女人。她高贵、优雅、聪明、平易近人、

---

①传奇的印第安英雄。

②西奥多拉和亚历山德拉的爱称。

脚踏实地、善良体贴、急人所急。我运气实在是太好了。我得说她的实际性和逻辑性令我神魂颠倒，因为她让我无序生活有了意义。有时确实有违我那游牧习性。有条有理地生活有悖我的天性，但我喜欢。为此我尽量优雅地鞠躬致谢。

我和孩子们在南非经历了一次难忘的周末狩猎，我的手差点被鳄鱼咬掉——真是千钧一发，差点让我早早退休。那是“巫毒客厅”巡演期间，我们在当地只待了两三天，同行的还有伯纳德·福勒和丽莎·费希尔，去的是一个狩猎公园，工作人员都是以前的白人狱警——显然那时多数囚犯是黑人。伯纳德和丽莎点双份格兰菲迪威士忌的时候，酒保一脸不情不愿。曼德拉获释已经五年。丽莎和伯纳德本是借机来寻根的，可回去后真的很生气，因为黑人仍然不受欢迎，种族隔离现象没有改观。

那天我们熬夜，到早晨我刚睡了一个钟头，没缓过劲来，就被他们叫起来，扔进敞篷狩猎车后座。我丝毫不在状态，在后座上颠来颠去，眼前也没有什么让你惊呼“天哪，这就是非洲”的壮丽景色，只是小树和灌木丛而已。突然一个急刹车，车子停在一个小拐角。干吗停车？边上是岩石和山洞。就在那一刻，我心目中的女神出现了———一头疣猪。它满脸是泥，站在那儿，鼻孔喷的气差点到我脸上了。这下我可精神了——还有獠牙啊——它用那双小红眼睛看着我，真是奇丑无比，特别是在这么一大早。这是我第一次撞上非洲野生动物。你不想遇到的女神。不好意思，能换上帝让我见见吗？明天我回来成吗？我是说被这獠牙扎一下还能活着回家吗？我开始看这女神的“鬈发”和“便装”，和喷吐出的能量和毒汁。这是奇观，但如果你宿醉未醒又只睡了一个钟头可要另当别论。

后来我们的路虎车又滑进沟里，同行的黑人乐手理查德在后座指着路边一坨巨大的东西说：嘿，瞧这个。他把它的顶部砍掉，里面飞出一只白鸽——这一坨是象屎。而这些白色的鸟儿总是跟着大象，吃象屎里没消化的种子。它们因为羽毛上有油脂，不会沾上屎，可以在屎堆里待几个小时，呼吸畅快。其实它们最后是吃出一条路来，一尘不染地拍着翅膀飞走，依旧纯洁得像和平鸽。后来我们又拐了个弯，就看到一头大象，一头真正的大家伙横亘道路，忙着把两棵大概有三十英尺高的树拖倒，并用鼻子一并卷起来。我们停下车看它，它瞥了我们一眼，好像在说“我很忙”，接着又去扯别的树。

我的一个女儿说：“爸爸，他有五条腿。”我说：“算上鼻子有六条。”它的鸡巴一直垂到地面，有十一英尺左右。我真觉得自卑，这真是把大枪啊。回来路上理查德说：看这些大象脚印，中间还有一条线，是鸡巴留下的。我们还看到一些猎豹。我们怎么知道附近有猎豹？因为有只死羚羊在树上挂着呢。是猎豹抓住了它，把它拖上去藏着的。之后我们还在沼泽中看到非洲水牛，有三千头的样子。这些景象都很惊人。有些动物正在排泄，排泄物还没落地，就被别的动物一把抓起来吃下去，它们连自己的尿都喝。更叹为观止的是苍蝇，有只雌苍蝇突然飞到我们眼前下蛆，那蛆个子不小，没多久就活蹦乱跳！我们受够了，赶紧离开。返回途中没脑子的司机把车停在水塘边，拿出一根棍子说“嘿，瞧这个”，然后用棍子在水塘里搅。我迷迷糊糊坐在后座，手垂在车窗外，突觉一阵热气喷在手上，那条鳄鱼差一英寸就咬住我了。我差点把司机杀了。鳄鱼的气息你可不想体验。

我们还遇见了河马，我挺喜欢。但我到底还要遇见多少动物才能去睡觉？我当时没觉得这趟旅行有多美好，现在回忆起来才觉得好玩。其中最让我恼火的是白人对待伯纳德和丽莎的态度，它破坏了整个旅行。

米克在母校达特福德中学开办了“米克·贾格尔中心”，迎接新千年的到来，也许我本该就此留意米克在一系列公众活动中发出的信号。我听说我的母校达特福德技术学校也开了个“基思·理查兹中心”，便打算坐直升机过去，在屋顶上涂上“他是被开除的”字样，后来得知这只是谣传。米克的中心剪彩后不久，他就给我打电话说：我想告诉你，托尼·布莱尔坚持授给我爵士封号。我回答：伙计，你愿意拒绝就拒绝。说完就把电话挂了。米克的做法真让人费解，这完全是在自毁声誉。我给查理打电话：爵士封号那破玩意儿是干什么的？他说：你知道他一直都想弄一个。我说：不，我不知道。我从来没这么想过。难道是我误解了朋友吗？我和米克从小一块儿长大，我认识的那家伙对于封爵之类的事，准会说：留着你的小荣誉塞你的屁眼去吧，非常感谢，但是我才不想要。我觉得接受它是自贬身价。无非是多一项荣誉，可我们足够荣耀了，是公众给的。你要接受那个一度试图无缘无故把你关进大牢的体制授予的荣誉？我的意思是，你真能原谅吗……随着时间的流逝，米克的阶级意识越来越明显，但我没想到他居然愿意接受这种傻逼东西。可能是主唱综合征又发作了。

米克没有和女王见面，而是和王位继承人查尔斯王子拍肩寒暄了一番，我觉得这事让他显得不像爵士，倒像无赖。和其他几位刚获封的人不一样，米克倒至少没坚持让人叫他“米克爵士”。但我们确实在他背后嘲笑他。至于我，我才不愿意当什么理查兹勋爵。听着跟那个该死的理查四世差不多。

不管怎么说，这件事大概让米克放松下来了吧，接下来的二〇〇四年是我和他相处最融洽的一年，天知道能持续多久。不知为什么，他变得释然。也许是成长了，明白了自己的位置。我想可能和查理的事有很大关系。二〇〇四年，我到米克在法国的住所，一起为新专辑写歌——这还是八年来头一遭，成果便是后来的《更大的爆炸》。我刚到的头一两天，就和米克抱着木吉他坐在一起，尝试写歌。后来米克说：天哪，查理得癌症了。于是一阵沉默，两人似乎都在想：我们要怎么办呢。他的另一句话也让我震撼：我们要不要把专辑的事缓一缓，看看查理的状况。我思考了一分钟，说：不，还是先做起来吧，我们先写歌，暂时不需要查理。如果查理知道我们因为他就停下来，一定会很生气。这对他毫无帮助，妈的，我们不是有几首歌可写了吗。先写几首，把磁带寄给查理，让他听听咱们进展到哪一步了。后来我们就这么做了。

米克的庄园得天独厚，三英里之外是卢瓦尔河，山上有个漂亮的葡萄园，下设酒窖，储存着陈年的四十五度葡萄酒。简直是阿道克船长的城堡，很有埃尔热风格。[①]我们配合默契，写了些不错的东西，不再过分感情用事。我们是确实想合作，而并非“好吧，怎么搞定这个”，这两种态度截然不同。我的意思是，妈的，你和这个家伙共事已经超过四十年，绝不可能没有风风雨雨，对不对？你们总会经历些坎坷，就像婚姻一样。

我撤出牙买加，搬到了多米尼加共和国北部特克斯和凯科斯群岛上的“鹦鹉岩”。这里比不上牙买加，但因家人在牙买加受过不少惊吓，出过不少事故，已经不留恋那个地方了。“鹦鹉岩”却总是那么平静，没有什么来打搅——连鹦鹉都没有。“鹦鹉岩”从没出现过鹦鹉，这个名字显然是不久前被神经兮兮的投资者从“海盗岩”[②]改过来的。我的儿孙在这儿来来去去，我也待了很长一段时间。这里可以收听到专门播放特定类型音乐的美国电台——我一天到晚都听着五十年代的摇滚乐，偶尔切换到蓝草频道。真是太棒了。有时候也听听嘻哈乐、复古摇滚、另类音乐。我绝不听舞台摇滚乐，因为会让我想起自己做的事。

我在笔记本上有这样的记录：

> 在这儿待了一个多月后，出现了奇怪的循环。有一个星期，一大群蜻蜓列着队来回飞，足够上范保罗航展了，它们消失后没过几天，又有大群橙色小蝴蝶来传播花粉。好像出自谁的安排。我住的地方有不少物种。两只狗，一只猫，罗伊（马丁）和京子。京子是罗伊的日本夫人（或者反过来说，罗伊是京子的伦敦东区钻石）。还有伊卡，美丽（但不可亲）的管家，上帝保佑她！这个巴厘岛人！蒂莫西先生，可爱的当地黑人，照管花园，我从他那儿买了他老婆用棕榈叶编织的篮子等物件。啊，还有数不过来的壁虎（各种尺寸都有），也许还有一两只老鼠。小猫“烤面包机”得靠工作为生。它的嘴可真不小！酒吧里的服务生都是爪哇人和巴厘岛人（都很坏）。本地水手则为此

①阿道克船长是“丁丁历险记”系列中的人物，埃尔热是其作者。
②英语中“鹦鹉（Parrot）”和“海盗（Pirate）”发音相近。

增添了一丝本地色彩。但是不久后我就得回到寒冷的地方。要再度收拾行李。祝我好运吧。

这写于二〇〇六年一月初，“更大的爆炸”巡演则从圣诞节开始筹备，我在打包准备上路。第一场是二月在“超级杯”赛事上的中场演出，两周后则在里约热内卢举办有史以来最盛大的摇滚演唱会之一，有超过一百万名观众。这一年有个忙碌的开始。我想起一年前在沙滩上散步、在礁石之间爬来爬去时，看到保罗·麦卡特尼走过来（之后不久他也在“超级杯”赛事上演出）。时隔多年，我们俩竟然在这么个地方相遇，真是怪异。但这里也是最适合的地方，因为我们俩都有时间好好聊聊。从他们到处给人写歌、我们还没开始写歌的时代算起，这也许还是我们俩第一次畅谈呢。他听我的邻居布鲁斯·威利斯说我住在这儿，特意过来拜访，“哦，我就是过来看看，希望你不介意。对不起没事先打电话。”其实我从来不接电话，所以他只能这么过来。我觉得保罗是想找时间休息一下。那条海滩很长。事后想来，保罗当时确实有什么地方不对劲。这次他和第二任妻子希瑟·米尔斯一起来旅行，不久后他们俩就分手了。

保罗每天等孩子睡着后就过来。我跟他不算熟，只和约翰非常要好，跟乔治和林戈也不错，但和他从没长时间相处。这次相遇我们彼此都很高兴，很快敞开心扉，聊过去、聊创作，以及其他一些异常简单的事。比如谈“披头士”和“滚石”的不同，说“披头士”是一支歌手的乐队，因为四个队员都能唱主音，而我们则是一支乐手的乐队——只有一个主唱。他告诉我，他是左撇子，所以他和约翰面对面弹吉他时就像在照镜子。于是我们俩也开始这么玩，甚至还一起写歌，一首麦卡特尼/理查兹的作品，歌词在墙上贴了好几周。我挑衅他在“超级杯”上唱《请让我快活》，但他说曲目需要提前几星期通知那边。我记得他曾滑稽地模仿罗伊·奥比森唱这首歌，于是也和他唱起了这首歌。我们还聊到充气式狗窝，它们的形状像里面有狗躺着——我们认出是斑点狗，等等诸如此类的话题。甚至还聊起一个日后可实施的特别项目——让名人捐献自己的屎，把它们晒干、洗净，用虫漆抛光，再找个名艺术家进行装饰。埃尔顿·约翰会接这活，他是个好人。乔治·迈克尔肯定也巴不得。那麦当娜呢？我们大笑起来。相谈甚欢。

如今一年过去了，在“超级杯”演出结束两周后，我们又要去科帕卡巴纳海滩做免费演出，费用由巴西政府承担。他们专门在科帕卡巴纳路上架起一道桥，从我们下榻的酒店直通海滩上的舞台，专门给我们登台用。看着那场演出的录像，我觉得自己小心翼翼的模样真他妈的傻。糟透了！只有音乐最重要，伙计；别本末倒置。我却像个保姆那样什么事都顾着。虽然也可以理解，毕竟是当着一百万观众演出（其中一半都在舞台所在海滩拐过去的另一个海滩）。我不知道是故意这样设计的，还是虎头蛇尾加应付工程。我们只能看到四分之一的观众，两英里之内都立有大屏幕。除去后来在日本的几场演出，这样的盛况真算得上是我辛劳多年的辉煌告别。因为不久后我从树上摔下来了。

我们一行四人飞到斐济，在一座私人岛屿上逗留，进行沙滩野餐。我和罗尼游泳，约瑟芬和帕蒂准备午饭。海滩上有吊床，我觉得是罗尼的——他迅速跳了上去——我们刚游完泳，要弄干身子。然后我就看见那棵树，肯定不是棕榈树，因为树干上有很多节瘤，树皮粗糙，有一根大树杈和地面平行。

显然有人在那根树杈上坐过，因为树皮都磨损了。我目测它大概离地七英尺，于是也坐了上去，晾身子等着开饭。她们叫“午饭好啦”，我见面前还有一根树枝，于是试图抓住它轻轻荡到地上去，但忘了手是湿的，还沾了沙子之类东西。所以手一滑，膝盖着地，头后仰磕在树干上。好疼。就是这样。当时我并没在意。“你没事吧，亲爱的？”“没事。”“哇，别再这么干了。”

两天后我仍然没觉得异样，我们坐船出海。海面起先平滑如镜，等往深海开，巨大的太平洋浪潮开始出现。约瑟芬在船头说：哇，快看。我也走过去，正巧一片大浪涌来，我向后跌倒，摔在椅子上，突然一阵晕眩，眼前一黑，头剧痛。平日头疼吃一片阿司匹林准会好，我也不经常头疼，只是同情经常犯偏头痛的人，比如查理。先前我可想象不出那感受，现在差不多明白了。

当晚我第二次发病，后来才知道其实是捡回一条命。因为第一次发病时我的头骨已经裂了，可能一直有颅内出血，却一连几个月没被发现，这样下去我肯定死路一条。好在第二次发作让我觉察到了。那天晚上我吃了两片阿司匹林治头疼（这么做其实不对，因为阿司匹林是稀释血液的，无异于自杀），入睡后我显然又发作了两次。我记不太清了。好像是呛咳了一阵，吵醒了帕蒂，她问："你还好吗，亲爱的？""嗯，没事。"后来又咳了一阵，帕蒂惊呼起来，跑到屋子另一头去打电话："我的天哪。"她真的慌了，不过不至于手足无措，还能应付局面。好在几个月前此岛主人也出现过类似症状，因而还没等我弄明白，我已经在飞往主岛斐济的飞机上了。到达后做完检查，他们说得送到新西兰去。从斐济飞往奥克兰是我这辈子最糟糕的航程。他们把我捆起来，就是给我穿上束身衣捆在担架上然后抬上飞机。整个四小时的飞行中我一动也不能动。喂，先别管头疼不头疼的了，我都不能动啊。我说："妈的，能给我点吃的喝的吗？""啊，飞机降落之前不行。""为什么？"我像疯了似的破口大骂，"给我点止痛片，看在上帝的分上！""飞行期间不行。"他们就这么哄了我四个小时。最后总算把我扭送到新西兰的医院，神经外科医生安德鲁·洛已等着我。幸运的是，他是我的歌迷！很久以后安德鲁才告诉我，他年轻时床头挂着我的照片。我住院期间由他负责照顾，当晚的情况我一概记不清。他们给我打了吗啡，第二天醒来后我觉得好多了。

我在医院里待了十天左右。医院环境很漂亮，护士也不错。我那个可爱的夜班护士是赞比亚人，很和善。这期间洛医生每天都给我做检查。我说：好吧，到底出什么事了？他说：你的状态已经稳定，可以飞回纽约或伦敦找你的医生。他觉得我肯定想挑全世界最好的医生吧。但我不想再次经历恐怖的飞行，安德鲁！当时我跟他已经很熟了，就说："我不想飞。""嗯，可是你得动手术。"我说："告诉你怎么办。你来给我动手术，就现在。”他说：“你确定吗？”我说：“绝对的。”话一出口我就想咽回去。我真这么说了？邀请别人打开我的脑子？但我知道非这么做不可，也知道他是首屈一指的医生，我们调查过。我不想再去找一个不了解的人。

几小时后，洛医生带着他的麻醉师，苏格兰人尼格尔回来了。我觉得最好如实告诉尼格尔：我很难被麻醉，迄今还没成功被麻醉过。他说：试试这个吧。不到十秒我就失去意识。两个半小时以后，我醒过来，感觉良好。我说：喂，你们打算什么时候做手术？洛说：已经做完了，伙计。他打开我的颅骨，取出所有血块，像戴小帽子那样把骨头正回去，用六根小钛针将破裂的颅骨和完好的那些相连。麻药劲过后，我才发现自己身上插满了管子。其中一根连着我的生殖器。这儿出来一根，那儿又出来一根。我说：这他妈又是什么玩意儿，干什么的？洛说：给你注射吗啡的。好吧，那就留着这根。我不再抱怨。从此以后我没再犯过头疼。安德鲁·洛真是高明。

我又住了一周院，注射了一点吗啡。医护人员体贴和善，非常冷静。我发现他们不过是想让你好受一点。我很少向他们要处方药剂，但只要开口，没问题，给你就是。我隔壁病房的人情况和我的差不多，是骑摩托车没戴头盔伤着的。他整天呻吟，叫疼，护士们会陪他聊天，一待就几个钟头。她们的声音非常温柔。而我快康复了，于是对他说：我知道你的感受，伙计。

后来我在奥克兰一处维多利亚建筑风格的膳宿小公寓里休养了一个月。全家都出动了，上帝保佑他们。杰里·李·刘易斯和威利·纳尔逊都捎来问候。杰里·李把他的《大火球》四十五转唱片初版签了名送给我，被我挂在墙上了。比尔·克林顿给我送来一张便条，“快点好起来吧，亲爱的朋友”。托尼·布莱尔写信给我，一开头就是“亲爱的基思，你一直都是我的英雄……”。原来英国是掌握在一个视我为英雄的人手里？真是太可怕了。甚至还有多伦多市长的来信。一一看过后我都能猜到自己的讣告了，基调一准是这样。杰·雷诺[1]说：我们为什么不能造出像基思一

① Jay Leno（1950－），美国脱口秀节目主持人。

样结实的飞机呢？罗宾·威廉姆斯说：你可以把他打个鼻青脸肿，但不能把他打倒。和之前受的那么多次打击一样，我从中也得到了几个佳句。

媒体的杜撰最让我诧异——因为我是在斐济，所以肯定是为了摘椰子才从棕榈树上摔下来的，当时离地足有四十英尺。海滩也变成了喷气摩托艇。我一贯讨厌摩托艇，嫌它太吵，长得又蠢，会撞坏珊瑚礁。

下面是洛医生的回忆：

> 四月二十日星期四凌晨三点，我接到一个电话，是从斐济打来的，我当时和那边一家私人医院有工作关系。他们说接到一个颅内出血的病人，还是个大名人，问我能不能治？然后说他是“滚石”的基思·理查兹。我记得自己上大学时还在墙上贴过他的海报呢，我一直都是“滚石”和基思·理查兹的歌迷。
>
> 从电话里我只知道他暂时神志清醒，扫描结果显示他有急性脑血肿，病史包括从树上摔落和在船上急性发作。于是我肯定他需要神经外科方面的治疗，但不确定是不是需要动手术。如果大脑一侧受压过大，超出中线挤压了另一侧，那就非得动手术不可。
>
> 头一天晚上我接到来自世界各地的神经外科医生的电话，从纽约到洛杉矶，人人都想介入。“哦，我只想看看，我跟谁了解过情况，你必须做这个做那个，还有这个那个，那个这个……”第二天早晨我说：听着基思，我可应付不了这些。我整夜没睡，一堆人都在指点我，而那其实是我每天都做的工作。他说：你有什么话先来跟我说，让其他人趁早滚。这是他的原话。我的压力顿时减轻。之后的事就容易了，因为我们都是协商决定的。每天我们都会讨论病情，由我解释出现什么症状就必须动手术。
>
> 急性硬膜下血肿患者颅内的血块可能会在十天内慢慢吸收，这样只需在颅骨上开个小洞就能清除淤血，用不着开大窟窿。我们希望基思就是这样，因为他状况很好。我们想采取保守治疗或只动个简单的手术，但扫描显示颅内有一个相当大的血块，比起上一次扫描，

它的位置已经移向大脑中线。

我什么也没做，只是等待。到星期六晚上他入院就满一星期了，我和他一起吃了晚饭，他精神不错。第二天早晨他给我打电话说：我头疼。我说：我们周一再安排扫描。转天早晨他的状况恶化了很多，头剧痛，口齿开始含糊，出现虚弱的迹象。再次扫描发现血块又变大了，更明显地靠近中线。所以决定很简单，不动手术去掉血块他就活不下来。上手术台时他状况非常差。我们是五月八日晚上六七点动的手术。是个很大的血块，直径大概在一点五厘米，也许有二厘米。很像浓稠的果冻。我们把它取了出来。有根主动脉在流血，我堵住了出血口，然后清洗干净放回原处。他醒过来后，说："天哪，我好多了。"他如释重负地松了一口气，没下手术台就感觉好多了。

他手术后的第一场演出是在米兰，我们俩都很紧张。我最担心他的接受和表达语言的功能受到影响。有些人认为人的音乐能力主要由大脑右颞叶控制，但它位于大脑的支配半球，大脑最活跃的半球，对于惯用右手的人来说就是左半球。我们都很担心，怕他记不住该做什么，或者突然发病。当晚我们所有人提心吊胆。基思没出一点差错，只是下台时兴奋过度，因为他终于证明自己做到了。

他们说你六个月之内不能工作。我说六星期足够了。六星期之内我就重新回到了舞台。我需要这样做。我已经准备就绪。要么就变成忧郁症患者，任人摆布，要么就豁出去做自己。如果觉得自己不行，我肯定头一个承认。他们说：你知道什么？你又不是医生。我说：告诉你们，我没问题。

查理·沃茨在接受癌症治疗几个月后，也奇迹般地回来了，面容苍白了很多。他坐在鼓后面说"不，应该这样打"，整个屋子顿时一阵阵如释重负的吁气。我去米兰进行第一场演出时，他们也同样替我捏了一把汗。我知道，因为他们都是我的朋友。他们想：他的身体可能恢复了，但还能弹琴吗？观众则挥舞着塑料充气棕榈树，上帝保佑他们。我的观众真是太棒了。一点幽默和圈内小玩笑。我从一棵树上栽下来，他们就送我一棵。

我得吃一种叫苯妥英钠的药，能让血液增稠，所以后来我就没再吸毒，因为可卡因是让血液变稀薄的，阿司匹林也是。安德鲁在新西兰时告诫过我，不管做什么，千万别再吸毒了。我说没问题。事实上，我这辈子吸了太多毒，丝毫不怀念它。我想它可能也早把我放弃了吧。

七月我重回巡演路。九月平生第一次客串演戏，在《加勒比海盗 3》中饰演蒂格船长，也就是约翰尼·德普的老爸。这一计划始于当年德普问我介不介意他在表演里以我为模范。我能教给他的只有喝醉了酒怎么在屋角打转——后背永远贴着墙就行了。其余部分都是他自己的发挥。我从来不觉得和约翰尼演对手戏是在演戏。我们只要看着对方的眼睛就可以彼此信任。我拍的第一个镜头就是，有两个家伙坐在一张大桌子边上开会，点着一堆蜡烛，有人在说什么，我走出门开枪去把那个浑蛋打死。我的开场白是："法规是铁律"。他们让我觉得自己非常受欢迎。我演得很愉快，而且是出了名的"两遍通过"。那年晚些时候马丁·斯科塞斯给"滚石"拍了一部纪录片，是我们在纽约灯塔剧场的两场演出，后来以"闪亮之光"的名字发行。我们还在摇滚。

我本可以安享荣誉了。在盛年我做了那么多事，掀起那么多风浪，本来可以以此为生，只需看看现在的人是怎么利用它的。但是有个词叫"即将退休"，不到死我还是不能彻底退休。人们对我们这些变老的家伙很是挑剔。事实上，正如我常说的，如果我们是黑人，如果我们叫贝西伯爵或者艾灵顿公爵，那么现在所有人都只会对我们欢呼"耶耶耶"。但作为白人摇滚乐手，以我们这个年纪显然还不能退下来。但我站在舞台上不光是为了做专辑和挣钱。我有话要说，还想和大家接触，有时候或许只是一声绝望的呼唤："你们知道这种感受吗？"

二〇〇七年，多丽丝疾病缠身。伯特在二〇〇二年就去世了，但在多丽丝去世前几个星期，因为媒体上的一则长篇报道，关于他的往事又浮上来了。那个记者在文中写道，我曾经声称自己把父亲的骨灰和着可卡因吸下去了。于是一时间，各种大标题、编者按、专栏铺天盖地地报道我这种跟吃人肉没两样的滔天恶行，有点像当年“耻辱街”煽动针对“滚石”的群愤。广播台的约翰·汉弗莱斯在黄金时段的节目里问：“你们觉得基思·理查兹这次真有这么过分吗？”“这次”是什么意思？也有报道称这事无可指摘，它可以追溯到远古时代摄取祖先的习俗。所以有两三派思想。一向作为众矢之的的我，得说我的话再度被断章取义了。我不否认，也不承认。“事实的真相是，”——当传言的发展势头快要失控时，我给简·罗斯的备忘录里这样写道——“爸爸的骨灰在黑匣子里装了已经有六年，因为我实在不忍心撒在空气中。最后我种了一株高大的英国橡树，把他的骨灰撒在周围。打开骨灰盒盖子的时候，有一点灰撒在桌子上。我不能把它吹下去，于是手指蘸着它用鼻子吸了下去。由尘土归尘土，从父亲到儿子。他现在已经化作了橡树，他会喜欢我的做法。”

多丽丝弥留之际，达特福德郡正忙着给我们在斯皮尔曼路旧居附近一处新地产里的街道起名字——“同情街”、“蒲公英巷”、“露比星期二道”。早先，以我们的名字命名的街道过不了几年总会被改名。我父亲的骨灰事件传开后，郡政府恐怕也会改变主意吧，但我没去查。在医院里，妈妈对医生、对周边一切保持着乐观积极的态度，但她身体每况愈下。安吉拉说：我们都知道要发生什么事情，她要去了，我们心里都知道，这只是个时间问题。安吉拉又说：拿上你的吉他给她弹弹吧。真是个好主意，我竟没想到。但妈妈快离去了，你或多或少会心烦意乱。所以我们共度的最后一晚，我抱着吉他坐在她床脚，陪着静静躺在那儿的她。我问：“你感觉怎么样，妈妈？”她说：“这次的吗啡还不坏。”她问我现在住在什么地方，我说，在克拉里奇酒店。她说：“我们要去另外一个世界了，对不对？”她在鸦片制剂的药效下昏昏沉沉。我给她弹了几小段《马拉加舞曲》，和其他我们俩熟知的曲子，我从小就弹的曲子。她渐渐入睡。第二天早上，一直满怀爱心、悉心照顾我妈妈的助理雪莉照例过去看她，问：“你昨晚听见基思给你弹吉他了吗？”多丽丝说：“听见了，就是有点跑调了。”这就是我的妈妈。但我得尊重多丽丝，她的音准一贯无误，乐感也完美，那是她从她的双亲，艾玛和加斯那里继承来的。当年正是加斯教我弹的《马拉加舞曲》，多丽丝是第一个对我作出评价的人。我还记得她下班回家后的情景。我坐在楼梯最上面的台阶，弹起《马拉加舞曲》，她走进厨房，在锅碗瓢盆之间忙活，并跟着我的曲子哼唱起来，然后她突然走向楼梯："是你在弹吗，我还以为是收音机在放呢。”只要弹上两个小节《马拉加舞曲》，就能让人沉浸其中。

致谢

感谢你们对《滚吧，生活》的支持：

Jerry Ivan Allison
Shirley Arnold
Gregorio Azar
Neville Beckford
Heather Beckwith
Georgia Bergman
Chris Blackwell
Stanley Booth
Tony Calder
Jim Callaghan
Lloyd Cameron
Gretchen Parsons Carpenter
Bill Carter
Seymour Cassel
Blondie Chaplin
Barbara Charone
Bill Chenail
Marshall Chess
Alan Clayton
David Courts
Steve Crotty
Fran Curtis
David Dalton
Sherry Daly
Pierre de Beauport
Stash Klossowski de Rola
Johnny Depp
Jim Dickinson
Deborah Dixon
Bernard Doherty
Charley Drayton
Sly Dunbar
Alan Dunn
Loni Efron
Jackie Ellis
Jane Emanuel
Ahmet Ertegun
Marianne Faithfull
Lisa Fischer
Patricia Ford
Bernard Fowler
Rob Fraboni
Christopher Gibbs
Kelley Glasgow
Robert Greenfi eld
Patti Hansen
Hugh Hart
Richard Heller
Barney Hoskyns
Sandra Hull
Eric Idle
Dominic Jennings
Brian Jobson
Andy Johns
Darryl Jones
Steve Jordan
Eve Simone Kakassy
James Karnbach
Vanessa Kehren
Linda Keith
Nick Kent
Bobby Keys

Chris Kimsey
Tony King
Hannah Lack
Andrew Law
Chuck Leavell
Fran Lebowitz
Richard Leher
Annie Leibovitz
Kay Levinson
Michael Lindsay-Hogg
Elsie Lindsey
Prince Rupert Loewenstein
Michael Lydon
Roy Martin
Paul McCartney
Earl McGrath
Mary Beth Medley
Lorne Michaels
Barry Mindel
Haleema Mohamed
Kari Ann Moller
Kate Moss
Marjorie Mould
Laila Nabulsi
David Navarrete
Willie Nelson
Ivan Neville
Philip Norman
Uschi Obermaier
Andrew Oldham
Anita Pallenberg
Peter Parcher
Beatrice Clarke Payton
James Phelge
Michael Pietsch
Alexandra Richards
Angela Richards
Bill Richards
Doris Richards
Marlon Richards
Theodora Richards
Lisa Robinson
Alan Rogan
Jane Rose
Peter Rudge
Tony Russell
Daniel Salemi
Kevin Schroeder
Gary Schultz
Martin Scorsese
Simon Sessler
Robbie Shakespeare
June Shelley
Ernest Smatt
Don Smith
Joyce Smyth
Ronnie Spector
Maurice Spira
Trevor Stephens
Dick Taylor
Winston Thomas
Nick Tosches
Betsy Uhrig
Ed Victor
Waddy Wachtel
Tom Waits
Joe Walsh
Don Was
Nigel Waymouth
Dennis Wells
Lil Wergilis
Locksley Whitlock
Vicki Wickham
Warrin Williamson
Peter Wolf
Stephen Yarde
Bill Zysblat

译名中英对照表

（正文注释中已出现的不再收录）

Chapter 1

人物

比尔·卡特 Bill Carter

罗尼·伍德 Ronnie Wood

弗雷迪·塞斯勒 Freddie Sessler

吉姆·卡拉罕 Jim Callaghan

吉姆·迪金森 Jim Dickinson

鲍比·谢尔曼 Bobby Sherman

布莱恩·琼斯 Brian Jones

歌曲／专辑

《野马》*Wild Horses*

《追星的婊子》*Starfucker*

Chapter 2

人物

艾伦·克莱顿 Alan Clayton

米克·贾格尔 Mick Jagger

鲍比·豪斯 Bobby Howes

罗尼·司各特 Ronnie Scott

马蒂·王尔德 Marty Wilde

里奇·尼尔逊 Ricky Nelson

约翰尼·雷斯蒂沃 Johnny Restivo

萨米·特纳 Sammy Turner

查克·贝里 Chuck Berry

歌曲／专辑

《马拉加舞曲》*Malaguena*

《我何时才会有人爱》*When Will I Be Loved*

《是不是很丢人》*Ain't That a Shame*

《高个子莎莉》*Long Tall Sally*

《伤心旅馆》 *Heartbreak Hotel*

《蓝莓山》 *Blueberry Hill*

《佩吉·苏嫁人了》*Peggy Sue Got Married*

《巴迪·霍利的故事》*The Buddy Holly Story*

《和埃尔维斯的约会》*A Date with Elvis*

《关于马蒂的王尔德》*Wilde about Marty*

《"鸣叫"蟋蟀》*The "Chirping" Crickets*

《旅行的光》*Travellin' Light*

《我的形状》*The Shape I'm In*

《多变的小妞》*The Fickle Chicken*、

《永远》*Always*

《神秘列车》*Mystery Train*

《拜金女郎》*Money Honey*

《蓝色羊皮鞋》*Blue Suede Shoes*

《我走了，你是对的，她甩了我》 *I'm Left, You're Right, She's Gone*

乐队

肮脏陌生人 The Dirty Strangers

大气 Atmospheres

Chapter 3

人物

杰克·艾略特 Jack Elliott

韦兹·琼斯 Wizz Jones
吉米·佩奇 Jimmy Page
巴迪·盖伊 Buddy Guy
小沃尔特 Little Walter
布莱恩·波伊尔 Brian Boyle
桑福德·克拉克 Sanford Clark
约翰尼·卡什 Johnny Cash
比尔·怀曼 Bill Wyman
戴娜·肖尔 Dinah Shore
布鲁克·班顿 Brook Benton
亚当·费斯 Adam Faith
弗兰克·西纳特拉 Frank Sinatra
小米尔顿 Little Milton
B. B. 金 B. B. King
桑尼·特里 Sonny Terry
布朗尼·麦吉 Brownie McGhee
苗条孟菲斯 Memphis Slim
小威尔斯 Junior Wells
休伯特·萨姆林 Hubert Sumlin
艾伦·洛马克斯 Alan Lomax
埃文·麦克考尔 Ewan MacColl
约瑟芬·贝克 Josephine Baker
查普安·杰克·杜普里
Champion Jack Dupree
迪克·泰勒 Dick Taylor
鲍勃·贝克维斯 Bob Beckwith
西里尔·戴维斯 Cyril Davies
伊恩·斯图尔特 Ian Stewart
米德·拉克斯·刘易斯
Meade Lux Lewis
艾伯特·埃蒙斯 Albert Ammons
约翰尼·约翰逊 Johnnie Johnson
乔夫·布拉德福德 Geoff Bradford
米克·阿沃里 Mick Avory
托尼·查普曼 Tony Chapman

歌曲 / 专辑
《可卡因》*Cocaine*
《大烟囱闪电》*Smokestack Lightnin'*
《节奏布鲁斯，第一辑》
Rhythm & Blues Vol. I
《当我第一次听到布鲁斯》
First Time I Met the Blues
《甜蜜十六岁》*Sweet Little Sixteen*
《没问题》*That's All Right*
《肯塔基的蓝月亮》
Blue Moon of Kentucky
《奶牛布鲁斯布基》*Milk Cow Blues Boogie*
《宝贝我们来玩过家家》
Baby Let's Play House
《傻子》*The Fool*
《枪之子》*Son of a Gun*
《晕眩与摇摆》*Reeling and a Rocking*
《摇滚霍普舞》*Rockin' at the Hops*
《模仿鸟》*Mockingbird*
《挖土豆》*Diggin' My Potatoes*
《并未消失》*Not Fade Away*
《就是那一天》*That'll Be the Day*
《所有人都来吧》*C'mon Everybody*
《我就是想和你做爱》
I Just Want to Make Love to You
《转来转去》*Around and Around*
《闪亮灯光，大城市》
Bright Lights, Big City
《拉邦巴》*La Bamba*
《扫帚扫灰》*Dust My Broom*
《小奎妮》*Little Queenie*
《宝贝怎么了？》*Baby What's Wrong?*
《钓龙虾》*Doing the Crawdaddy*
《坦白布鲁斯》*Confessin' the Blues*
《发挥我的魔力》*Got My Mojo Working*

乐队

克里登斯清水复兴
Creedence Clearwater Revival

昂贵酒鬼 X-Pensive Winos

查理与伊内兹·福克斯
Charlie and Inez Foxx

水晶 The Crystals

小男孩布鲁和布鲁男孩们
Little Boy Blue and the Blue Boys

布鲁斯公司 Blues Incorporated

节奏布鲁斯全明星 R&B All-Stars

Chapter 4

人物

吉米·罗杰斯 Jimmy Rogers

路易·迈尔斯 Louis Myers

大卫·迈尔斯 David Myers

帕特·黑尔 Pat Hare

马特·墨菲 Matt Murphy

鲍比·戈尔兹伯勒 Bobby Goldsboro

艾伯特·金 Albert King

约·琼斯 Jo Jones

贝西伯爵 Count Basie

托尼·米罕 Tony Meehan

卡洛·莱托 Carlo Little

里奇·芬森 Ricky Fenson

厄尔·菲利普斯 Earl Phillips

埃尔文·琼斯 Elvin Jones

菲利·乔·琼斯 Philly Joe Jones

詹姆斯·布朗 James Brown

乔治·戈梅尔斯基 Giorgio Gomelsky

格林·约翰斯 Glyn Johns

安德鲁·卢格·奥尔德姆
Andrew Loog Oldham

布莱恩·爱泼斯坦 Brian Epstein

乔伊·佩奇 Joey Page

唐·皮克 Don Peake

吉米·戈登 Jimmy Gordon

汤姆·琼斯 Tom Jones

艾尔·格林 Al Green

所罗门·伯克 Solomon Burke

鲍勃·迪伦 Bob Dylan

歌曲／专辑

《宝贝你想让我干什么？》
Baby What You Want Me to Do?

《取出点保险》*Take Out Some Insurance*

《系在你心上的弦》*A String to Your Heart*

《我要杀了我的宝贝》
I'm Gonna Murder My Baby

《孟菲斯，田纳西》*Memphis, Tennessee*

《小雨》*Little Rain*

《跳跃的杰克闪电》*Jumpin' Jack Flash*

《给我庇护》*Gimme Shelter*

《莫斯科午夜》*Midnight in Moscow*

《波·迪德雷》*Bo Diddley*

《作曲人》*Melody Maker*

《迪德雷老爸》*Diddle-Daddy*

《嘿，杰罗姆》*Hey, Jerome*

《你爱谁？》*Who Do You Love*

《六十六号路》*Route 66*

《告诉我》*Tell Me*

《玩火》*Play with Fire*

《那个女孩属于昨天》
That Girl Belongs to Yesterday

《来吧》*Come On*

《露西尔》*Lucille*

《时代在变》
The Times They Are A-Changin'

《遛狗》*Walking the Dog*

《我是雄蜂王》*I'm a King Bee*

《我要做你的男人》*I Wanna Be Your Man*
《毒藤》*Poison Ivy*
《当眼泪流落》*As Tears Go By*
《最后一次》*The Last Time*
《做我的宝贝》*Be My Baby*
《情事》*Love Affair*
乐队
王牌 The Aces
酒吧 The Jukes
新兵 The Yardbirds
德兰尼和邦妮 Delaney & Bonnie
德瑞克和多米诺斯 Derek and the Dominos

Chapter 5

人物
雪莉·欧文斯 Shirley Owens
鲍比·凯斯 Bobby Keys
鲍比·维 Bobby Vee
鲍勃·伯尼斯 Bob Bonis
莎拉·达什 Sarah Dash
布莱恩·威尔逊 Brian Wilson
厄玛·托马斯 Irma Thomas
乔·沃尔什 Joe Walsh
威尔·谢德 Will Shade
布卡·怀特 Bukka White
唐·布拉德雷 Don Bradley
艾克·特纳 Ike Turner
马塞奥·帕克 Maceo Parker
海伦·夏皮罗 Helen Shapiro
艾尔玛·科根 Alma Cogan
基尼·皮特尼 Gene Pitney
P. J. 普罗比 P. J. Proby
鲍比·詹姆森 Bobby Jameson
露露 Lulu
桑尼·博诺 Sonny Bono
阿瑞莎·富兰克林 Aretha Franklin
罗伯特·斯蒂格伍德 Robert Stigwood
杰里·韦克斯勒 Jerry Wexler
吉米·亨德里克斯 Jimi Hendrix
蒂姆·罗斯 Tim Rose
安妮塔·帕伦伯格 Anita Pallenberg
卢·里德 Lou Reed
歌曲／专辑
《兰尼·布鲁斯的病态幽默》
The Sick Humor of Lenny Bruce
《让我们一起过夜》
Let's Spend the Night Together
《家乡姑娘》*Down Home Girl*
《明天你是否会爱我》
Will You Love Me Tomorrow
《扭曲与喊叫》*Twist and Shout*
《橡胶球》*Rubber Ball*
《记得（在沙中漫步)》
Remember (Walkin' in the Sand)
《一切都完了》*It's All Over Now*
《宠物之声》*Pet Sounds*
《在我的房间》*In My Room*
《别担心宝贝》*Don't Worry Baby*
《时间在我们这边》*Time Is on My Side*
《加州旅馆》*Hotel California*
《小红公鸡》*Little Red Rooster*
《我们曾相爱》*We Were Falling in Love*
《这样深爱》*So Much in Love*
《(走过）沉睡的城市》
(Walkin' Thru the) Sleepy City
《他是个叛逆者》*He's a Rebel*
《我只想要我的宝贝》*All I Want Is My Baby*
《惊奇，惊奇》*Surprise, Surprise*
《蓝变灰》*Blue Turns to Grey*
《拿走或留下》*Take It or Leave It*

《当时光流逝》*As Time Goes By*

《这可能是最后一次》

This May Be the Last Time

《后果》*Aftermath*

《满足》*Satisfaction*

《有些姑娘》*Some Girls*

《负担的野兽》*Beast of Burden*

《涂成黑色》*Paint It Black*

《从我的云上滚下来》*Get Off of My Cloud*

《愚蠢的姑娘》*Stupid Girl*

《在我的拇指下》*Under My Thumb*

《过时》*Out of Time*

《昨天的报纸》*Yesterday's Papers*

《乔安娜的幻影》*Visions of Johanna*

《回家》*Goin' Home*

《眼神悲伤的低地女人》

Sad-Eyed Lady of the Lowlands

《露比星期二》*Ruby Tuesday*

《十二月的孩子们》

December's Children

乐队

四顶尖 Four Tops

诱惑 The Temptations

玛维勒斯 The Marvelettes

缎带 The Chiffons

沙黛尔 The Chantels

谢利斯 The Shirelles

伊斯利兄弟 The Isley Brothers

风铃草 The Bluebelles

震荡 The Vibrations

香格里拉 The Shangri-Las

山姆与戴夫 Sam and Dave

老鹰 Eagles

孟菲斯陶罐乐队 Memphis Jug Band

盛名火焰 Famous Flames

斯戴普歌手 The Staple Singer

桑尼与雪儿 Sonny & Cher

杰里与带头人 Gerry and the Pacemakers

达科塔 The Dakotas

地下丝绒 Velvet Underground

Chapter 6

人物

大卫·科特斯 David Courts

艾伦·金斯堡 Allen Ginsberg

迈克尔·库珀 Michael Cooper

歌曲 / 专辑

《生命中的一天》*A Day in the Life*

《绿洋葱》*Green Onions*

《跳棋》*Chinese Checkers*

《锁链与束缚》*Chained and Bound*

《尚蒂利花边》*Chantilly Lace*

《魔鬼陛下们要求》

Their Satanic Majesties Request

《佩珀军士》*Sgt. Pepper's*

(Sgt. Pepper's Lonely Hearts Club Band)

乐队

霍利斯 The Hollies

Chapter 7

人物

吉米·米勒 Jimmy Miller

瑞·库德 Ry Cooder

沃迪·瓦赫特尔 Waddy Wachtel

格兰姆·帕森斯 Gram Parsons

韦伦·詹宁斯 Waylon Jennings

汤米·詹姆斯 Tommy James

米克·泰勒 Mick Taylor

约翰·梅耶尔 John Mayall

史蒂夫·旺德 Stevie Wonder

罗杰·霍金斯 Roger Hawkins
吉米·约翰逊 Jimmy Johnson
里克·霍尔 Rick Hall
威尔逊·皮克特 Wilson Pickett
珀西·斯莱奇 Percy Sledge
里昂·罗素 Leon Russell
弗洛伊德·克拉默 Floyd Cramer
密西西比·弗莱德·麦克道尔
Mississippi Fred McDowell
尼基·霍普金斯 Nicky Hopkins
吉姆·普莱斯 Jim Price

歌曲／专辑

《乞丐盛宴》*Beggars Banquet*
《我是个男人》*I'm a Man*
《给我一点爱》*Gimme Some Lovin'*
《让血流淌》*Let It Bleed*
《偷窃的手指》*Sticky Fingers*
《羊头汤》*Goats Head Soup*
《街头战士》*Street Fighting Man*
《亲爱的医生》*Dear Doctor*
《对魔鬼的同情》*Sympathy for the Devil*
《降落伞女人》*Parachute Woman*
《大地的盐》*Salt of the Earth*
《没有期待》*No Expectations*
《拼图》*Jigsaw Puzzle*
《回头的浪子》*Prodigal Son*
《流浪猫布鲁斯》*Stray Cat Blues*
《工厂女孩》*Factory Girl*
《乡村小酒馆》*Country Honk*
《徒劳的爱》*Love in Vain*
《红糖》*Brown Sugar*
《让我开始》*Start Me Up*
《一路直下》*All Down the Line*
《小酒馆女人》*Honky Tonk Women*
《滚动的骰子》*Tumbling Dice*
《醒醒，小苏西》*Wake Up Little Susie*
《再见，爱》*Bye Bye Love*
《你没听见我在敲吗》
Can't You Hear Me Knocking
《在他们让我奔跑之前》
Before They Make Me Run
《手鼓先生》*Mr. Tambourine Man*
《牛仔甜心》*Sweetheart of the Rodeo*
《用歌声送我回家》*Sing Me Back Home*
《一首给你的歌》*A Song for You*
《胡桃树的风》*Hickory Wind*
《一千美元的婚礼》
Thousand Dollar Wedding
《软软的新鞋》*The New Soft Shoe*
《深红与三叶草》*Crimson and Clover*
《慢慢让我失望》*Let Me Down Slow*
《你得到了银子》*You Got the Silver*
《联系》*Connection*
《午夜漫步者》*Midnight Rambler*
《我不知道为什么》*I Don't Know Why*
《一起来》*Come Together*
《你得前进了》*You Gotta Move*
《当男人爱上女人》
When a Man Loves a Woman
《吗啡姊妹》*Sister Morphine*
《月光里程》*Moonlight Mile*
《和我一起过》*Live with Me*
《翻滚贝多芬》*Roll Over Beethoven*
《大声喊“呀呀”！》
Get Yer Ya-Ya's Out!
《安吉》Angie
《流亡大街》*Exile on Main St.*

乐队

斯潘塞·戴维斯乐队
The Spencer Davis Group

交通 Traffic

盲目信仰 Blind Faith

飞鸟 The Byrds

肖戴尔斯 Shondells

布鲁斯突破者 Bluesbreakers

马斯尔肖尔斯节奏组

The Muscle Shoals Rhythm Section

感恩之死 Grateful Dead

谁人 The Who

飞翔煎饼兄弟

The Flying Burrito Brothers

Chapter 8

人物

多米尼克·达尔莱 Dominique Tarle

梅勒·哈格德 Merle Haggard

歌曲／专辑

《更大的爆炸》*A Bigger Bang*

《通风口布鲁斯》*Ventilator Blues*

《甩掉石头》*Rocks Off*

《快抽这支烟》*Rip This Joint*

《头伸进马桶布鲁斯》

Head in the Toilet Blues

《羽毛夹克》*Leather Jackets*

《风车》*Windmill*

《我本来只是个乡下男孩》

I Was Just a Country Boy

《在光明中起舞》

Dancing in the Light

《折弯绿针》*Bent Green Needles*

《痛苦劳工》*Labour Pains*

《破碎与磨损》*Torn and Frayed*

《好时代的女人》*Good Time Women*

《卡西诺布基》*Casino Boogie*

《巴尔的摩的街》*Streets of Baltimore*

《付出的一切》*That's All It Took*

《我们要在上午清扫灰尘》

We'll Sweep Out the Ashes in the Morning

《死去的花朵》*Dead Flowers*

《甜蜜的弗吉尼亚》*Sweet Virginia*

《煎饼豪华版》*Burrito Deluxe*

Chapter 9

人物

贾斯汀·海因兹 Justin Hinds

德里克·克鲁克斯 Derrick Crooks

住家男人 Family Man

威利·威克斯 Willie Weeks

安迪·纽马克 Andy Newmark

伊恩·麦克拉根 Ian McLagan

韦恩·珀金斯 Wayne Perkins

哈维·曼德尔 Harvey Mandel

鲍勃斯·弗雷 Bobbs Ferry

列文·赫尔姆 Levon Helm

歌曲／专辑

《把你枕着做梦的枕头给我》

Send Me the Pillow That You Dream On

《再次堕落》*Coming Down Again*

《伤心人》*Heartbreaker*

《拿过去带过来》*Carry Go Bring Come*

《约翰尼太坏了》*Johnny Too Bad*

《旋律》*Melody*

《只是摇滚乐》*It's Only Rock 'n' Roll*

《我有自己的专辑做啦》

I've Got My Own Album to Do

《你肯定需要这个》

Sure the One You Need

《我们得把屎拉一块儿》

We Got to Get Our Shit Together

《哭泣的傻瓜》*Fool to Cry*

《切里，噢，宝贝》*Cherry Oh Baby*

《嘿，小黑妞》*Hey Negrita*

《疯狂女人》*Crazy Mama*

《记忆旅店》*Memory Motel*

乐队

水蛭 Bleachers

骗子 The Slickers

面孔 Faces

Chapter 10

人物

杰克逊·布朗 Jackson Browne

斯莱·邓巴 Sly Dunbar

罗比·莎士比亚 Robbie Shakespeare

斯蒂基 Sticky

斯库利 Scully

安塞尔·科林斯 Ansell Collins

乔治·波特 George Porter

乔治·里塞尔 George Recile

斯坦利·克拉克 Stanley Clarke

歌曲 / 专辑

《好东西》*Hot Stuff*

《加利福尼亚之梦》

California Dreamin'

《星期一、星期一》

Monday, Monday

《旧金山（头发上一定要戴鲜花）》

San Francisco (Be Sure to Wear Flowers in Your Hair)

《付钱，打包与前进》

Pay, Pack & Follow

《爱你，现场》*Love You Live*

《KR的多伦多私录专辑》

KR's Toronto Bootleg

《想念你》*Miss You*

《在空虚上奔跑》*Running on Empty*

《当鞭子落下来》

When the Whip Comes Down

《谎言》*Lies*

《给你文身》*Tattoo You*

《感情营救》*Emotional Rescue*

《眼睛亮亮的妞》*Shine Eye Gal*

《肮脏哈里》*Dirty Harry*

《斯莱，聪明又淘气》

Sly, Wicked and Slick

乐队

齐柏林飞艇 Led Zeppelin

新野蛮人 New Barbarians

Chapter 11

人物

马克斯·罗密欧 Max Romeo

布莱恩·伊诺 Brian Eno

罗伊·"队长"·马丁

Roy "Skipper" Martin

比尔·博尔顿 Bill Bolton

托尼·罗素 Tony Russell

皮埃尔·德·博波尔

Pierre de Beauport

乔·希布鲁克 Joe Seabrook

歌曲 / 专辑

《全是关于你》*All About You*

《纳尼亚》*Narnia*

《歌门鬼城》*Gormenghast*

《夜色掩盖之下》

Undercover of the Night

《小T和小A》*Little T&A*

乐队

J.盖尔斯乐队 The J. Geils Band

Chapter 12

人物

哈尔·阿什比 Hal Ashby

史蒂夫·乔丹 Steve Jordan

泰勒·汉克福德 Taylor Hackford

查理·德雷顿 Charley Drayton

伊凡·奈维尔 Ivan Neville

唐·史密斯 Don Smith

威利·米歇尔 Willie Mitchell

威廉·“布特西”·科林斯 William “Bootsy” Collins

乔伊·斯帕皮纳托 Joey Spampinato

查克·里维尔 Chuck Leavell

伯尼·沃雷尔 Bernie Worrell

斯坦利·“荞麦”·杜拉尔 Stanley “Buckwheat” Dural

贝比·弗洛伊德 Babi Floyd

比尔·格雷姆 Bill Graham

迈克尔·科尔 Michael Cohl

伯纳德·福勒 Bernard Fowler

丽莎·费希尔 Lisa Fischer

布隆迪·卓别林 Blondie Chaplin

史蒂夫·克罗蒂 Steve Crotty

戴夫·纳塔莱 Dave Natale

“王子” Prince (Prince Rogers Nelson)

邦妮·瑞特 Bonnie Raitt

韦恩·肖特 Wayne Shorter

歌曲 / 专辑

《掩盖之下》*Undercover*

《我是个男人》*I'm a Man*

《有人见过我的宝贝吗》*Anybody Seen My Baby*

《永久的渴望》*Constant Craving*

《肮脏的工作》*Dirty Work*

《受不了你》*Had It with You*

《一拳（打在身上）》*One Hit (to the Body)*

《打架》*Fight*

《她是老板》*She's the Boss*

《原始的冷酷》*Primitive Cool*

《门口的女神》*Goddess in the Doorway*

《我的叮铃》*My Ding-a-Ling*

《今晚睡觉》*Sleep Tonight*

《你没让我动摇》*You Don't Move Me*

《说话太廉价》*Talk Is Cheap*

《向下》*Going Down*

《要接受太难》*Take It So Hard*

《足够大》*Big Enough*

《别犯错》*Make No Mistake*

《心痛》*Pain in My Heart*

《钢铁之轮》*Steel Wheels*

《复杂的感情》*Mixed Emotions*

《说那不是你》*Say It's Not You*

《你的靠近》*The Nearness of You*

《从始至终》*Thru and Thru*

《魔鬼》*Demon*

《巫毒客厅》*Voodoo Lounge*

《火星会四溅》*Sparks Will Fly*

《蓝光之屋》*House of Blue Lights*

《我要撒野》*I Go Wild*

《黑色专辑》*The Black Album*

《通向巴比伦之桥》*Bridges to Babylon*

《夜间的贼》*Thief in the Night*

《你用不着真心真意》*You Don't Have to Mean It*

《拧开开关》*Flip the Switch*

《扬帆吧，水手》*Sail On, Sailor*

《荷兰》*Holland*

《我怎能停止》*How Can I Stop*

《至高无上的爱》*A Love Supreme*

乐队

瓦斯（不是瓦斯）Was (Not Was)

Chapter 13

人物

弗兰基·加文 Frankie Gavin

卢·帕罗 Lou Pallo

艾伦·罗根 Alan Rogan

杰里·埃里森 Jerry Allison

乔·B. 莫尔丁 Joe B. Mauldin

威利·纳尔逊 Willie Nelson

D. J. 方塔纳 D. J. Fontana

埃塔·詹姆斯 Etta James

歌曲／专辑

《你又赢了》*You Win Again*

《永恒》*Timeless*

《关于那些鞋子》*About Them Shoes*

《压力下降》*Pressure Drop*

《雨狗》*Rain Dogs*

《联合广场》*Union Square*

《盲目的爱》*Blind Love*

《大黑玛利亚》*Big Black Mariah*

《耶稣爱我》*Jesus Loves Me*

《汽车旅馆女孩》*Motel Girl*

《美丽的山茱萸》*Good Dogwood*

《那种感觉》*That Feel*

《骨头机器》*Bone Machine*

《布拉德利仓库录音》
Bradley Barn Sessions

《疯狂》*Crazy*

《奇怪时间怎么溜走的》
Funny How Time Slips Away

《地上的糖块》*Sugar on the Floor*

《请让我快活》*Please Please Me*

《大火球》*Great Balls of Fire*

乐队

德·丹南 De Dannan

著作权登记图字：01－2012－9230

图书在版编目(CIP)数据

滚吧，生活／（英）理查兹，（英）福克斯著；董楠译.
－北京：新星出版社，2013.5
ISBN 978－7－5133－1082－6

Ⅰ.①滚… Ⅱ.①理…②福…③董… Ⅲ.①理查兹，
K.－自传 Ⅳ.①K835.615.76

中国版本图书馆CIP数据核字(2013)第016645号

滚吧，生活
（英）基思·理查兹 （英）詹姆斯·福克斯 著
董楠 译

责任编辑 汪 欣 马秀琴
特邀编辑 袁 静
装帧设计 韩 笑
内文制作 杨兴艳

出　　版 新星出版社 www.newstarpress.com
出 版 人 谢 刚
社　　址 北京市西城区车公庄大街丙3号楼 邮编 100044
电话 (010)88310888 传真 (010)65270449
发　　行 新经典文化有限公司
电话 (010)68423599 邮箱 editor@readinglife.com

印　　刷 北京汇林印务有限公司
开　　本 640毫米×960毫米 1/16
印　　张 31
插　　页 32
字　　数 486千
版　　次 2013年5月第1版
印　　次 2013年5月第1次印刷
书　　号 ISBN 978－7－5133－1082－6
定　　价 59.50元